JURISPRUDÊNCIA TRABALHISTA

PRINCIPAIS DECISÕES DO TST, STF E STJ

ORGANIZADAS POR ASSUNTO

ORGANIZADORES

RAPHAEL MIZIARA | BRENO LENZA

JURISPRUDÊNCIA TRABALHISTA

PRINCIPAIS DECISÕES DO TST, STF E STJ

ORGANIZADAS POR ASSUNTO

2018

EDITORA JusPODIVM
www.editorajuspodivm.com.br

Dizer o Direito
www.dizerodireito.com.br

EDITORA *Jus*PODIVM
www.editorajuspodivm.com.br

Rua Mato Grosso, 164, Ed. Marfina, 1º Andar – Pituba, CEP: 41830-151 – Salvador – Bahia
Tel: (71) 3045.9051
• Contato: https://www.editorajuspodivm.com.br/sac

Capa e Diagramação: Marcelo S. Brandão (*santibrando@gmail.com)*

J91 Jurisprudência trabalhista: principais decisões do TST, STF E STJ organizadas por assunto / organizadores Raphael Miziara e Breno Lenza – Salvador: Editora JusPodivm, 2018.
416 p.

ISBN 978-85-442-2096-2.

1. Jurisprudência Trabalhista. 2. Decisões do TST. 3. Decisões do STF. 4. Decisões do STJ. I. Miziara, Raphael. II. Lenza, Breno. III. Título.

CDD 340.68

APRESENTAÇÃO

A importância e a força dos precedentes judiciais não podem mais ser ignoradas. Todos os que atuam na área juslaboral e também aquele que pretende se enveredar nas carreiras trabalhistas têm por degrau inevitável o domínio da jurisprudência mais recente e atual.

O Tribunal Superior do Trabalho, no intuito de divulgar suas decisões, passou a publicar periodicamente seus informativos de jurisprudência, em ordem cronológica. Além disso, diariamente esse Tribunal divulga em seu *website* as decisões mais importantes tomadas no âmbito da mais alta Corte trabalhista.

No entanto, o mercado editorial carece de uma organização temática das principais decisões do TST. Com isso, a obra, de forma sistematizada e organizada por assunto, traz as principais decisões do TST (SDI-1, SDI-2, SDC e Turmas), bem como do STF e do STJ de interesse trabalhista, proferidas no ano de 2017.

O livro é destinado a todos os que atuam na área trabalhista, tais como advogados, membros do Ministério Público, Juízes, Defensores Públicos da União, Procuradores e, também, aos milhares de estudantes que pretendem ingressar em uma das carreiras mencionadas.

Algumas ementas foram mantidas em sua integralidade para que o leitor bem compreenda os detalhes fáticos enfrentados pelos tribunais. Outras tiveram seu conteúdo resumido, permitindo uma leitura rápida e acessível, afim de servir como ferramenta de consulta rápida e segura. Além disso, para facilitar o aprendizado, procurou-se, em cada julgado, formular perguntas acerca do tema tratado, como se poderá notar ao longo da obra.

Por fim, importante dizer que os julgados apresentados estão relacionados a fatos anteriores à entrada em vigor da Reforma Trabalhista (Lei nº 13.467/2017). No entanto, optamos por indicar em nota os entendimentos que possivelmente restarão superados diante da nova ordem normativa.

Os Organizadores

SUMÁRIO

PARTE I
DIREITO INDIVIDUAL DO TRABALHO

PARTE II
DIREITO COLETIVO DO TRABALHO

PARTE III
DIREITO PROCESSUAL DO TRABALHO E CIVIL

PARTE I

DIREITO INDIVIDUAL DO TRABALHO

PRINCÍPIOS

PRIMAZIA DA REALIDADE

» *Salário disfarçado*

Salário disfarçado deve ser incluído na base de cálculo do adicional de periculosidade?

Na hipótese em que o Tribunal Regional afirma que a "comissão de cargo" paga a bancário é, na verdade, salário disfarçado, constituindo-se, portanto, em salário puro, deve tal verba ser considerada no cálculo do adicional de periculosidade, nos termos do art. 193, § 1º, da CLT. [...]. *TST-E-RR-151200-04.2007.5.02.0010, SBDII, rel. Min. Aloysio Corrêa da Veiga, 7.12.2017 – **Informativo TST nº 170.***

Parcela paga como direito de imagem sem que haja a exploração da imagem do empregado configura salário disfarçado?

Direito de imagem. Técnico de futebol profissional. A conclusão do Tribunal Regional foi de que os valores pagos a título de "direito de imagem" remuneravam, na verdade, a contraprestação do serviço e não o uso da imagem do atleta, motivo por que atribuiu natureza salarial à parcela. O TRT registra expressamente que não há prova de que o autor tenha tido sua imagem veiculada no curso do contrato, de forma a dar publicidade à sua pessoa ou ao clube; que a exposição ocorrida no curso do contrato se resumiu a ter o nome do autor veiculado em nominatas da comissão técnica e também em página da internet; os valores a título de direito de imagem eram pagos mensalmente ao empregado em valor fixo; ocorreu a incorporação do valor correspondente no salário do autor a partir de janeiro de 2008. Ora, direito de imagem é o direito de comercialização do retrato ou do valor que pessoa representa. Cuidando-se de agremiação da série C, do interior do Rio Grande do Sul, cuja própria notoriedade e dos jogadores é bastante restrita, chega-se à conclusão de que, apesar da importância do trabalho do técnico de futebol do Canoas Sport Club, tudo leva a crer que ele não tinha imagem a vender e nem interessados a obtê-la, presumindo-se, assim, a fraude. Acrescente-se ainda o registro expresso pelo Tribunal Regional que em 2008 o valor do direito de imagem foi incorporado ao salário do atleta. O fato de o direito de imagem ter sido incorporado ao salário do autor implica em reconhecimento pela ré de que era salário propriamente dito e não direito de imagem. Além disso, diante da falta de notoriedade do técnico, para efeito de sua imagem, caberia à entidade de prática desportiva, comprovar não apenas o fato da contratação da imagem, mas também o fato da efetiva exploração dela. Assim, não há como esta Corte Superior incursionar no contexto fático-probatório dos autos para desautorizar tal conclusão, nos termos da Súmula nº 126 do TST. [...] Incólumes os arts. 457, § 2º, da CLT e 7º, XXVI, da CR/88. Recurso de revista não conhecido. (RR-316-04.2010.5.04.0203 Data de Julgamento: 06/09/2017, Relator Ministro: Alexandre de Souza Agra Belmonte, 3ª Turma, Data de Publicação: DEJT 15/09/2017).

ISONOMIA

» *Estrangeiro*

Estrangeiro refugiado pode tomar posse em cargo público caso o edital restrinja a admissão a brasileiros?

Conforme preconiza o inciso I do artigo 5º da Lei nº 8.112/90, que dispõe sobre o regime jurídico dos servidores públicos civis da União, das autarquias e das fundações públicas federais, um dos requisitos básicos para a investidura em cargo público é a nacionalidade brasileira. Não obstante o artigo 37, inciso I, da CF disponha que "os cargos, empregos e funções públicas são acessíveis aos brasileiros que preencham os requisitos estabelecidos em lei, assim como aos estrangeiros, na forma da lei", segundo o STF, o aludido preceito constitucional, relativamente ao acesso aos cargos públicos por estrangeiros, é dotado de eficácia limitada, dependendo de regulamentação para produzir efeitos, não sendo, portanto, autoaplicável (RE 544655 AgR/MG). Ainda, vale salientar que a Lei nº 9.474/97, que define mecanismos para a implementação do Estatuto dos Refugiados de 1951, estabelece que o refugiado estará sujeito aos deveres dos estrangeiros no Brasil, e que, ao adquirir nova nacionalidade e gozar da proteção do país cuja nacionalidade adquiriu, cessará sua condição de refugiado. Desse modo, ***sendo incontroverso o fato de que o recorrido é estrangeiro, na condição de refugiado, avulta a convicção sobre a inviabilidade de sua admissão em cargo público.*** (RR-1406-71.2015.5.12.0034, Relator Ministro: Antônio José de Barros Levenhagen, Data de Julgamento: 21/06/2017, 5ª Turma, Data de Publicação: DEJT 23/06/2017)

» ***Dispensa discriminatória***

O rol de práticas consideradas discriminatórias previsto no art. 1º da Lei nº 9.029/1995 é exemplificativo? Ainda, dispensa decorrente do ajuizamento de reclamação trabalhista é discriminatória? E, qual a consequência da dispensa discriminatória?

O rol de práticas consideradas discriminatórias previsto no art. 1º da Lei nº 9.029/1995 sempre foi meramente exemplificativo, mesmo antes da alteração introduzida pela Lei nº 12.146/2015, que somente acrescentou a expressão "entre outros". Ao efetuar a referida modificação, o objetivo do legislador foi apenas deixar evidente o que já estava estabelecido na redação original do dispositivo, ou seja, a vedação a qualquer atitude discriminatória que impeça o acesso ou a manutenção de relação de trabalho. Assim, na hipótese dos autos, em que houve a comprovação da ocorrência de dispensa retaliatória em razão de ajuizamento de reclamatória trabalhista anterior, a SBDI-I determinou determinar a ***reintegração do reclamante ao emprego, com o pagamento de todas as verbas devidas no período de afastamento, corrigidas monetariamente e acrescidas de juros (art. 4º, I, da Lei nº 9.029/1995).***[1] *TST-E-RR-807-35.2013.5.09.0892, SBDI-I, rel. Min. Brito Pereira, 26.10.2017 - Informativo TST nº 168.*

O exercício da atividade econômica, legitimado em um sistema capitalista de produção, está condicionado pelo art. 170 da Constituição à ob-

1. Nesse caso, ficaram vencidos os Ministros Guilherme Augusto Caputo Bastos e Renato de Lacerda Paiva, os quais entendiam que, em razão da dispensa do autor ter se dado em julho de 2013, a ele se aplica a redação original do art. 1º da Lei nº 9.029/1995, que não comportava interpretação extensiva, na medida em que apresentava rol taxativo referente a condições pessoais do empregado (sexo, origem, raça, cor, estado civil, situação familiar ou idade), não englobando, portanto, o caso da dispensa em razão de ajuizamento de ação.

servância dos princípios nele enumerados, entre os quais se incluem a valorização do trabalho humano, a existência digna, de acordo com a justiça social (caput) e a função social da propriedade (inciso III), este último perfeitamente lido como função social da empresa. Ademais, estabelece vínculo direto e indissociável com os princípios contidos no art. 1º da Constituição, que fundamentam o Estado Democrático de Direito, entre os quais se incluem os valores sociais do trabalho e da livre iniciativa (inciso IV), sem se falar na dignidade da pessoa humana (inciso III). Nesse contexto, informados por princípios basilares da atual ordem constitucional pátria, mormente na centralidade da pessoa humana, que decorre da dignidade que é ostentada por todos os indivíduos, forçoso concluir que ***o rol de condutas discriminatórias, a que se refere o artigo 1º da Lei nº 9.029/95, é meramente exemplificativo.*** Na hipótese, a Corte Regional, soberana na análise do conjunto fático-probatório, consignou que, "no dia 03/03/2008, ao chegar na agência em que trabalhava, o obreiro foi acometido de mal súbito, necessitando de cuidados médicos, (...)" e, "ao retornar para o trabalho, em 04/03/2008, o Acionante foi comunicado de sua dispensa". Outrossim, conforme se extrai dos autos, constata-se que, a dispensa do autor um dia após ter passado mal no ambiente de trabalho é discriminatória, ante a presunção de gravidade da doença, corroborada pelo período da licença médica (19/03/2008 a novembro/2009), matéria incontroversa nos autos. Tais fatos reforçam a tese recursal, quanto à existência de estigma, preconceito ou discriminação por parte do empregador no momento da dispensa. Conclui-se ser cabível a condenação à indenização a que se refere o artigo 4º, II, da supracitada lei. Recurso de revista de que se conhece e a que se dá provimento. (RR-44000-08.2008.5.01.0049, Relator Ministro: Cláudio Mascarenhas Brandão, Data de Julgamento: 04/10/2017, 7ª Turma, Data de Publicação: DEJT 13/10/2017).

A manutenção do vínculo empregatício por certo tempo após a descoberta do fator estigmatizante afasta a presunção de dispensa discriminatória? Ainda, é discriminatória a dispensa de empregado com tuberculose?

Dispensa discriminatória. Presunção. Empregado portador de tuberculose. Súmula nº 443 do TST. 1. A eg. Sétima Turma não conheceu do recurso de revista, quanto à reintegração no emprego com base em dispensa discriminatória, sob o fundamento de não ser aplicável a presunção prevista na Súmula nº 443 do TST, dado que a tuberculose não impediu a manutenção do vínculo de emprego por mais de seis anos após a empresa ter ciência da doença; não houve afastamento do trabalho para tratamento de saúde nem a percepção de benefício previdenciário; não havia incapacidade de ordem psiquiátrica ao tempo da dispensa; tampouco foi provado nexo causal com as condições laborais. 2. Todavia, ***tratando-se de controvérsia envolvendo empregado acometido por doença grave, ou que cause estigma ou preconceito, nos termos da Súmula nº 443 desta Corte, o exercício do direito potestativo de dispensa, sem justa causa, conduz à presunção de conduta discriminatória, e arbitrária***, não elidida por nenhuma das premissas fáticas fixadas na origem e, portanto, suficiente a invalidar o ato de dispensa e a assegurar o retorno ao emprego. Prevaleceu o entendimento de que, ***sendo incontroverso que a reclamada sabia que a reclamante era portadora de tuberculose, não há base legal para se exigir, como requisitos para a comprovação da dispensa discriminatória, a imediatidade da despedida, a redução da capacidade laboral, o afastamento para tratamento de saúde, a concessão de auxílio-doença ou o nexo causal entre a enfermidade e o trabalho realizado***. Ademais, ***a fundamentação da Corte regional, endossada pela Turma do TST, adotou posicionamento diametralmente oposto aos termos da Súmula nº 443 do TST, pois reputou à reclamante o ônus de comprovar a discriminação alegada.*** *E-ED-RR-65800-46.2009.5.02.0044, Relator Ministro: Walmir Oliveira da Costa, Data de Julgamento: 09/03/2017, Subseção I Especializada em Dissídios Individuais, Data de Publicação: DEJT 05/05/2017 – Informativo TST nº 154.*

É discriminatória a dispensa de empregado com câncer?

O câncer, por si só, não possui natureza contagiosa nem manifestação externa necessariamente repugnante, não configurando sua natureza estigmatizante, ou seja, que marca de forma negativa e indelevelmente, afastando, assim, a presunção de dispensa discriminatória. (RR-11284-84.2013.5.01.0005, Relatora Ministra: Dora Maria da Costa, Data de Julgamento: 02/08/2017, 8ª Turma, Data de Publicação: DEJT 04/08/2017)

É discriminatória a dispensa de empregado com mal de Parkinson? De quem é o ônus da prova quanto a licitude da dispensa?

A jurisprudência desta Corte presume discriminatória a dispensa de empregado portador de doença grave que suscite estigma ou preconceito, caso dos autos. A presunção de despedida discriminatória pode ser afastada por prova em contrário, recaindo sobre o empregador o ônus de demonstrar que o ato de dispensa se deu em desconhecimento do estado do empregado ou que decorreu de outra motivação lícita que não a sua condição de saúde. Cabe à empresa, portanto, provar que a dispensa do empregado portador de doença grave se deu por motivo plausível, razoável e socialmente justificável capaz de afastar o caráter discriminatório do término contratual. Na hipótese, no entanto, não há registro de que a reclamada tenha comprovado motivação lícita para a dispensa do empregado que não a sua condição de saúde. (AIRR-1221-11.2013.5.02.0445, Relator Ministro: Hugo Carlos Scheuermann, Data de Julgamento: 23/08/2017, 1ª Turma, Data de Publicação: DEJT 25/08/2017)

INTANGIBILIDADE SALARIAL

» *Danos causados pelo empregado ao empregador*

É válido o desconto por danos causados ao empregador independentemente de culpa ou dolo, mas desde que haja previsão no contrato?

A ordem jurídica fixou a regra da intangibilidade dos salários, vedando descontos empresariais no salário obreiro (art. 462, caput, *ab initio*, CLT). Contudo, tem autorizado diversas ressalvas a essa regra geral, tanto é assim que, sendo verdadeiramente acordados e realmente contraprestativos, tais descontos manter-se-iam como válidos, não afrontando a regra protetiva inserta no art. 462 examinado, consoante dispõe, a propósito, a Súmula 342/TST. Por outro lado, observa-se que a hipótese autorizativa do desconto por dano causado pelo empregado (ocorrendo dolo ou desde que esta possibilidade tenha sido pactuada, em caso de culpa) está prevista no parágrafo 1º do art. 462 da CLT. No caso dos autos, constata-se que, embora o acórdão recorrido tenha registrado que o contrato de trabalho do Autor possui cláusula que autoriza descontos relativos a danos por ele causados, ***não restou comprovada a existência de dolo ou culpa por parte do empregado pelo alegado dano evidenciado. Assim, esta Corte Superior compreende não ser suficiente a previsão contratual autorizando os descontos salariais em decorrência de avarias, sendo necessária também a comprovação do dolo ou culpa do empregado pelos prejuízos causados, o que não se extrai dos autos, no caso vertente, sendo forçoso reconhecer, portanto, a ilegalidade dos descontos efetuados. Recurso de revista conhecido e provido no aspecto.*** (RR-670-05.2014.5.03.0013, Relator Ministro: Mauricio Godinho Delgado, Data de Julgamento: 15/02/2017, 3ª Turma, Data de Publicação: DEJT 24/03/2017)

» ***Multa***

É válida a previsão de multa (cláusula penal) para empregado que se demite após curso de formação? Em caso positivo, há limitações?

Curso de formação. Termo de compromisso. Cláusula penal. Rescisão antecipada. Multa. O Tribunal Regional consignou que o empregado reclamado foi admitido mediante aprovação em concurso público, passando a frequentar curso de formação, no qual firmou termo de compromisso que estabelece multa de R$ 50.000,00 em caso de desligamento, abandono do curso, ou descumprimento do compromisso firmado. Registrou, ainda, que após nove meses de curso, o empregado reclamado requereu sua dispensa, o que levou a empresa reclamante a cobrar a multa correspondente. Pois bem, as relações contratuais de trabalho podem ser objeto de livre estipulação das partes interessadas desde que não haja violação às disposições de proteção ao trabalho, conforme previsto no art. 444 da CLT. Outrossim, nos termos do art. 477, §5º, da CLT, "qualquer compensação no pagamento das verbas rescisórias não poderá exceder o equivalente a um mês de remuneração do empregado". Ainda, quando verificado que o montante da penalidade é manifestamente desproporcional, cabe ao Juiz reduzir a obrigação imposta, nos termos do art. 413 do CC. Levando-se em conta o contexto fático delineado pelo TRT e o teor dos dispositivos legais antes mencionados, tem-se que, no caso em tela, o recurso merece parcial acolhimento, para reduzir a multa aplicada, ***limitando-a ao valor de uma remuneração do empregado à época do curso de formação.*** Precedentes. Recurso de revista conhecido e parcialmente provido. (RR-52500-46.2007.5.01.0066, Relatora Ministra: Maria Helena Mallmann, Data de Julgamento: 20/09/2017, 2ª Turma, Data de Publicação: DEJT 29/09/2017)

IRRENUNCIABILIDADE

» ***PDV***

Quais são os requisitos para que o PDV gere a quitação ampla e irrestrita de todas as parcelas decorrentes do pacto laboral?

Sobre a matéria em discussão, o excelso Supremo Tribunal Federal, no julgamento do RE nº 590.415/SC, com repercussão geral reconhecida, firmou posição no sentido de que **a transação extrajudicial que resulta**

na rescisão do contrato de trabalho, em face da adesão do empregado a plano de demissão incentivada, enseja quitação ampla e irrestrita de todas as parcelas decorrentes do pacto laboral, quando as referidas condições constarem, *expressamente*, da norma coletiva e dos demais instrumentos firmados pelo empregado. (E-ED-A-RR-444900-34.2003.5.12.0003, Relator Ministro: Guilherme Augusto Caputo Bastos, Data de Julgamento: 16/02/2017, Subseção I Especializada em Dissídios Individuais, Data de Publicação: DEJT 24/02/2017)

» ***Transação por sindicato***

No cumprimento de sentença de ação coletiva ajuizada por sindicato na condição de substituto processual pode o ente coletivo transacionar direito material?

Trata-se de ação rescisória fundada na alegação de invalidade da transação homologada em juízo, por ausência de autorização expressa do Autor, substituído na ação matriz, para que o Sindicato, substituto processual, realizasse atos de disposição do direito material do Autor. Com efeito, os sindicatos possuem legitimidade ampla para atuar na defesa coletiva e/ou individual dos integrantes das categorias que representam, sem necessidade de autorização dos trabalhadores em prol de quem atuam, embora não possam promover atos de disposição do direito material dos trabalhadores em nome dos quais figuram como parte. Nesse cenário, não pode praticar atos de disposição do direito material dos integrantes da categoria que representa. De acordo com a motivação exposta em julgamento proferido pela Excelsa Corte, "*Como bem delimitado por Chiovenda, a substituição processual não é ilimitada; isto é, o fato de o substituto agir como parte na relação processual não lhe permite praticar todas as atividades de parte, como os atos de disposição do direito em questão*" (RE 1093503/SP). Assim, ***apesar da legitimidade para propositura da ação coletiva, não é o sindicato o titular do direito material em discussão e dele não pode dispor mediante renúncia ou transação.*** Na transação que se pretendeu invalidar, as partes da ação primitiva – o Sindicato e a empresa – ajustaram a redução considerável da quantia que já havia sido apurada para o Autor, de mais R$260.369,71 (em valores de setembro de 2010) para apenas R$67.424,20, e incluíram no pacto o pagamento de R$200.000,00 de honorários advocatícios, verba que não havia sido deferida no título executivo antes formado. E a execução já estava garantida pela penhora de dinheiro. **Na hipótese, não poderia o sindicato celebrar acordo sem a aquiescência do trabalhador, titular do direito**

material. Para a prática de atos de disposição do direito material do Autor, havia necessidade de autorização prévia, não demonstrada nos autos da ação matriz, tampouco da ação rescisória. Nessas circunstâncias, não há como conferir validade à transação em relação ao direito do Autor, sobre o qual não poderia o Sindicato dispor, pelo que procede a pretensão rescisória fundada no inciso VIII do art. 485 do CPC de 1973. (RO-9012-85.2012.5.04.0000, Relator Ministro: Douglas Alencar Rodrigues, Data de Julgamento: 14/03/2017, Subseção II Especializada em Dissídios Individuais, Data de Publicação: DEJT 17/03/2017)

BOA-FÉ

» *Boa-fé objetiva*

Shopping pode cobrar estacionamento de empregados dos lojistas?

Na espécie, os trabalhadores são obrigados a comparecer diariamente ao centro de compras, que não funcionaria sem empregados (próprios e dos lojistas). Efetivamente, a atividade econômica do recorrente (locatário de espaços em centro de compras), ainda que não tomador dos serviços dos empregados dos lojistas, é o elemento central, uma vez que seria inconcebível um empreendimento com tal finalidade sem empregados. Sobressai, ainda, dos autos que o réu aufere parte do faturamento das lojas, e não apenas o aluguel, e que a cobrança do estacionamento foi feita diretamente aos empregados dos lojistas. Assim, é evidente que o conflito se dá em torno de típicas relações laborais (ainda que não empregatícias). Na hipótese, é incontroverso que o "shopping" auferia parte do faturamento das lojas, lucrando diretamente com o trabalho dos empregados aos quais impôs um ônus abusivo. Assim, imperioso concluir que ***foi imposta alteração abusiva em prejuízo direto dos empregados das lojas, pela cobrança de taxa de estacionamento, a violar o princípio da boa-fé objetiva.*** (RR-2222-76.2011.5.15.0077, Relator Ministro: Alberto Luiz Bresciani de Fontan Pereira, Data de Julgamento: 30/08/2017, 3ª Turma, Data de Publicação: DEJT 20/10/2017)

LIVRE EXERCÍCIO PROFISSIONAL

» *Nutricionista*

É constitucional a expressão "privativas", contida no "caput" do art. 3º da Lei 8.234/1991[2], que regulamenta a profissão de nutricionista?

É constitucional a expressão "privativas", contida no "caput" do art. 3º da Lei 8.234/1991, que regulamenta a profissão de nutricionista, respeitado o âmbito de atuação profissional das demais profissões regulamentadas. Atividades eminentemente técnicas que não se confundem com as desempenhadas por profissionais de nível médio. Ressalva quanto a outras categorias, tais como nutrólogos, bioquímicos e gastroenterologistas. Inexistência de restrição ao exercício de trabalho, ofício ou profissão em desconformidade com a Constituição. Ação direta de inconstitucionalidade julgada improcedente, respeitado o âmbito de atuação profissional específico. (ADI 803, Relator(a): Min. Gilmar Mendes, Tribunal Pleno, julgado em 28/09/2017. Publicado em 23/11/2017).

Nota do Tribunal:

O Tribunal afirmou que a Constituição, ao admitir que lei restrinja o exercício das profissões, especificando requisitos mínimos ao exercício de atividades técnicas, apresenta-se como exceção à regra geral da liberdade de exercício profissional. Essas restrições legais precisam ser proporcionais e necessárias e estão restritas às "qualificações profissionais" - formação técnico/científica indispensável para o bom desempenho da atividade. O caso da profissão de nutricionista requer conhecimentos técnicos e científicos específicos para o desempenho de suas funções.

---

2. Lei 8.234/1991: "Art. 3º São atividades privativas dos nutricionistas: I - direção, coordenação e supervisão de cursos de graduação em nutrição; II - planejamento, organização, direção, supervisão e avaliação de serviços de alimentação e nutrição; III - planejamento, coordenação, supervisão e avaliação de estudos dietéticos; IV - ensino das matérias profissionais dos cursos de graduação em nutrição; V - ensino das disciplinas de nutrição e alimentação nos cursos de graduação da área de saúde e outras afins; VI - auditoria, consultoria e assessoria em nutrição e dietética; VII - assistência e educação nutricional e coletividades ou indivíduos, sadios ou enfermos, em instituições públicas e privadas e em consultório de nutrição e dietética; VIII - assistência dietoterápica hospitalar, ambulatorial e a nível de consultórios de nutrição e dietética, prescrevendo, planejando, analisando, supervisionando e avaliando dietas para enfermos".

O Colegiado ressaltou que as atribuições dos profissionais de nível médio são essencialmente diversas daquelas atribuídas com exclusividade aos profissionais de nível superior.

A norma impugnada enumerou como privativas dos nutricionistas atividades eminentemente técnicas que não se confundem com aquelas desempenhadas por outros profissionais de nível médio.

Portanto, não há inconstitucionalidade na exigência de nível superior em nutrição para atividades eminentemente acadêmicas, a exemplo da direção, coordenação e supervisão de cursos de graduação; planejamento, organização, direção, supervisão e avaliação de estudos dietéticos; ensino das matérias profissionais dos cursos de graduação em nutrição; e ensino das disciplinas de nutrição e alimentação nos cursos de graduação da área de saúde e outras afins.

Por outro lado, as atividades de planejamento, organização, direção, supervisão e avaliação de serviços pertinentes à alimentação e nutrição, consultório de nutrição e dietética, e de assistência dietoterápica hospitalar, ambulatorial e em consultório de nutrição não impedem nem prejudicam aquelas pertinentes a outras áreas de nível superior, notadamente referentes a bioquímicos e médicos nutrólogos.

Assim, é imperativo destacar que existem ressalvas com relação a outras categorias profissionais, tais como gastroenterologistas, nutrólogos, bioquímicos e demais profissões que, conquanto lidem com atividades correlatas, não têm seu exercício tolhido pela regulamentação da profissão de nutricionista.

O ministro Marco Aurélio foi vencido. Julgava procedente o pedido formulado para declarar a inconstitucionalidade do vocábulo "privativas", constante do art. 3º da referida lei. Pontuou que o art. 5º, XIII da CF revela a liberdade no exercício de qualquer trabalho, ofício, ou profissão, atendidas as qualificações profissionais que a lei estabelecer.

CONTRATO DE TRABALHO

SUSPENSÃO E INTERRUPÇÃO

» *FGTS*

São devidos os depósitos do FGTS ainda que a relação de causalidade não tenha sido estabelecida no âmbito previdenciário?

Nos termos do art. 15, § 5º, da Lei 8.036/90, que dispõe sobre o FGTS, "*o depósito de que trata o caput deste artigo é obrigatório nos casos de afastamento para (...) licença por acidente do trabalho*". 2. E, à luz do referido dispositivo, firmou-se a jurisprudência desta Corte no sentido de que, reconhecido em juízo o nexo de causalidade entre a doença e o trabalho, são devidos depósitos do FGTS independentemente da percepção de auxílio-doença acidentário, ou seja, ainda que a relação de causalidade não tenha sido reconhecida no âmbito previdenciário. Precedentes de todas as Turmas do TST. A *contrario sensu*, em hipóteses como a dos autos, em que ***reconhecido pelo Tribunal Regional que não há nexo de causalidade entre a doença e o trabalho, são indevidos depósitos do FGTS no período de afastamento, sendo irrelevante, para esse fim, a percepção de auxílio-doença acidentário.*** (E-RR-2835-31.2013.5.12.0006, Relator Ministro: Hugo Carlos Scheuermann, Data de Julgamento: 19/10/2017, Subseção I Especializada em Dissídios Individuais, Data de Publicação: DEJT 27/10/2017)

ACÚMULO E DESVIO DE FUNÇÃO

» *Acúmulo de função*

O que caracteriza o acúmulo de funções?

A função é o conjunto sistemático de atividades, atribuições e poderes laborativos, integrados entre si, formando um todo unitário no contexto da divisão do trabalho estruturada no estabelecimento ou na empresa. A tarefa, por sua vez, consiste em uma atividade laborativa específica, estrita e delimitada, existente na divisão do trabalho estruturada no estabelecimento ou na empresa. É uma atribuição ou ato singular no contexto da prestação laboral. A função, pois, é um conjunto de tarefas que se reúnem em um todo unitário, de modo a situar o trabalhador em um posicionamento específico no universo da divisão do trabalho da empresa. De fato, o simples exercício de algumas tarefas componentes de uma outra função não traduz, automaticamente, a ocorrência de uma efetiva alteração funcional no tocante ao empregado. É preciso que haja uma concentração significativa do conjunto de tarefas integrantes da enfocada função para que se configure a alteração funcional objetivada. Frise-se, por oportuno, que à falta de prova ou inexistindo cláusula a respeito, entende-se que o obreiro se obriga a todo e qualquer serviço compatível com a sua condição pessoal (art. 456, parágrafo único, da CLT). Cumpre destacar, ainda, que a CLT não exige a contratação de um salário específico para remunerar cada uma das tarefas desenvolvidas, assim como não impede que um único salário seja estabelecido para remunerar todo o elenco de atividades executadas, durante a jornada de trabalho. Na hipótese, o Tribunal Regional, a partir da detida apreciação das provas dos autos, manteve a sentença que indeferiu as diferenças salariais pretendidas, por constatar que "o feixe de atribuições do autor é consentâneo com as funções de promotor de vendas, não configurando o alegado acúmulo de funções a ensejar o pagamento de comissões de venda ou adicional de salário". Destarte, diante do quadro fático delineado pelo Tribunal Regional, constata-se que não houve uma concentração significativa de tarefas com o Reclamante, a ponto de justificar um "plus" salarial. Ademais, afirmando a Instância Ordinária, quer pela sentença, quer pelo acórdão, que as atividades desempenhadas pelo Autor eram relacionadas e compatíveis com a função para a qual foi contratado, torna-se inviável, em recurso de revista, reexaminar o conjunto probatório constante dos autos, por não se tratar o TST de suposta terceira instância, mas de Juízo rigorosamente extraordinário – limites da Súmula 126/TST. Recurso de revista não conhecido quanto aos temas. (RR-670-05.2014.5.03.0013, Relator

Ministro: Mauricio Godinho Delgado, Data de Julgamento: 15/02/2017, 3ª Turma, Data de Publicação: DEJT 24/03/2017)

PERÍODO PÓS-CONTRATUAL

» *Cláusula de não concorrência*

> ***O valor da indenização pela cláusula de não concorrência no período pós-contratual deve corresponder ao valor da última remuneração?***

Do quadro fático descrito pelo e. TRT ficou estabelecido no ajuste firmado entre as partes que haveria uma "restrição de atuação por 12 meses em caso de rescisão contratual, qualquer que seja a sua modalidade – se pedido de demissão ou dispensa, nos seguintes termos: ... o empregado concorda que não será empregado de qualquer forma, à propriedade, gerenciamento, operação ou controle de qualquer concorrente, em qualquer parte da área abrangida em um raio de 50 (cinquenta) milhas (80, 45 km) de qualquer escritório aplicável. Se o empregador decidir, a seu critério exclusivo, aplicar os termos aqui providos, o empregador irá pagar ao empregado a quantia de R$ 11.538,50 para cada mês que o empregador entender necessário para o cumprimento da cláusula 9, como contraprestação pela não-concorrência". 2. Verifica-se, portanto, que não houve integral impedimento ao exercício da profissão do reclamante, mas tão somente restrição geográfica, delimitada no raio de aproximadamente 80 km. 3. Nesse contexto, ***a pretensão do reclamante, de que lhe sejam deferidas diferenças da compensação pela cláusula de não concorrência, com base na última remuneração percebida, não atende aos princípios da razoabilidade e da proporcionalidade.*** Com efeito, diante dos termos do ajuste, em que o reclamante não ficou totalmente impedido de exercer seu ofício ou profissão e tendo em vista que a compensação/indenização não se refere a contraprestação por trabalho prestado, verifica-se que o valor ajustado atende ao caso concreto, não se cogitando de violação dos arts. 9º, 444 e 468 da CLT e 5º, XIII e 7º, VI, da CF. Agravo de instrumento conhecido e não provido. (AIRR-2127-30.2011.5.02.0070, Redator Ministro: Hugo Carlos Scheuermann, Data de Julgamento: 07/06/2017, 1ª Turma, Data de Publicação: DEJT 09/06/2017)

RELAÇÕES ESPECIAIS DE TRABALHO E PROFISSÕES REGULAMENTADAS

ARQUITETOS E URBANISTAS X DESIGNER DE INTERIORES

» *Liberdade do exercício da profissão*

Associação questiona normas que regulamentam atuação de arquitetos sob alegação de que a Lei nº 12.378/2010 ressuscitou as antigas "corporações de ofício".

A Associação Brasileira de Designers de Interiores ajuizou no Supremo Tribunal Federal a Ação Direta de Inconstitucionalidade (ADI) 5634 contra dispositivos da Lei 12.378/2010 – que regulamenta o exercício da profissão de arquitetos e urbanistas – e da Resolução 51/2013 do Conselho de Arquitetura e Urbanismo do Brasil (CAU-BR), que dispõe sobre as áreas de atuação privativa e compartilhada desses profissionais. Para a entidade, as regras questionadas ofendem os princípios constitucionais da reserva legal e da liberdade do exercício profissionais em detrimento da atividade desenvolvida por designers de interiores.

Segundo a associação, as normas questionadas afetam diretamente os interesses dos profissionais de designers de interiores, que estão sendo excluídos do mercado de trabalho onde sempre atuaram. Isso porque a Resolução do CAU-BR, editada com base na Lei 12.378/2010, teria criado, em favor de arquitetos e urbanistas, uma "reserva de mercado" em atividades que sempre foram exercidas por designers de interiores, como é o caso de planejamento de uso de espaços em edificações, sem interferências estruturais, e do conforto ambiental.

"O artigo 3º da Lei Federal 12.378/2010 acabou por ressuscitar as antigas 'corporações de ofício', por assim dizer, transformando o CAU-BR numa corporação capaz de definir quem pode ou não atuar em determinadas áreas – inclusive em áreas em que os arquitetos e urbanitas têm muito pouco conhecimento técnico e onde notoriamente há outros profissionais muito melhor preparados como é o caso dos designers de interiores na Arquitetura de Interiores, dos paisagistas na Arquitetura Paisagística, dos museólogos no Patrimônio Histórico Cultural e Artístico, dos topógrafos na Topografia, dos biólogos e engenheiros no Meio Ambiente, dentre outros", sustenta a ABD.

Na ADI, a entidade ressalta que a profissão de designer de interiores e ambientes foi regulamentada em 2016 pela Lei 13.369. "É notório que os designers de interiores não são pessoas leigas nas atividades que exercem. Muitas são habilitados a tal por grau (bacharelado ou tecnológico) que lhes foi concedido por instituições de ensino superior ou mesmo por cursos técnicos de nível médio, inclusive federais, autorizados e fiscalizados por órgãos públicos competentes a tal. Quem exerce a atividade de design de interiores não é inexperiente nem desconhece as técnicas, a arte e o senso estético por ela exigida", sustenta.

A Associação Brasileira de Designers de Interiores pede a concessão de liminar para suspender dos dispositivos da lei impugnada e da Resolução CAU-BR 51/2013. No mérito, requer que seja declarada a inconstitucionalidade dos dispositivos questionados. A ação tem como relator o ministro Marco Aurélio.[3]

ADVOGADO

» ***Duração do trabalho***

> ***O regime de dedicação exclusiva do advogado deve estar expressamente previsto no contrato individual de trabalho?***

Advogado empregado. Jornada de trabalho. Art. 20 da Lei nº 8.906/1994. Regime de dedicação exclusiva. Exigência de previsão con-

3. Extraído do sítio *www.stf.jus.br*. Recomenda-se o acompanhamento da ADI pelo sistema de consultas públicas do Supremo Tribunal Federal.

tratual expressa. Art. 12 do Regulamento Geral do Estatuto da Advocacia e da OAB. A Lei nº 8.906/94, em seu art. 20, fixa o limite de 4 horas contínuas diárias e 20 horas semanais para a jornada de trabalho do advogado empregado, admitindo exceção por meio de ajuste coletivo ou no caso de dedicação exclusiva. O art. 12 do Regulamento Geral do Estatuto da Advocacia e da OAB, por sua vez, dispõe que, para os efeitos do art. 20 da Lei nº 8.906/94, o regime de dedicação exclusiva deve estar expressamente previsto no contrato individual de trabalho. Assim, ***diante da imprescindibilidade de previsão contratual, não há como presumir a dedicação exclusiva, sendo devidas as horas extras excedentes à quarta diária e à vigésima semanal, com o adicional de 100% previsto no art. 20 da Lei nº 8.906/94, e os reflexos legais.*** Vencidos os Ministros Cláudio Mascarenhas Brandão, Brito Pereira, Augusto César Leite de Carvalho, José Roberto Freire Pimenta e Hugo Carlos Scheuermann. No mérito, ainda por maioria, a Subseção negou provimento ao recurso, vencidos os Ministros Alexandre Agra Belmonte, relator, Aloysio Corrêa da Veiga, Guilherme Augusto Caputo Bastos e Ives Gandra Martins Filho, ***os quais admitiam a configuração de dedicação exclusiva com base no contrato realidade.*** *TST-E-RR-1606-53.2011.5.15.0093, SBDI-I, rel. Min. Alexandre Agra Belmonte, red. p/ acórdão Min. João Oreste Dalazen, 28.9.2017 - Informativo TST nº 166.*

ATLETA

» *Seguro do atleta profissional de futebol*

> *Qual a consequência pela não contratação de seguro de acidentes de trabalho?*

Atleta profissional de futebol. Atividade de risco. Seguro de acidentes de trabalho. Art. 45 da Lei nº 9.615/1998. Não contratação. Obrigação de indenizar. Nos termos do art. 45 da Lei nº 9.615/98, as entidades de prática desportiva são obrigadas a contratar seguro de acidentes de trabalho para atletas profissionais a ela vinculados, com o objetivo de cobrir os riscos a que eles estão sujeitos. E, segundo o parágrafo primeiro, a importância segurada deve garantir direito a uma indenização mínima correspondente ao valor total anual da remuneração ajustada no caso dos atletas profissionais. ***À míngua de previsão de sanção específica para o caso de descumprimento da obrigação, resolve-se a controvérsia à luz da responsabilidade civil, nas formas dos arts. 186, 247 e 927 do Código Civil. Comprovados o dano e o nexo de causalidade – lesão física durante uma partida de futebol sem***

a oportunidade de acionar seguro ante a não celebração do contrato pela empregadora-, e sendo a atividade de risco, conforme o próprio art. 45 em exame já antecipa, resta patente a obrigação de indenizar. No tocante ao valor da indenização, o critério estabelecido pela lei - indenização mínima correspondente ao valor anual da remuneração ajustada no caso dos atletas profissionais - encontra razão de ser no virtual desamparo ao atleta profissional jogador de futebol que tenha a carreira parcial ou totalmente interrompida em virtude de acidente do trabalho. Embargos de que se conhece e a que se nega provimento. *E-ED-RR-168500-29.2006.5.01.0046, Relator Ministro: Márcio Eurico Vitral Amaro, Data de Julgamento: 06/04/2017, Subseção I Especializada em Dissídios Individuais, Data de Publicação: DEJT 20/04/2017 - Informativos TST nº 156.*

» *Infarto*

Infarto sofrido por atleta profissional de futebol durante treino tem nexo causal com o trabalho?

INFARTO SOFRIDO PELO EMPREGADO. NEXO DE CONCAUSALIDADE COM O TRABALHO COMO JOGADOR DE FUTEBOL. RESPONSABILIDADE CIVIL DO EMPREGADOR. INDENIZAÇÃO POR DANOS MORAIS DEVIDA. AUSÊNCIA DE INCAPACIDADE LABORAL DECORRENTE DO ACIDENTE DO TRABALHO. DANOS MATERIAIS NÃO CARACTERIZADOS. 1. Conforme registrado pelo TRT, "pretende o autor na exordial que seja caracterizado como acidente de trabalho o infarto agudo do miocárdio a qual foi acometido em 06.09.2006, durante treinamento (corrida leve) que, sob recomendação médica do 1º reclamado [Cruzeiro Esporte Clube], realizava nas dependências do Centro de Treinamento Toca da Raposa II". 2. A Corte de origem consignou que o autor é portador de doença coronariana aterosclerótica, "a qual é sobreposta e agravada também por sua outra condição congênita de ser portador de trombofilia por deficiência de proteína C". Reconheceu que o infarto sofrido por autor é consequência das referidas doenças congênitas, destacando, contudo, que "a atividade laboral do autor - prática desportiva profissional - foi concausa do acidente de trabalho, que resta, assim, configurado, uma vez que, associando-se à patologia congênita do autor, contribuiu como fator desencadeante e agravante do dano por ele sofrido". Aplicou, assim, à hipótese as disposições contidas no art. 21 da Lei 8.213/91, relativas ao nexo de concausalidade. 3. E, além de reputar configurado o exercício de atividade de risco - circunstância apta a ensejar a responsabilidade objetiva do clube de futebol -, entendeu caracterizada a culpa do reclamado, "seja por, desde o início, não investigar à exaustão o quadro de trombofilia e/ou deficiência de proteína C, a fim de concluir pela contraindicação do mesmo na atuação profissional, seja à míngua de documentação completa capaz de confirmar a inexistência de sintomatologia a exigir investigação mais aprofundada". Destacou que o art. 34, III, da Lei 9.615/98 "prevê o dever da entidade de prática desportiva de submeter os atletas profissionais aos exames médicos e clínicos necessários à prática desportiva", cabendo "ao clube promover pré-avaliação médica exaustiva, com a realização de exames que possam identificar se o atleta é portador de trombofilia/deficiência de proteína C ou outra doença congênita que o contraindique à prática desportiva. (...) não realizando a apuração médica preventiva suficiente, e mantendo o atleta em atuação, inclusive ministrando remédios contraindicados aos portadores de cardiopatia, o clube responde não apenas objetivamente, mas também subjetivamente". Registrou, ainda, "o fato de estarem ausentes documentos que poderiam contribuir na análise certeira do histórico clínico do autor, que antecedeu o acidente cardiológico, visando a verificação das providências preventivas acaso tomadas pelo 1º reclamado", acrescentando que "as queixas de dor toráxica, acusadas pelo reclamante aos médicos do 1º Reclamado antes do primeiro infarto, e que poderiam sinalizar para uma patologia cardíaca, deveriam estar supostamente consignadas nas folhas do prontuário médico do autor". 4. Assim, em relação ao infarto sofrido pelo reclamante, restou demonstrado o nexo de concausalidade com o trabalho e a culpa do Cruzeiro Esporte Clube, o que é suficiente a respaldar a condenação ao pagamento de indenização pelos danos dele decorrentes. 5. Desse modo, ao condenar o empregador ao pagamento de indenização pelos danos morais decorrentes do infarto sofrido pelo empregado, o Tribunal Regional não violou os arts. 7º, XXVIII, da CF, 186 e 927, parágrafo único, do CC, 19 e 20, § 1º, "a" e "b", da Lei 8.213/91, tampouco divergiu dos arestos colacionados (Súmula 296/TST). 6. É inviável, contudo, responsabilizar o primeiro reclamado (Cruzeiro Esporte Clube) pela incapacidade do reclamante para as atividades que exigem esforço físico como a de jogador de futebol, pois a mesma não decorre do infarto sofrido em 2006 e não guarda nexo de causalidade com os serviços prestados. 7. É que, a teor do acórdão regional, o reclamante "nunca pôde nem jamais poderia ser atleta profissional", não tendo sido "o infarto que o impediu de jogar e ceifou sua carreira". A incapacidade para as funções que demandam esforço físico decorre, pois, de doença de natureza congênita. Não é consequência do infarto sofrido em 2006 e não guarda relação de causalidade com os serviços prestados em benefício do reclamado. 8. E, quanto às atividades laborais não relacionadas com a prática de esportes, não foi reconhecida a redução da capacidade laboral em decorrência do infarto sofrido, consoante se depreende do seguinte excerto da decisão recorrida: "a lesão decorrente do infarto é parcial e permanente, e, por óbvio, limita as atividades laborais do reclamante, tanto que refaz sua vida profissional em área diversa da esportiva, estando contratado por uma empresa metalúrgica". 9. Deve ser excluída da condenação, pois, a indenização por danos materiais, restando mantido o pagamento de indenização por danos morais. Recurso de revista parcialmente conhecido e provido, no tema. SEGURO PREVISTO NO ART. 45 DA LEI 9615/98. INDENIZAÇÃO. 1. Não se depreende, do art. 45 da Lei 9615/98, com a redação anterior à conferida pela Lei 12.395/2011 (aplicável à hipótese), que a cobertura do seguro ali previsto diz respeito apenas aos casos de incapacidade total para qualquer trabalho. Resta incólume, assim, sob o enfoque veiculado no recurso de revista, o referido dispositivo. 2. Quanto ao pedido sucessivo (dedução do valor da indenização do montante percebido nos últimos cinco anos sem a prestação de serviços), destaco que os arts. 45 da Lei 9615/98, 422 e 884 do CC são impertinentes e que não resta configurada a hipótese prevista no art. 368 do CC, pois o reclamante e o clube de futebol não são ao mesmo tempo credor e devedor um do outro. Recurso de revista não conhecido, no tema. INDENIZAÇÃO POR DANOS MORAIS. VALOR. 1. A Corte de origem condenou o empregador (Cruzeiro Esporte Clube) ao pagamento de indenização por danos morais, em montante correspondente a "16 (dezesseis) vezes o valor do último salário contratual", o que corresponde a aproximadamente R$ 129.088,00 (cento e vinte e nove mil e oitenta e oito reais). 2. Tal decisão não viola o art. 5º, V e X, da CF, pois, considerados os elementos balizadores da quantificação da indenização por danos morais e as circunstâncias do caso concreto, em especial a gravidade do acidente do trabalho sofrido – infarto – e a condição econômica das partes, não sobressai a alegada desproporcionalidade do quantum indenizatório, a ensejar a sua redução. Recurso de revista não conhecido, no tema. INCOMPETÊNCIA DA JUSTIÇA DO TRABALHO. PEDIDOS FORMULADOS CONTRA A EMPRESA FARMACÊUTICA QUE PRODUZ REMÉDIO MINISTRADO PELO CLUBE AO JOGADOR DE FUTEBOL E QUE SUPOSTAMENTE SERIA NOCIVO À SAÚDE. RELAÇÃO DE CONSUMO. Não constatada violação direta e literal de preceito de lei federal ou da Constituição da República, tampouco divergência jurisprudencial hábil e específica, nos moldes das alíneas "a" e "c" do artigo 896 da CLT, impõe-se negar provimento ao agravo de instrumento. Agravo de instrumento conhecido e não provido, no tema. PENSÃO MENSAL. LIMITAÇÃO TEMPORAL. Diante do provimento do recurso de revista da reclamada, para excluir da condenação o pagamento de indenização por danos materiais, o exame do agravo de instrumento do reclamante, no particular, resta prejudicado. Agravo de instrumento prejudicado, no tema. (ARR-922-43.2011.5.03.0003, Redator Ministro: Hugo Carlos Scheuermann, Data de Julgamento: 31/05/2017, 1ª Turma, Data de Publicação: DEJT 09/06/2017)

» *Direito de imagem*

Repasses habituais ao atleta, com periodicidade mensal, a título de "direito de imagem", é o suficiente para atribuir-lhes natureza salarial?

Em tese, o contrato de cessão do direito de exploração da imagem de atleta profissional ostenta natureza civil e não se confunde com o contrato especial de trabalho firmado com a entidade de prática desportiva. Nessa circunstância, os valores percebidos a tal título, em princípio, não se confundem com a contraprestação pecuniária devida ao atleta profissional, na condição de empregado, à luz do artigo 457 da CLT, e, portanto, não constituem salário. A Lei nº 12.395/2011, ao introduzir o art. 87-A à Lei nº 9.615/98 ("Lei Pelé"), tornou explícito o caráter autônomo da cessão ou exploração do denominado "direito de imagem" do atleta profissional - desvinculado do contrato de trabalho -, cuja essência civilista deita raízes nas disposições dos arts. 5º, inciso XXVIII, alínea "a", da Constituição Federal e 20 do Código Civil de 2002. Diante da submissão do Direito do Trabalho ao princípio da primazia da realidade e em respeito às disposições do artigo 9º da CLT, ***excepcionalmente é concebível, em tese, atribuir natureza salarial aos valores auferidos a pretexto de retribuição pecuniária em razão da cessão do direito de exploração da imagem, desde que hajam sido repassados ao atleta pela entidade desportiva empregadora com o verdadeiro intuito de "mascarar" o pagamento de salário.*** 4. A contrario sensu, inviabiliza o reconhecimento da natureza salarial da importância paga sob a rubrica "direito de imagem" a ausência de registro expresso, no acórdão regional, quanto à caracterização de fraude em si ou, ainda, de elementos que permitam ao Tribunal Superior do Trabalho, no âmbito restrito de recursos de natureza extraordinária, aferir o desvirtuamento na execução do contrato de cessão do direito de exploração da imagem do atleta. ***A mera referência, no acórdão regional, a repasses habituais ao atleta, com periodicidade mensal, a título de "direito de imagem", não é o suficiente para atribuir-lhes natureza salarial, nem tampouco autoriza a sua repercussão econômica nas parcelas do contrato de trabalho. Prevalência do princípio da boa fé objetiva, que decorre do art. 113 do Código Civil. Merece reforma acórdão de Turma do TST que, sem qualquer alusão à existência de***

fraude à legislação trabalhista, adota o fundamento genérico de que a renda auferida por atleta profissional em decorrência da cessão do direito de exploração de sua imagem decorre diretamente do contrato de trabalho e, por essa razão, constitui salário. (E-RR-406-17.2012.5.09.0651, Relator Ministro: João Oreste Dalazen, Data de Julgamento: 09/11/2017, Subseção I Especializada em Dissídios Individuais, Data de Publicação: DEJT 24/11/2017)

BANCÁRIO

» ***Duração do trabalho***

> *Em caso de transferência de empresa de processamento de dados para banco do mesmo grupo econômico qual o marco temporal para admissão da condição de bancário para fins de configuração da pré-contratação de horas extras?*

Horas extras. Pré-contratação. Configuração. Transferência de empresa de processamento de dados para banco do mesmo grupo econômico. Marco temporal para admissão na condição de bancário. Discute-se, no caso, a caracterização de pré-contratação de horas extras, em hipótese em que a trabalhadora prestava serviços para empresa de processamento de dados pertencente a grupo econômico, a qual foi extinta, sendo a trabalhadora, então, transferida para o Banco que integrava o grupo, ocasião em que houve a contratação de labor extraordinário. Consoante se extrai da decisão regional transcrita no acórdão embargado, a reclamante passou à condição de bancária quando foi transferida para o Banco reclamado. Portanto, ***a transferência para o Banco constitui o marco temporal para que seja a reclamante considerada como bancária, uma vez que, somente a partir desse momento, ocorreu a prestação de serviços nessa instituição***. Assim, sendo certo que a admissão da reclamante como bancária ocorreu no momento da sua transferência para o Banco, em razão da extinção da instituição que a contratara anteriormente, a qual pertencia ao grupo econômico formado pelo reclamado, na decisão embargada não se contrariou o disposto na Súmula nº 199 do Tribunal Superior do Trabalho, mas foi com ela convergente, tendo em vista o entendimento nela consubstanciado de que "*a contratação do serviço suplementar, quando da admissão do trabalhador bancário, é nula*". *E-ED-RR-261800-79.1999.5.02.0008, Relator Ministro: José Roberto Freire Pimenta, Data de Julgamento: 14/09/2017, Subseção I Especializada em Dissídios Individuais, Data de Publicação: DEJT 22/09/2017* ***– Informativo TST nº 164.***

Divisor 180 / 220

Qual o divisor para o cálculo do salário-hora dos bancários atualmente?

Ao julgar o primeiro Incidente de Recurso de Revista Repetitivo instaurado no âmbito do Tribunal Superior do Trabalho (Processo nº IRRR-849-83.2013.5.03.0138, julgado em 21/11/2016, acórdão publicado no DEJT de 19/12/2016), a SbDI Plena **definiu os divisores 180 e 220 para o cálculo do salário-hora da categoria dos bancários, independentemente da natureza jurídica que se atribua ao sábado em acordos e convenções coletivas de trabalho *ou* em regulamento empresarial.** 2. **Modulação dos efeitos** da decisão proferida em IRRR, a fim de que sejam preservadas as decisões de mérito sobre divisor emanadas de Turma do TST ou da SbDI-1 no período de 27/9/2012 (DEJT em que se publicou a atual redação da Súmula nº 124, I) até a data de julgamento do Incidente de Recurso de Revista Repetitivo (21/11/2016). (AgR-E-ED-RR– 53100-98.2009.5.03.0015, Relator Ministro João Oreste Dalazen, Data de Julgamento: 16/02/2017, Subseção I Especializada em Dissídios Individuais, Data de Publicação: DEJT 24/02/2017).

Como deve se dar a modulação dos efeitos da decisão que definiu o divisor do salário-hora dos bancários?

A SDI-1, em sua composição plena e em sede de Incidente de Recurso Repetitivo, definiu as teses jurídicas para o tema "Bancário. Salário-Hora. Divisor. Forma de Cálculo. Empregado Mensalista". Considerando as possíveis repercussões sociais, econômicas e jurídicas, a SDI-1, em observância aos princípios da segurança jurídica, confiança, previsibilidade e estabilidade das decisões judiciais, decidiu modular os efeitos da decisão. Desse modo, quanto aos seus efeitos temporais, a decisão proferida no referido Incidente de Recurso de Revista Repetitivo restou mitigada, definindo-se que, "para fins de observância obrigatória das teses afirmadas neste incidente (artigos 927, IV, e 489, § 1º, VI, do CPC, 896-C, § 11, da CLT e 15, I, ' a', da Instrução Normativa n. 39 deste Tribunal), a nova orientação será aplicada: a) a todos os processos em curso na Justiça do Trabalho, à exceção apenas daqueles nos quais tenha sido proferida decisão de mérito sobre o tema, emanada de Turma do TST ou da SBDI-1, no período de 27/09/2012 (DEJT em que se publicou a nova redação da Súmula 124, I, do TST) até 21/11/2016 (data de julgamento do presente IRR)" (IRR-849-83.2013.5.03.0138, SDI-1, Rel. Min. Cláudio Mascarenhas Brandão, DEJT 19/12/2016). Restaram preservadas, diante da modulação dos efeitos, as decisões de mérito sobre o tema proferidas por Turma do TST ou pela SDI-1 no período de 27/9/2012 (data de publicação da Súmula 124, com a redação alterada) até a data de julgamento do Incidente de Recurso de Revista Repetitivo, ocorrido em 21/11/2016, período em que publicada a decisão recorrida pela Turma do TST. A tese fixada, em se tratando de Incidente de Recurso Repetitivo, tem observância obrigatória desde sua publicação em face da sua natureza vinculante, conforme disposto nos arts. 927, inc. IV, e 489, § 1º, inc. VI, do CPC de 2015, 896-C, § 11, da CLT e 15, inc. I, alínea "a", da Instrução Normativa 39 do TST. (E-RR-749-39.2013.5.03.0006, Relator Ministro João Batista Brito Pereira, Data de Julgamento: 09/03/2017, Subseção I Especializada em Dissídios Individuais, Data de Publicação: DEJT 17/03/2017)

Mediante o primeiro julgamento de Incidente de Recurso de Revista Repetitivo instaurado no âmbito do Tribunal Superior do Trabalho (Processo nº IRRR-849-83.2013.5.03.0138, julgado em 21/11/2016, acórdão publicado no DEJT de 19/12/2016), a SbDI Plena definiu os divisores 180 e 220 para o cálculo do salário-hora da categoria dos bancários, independentemente da natureza jurídica que se atribua ao sábado em acordos e convenções coletivas de trabalho ou em regulamento empresarial. 2. Modulação dos efeitos da decisão proferida em IRRR, a fim de que sejam preservadas as decisões de mérito sobre divisor emanadas de Turma do TST ou da SbDI-1 no período de 27/9/2012 (DEJT em que se publicou a atual redação da Súmula nº 124, I) até a data de julgamento do Incidente de Recurso de Revista Repetitivo (21/11/2016). Caso concreto em que o acórdão de Turma do TST, proferido no período abrangido pelo critério modulatório estabelecido no Tema Repetitivo nº 0002, encontra-se em consonância com a diretriz da Súmula nº 124, I, "a" e "b", do TST. Embargos do Reclamado de que não se conhece, por força do efeito vinculante emanado da decisão proferida em sede de IRRR, inclusive no tocante à modulação. Aplicação do artigo 985, I e II, do CPC de 2015 c/c artigo 1º da Instrução Normativa nº 38/2015 do TST. (E-ED-RR-20122-36.2013.5.04.0521, Relator Ministro: João Oreste Dalazen, Data de Julgamento: 23/02/2017, Subseção I Especializada em Dissídios Individuais, Data de Publicação: DEJT 17/03/2017)

É devido ao caixa bancário o intervalo do digitador?

***Caixa bancário. Intervalo do digitador. Indevido.* O caixa bancário não tem direito ao intervalo do digitador previsto no art. 72 da CLT, na NR 17 e nas normas coletivas da categoria, porquanto não desenvolve atividade**

preponderantemente de digitação. A SBDI-I, por unanimidade, reformou a decisão embargada[4], para restabelecer o acórdão do Regional que indeferiu o pagamento dos 10 minutos de intervalo para cada 50 minutos trabalhados. Vencidos os Ministros Cláudio Mascarenhas Brandão, Augusto César Leite de Carvalho, José Roberto Freire Pimenta e Hugo Carlos Scheuermann. *E-RR-100499-71.2013.5.17.0152, Relator Ministro: Alexandre de Souza Agra Belmonte, Data de Julgamento: 09/02/2017, Subseção I Especializada em Dissídios Individuais, Data de Publicação: DEJT 19/05/2017 -* ***Informativo TST nº 152.***

Caixa bancário. Intervalo do digitador. Art. 72 da CLT. Previsão em regulamento interno e em termo de ajustamento de conduta. Devido. O caixa bancário tem direito ao intervalo do digitador a que se refere o art. 72 da CLT na hipótese em que há norma regulamentar e termo de ajustamento de conduta firmado com o Ministério Público do Trabalho garantindo o intervalo de 10 minutos a cada 50 minutos trabalhados, sem fixar o requisito da exclusividade no exercício da atividade de digitação. *E-ED--RR-1268-95.2011.5.04.0025, Relator Ministro: Augusto César Leite de Carvalho, Data de Julgamento: 09/03/2017, Subseção I Especializada em Dissí-*

4. Decisão embargada: RECURSO DE REVISTA EM FACE DE DECISÃO PUBLICADA ANTES DA VIGÊNCIA DA LEI Nº 13.015/2014. CAIXA BANCÁRIO. DIGITAÇÃO PREPONDERANTE NA JORNADA DE TRABALHO. PRESUNÇÃO HOMINIS. APLICAÇÃO ANALÓGICA DO INTERVALO PREVISTO NO ARTIGO 72 DA CLT. O reconhecimento de que o caixa bancário desenvolve atividade de digitação de dados de forma preponderante em sua jornada caracteriza o que se denomina de presunção hominis, concebida como aquela que se fundamenta na experiência da vida, a partir da compreensão dos fatos na visão do homem médio. Qualquer um sabe perfeitamente que, embora as atividades bancárias tenham sido facilitadas pela informatização, as tarefas afetas ao caixa continuam exigindo que o empregado constantemente faça uso do teclado para digitar valores. Exigir exclusividade é praticamente fazer letra morta da norma, uma vez que dificilmente um empregado permanecerá 100% da jornada digitando. O objetivo maior da concessão do intervalo pretendido é propiciar períodos de descanso, destinados à recuperação da energia produtiva e evitar a ocorrência da fadiga, que é a sensação de fraqueza, falta de energia e exaustão. É o efeito do esforço continuado, que provoca redução reversível da capacidade do organismo e degradação qualitativa desse trabalho, causada pelo conjunto complexo de fatores, cujos efeitos são cumulativos. Ordinariamente, portanto, como as regras normais de experiência dão conta de que as tarefas afetas ao caixa bancário exigem que o empregado faça uso da digitação para inserção de dados e números de documentos, existe aqui presunção hominis, iuris tantum, de que isso ocorre de forma preponderante em sua jornada. O ônus de provar o contrário, ou ainda, que a atividade de digitação era intercalada com outras, em frequência tal que equivaleria à própria pausa, é do banco (artigo 333, II, do CPC). Aplica-se a máxima "o ordinário se presume e o extraordinário se prova", conforme nos ensinou Nicola Framarino Dei Malatesta. Recurso de revista de que se conhece e a que se dá provimento. (RR-100499-71.2013.5.17.0152, Relator Ministro: Cláudio Mascarenhas Brandão, Data de Julgamento: 09/09/2015, 7ª Turma, Data de Publicação: DEJT 18/09/2015)

dios Individuais, Data de Publicação: DEJT 26/05/2017 – ***Informativo TST nº 154*** *(*Ver Informativo TST nº 152)*

DESPACHANTE ADUANEIRO

» *Honorários profissionais*

Pode o despachante aduaneiro exigir honorários profissionais caso tenha contratado salário fixo?

Despachante aduaneiro. Empregado. Contratação de salário fixo. Honorários profissionais. Indevidos. O art. 5º, § 2º, do Decreto-lei nº 2.472/1988 assegura que na execução dos serviços, o despachante aduaneiro "poderá contratar livremente seus honorários profissionais", não distinguindo a lei entre o despachante aduaneiro autônomo e o despachante aduaneiro empregado. Certo é que, na espécie, todavia, conforme consignado no acórdão regional, houve entre a reclamante e a reclamada a contratação de salário fixo. Logo, para que fosse exigível da empregadora, comissária, cujo objeto social é a exploração do ramo de despachos aduaneiros na importação, exportação e cabotagem, a pretensão de repasse à reclamante dos honorários profissionais de despachante aduaneiro, mister que se registrasse a premissa de que a contratação entre as partes fundou-se nesses termos, o que não ocorreu. *E-RR-980-31.2011.5.15.0094, Relator Ministro: Márcio Eurico Vitral Amaro, Data de Julgamento: 29/06/2017, Subseção I Especializada em Dissídios Individuais, Data de Publicação: DEJT 28/07/2017 –* ***Informativo TST nº 161.***

DOMÉSTICO

» *Vínculo*

Sob a égide da Lei nº 5.854/72, configura vínculo o trabalho por três vezes por semana?

Na hipótese em que o trabalho doméstico, regido pela Lei nº 5.859/72, foi prestado três vezes por semana por quase três anos, resta configurada a continuidade da prestação de serviços para efeito de reconhecimento do vínculo de emprego. *(E-RR-10933-98.2014.5.03.0077, Relator Ministro: Hugo Carlos Scheuermann, Data de Julgamento: 02/02/2017, Subseção I Especializada em Dissídios Individuais, Data de Publicação: DEJT 17/03/2017)*

ENGENHEIRO

» *Salário profissional*

Lei que fixa o salário profissional em múltiplos do salário mínimo é constitucional?

Ressalvado o posicionamento do Relator, no sentido da inconstitucionalidade das normas que fixam piso salarial em múltiplos do salário-mínimo, à luz do quanto decidido pelo Supremo Tribunal Federal, em sede de Medida Cautelar em Arguição de Descumprimento de Preceito Fundamental nº 151/DF e da Súmula Vinculante nº 4 daquela Corte, ***a iterativa e atual jurisprudência deste Tribunal Superior firmou-se no sentido de reconhecer que a Lei nº 4.950-A/66 foi recepcionada pela Constituição Federal de 1988 e, por conseguinte, não há contrariedade ao seu artigo 7º, IV, nem à mencionada Súmula Vinculante, uma vez que apenas estipulou o piso salarial dos respectivos profissionais em múltiplos do salário-mínimo, sem prever o reajuste automático. Incidência da Orientação Jurisprudencial nº 71 da SBDI-2 desta Corte.*** (AgR-E-ED-RR-1384-96.2011.5.08.0120, Relator Ministro: Cláudio Mascarenhas Brandão, Data de Julgamento: 16/02/2017, Subseção I Especializada em Dissídios Individuais, Data de Publicação: DEJT 10/03/2017)

O salário profissional de engenheiro previsto na Lei nº 4.950-A/66 se aplica ao servidor público de fundação pública estadual?

A remuneração do servidor público da Administração Pública, autárquica e fundacional, ainda que contratado sob o regime da CLT, deve observar os artigos 37, X, e 169 da Constituição Federal, que preveem a necessidade de prévia dotação orçamentária e autorização em lei específica para a concessão de qualquer vantagem ou aumento de remuneração. Assim, ***inaplicável o salário profissional fixado pela Lei nº 4.950-A/66 ao reclamante, engenheiro contratado pelo regime celetista.*** *E-RR-872-97.2010.5.04.0011, Redator Ministro: Márcio Eurico Vitral Amaro, Data de Julgamento: 04/05/2017, Subseção I Especializada em Dissídios Individuais, Data de Publicação: DEJT 26/05/2017 –* ***Informativo TST nº 158.***

MENOR

» *Estágio*

Qual o prazo prescricional aplicável ao estágio?

O contrato de estágio, apesar de envolver tipo de relação de trabalho, e não de emprego, contém pretensão que atrai a incidência da prescrição trabalhista prevista no inciso XXIX do art. 7º da Constituição Federal, cujo comando alude, expressamente, a contrato de trabalho e a trabalhadores urbanos e rurais, e não apenas a empregados. O Tribunal Regional, ao aplicar à espécie a regra prescricional prevista no Código Civil, negou vigência ao citado dispositivo constitucional. (RR-10322-74.2012.5.04.0664, Relator Ministro: Walmir Oliveira da Costa, Data de Julgamento: 29/11/2017, 1ª Turma, Data de Publicação: DEJT 01/12/2017)

» *Aprendizagem*

A base de cálculo para cota de aprendizagem deve levar em conta atividades que não podem ser exercidas pelo aprendiz?

Em atenção ao princípio da proteção integral e ao direito do jovem à profissionalização (art. 227 da CF), as atividades de faxineiro, gari, servente, coletor, varredor de rua e similares devem ser computadas na base de cálculo para contratação de aprendizes a que se refere o art. 429 da CLT, pois estão previstas na Classificação Brasileira de Ocupações - CBO, critério objetivo para a definição das funções que demandam formação profissional adotado pelo art. 10 do Decreto nº 5.598/2005. Destaca-se que a formação profissional demandada pelas atividades de faxineiro, gari, servente, coletor, varredor de rua e similares é compatível com o desenvolvimento físico, moral e psicológico do aprendiz, conforme disciplinado no art. 428 da CLT. Registre-se, ainda, que não restou concretizada qualquer das exceções previstas no art. 10, § 1º, do Decreto 5.598/2005 ("*funções que demandem, para o seu exercício, habilitação profissional de nível técnico ou superior, ou, ainda, as funções que estejam caracterizadas como cargos de direção, de gerência ou de confiança*"). Devida, assim, a inclusão dessas funções na base de cálculo para a contratação de aprendizes, exegese que permite atribuir máxima efetividade ao princípio da proteção integral e ao direito do jovem à profissionalização, na forma do art. 227 da CF. *E-RR-191-51.2010.5.03.0013, Relator Ministro: Hugo Carlos Scheuermann, Data de Julgamento: 05/10/2017,*

*Subseção I Especializada em Dissídios Individuais, Data de Publicação: DEJT 17/11/2017 – **Informativo TST nº 167.***

União tem que emitir CTPS para trabalhadores menores de 16 anos sem contrato de aprendizagem?

Trata-se de ação civil pública movida pelo Ministério Público do Trabalho, com o propósito de impor à União a obrigação de expedir CTPS a todos os menores de 16 anos que forem flagrados na condição de empregados, à margem da relação jurídica de aprendizagem. De acordo com o artigo 7º, XXXIII, da Constituição Federal, o trabalho do menor de 16 anos apenas se legitima a partir dos 14 anos e, ainda assim, na condição de aprendiz. No entanto, nas situações em que presentes os requisitos dos artigos 2º e 3º da CLT, sem que exista relação jurídica de aprendizagem, devem ser preservados os efeitos jurídicos do pacto laboral, ainda que sem prejuízo de sua manifesta irregularidade e da própria incidência das sanções legais cabíveis aos contratantes de trabalhadores menores, transgressores da ordem jurídica. Não se pode, porém, compreender a regra inscrita no art. 7º, XXXIII, da CF de forma contrária aos interesses daqueles a quem buscou preservar, beneficiando os contratantes transgressores, inclusive com a exclusão das obrigações de cunho trabalhista, previdenciário e fiscal. Ao trabalho irregular, também verificado nestas situações, doutrina e jurisprudência atribuem plenos efeitos, com repercussões na ordem jurídica trabalhista. O direito à identificação profissional compõe o conjunto de regras mínimas de proteção social, viabilizando o acesso a diversos direitos, inclusive e especialmente no âmbito da Seguridade Social. Ainda que socialmente indesejável, o trabalho de menores, com todos os prejuízos que encerra para a educação e o próprio futuro dessas crianças, constitui realidade que deve ser combatida por diversas formas, inclusive com a participação da sociedade civil, mas que não pode, quando detectado, gerar prejuízos aos menores e benefícios aos contratantes transgressores. Não prosperam as teses de ofensa ao princípio da separação dos poderes – art. 2º da CF -, na medida em que o Tribunal Regional, ao determinar a emissão de CTPS ao menor encontrado em situação irregular de trabalho, agiu nos estritos limites de sua competência (artigos 5º, XXXV, e 114 da Constituição Federal) e procedeu à interpretação e aplicação das normas que compõem o ordenamento jurídico quanto ao trabalho irregular e ao trabalho do menor. Tampouco há afronta ao art. 7º, XXXIII, da CF, pois esse preceito, como antes assinalado, não foi concebido para punir os menores que, por razões de ordem econômica, cultural e social, são precocemente incorporados ao mercado de trabalho, em condições usualmente precárias, com sérios prejuízos à sua formação educacional, reproduzindo-se o ciclo de pobreza e miséria que assalta os imensos contingentes populacionais privados do acesso à educação. Igualmente não se divisa violação dos artigos 21, XXIV, e 22, I, da Constituição Federal, na medida em que não se nega à União a competência constitucional para organizar, manter e executar a inspeção do trabalho, ditando normas sobre direito do trabalho. A rigor, como antes anotado, este Poder Judiciário, com base na realidade social que lhe é submetida, apenas interpreta e aplica as disposições da ordem jurídica que são pertinentes ao debate proposto, o que decorre do exercício de sua função precípua, na exata conformidade dos artigos 5º, XXXV, e 114 da CF. 2. AÇÃO CIVIL PÚBLICA. ALCANCE TERRITORIAL E SUBJETIVO. A extensão dos efeitos da coisa julgada nas ações coletivas é determinada pela natureza do direito objeto da lide. Assim, tratando-se de direito difuso, a sentença proferida na ação civil pública fará coisa julgada erga omnes, atingindo todos os titulares do direito, independentemente da competência territorial do juízo prolator da decisão questionada. Precedentes. Agravo de instrumento não provido. (AIRR-18800-82.2011.5.17.0005, Relator Ministro: Douglas Alencar Rodrigues, Data de Julgamento: 14/12/2016, 7ª Turma, Data de Publicação: DEJT 24/02/2017)

Notícia extraída do site do TST:

A Sétima Turma do Tribunal Superior do Trabalho negou provimento a agravo de instrumento da União contra decisão que a **condenou a expedir, <u>em todo o Brasil</u>, Carteira de Trabalho e Previdência Social (CTPS) a menores de 16 anos flagrados na condição de empregados e sem contrato de aprendizagem. <u>A decisão atinge todos os titulares do direito (trabalhadores menores nessa situação), independentemente da competência territorial do juízo que prolatou a decisão</u>** (no caso, a Justiça do Trabalho do Espírito Santo).

O resultado do julgamento atende pedido do Ministério Público do Trabalho (MPT), em ação civil pública ajuizada depois que o Ministério do Trabalho (MT) se recusou a emitir a carteira de trabalho para um adolescente de 15 anos contratado irregularmente por uma microempresa. O indeferimento do MT baseou-se no artigo 7º, inciso XXXIII, da Constituição Federal, que proíbe o trabalho a jovens com idade inferior a 16 anos, salvo na condição de aprendiz, a partir dos 14. Segundo o órgão do governo federal, a entrega da CTPS seria um incentivo para o menor continuar no mercado de trabalho, enquanto, na visão do Ministério Público, a formalização asseguraria os seus direitos, como salário e previdência social.

O juízo de primeiro grau e o Tribunal Regional do Trabalho da 17ª Região (ES) julgaram procedente o pedido do MPT. A União recorreu ao TST argumentando com *o risco de o fornecimento do documento ser interpretado como uma autorização para o serviço proibido*. Também indicou a *possibilidade de expedir a carteira quando o trabalhador alcançasse a idade prevista na Constituição, com efeitos retroativos, de forma a não causar prejuízo ao menor*. Como o Regional negou seguimento ao recurso de revista, a União interpôs o agravo.

Relator do processo no TST, o ministro Douglas Alencar Rodrigues manteve a conclusão da instância ordinária. Ele afirmou que, **nos casos de trabalho do menor de 16 anos em desacordo com a Constituição Federal, é necessário cessar de imediato a situação e garantir ao adolescente todos os direitos devidos a um trabalhador regular, sob a pena de premiar o empregador que cometeu a irregularidade. *"Não se pode compreender o artigo 7º, inciso XXXIII, da Constituição de forma contrária aos interesses daqueles a quem buscou preservar, beneficiando o contratante transgressor, inclusive com a dispensa das obrigações de cunho trabalhista, previdenciário e fiscal*"**, disse.

Alcance da decisão: como a ação civil pública tratou de **direito difuso**, uma vez que a proibição em questão abrange **pessoas indeterminadas** e **ligadas por uma circunstância de fato**, o ministro concluiu que a decisão precisa ser cumprida não apenas no Espírito Santo, mas também nos outros Estados e no Distrito Federal, alcançando todos os menores de 16 anos encontrados em situação de trabalho irregular. Por unanimidade, a Sétima Turma acompanhou o voto do relator. (Processo: AIRR-18800-82.2011.5.17.0005 – fonte: www.tst.jus.br)

MINEIROS

» *Duração do trabalho*

O tempo de deslocamento da boca da mina até o local de trabalho e vice-versa deve ser computado para efeito de concessão de intervalo intrajornada?

O período de deslocamento do mineiro entre a boca da mina e a frente de lavra não deve ser computado para efeito de concessão de intervalo

intrajornada, pois o labor em minas de subsolo não se submete ao sistema geral de duração do trabalho, conforme excepciona o art. 57, parte final, da CLT. Ao promover o disciplinamento especial do trabalho dos mineiros (arts. 293 a 301 da CLT), o legislador adotou explicitamente tratamento diferenciado entre o tempo de "trabalho efetivo" para efeito de jornada normal e o tempo de deslocamento, dispondo que este último é computado apenas para efeito de pagamento do salário (arts. 293 e 294). Assim, na hipótese em que o empregado em mina de subsolo presta jornada efetiva de seis horas diárias, ainda que perceba 65 minutos de remuneração pelo deslocamento, não tem direito ao cômputo deste tempo para beneficiar-se do intervalo intrajornada do art. 71 da CLT, inaplicável em virtude da norma especial do art. 298 da CLT – que prevê um intervalo intrajornada mais benéfico, de 15 minutos a cada três horas de labor, computado "na duração normal de trabalho efetivo". De outra sorte, no caso concreto há registro de cláusula de acordo coletivo que se revela vantajosa para os empregados, pois, ao regular o direito previsto no art. 294 da CLT, garantiu a percepção de um adicional de 70% para os 65 minutos de deslocamento da boca da mina até a frente de lavra. Vencidos os Ministros Augusto César Leite de Carvalho, relator, Brito Pereira, Emmanoel Pereira, Márcio Eurico Vitral Amaro, José Roberto Freire Pimenta, Hugo Carlos Scheuermann e Cláudio Mascarenhas Brandão, os quais reconheciam o tempo gasto da boca da mina até o local de trabalho como tempo à disposição do empregador, razão pela qual julgavam procedente o pedido de horas extras decorrente do intervalo intrajornada não usufruído, fazendo incidir a Súmula nº 437, IV, do TST. *TST-E-RR-505-29.2010.5.20.0011, SBDI-I, rel. Min. Augusto César Leite de Carvalho, red. p/ acórdão Min. João Oreste Dalazen, 21.9.2017 –* ***Informativo TST nº 165.***

MOTORISTA

» *Transportador autônomo de carga*

É constitucional a Lei nº 11.442/2007 (transporte rodoviário de cargas)?

1. A Lei nº 11.442/2007 (i) regulamentou a contratação de transportadores autônomos de carga por proprietários de carga e por empresas transportadoras de carga; (ii) autorizou a terceirização da atividade-fim pelas empresas transportadoras; e (iii) afastou a configuração de vínculo de emprego nessa hipótese. 2. É legítima a terceirização das atividades-fim de uma

empresa. A Constituição Federal não impõe uma única forma de estruturar a produção. Ao contrário, o princípio constitucional da livre iniciativa garante aos agentes econômicos liberdade para eleger suas estratégias empresariais dentro do marco vigente (CF/1988, art. 170) 3. A proteção constitucional ao trabalho não impõe que toda e qualquer prestação remunerada de serviços configure relação de emprego (CF/1988, art. 7º). 4. A persistência de decisões judiciais contraditórias, após tantos anos de vigência da Lei 11.442/2007, reforça a presença de perigo de dano de difícil reparação e gera grave insegurança jurídica, em prejuízo a todas as partes que integram a relação contratual de transporte autônomo de carga. 5. Verossimilhança do direito e perigo da demora demonstrados. Medida cautelar deferida. (Medida Cautelar na ADC nº 48, Min. Roberto Barroso, 19.12.2017).[5]

» *Duração do trabalho*

O rastreamento do veículo por satélite conduz ao controle de jornada do motorista?

Horas extras. Motorista. Rastreamento de veículo por satélite. Controle indireto da jornada de trabalho. Inaplicabilidade do art. 62, I, da CLT. A exceção prevista no artigo 62, I, da CLT **não depende apenas do exercício de trabalho externo, mas também da impossibilidade de controle de horário pelo empregador.** No caso, a Egrégia Turma consignou que a empresa detinha a **possibilidade de fiscalizar a jornada de trabalho desenvolvida, ainda que a finalidade precípua do rastreamento consistisse na proteção contra roubos.** Indubitável, portanto, que **o empregador exercia o controle indireto sobre os horários cumpridos pelo empregado. Somente quando se revelar inteiramente impossível o controle, estará afastado o direito ao pagamento de horas extraordinárias**, em razão da liberdade de dispor do seu próprio tempo, a exemplo do que ocorre, mesmo nesses casos, com o intervalo para refeição, cujo gozo é presumido, diante da autorização legal para dispensa do registro. Nesse contexto, o reclamante tem direito às horas extras. Precedentes. Recurso de embargos de que se conhece e a que se nega provimento. *E-RR-45900-29.2011.5.17.0161, Relator Ministro: Cláudio Mascarenhas Brandão, Data de Julgamento: 23/02/2017, Subseção I Especializada em Dissídios Individuais, Data de Publicação: DEJT 10/03/2017* ***– Informativo TST nº 153.***

5. Trata-se de medida cautelar. Logo, recomenda-se o acompanhamento da ADC nº 48 no sítio do STF.

O período de pernoite no veículo é tempo de sobreaviso ou tempo à disposição do empregador?

O pernoite de motorista no interior de caminhão, por contingência das condições de trabalho e sem expectativa de convocação, não configura tempo de sobreaviso ou à disposição do empregador. No caso, não houve prova de que o empregado permanecia no caminhão aguardando chamado para o trabalho. De qualquer maneira, o empregado não poderia permanecer aguardando ordens ou ser chamado para o serviço enquanto dormia no caminhão, pois as funções de vigiar e descansar são incompatíveis. Assim, como é inerente ao trabalho desenvolvido, o período de pernoite do motorista no caminhão não caracteriza tempo de sobreaviso ou à disposição do empregador. *E-RR-196-39.2013.5.09.0195, Relator Ministro: Renato de Lacerda Paiva, Data de Julgamento: 04/05/2017, Subseção I Especializada em Dissídios Individuais, Data de Publicação: DEJT 26/05/2017 –* ***Informativo TST nº 158.***

MULHER

» *Jornada*

Qual a consequência pela não concessão do intervalo para amamentação?

O "caput" do art. 396 da CLT, norma inserta no capítulo da proteção do trabalho da mulher, especificamente na seção da proteção à maternidade, ao estabelecer que, durante a jornada de trabalho, a mulher terá direito a dois descansos especiais, de meia hora cada um, para amamentar o próprio filho, até que ele complete seis meses de idade, não condiciona o direito ao intervalo destinado à amamentação à demonstração pela mãe da necessidade de continuar amamentando após o seu retorno ao trabalho, máxime porque a amamentação não se restringe ao ato de amamentar com o leite materno, abrangendo o ato de alimentar o recém-nascido, propiciando-lhe um desenvolvimento saudável. A ***não concessão do intervalo para amamentação assegura à empregada o direito ao pagamento do referido intervalo como horas extras, por aplicação analógica do art. 71, § 4º, da CLT.*** (RR-689200-82.2008.5.12.0016, Relator Ministro: Walmir Oliveira da Costa, Data de Julgamento: 16/08/2017, 1ª Turma, Data de Publicação: DEJT 18/08/2017)

MÚSICO

» *Jornada*

O tempo gasto em viagens pelo empregado entre uma cidade e outra para fins de participação em apresentações musicais, nas quais atuava como músico, pode ser reconhecido como tempo à disposição?

O Reclamante, ao assumir a atividade de músico, estava ciente de que prestaria serviços em outras cidades fora de seu domicílio. Assim, trata-se de uma prerrogativa do empregador exigir o trabalho nos termos pactuados, sendo o deslocamento a consequência do cumprimento da obrigação por parte do empregado. Compreendo que o tempo gasto com as viagens em direção a outras cidades não integra a jornada de trabalho dos músicos, sendo certo que essa movimentação faz parte da atividade profissional pela qual optaram e não significa tempo à disposição do empregador. Consequentemente, a jornada do músico será sempre o tempo que ele passa o som, aguarda o show no local do evento e o tempo do espetáculo propriamente dito. Assim, a egrégia Corte Regional, na particularidade em concreto da atividade de músico, ao considerar como tempo de efetivo serviço aquele despendido pelo obreiro com as viagens para se apresentar em espetáculos entre uma cidade e outra afrontou os artigos 4º, da CLT e 48, da Lei nº 3.857/60. (RR-10286-81.2014.5.18.0014, Relator Ministro: Guilherme Augusto Caputo Bastos, Data de Julgamento: 02/08/2017, 5ª Turma, Data de Publicação: DEJT 10/08/2017)

REPRESENTANTE COMERCIAL

» *Zona de atuação*

É possível presumir a existência de zona exclusiva em contrato de representação comercial quando não há cláusula expressa?

É possível presumir a existência de exclusividade em zona de atuação de representante comercial quando: (i) não houver previsão expressa em sentido contrário; e (ii) houver demonstração por outros meios da existência da exclusividade. Cinge-se a controvérsia em definir acerca da existência de zona exclusiva em contrato de representação comercial quando não há cláusula expressa no instrumento firmado entre as partes. Inicialmente, destaque-se que a representação comercial constitui um negócio jurídico com natureza de colaboração empresarial por aproximação, destinada a auxiliar a circulação e distribuição de produtos e serviços nos mercados consumidores. Está disciplinada por meio da Lei n. 4.886/65 que, em seu art. 27, aponta quais são os elementos obrigatórios de um contrato de representação comercial autônoma. Para a resolução desta controvérsia, importa mencionar apenas que, entre as cláusulas obrigatórias, estão a indicação da zona ou zonas em que será exercida a representação (alínea "d") e o exercício exclusivo ou não da representação a favor do representado (alínea "i"). Sobre esse ponto, apesar de tais cláusulas serem obrigatórias, não há a necessidade de utilização de forma específica para sua celebração (como a escrita), tampouco há qualquer consequência jurídica para a omissão dessas cláusulas. Nesse caminho, percebe-se que a doutrina se manifesta a favor da presunção de exclusividade quando houver omissão no instrumento firmado entre representante e representado. As dificuldades de interpretação quanto à presunção de exclusividade do representante exsurgem da aparente antinomia existente entre o caput e o parágrafo único do art. 31 da Lei n. 4.886/65, após alteração legislativa ocorrida em 1992. Segundo doutrina, "na reforma da Lei n. 4.866, de dezembro de 1965, conduzida afinal pela Lei n. 8.420, de maio de 1992, se tentou inverter a equação, com a presunção de exclusividade em favor do representante comercial. A redação final do projeto de lei, entretanto, truncou a proposta contida no anteprojeto, que tinha aquele sentido. O resultado foi precário, como se vê da atual redação do art. 31 e seu parágrafo único". Dessa forma, haverá exclusividade quando houver expressa previsão em contrato escrito ou nas hipóteses em que, mesmo havendo instrumento escrito, o contrato for omisso quanto à atribuição de zona de atuação exclusiva. Com isso, a presunção de exclusividade deve ocorrer em razão do conteúdo do caput do art. 31 da Lei n. 4.886/65, o qual garante ao representante as comissões de vendas realizadas em sua zona de atuação quando o contrato for omisso quanto à exclusividade territorial. Assim, mesmo com a omissão de dispositivo acerca da exclusividade em zona de atuação, o representante é protegido pela legislação de regência do contrato em comento, o que está em consonância com o propósito da lei em estabelecer mecanismos de proteção ao representante frente ao representado. *REsp 1.634.077-SC, Rel. Min. Nancy Andrighi, por unanimidade, julgado em 9/3/2017, DJe 21/3/2017 –**Informativo STJ nº 601.***

AVULSOS PORTUÁRIOS E AVULSOS NÃO PORTUÁRIOS

» *Prescrição*

A partir de quando começa a fluir o prazo prescricional bienal para o portuário?

A SBDI-1 do TST firmou o posicionamento de que, em casos envolvendo trabalhadores portuários avulsos, aplica-se a prescrição quinquenal, tendo em vista o caráter contínuo do vínculo que se estabelece entre o trabalhador portuário e o Órgão Gestor de Mão de Obra. Assim, ***a prescrição bienal somente tem incidência em hipóteses nas quais tenha ocorrido o cancelamento do registro ou do cadastro do trabalhador avulso no órgão gestor de mão de obra, a partir de quando se iniciará a contagem do prazo prescricional.*** Entendimento firmado na sessão do dia 4/8/2016, quando do julgamento do Processo nº TST-E-ED-RR-183000-24.2007.5.05.0121, com ressalva de posicionamento do Relator. Na hipótese dos autos, como não houve o referido cancelamento, não há falar em prescrição bienal, mas apenas na quinquenal, conforme entendimento adotado pela egrégia Sexta Turma. (E-ED-RR-968-14.2010.5.09.0322, Relator Ministro: Guilherme Augusto Caputo Bastos, Data de Julgamento: 29/09/2016, Subseção I Especializada em Dissídios Individuais, Data de Publicação: DEJT 24/02/2017)

» *Intervalo interjornada*

O intervalo interjornada do portuário pode ser reduzido por negociação coletiva?

A discussão cinge-se em torno da possibilidade de se limitar a condenação referente ao pagamento de horas extraordinárias, decorrentes da inobservância dos intervalos interjornadas, às hipóteses de prestação de serviços ao mesmo operador portuário. O artigo 7º, XXXIV, da Constituição Federal dispõe que os trabalhadores avulsos têm os mesmos direitos dos trabalhadores com vínculo de emprego permanente, razão pela qual, a princípio, não se lhes pode retirar o direito à limitação da jornada diária máxima. É certo que, tal como o intervalo intrajornada, o intervalo de 11 horas entre uma jornada e outra constitui medida de higiene, saúde e segurança do trabalho (artigos 66 da CLT e 7º, XXII, da Constituição Federal). Tanto é que esta Corte sedimentou o entendimento de que a inobservância do intervalo mínimo interjornadas acarreta, por analogia, os mesmos efeitos previstos no § 4º do artigo 71 da CLT e na Súmula nº 110, sendo devidas as horas que foram subtraídas do intervalo. **Em se tratando de trabalhador avulso, tem-se que a legislação específica dessa categoria (artigo 8º da Lei nº 9.719/98[6]) estabelece que na escalação diária do trabalhador portuário avulso deverá sempre ser observado um intervalo mínimo de onze horas consecutivas entre duas jornadas, *permitindo-se que, em situações excepcionais, não seja observado tal intervalo mínimo, desde que referidas situações constem de acordo ou convenção coletiva de trabalho.*** No caso, verifica-se que não restou caracterizada qualquer situação excepcional que justificasse a não observância do interregno mínimo de 11 horas entre dois turnos, sendo, portanto, devidas as horas extraordinárias decorrentes da inobservância dos intervalos entre jornadas, **não havendo que se falar em limitação às hipóteses em que ocorra a prestação de serviços a um mesmo operador portuário.** Precedentes. 6. Recurso de embargos de que se conhece e a que se nega provimento. (E-ED-RR-961-51.2012.5.09.0322, Relator Ministro: Guilherme Augusto Caputo Bastos, Data de Julgamento: 29/09/2016, Subseção I Especializada em Dissídios Individuais, Data de Publicação: DEJT 24/02/2017)

Norma coletiva pode reduzir o intervalo mínimo de 11 horas entre as jornadas do avulso?

Em se tratando de trabalhador avulso, a legislação específica dessa categoria permite que, ***em situações excepcionais, não seja observado o intervalo mínimo de 11 horas entre as jornadas, desde que referidas situações constem de acordo ou convenção coletiva de trabalho***. Inteligência do artigo 8º da Lei nº 9.719/98. Na hipótese vertente, todavia, a egrégia Oitava Turma deste Tribunal consignou expressamente que o reclamado não comprovou qualquer situação excepcional apta a atenuar o intervalo interjornada do reclamante, razão pela qual manteve o pagamento das horas extraordinárias. (AgR-E-RR-749-35.2010.5.01.0027, Relator Ministro: Guilherme Augusto Caputo Bastos, Data de Julgamento: 09/03/2017, Subseção I Especializada em Dissídios Individuais, Data de Publicação: DEJT 17/03/2017)

---

6. Art. 8º Na escalação diária do trabalhador portuário avulso deverá sempre ser observado um intervalo mínimo de onze horas consecutivas entre duas jornadas, **salvo em situações excepcionais, constantes de acordo ou convenção coletiva de trabalho.**

PETROLEIROS

» *Retribuição pelo trabalho*

Horas extras refletem nos repousos remunerados dos petroleiros?

Considerando recente decisão da SBDI-1, proferida no processo E-RR-1069-5.2012.5.11.0018, Relator Ministro Augusto César Leite de Carvalho, DEJT 13/05/2016, em que restou assentada a tese de que ***não são devidos os reflexos das horas extras no repouso previsto no artigo 3º, V, da Lei 5.811/1972***[7], vislumbra-se provável contrariedade à Súmula 172/TST, por má aplicação. No caso concreto, sustenta a Petrobras, pelas razões de embargos às fls. 380-389, que a Turma aplicou equivocadamente a Súmula 172/TST, porquanto a expressão "repouso remunerado" ali contida não poderia ter sido interpretada de forma ampliativa como ocorreu. **A previsão dos diversos repousos conferidos aos petroleiros advém da Lei 5.811/72 e não se confunde com aqueles previstos na Lei 605/49, que se referem ao repouso semanal remunerado e ao pagamento do salário nos dias de feriado, tendo, portanto, natureza diversa. Os repousos previstos na Lei 5.811/72, no entanto, visam compensar o trabalhador que labora em turnos ininterruptos de revezamento ou como forma de quitação das horas excedentes ao limite máximo diário, nos sistemas de sobreaviso, por importar um maior desgaste para ele. Referida lei previu, ainda, no seu art. 7º, que as folgas previstas quitariam também o descanso semanal remunerado de que trata a Lei 605/49, sem, contudo transformar a sua natureza. Dessa forma, *diante da peculiaridade do regime de trabalho dos petroleiros, os repousos concedidos pelo empregador não refletem nas horas extras habituais, que devem se limitar a 1/6 da semana, sendo pagos uma única vez, conforme previsão contida na Lei nº 605/49, sendo inaplicável a Súmula 172/TST*[8] *à hipótese dos autos.*** 4 – Recurso de embargos conhecido por contrariedade à súmula 172 do TST (má aplicação) e provido. (E-ED-RR-1596-50.2012.5.11.0007, Relator Ministro: Alexandre de Souza Agra Belmonte, Data de Julgamen-

---

7. **Art. 3º** Durante o período em que o empregado permanecer no regime de revezamento em turno de 8 (oito) horas, ser-lhe-ão assegurados os seguintes direitos: [...] **V - Direito a um repouso de 24 (vinte e quatro) horas consecutivas para cada 3 (três) turnos trabalhados.**

8. **Súmula 172. Repouso remunerado. Horas extras. Cálculo.** Computam-se no cálculo do repouso remunerado as horas extras habitualmente prestadas.

to: 16/02/2017, Subseção I Especializada em Dissídios Individuais, Data de Publicação: DEJT 24/02/2017)

Ação rescisória. Petroleiros. Turnos ininterruptos de revezamento. Reflexos das horas extras nas folgas compensatórias previstas na Lei nº 5.811/72. Pagamento indevido. Inaplicabilidade da Súmula nº 172 do TST. Violação do art. 7º, XV, da CF. Configuração. Viola o art. 7º, XV, da CF o acórdão que condena a Petrobras S.A. ao pagamento de diferenças de reflexos em horas extras nas folgas previstas na Lei nº 5.811/72, por aplicação da Súmula nº 172 do TST. Para a categoria dos petroleiros, o labor em turnos de revezamento, bem como as folgas compensatórias usufruídas, decorrem do regime especial de trabalho, previsto na Lei nº 5.811/72, não se confundindo com o repouso de que trata a Lei nº 605/49, razão pela qual possuem consequências diversas. Assim, considerando que os repousos previstos nos arts. 3º e 4º da Lei nº 5.811/72 não são considerados como "descanso semanal remunerado", mas "folga compensatória", inexiste reflexo nas horas extras habitualmente prestadas. Assim, considerando que os repousos em questão configuram folga compensatória e não se confundem com o descanso hebdomadário a que se refere a Lei nº 605/49, resulta inaplicável o entendimento contido na Súmula nº 172 do TST, que se restringe às hipóteses de repouso semanal remunerado. *RO-10465-40.2015.5.03.0000, Relator Ministro: Alberto Luiz Bresciani de Fontan Pereira, Data de Julgamento: 26/09/2017, Subseção II Especializada em Dissídios Individuais, Data de Publicação: DEJT 13/10/2017 –* ***Informativo TST nº 166.***

PROFESSOR

» *Enquadramento*

Para o enquadramento como professor, é indispensável o preenchimento dos requisitos do artigo 317 da CLT?

O TST firmou o entendimento de que ***o empregado contratado como instrutor de ensino por estabelecimento de educação profissional se enquadra na condição de professor, independentemente do preenchimento da formalidade exigida pelo art. 317 da CLT, em atenção ao princípio da primazia da realidade.*** (RR-2244-65.2014.5.02.0086, Relator Ministro: Douglas Alencar Rodrigues, Data de Julgamento: 28/06/2017, 7ª Turma, Data de Publicação: DEJT 30/06/2017)

» ***Tarefa de supervisão de estágio***

As tarefas de supervisão das atividades de estágio devem ser computadas como hora-aula?

A Lei n.º 11.788/2008 que trata da obrigatoriedade do estágio supervisionado como parte integrante da grade curricular, além de estabelecer que este faz parte do projeto pedagógico do curso, integrando o itinerário formativo do educando, dispõe expressamente sobre a necessidade de que a sua supervisão seja, no âmbito da instituição de ensino, realizada por professor orientador, sendo irregular o estágio quando não observada tal instrução, de sorte que, regra geral, o valor da hora-aula pago deve corresponder ao valor da hora-aula normal do professor. Ademais, porquanto se entende que o professor universitário também é aquele que exerce atividades que abrangem o ensino, a pesquisa, a extensão e a prática, é indubitável que aí se englobam as ações, tarefas e trabalhos inerentes ao estágio supervisionado, como ato educativo escolar sob supervisão de professor orientador, na forma prevista na Lei nº 11.788/2008. Desse modo, considerando que o Regional esclareceu que a Reclamante exercia, de forma concomitante com a ministração de aulas, a supervisão das atividades de estágio, o que também se insere no exercício da docência, são devidos as horas extras e reflexos postulados, com base na jornada de trabalho dessa categoria, prevista no art. 318 da CLT. (RR-1393-16.2014.5.09.0091, Relatora Ministra: Maria de Assis Calsing, Data de Julgamento: 22/02/2017, 4ª Turma, Data de Publicação: DEJT 03/03/2017).

» ***Dispensa***

Instituição de ensino deve indenizar professora demitida no início do ano letivo?

De acordo com a teoria da responsabilidade civil pela perda de uma chance, o prejuízo material indenizável é aquele decorrente de uma probabilidade séria e real de obtenção de um resultado positivo legitimamente esperado pela vítima que é obstado por ato ilícito praticado pelo ofensor. A despedida de empregado sem justa causa encontra-se dentro do poder potestativo do empregador, não caracterizando, por si só, ato ilícito ou abuso de direito. No presente caso, todavia, conforme se depreende do acórdão do Tribunal Regional, restou demonstrado o uso abusivo do exercício do direito de rescisão contratual por parte do reclamado. Com efeito, ***a dispensa***

da reclamante no início do ano letivo, quando ela já tinha a expectativa justa e real de continuar como professora da instituição de ensino reclamada e auferir daí os ganhos correspondentes, evidencia o abuso do poder diretivo do empregador de dispensa, notadamente pela dificuldade que a reclamante teria em lograr vaga em outra instituição de ensino, tendo em vista o início das aulas. (RR-246-65.2013.5.04.0531, Relatora Ministra: Delaíde Miranda Arantes, Data de Julgamento: 04/10/2017, 2ª Turma, Data de Publicação: DEJT 13/10/2017)

» ***Recreio***

O tempo de recreio é considerado tempo à disposição?

Conforme a jurisprudência do TST, ***o horário de recreio constitui tempo à disposição do empregador. Por se tratar de tempo à disposição, e não de tempo efetivamente trabalhado, é irrelevante se no horário de recreio havia ou não a obrigatoriedade de atendimento de alunos.*** Devida a integração do tempo de recreio na jornada do professor, para o fim de pagamento das diferenças salariais postuladas, com reflexos. (RR-1650-33.2012.5.09.0084, Relatora Ministra: Kátia Magalhães Arruda, Data de Julgamento: 13/09/2017, 6ª Turma, Data de Publicação: DEJT 15/09/2017)

RADIALISTA

» ***Enquadramento***

Embora a empregadora não se constitua em empresa de radiodifusão, tal fato é impeditivo do direito ao reconhecimento da função de radialista?

Trata-se de hipótese na qual o Tribunal Regional concluiu que, "embora a reclamada não se constitua em empresa de radiodifusão, tal fato não é impeditivo do direito ao reconhecimento da função de radialista". Em tal contexto, o Colegiado "a quo", ao reconhecer o enquadramento sindical do reclamante, na categoria diferenciada de radialista, além de divergir da jurisprudência desta Corte Superior, violou a literalidade do art. 2º da Lei nº 6.615/1978, que define como radialista o empregado de empresa que explora atividade de radiodifusão. Recurso de revista conhecido e provido. (ARR-29700-37.2009.5.15.0010, Relator Ministro: Walmir

Oliveira da Costa, Data de Julgamento: 21/06/2017, 1ª Turma, Data de Publicação: DEJT 23/06/2017)[9]

» ***Horas extras***

Aplica-se ao radialista o entendimento da súmula 199 do TST (pré-contratação de horas extras)?

É possível a aplicação da *ratio decidendi* da Súmula nº 199 do TST aos radialistas que trabalham no setor de produção. Muito embora as jornadas desses profissionais e dos bancários sejam reguladas por normas distintas (arts. 18, II, da Lei 6.615/78 e 224 da CLT, respectivamente), é certo que ambas as leis fixaram a jornada especial de seis horas, em face do maior desgaste produzido pelo tipo de atividade desenvolvida. A prestação de horas extras, nos dois casos, portanto, deve ocorrer apenas em situações excepcionais, conforme preconizam os arts. 18, parágrafo único, da Lei 6.615/78 e 225 da CLT, não se admitindo a celebração de contrato de prorrogação de jornada no momento da contratação. Desse modo, assim como ocorre com os bancários, é nula a pré-contratação de horas extras em relação aos referidos radialistas, gerando os efeitos a que alude a Súmula nº 199 do TST. *E-RR-179800-44.2007.5.02.0201, Relator Ministro: Augusto César Leite de Carvalho, Data de Julgamento: 08/06/2017, Subseção I Especializada em Dissídios Individuais, Data de Publicação: DEJT 06/10/2017 –* ***Informativo TST nº 160.***

Sobre tal questão, esta Subseção, quando do julgamento do processo nº TST-E-RR-179800-44.2007.5.02.0201, na sessão do dia 8/06/2017, firmou o entendimento de que "***aos empregados que têm jornada reduzida por força de lei (bancários, radialistas, etc.) não se aplica o artigo 59, caput, da CLT, a todos se amolda a inteligência da Súmula 199 do TST, malgrado concebida esta para os bancários***". (E-ED-RR -206-32.2013.5.02.0081, Relator Ministro: Guilherme Augusto Caputo Bastos, Data de Julgamento: 16/11/2017, Subseção I Especializada em Dissídios Individuais, Data de Publicação: DEJT 01/12/2017)

9. No caso concreto, o trabalhador realizava atividades típicas da categoria, como o acompanhamento da produção de peças publicitárias e iluminação, além do auxilio na parte de edição, captação de imagem e roteiro aos alunos na agência-escola da faculdade. Por isso, o TRT da 15ª Região condenou a instituição ao pagamento de horas extras excedentes da sexta diária (jornada dos radialistas) e seus reflexos nas demais verbas trabalhistas, decisão posteriormente reformada pelo TST.

» ***Acúmulo de função***

Empregado radialista que exerce diferentes funções dentro de um mesmo setor tem direito a um adicional por cada função acumulada?

O empregado radialista que exerce diferentes funções dentro de um mesmo setor tem direito a um adicional por cada função acumulada. O pagamento de somente um adicional importaria em flagrante ofensa ao ***princípio da isonomia***, pois o trabalhador que acumulasse mais de duas funções e, consequentemente, trabalhasse mais, receberia a mesma quantia daquele que acumulasse apenas duas funções. Ademais, o art. 13 da Lei nº 6.615/78, ao prever o pagamento de adicional mínimo pela função acumulada, deve ser interpretado no sentido de que seu objetivo foi garantir ao radialista remuneração proporcional ao aumento da responsabilidade e do trabalho decorrente do acúmulo de funções, em respeito ao ***princípio da proteção*** ao trabalhador. *E-ED-RR-2983500-63.1998.5.09.0012, Relator Ministro: José Roberto Freire Pimenta, Data de Julgamento: 09/03/2017, Subseção I Especializada em Dissídios Individuais, Data de Publicação: DEJT 17/03/2017 –* ***Informativo TST nº 154.***

A SBDI-1 do TST pacificou o entendimento de que ***o empregado radialista que acumule mais de duas funções dentro de um mesmo setor faz jus ao pagamento dos adicionais de quantas forem as funções acumuladas.*** Sobre a matéria, assim dispõe o art. 13, da Lei nº 6.615/78: "*Art 13 – Na hipótese de exercício de funções acumuladas dentro de um mesmo setor em que se desdobram as atividades mencionadas no art. 4º, será assegurado ao Radialista um adicional mínimo de: I – 40% (quarenta por cento), pela função acumulada, tomando-se por base a função melhor remunerada, nas emissoras de potência igual ou superior a 10 (dez) quilowatts e, nas empresas equiparadas segundo o parágrafo único do art. 3º; II – 20% (vinte por cento), pela função acumulada, tomando-se por base a função melhor remunerada, nas emissoras de potência inferior a 10 (dez) quilowatts e, superior a 1 (um) quilowatt; III – 10% (dez por cento), pela função acumulada, tomando-se por base a função melhor remunerada, nas emissoras de potência igual ou inferior a 1 (um) quilowatt.*" Assim, ***quando o artigo supramencionado estabelece o pagamento de um adicional mínimo por função acumulada, leva ao entendimento de que o radialista tem o direito de receber um adicional por cada função acumulada.*** (RR-172-23.2015.5.12.0012 Data de Julgamento: 22/08/2017, Relator Ministro: Mauricio Godinho Delgado, 3ª Turma, Data de Publicação: DEJT 25/08/2017).

RURÍCOLA

» *Intervalo intrajornada*

É possível o fracionamento do intervalo intrajornada do empregado rural?

No caso, restou incontroverso que o embargado usufruía de dois intervalos intrajornadas, a saber: o primeiro, para o almoço, e o segundo, de 30 minutos, para o café. ***Não há vedação para a concessão, de forma fracionada, do intervalo intrajornada estabelecido no art. 5º da Lei nº 5.889/73, pois o referido dispositivo de lei estabelece que a concessão do período destinado ao repouso e à alimentação do trabalhador rural observará os usos e os costumes da região.*** Assim, na hipótese em que a reclamada concedia ao reclamante um intervalo para o almoço e outro, de 30 minutos, para o café, em consonância com o costume do meio rural, não há falar em cômputo deste último intervalo na jornada de trabalho. *E-RR-932-60.2010.5.09.0325, Relator Ministro: Renato de Lacerda Paiva, Data de Julgamento: 04/05/2017, Subseção I Especializada em Dissídios Individuais, Data de Publicação: DEJT 12/05/2017 –* ***Informativo TST nº 158.***

Empregado rural faz jus às pausas previstas na NR-31?

No caso, o Regional manteve a sentença em que se reconheceu o direito do autor, trabalhador rural, às pausas previstas na NR-31 do Ministério do Trabalho e Emprego, em face da aplicação analógica da regra do artigo 72 da CLT. Com a edição da Portaria nº 86, de 3 de março de 2005, do Ministério do Trabalho e Emprego, que "aprova a Norma Regulamentadora de Segurança e Saúde no Trabalho na Agricultura, Pecuária, Silvicultura, Exploração Florestal e Aqüicultura", entrou em vigor a Norma Regulamentadora nº 31, que estabelece medidas de segurança e higiene para esses profissionais. Nesses dois itens, estão previstas pausas para descanso do trabalhador rural: "31.10.7 Para as atividades que forem realizadas necessariamente em pé, devem ser garantidas pausas para descanso. (...) 31.10.9 Nas atividades que exijam sobrecarga muscular estática ou dinâmica devem ser incluídas pausas para descanso e outras medidas que preservem a saúde do trabalhador". Diante da ausência de expressa disposição acerca do tempo de descanso a ser usufruído pelo trabalhador rural, de que trata a Norma Regulamentar nº 31 do Ministério do Trabalho e Emprego, é cabível a aplicação analógica do artigo 72 da CLT, no que concerne à duração do intervalo (dez minutos a cada noventa minutos de trabalho), com amparo nos artigos

8º da CLT e 4º da LINDB. Recurso de revista não conhecido. (RR-10146-62.2014.5.15.0036, Relator Ministro: José Roberto Freire Pimenta, Data de Julgamento: 08/11/2017, 2ª Turma, Data de Publicação: DEJT 10/11/2017)

TELEFONISTAS E OPERADORES DE TELEMARKETING

» *Duração do trabalho*

A jornada reduzida do art. 227 da CLT aplica-se aos trabalhadores que acumulam funções de telefonista com outras atribuições?

A jurisprudência mais recente desta Corte tem se conduzido no sentido de que ***a jornada reduzida de que trata o artigo 227 da CLT depende do exercício de atividades exclusivas ou absolutamente preponderantes de telefonista, sendo descaracterizada a sua incidência quando está ausente a situação especial que a lei visou privilegiar, ou seja, quando há o exercício de atividades que não contenham o mesmo grau de desgaste mental***, como na hipótese dos autos, em que, conforme se extrai do quadro fático delineado pelo TRT e transcrito pela Turma, "*durante a jornada de trabalho havia interrupções das atividades de digitação e do uso do telefone com outras tarefas próprias de suporte à equipe de técnicos, uma das atividades da reclamante*". Recurso de embargos conhecido e provido. *E-RR-393-08.2012.5.24.0002, Relator Ministro: Renato de Lacerda Paiva, Data de Julgamento: 04/05/2017, Subseção I Especializada em Dissídios Individuais, Data de Publicação: DEJT 09/06/2017 –* ***Informativo TST nº 158.***

Não se aplica a jornada reduzida prevista no artigo 227 da CLT aos empregados que, além do atendimento telefônico de clientes, realizem atividades diversas, como cotações dos produtos por email, Skype e planilha e atendimento a clientes no balcão. (RR-10827-24.2015.5.03.0103, Relatora Ministra: Maria Cristina Irigoyen Peduzzi, Data de Julgamento: 21/06/2017, 8ª Turma, Data de Publicação: DEJT 23/06/2017)

Aplica-se o intervalo previsto no Art. 72 da CLT aos operadores de telemarketing?

Aos empregados que exercem a função de operador de telemarketing ou de call center, aplica-se, por analogia, o intervalo a que alude o artigo 72 da CLT, por ser medida que garante a saúde do trabalhador, confor-

me dispõe o Anexo II da NR nº 17 do MTE. O fato de exercer simultaneamente a função de telefonista não tem o condão de retirar do trabalhador o direito ao intervalo assegurado pelo citado dispositivo. Ao contrário, o caráter repetitivo das atividades desenvolvidas - digitação e telefonia - causa desgaste físico e mental muito maior ao empregado, fato que justifica e ampara a sua concessão. Precedentes, inclusive da SBDI-1 desta Corte. (RR-433-51.2010.5.01.0082 Data de Julgamento: 28/06/2017, Relator Ministro: Cláudio Mascarenhas Brandão, 7ª Turma, Data de Publicação: DEJT 30/06/2017.

A controvérsia cinge-se a definir se o reclamante, no exercício da função de operador de telemarketing, com atividades simultâneas de digitação, tem direito ao intervalo de pausa para descanso destinado aos trabalhadores nos serviços de mecanografia, nos termos da regra contida no artigo 72 da CLT. Esta Corte editou a Súmula 346, para reconhecer a aplicação analógica do art. 72 da CLT. ***O fato de haver desempenho simultâneo de outras funções não retira do trabalhador o direito ao intervalo assegurado pelo artigo 72 da CLT, mormente quando se considera que a atividade de digitação, reconhecidamente penosa, acumulada com outras, causa um desgaste físico e mental maior ao empregado, ensejando o direito ao intervalo ou pausa.*** Nesse contexto, deve ser mantida a condenação, na parte em que reconheceu o direito ao intervalo previsto no art. 72 da CLT. (E-RR-936-74.2011.5.05.0034, Relator Ministro: Augusto César Leite de Carvalho, Data de Julgamento: 26/10/2017, Subseção I Especializada em Dissídios Individuais, Data de Publicação: DEJT 31/10/2017)

AGENTES PÚBLICOS

» *Agentes Políticos*

Em caso de acumulação legítima de cargos públicos como fica o teto remuneratório?

Nas situações jurídicas em que a Constituição Federal autoriza a acumulação de cargos, o teto remuneratório é considerado em relação à remuneração de cada um deles, e não ao somatório do que recebido. (RE 612975, Relator(a): Min. MARCO AURÉLIO, Tribunal Pleno, julgado em 27/04/2017, ACÓRDÃO ELETRÔNICO REPERCUSSÃO GERAL - MÉRITO DJe-203 DIVULG 06-09-2017 PUBLIC 08-09-2017)

Nos casos autorizados constitucionalmente de acumulação de cargos, empregos e funções, a incidência do art. 37, XI, da Constituição Federal[10] ***pressupõe consideração de cada um dos vínculos formalizados, afastada a observância do teto remuneratório quanto ao somatório dos ganhos do agente público.***[11]

O art. 39, § 4º, da Constituição Federal é incompatível com o pagamento de terço de férias e décimo terceiro salário? Ou seja, é constitucional o pagamento de 13º e férias a prefeitos e vices?

O Plenário do Supremo Tribunal Federal no julgamento do Recurso Extraordinário (RE) 650898, com repercussão geral reconhecida, decidiu no sentido de que o pagamento de **abono de férias** e **13º salário** a prefeitos e vice-prefeitos ***não é incompatível com o artigo 39, parágrafo 4º, da Constituição da República.***[12] Por maioria, venceu o voto proposto pelo ministro Luís Roberto Barroso, que divergiu parcialmente do relator, ministro Marco Aurélio.

---

10. CF/1988: "Art. 37. (...) XI – A remuneração e o subsídio dos ocupantes de cargos, funções e empregos públicos da administração direta, autárquica e fundacional, dos membros de qualquer dos Poderes da União, dos Estados, do Distrito Federal e dos Municípios, dos detentores de mandato eletivo e dos demais agentes políticos e os proventos, pensões ou outra espécie remuneratória, percebidos cumulativamente ou não, incluídas as vantagens pessoais ou de qualquer outra natureza, não poderão exceder o subsídio mensal, em espécie, dos Ministros do Supremo Tribunal Federal, aplicando-se como limite, nos Municípios, o subsídio do Prefeito, e nos Estados e no Distrito Federal, o subsídio mensal do Governador no âmbito do Poder Executivo, o subsídio dos Deputados Estaduais e Distritais no âmbito do Poder Legislativo e o subsidio dos Desembargadores do Tribunal de Justiça, limitado a noventa inteiros e vinte e cinco centésimos por cento do subsídio mensal, em espécie, dos Ministros do Supremo Tribunal Federal, no âmbito do Poder Judiciário, aplicável este limite aos membros do Ministério Público, aos Procuradores e aos Defensores Públicos."
11. Vencido o ministro Edson Fachin, que dava provimento aos recursos extraordinários. Pontuava que o art. 37, XI, da CF deveria ser interpretado literalmente, de modo que o teto deveria ser aplicado de forma global e não individualmente a cada cargo. RE 612975/MT, rel. Min. Marco Aurélio, julgamento em 26 e 27.4.2017 e RE 602043/MT, rel. Min. Marco Aurélio, julgamento em 26 e 27.4.2017 – Informativo STF nº 862.
12. Art. 39, § 4º da CR/88 – O membro de Poder, o detentor de mandato eletivo, os Ministros de Estado e os Secretários Estaduais e Municipais serão remunerados exclusivamente por subsídio fixado em parcela única, vedado o acréscimo de qualquer gratificação, adicional, abono, prêmio, verba de representação ou outra espécie remuneratória, obedecido, em qualquer caso, o disposto no art. 37, X e XI. (Incluído pela Emenda Constitucional nº 19, de 1998)

As teses fixadas no julgamento do RE 650898 foram as seguintes: "***Tribunais de Justiça podem exercer controle abstrato de constitucionalidade de leis municipais utilizando como parâmetro normas da Constituição Federal, desde que se trate de normas de reprodução obrigatória pelos Estados***"; e "***O artigo 39, parágrafo 4º, da Constituição Federal não é incompatível com o pagamento de terço de férias e décimo terceiro salário***". (RE 650898, Relator(a): Min. MARCO AURÉLIO, Relator(a) p/ Acórdão: Min. ROBERTO BARROSO, Tribunal Pleno, julgado em 01/02/2017, ACÓRDÃO ELETRÔNICO DJe-187 DIVULG 23-08-2017 PUBLIC 24-08-2017)

É possível a autorização legislativa genérica para autorizar contratação temporária?

São inconstitucionais, por violarem o artigo 37, IX, da CR/88, a autorização legislativa genérica para contratação temporária e a permissão de prorrogação indefinida do prazo de contratações temporárias. *ADI 3662/MT, rel. Min. Marco Aurélio, Julgamento em 23.3.2017 - Informativo STF nº 858.*

É possível a equiparação, via judicial, dos valores de diárias de juiz do Trabalho aos de membros do MPU?

O ministro Gilmar Mendes, do Supremo Tribunal Federal (STF), concedeu liminar à União na Reclamação (RCL) 26058 para suspender os efeitos de decisão da Terceira Turma Recursal dos Juizados Especiais Federais do Ceará que garantiu a um juiz do Trabalho o recebimento de diárias de deslocamento no mesmo valor pago aos membros do Ministério Público. Em análise preliminar do caso, o ministro Gilmar Mendes entendeu que a decisão viola o disposto na Súmula Vinculante 37 do STF, segundo a qual "***não cabe ao Poder Judiciário, que não tem função legislativa, aumentar vencimentos de servidores públicos sob o fundamento da isonomia***".

No caso em questão, a Terceira Turma Recursal dos Juizados Especiais Federais do Ceará reconheceu o direito ao recebimento de diárias de deslocamento, nos termos do artigo 65, inciso IV, da Lei Orgânica da Magistratura - Loman (Lei Complementar 35/1979), calculadas de acordo com a sistemática prevista no artigo 227, inciso II, da Lei Complementar 75/1993 (Estatuto do Ministério Público da União), isto é, em quantia equivalente a 1/30 dos vencimentos recebidos à época de sua fruição. O colegiado invocou a existência de simetria constitucional entre as duas carreiras, reconhecida em resolução do Conselho Nacional de Justiça (CNJ).

Na reclamação ao STF, a União sustentou que, ao assim decidir, a Terceira Turma Recursal dos Juizados Especiais Federais do Ceará teria atuado como "legislador positivo". A União sustentou que, embora a Súmula Vinculante 37 do STF fale em "vencimentos", o enunciado também deve ser aplicado às hipóteses de extensão de verbas indenizatórias. Outro argumento utilizado foi o de que a jurisprudência do STF indica que não há isonomia constitucional remuneratória entre a magistratura e o Ministério Público, havendo proibição constitucional de tal equiparação automática.

Em sua decisão, o ministro Gilmar Mendes sustenta que, a despeito da Resolução 133/2011do CNJ, a jurisprudência do STF entende como necessária a edição de lei específica para a implementação da equiparação, conforme exige o artigo 39, parágrafo 1º, da Constituição Federal, não cabendo ao Poder Judiciário conceder benefícios a servidores públicos ao fundamento da isonomia. "Vê-se, portanto, que a decisão reclamada, que consigna suposta omissão da Resolução 133/2011 do CNJ e reconhece ao magistrado o direito ao cálculo das diárias na forma da LC 75/1993, aparenta violar a Súmula Vinculante 37 do STF", concluiu.

A nomeação tardia de candidatos aprovados em concurso público, por meio de ato judicial, à qual atribuída eficácia retroativa, gera direito às promoções ou progressões funcionais?

A nomeação tardia de candidatos aprovados em concurso público, por meio de ato judicial, à qual atribuída eficácia retroativa, não gera direito às promoções ou progressões funcionais que alcançariam houvesse ocorrido, a tempo e modo, a nomeação. (STF – RE 629.392)

RECURSO DE REVISTA. INDENIZAÇÃO POR DANOS MATERIAIS. CONCURSO PÚBLICO. NOMEAÇÃO TARDIA. PAGAMENTO DE SALÁRIOS SEM A RESPECTIVA PRESTAÇÃO DE SERVIÇOS. IMPOSSIBILIDADE. Na esteira da jurisprudência consolidada no âmbito do STJ e do STF, já se posicionou esta Turma no sentido de que "***É indevida indenização material pelo tempo durante o qual se aguarda decisão judicial definitiva para que se proceda à nomeação de candidato aprovado em concurso público, sob pena de configurar enriquecimento ilícito, por não haver a prestação de serviços ao ente público***". (RR-12773-33.2015.5.15.0059, Relatora Ministra: Dora Maria da Costa, Data de Julgamento: 04/10/2017, 8ª Turma, Data de Publicação: DEJT 06/10/2017)

» *Empregados Públicos*

É válida a cumulação dos cargos de técnico bancário da Caixa Econômica Federal, empresa pública, com o de professor da rede pública de ensino?

Nos termos do artigo 37, XVI, "b", da Constituição Federal, é vedada a acumulação remunerada de cargos públicos, exceto quando houver compatibilidade de horários e desde que seja de um cargo de professor com outro técnico ou científico. Na hipótese, é incontroversa a compatibilidade de horários. Remanesce, todavia, a necessidade de verificar se o cargo em questão se enquadra no permissivo constitucional "técnico ou científico". O cargo de Técnico Bancário, não obstante exija apenas a conclusão do Ensino Médio como requisito para ingresso nos quadros da empresa pública, após prévia aprovação em concurso público, denota conhecimentos específicos que ultrapassam o conteúdo pedagógico ministrado nesse momento de formação educacional. De fato, o Técnico Bancário, no exercício de seu mister, necessita de conhecimentos nas áreas financeira, contábil, mercantil e bancária, disciplinas em que somente é possível ter contato no Ensino Superior. Desse modo, ***é válida a acumulação dos cargos de Técnico Bancário de empresa pública com o de Professor da rede pública de ensino, porquanto aquele está devidamente enquadrado na exceção do artigo 37, XVI, "b", da Constituição Federal.*** Precedentes deste Tribunal. (E-ED-RR-583-92.2012.5.01.0007, Relator Ministro: Cláudio Mascarenhas Brandão, Data de Julgamento: 14/09/2017, Subseção I Especializada em Dissídios Individuais, Data de Publicação: DEJT 22/09/2017)

É possível a criação de empregos públicos em comissão sem a necessidade de lei?

Trata-se de ação civil pública ajuizada pelo Ministério Público do Trabalho, por meio da qual pretendeu a nulidade dos contratos de trabalho de todos os ocupantes de empregos comissionados da HEMOBRÁS, empresa pública federal, que foram criados sem a previsão em lei específica, e para os quais os empregados não se submeteram a concurso público. Desde a inicial, foram alegadas duas supostas irregularidades (a segunda mais ampla que a primeira): 1ª. Criação de empregos em comissão desvinculados das funções de direção, assessoramento e chefia, mas, ao contrário, relativos a atividades técnicas; 2ª. Inexistência de lei criando os empregos em comissão.

O Juízo de primeiro grau declarou a nulidade da criação e preenchimento dos empregos em comissão para funções técnicas, ou seja, sem vinculação às atividades de chefia, direção e assessoramento. O TRT, por sua vez, acolhendo recurso do Ministério Público do Trabalho, considerou nula a criação e preenchimento de todos os empregos em comissão, inclusive vinculados às atividades de chefia, direção e assessoramento, já que ausente previsão em lei. Reconhece-se violação dos arts. 61, § 1º, II, "a", e 173, § 1.º, II, da Constituição Federal, conforme fundamentos expostos pelo Exmo. Ministro Augusto César Leite de Carvalho em seu voto-vista, ao qual aderiu esta relatora: "*A recorrente, empresa pública, sujeita-se, nos termos do art. 173, § 1º, II, da Constituição Federal, ao regime jurídico próprio das empresas privadas, inclusive quanto aos direitos e às obrigações trabalhistas. No entanto, apesar de seus empregados serem contratados sob o regime da CLT, são admitidos mediante aprovação em concurso público (art. 37, II, da Constituição Federal)*". "*Tal circunstância decorre da sujeição de tais empresas a um regime jurídico híbrido, informado pela dinamicidade que tais entes necessitam para o desenvolvimento de suas atividades e pela observância dos princípios constitucionais da Administração Pública. Em síntese, a peculiaridade dessas entidades é sofrerem derrogação parcial do regime de direito privado por normas de direito público*". "*Dessarte, somente se submetem a normas de Direito Público naquilo em que a Constituição expressamente determine, ou quando houver disposição legal específica, mesmo assim se a lei não contrariar normas e princípios constitucionais concernentes à atuação do Estado na economia*". "*A respeito da controvérsia, importa ressaltar que a Constituição Federal, ao dispor que a investidura em cargo ou emprego público depende de prévia aprovação em concurso, ressalvou as nomeações para cargo em comissão, declarado em lei de livre nomeação e exoneração (art. 37, II, da CF). Além disso, resguardou tais cargos às atribuições de direção, chefia e assessoramento no âmbito da administração pública, autorizando a ocupação destes também por agentes não concursados desde que respeitada condições e percentuais mínimos previstos em lei, por servidores ocupantes de cargos de provimento efetivo (art. 37, V, da CF)*". Por outro lado, ***ao disciplinar a necessidade de lei, de iniciativa do Presidente da República, para a criação de cargos, funções ou empregos públicos, a Constituição Federal deixa claro que a exigência se limita à Administração direta e autárquica, conforme se extrai da redação do artigo 61, § 1.º, II, 'a', da Constituição Federal. (...) Como se percebe, as entidades empresariais do Estado não são alcançadas pelo aludido comando constitucional. Assim, se a Constituição não prevê a elaboração de lei para a criação de empregos que são providos mediante concurso público na administração indireta, a exceção das autarquias, não seria razoável sustentar que para a criação de ' empregos em comissão'***

seria exigida lei. Há julgados desta Corte. Porém, embora reconhecendo o cabimento da reforma do acórdão do TRT, a fim de se declarar a legalidade da criação de empregos públicos em comissão sem a necessidade de lei, essa legalidade se restringe aos autênticos empregos em comissão (ou seja, aqueles destinados às funções de direção, chefia e assessoramento). (RR-938-10.2013.5.10.0010, Relatora Ministra: Kátia Magalhães Arruda, Data de Julgamento: 06/09/2017, 6ª Turma, Data de Publicação: DEJT 22/09/2017)

É constitucional a cota racial em concursos públicos para cargos efetivos e empregos públicos?

Direito constitucional. Ação Direta de Constitucionalidade. Reserva de vagas para negros em concursos públicos. Constitucionalidade da Lei nº 12.990/2014. Procedência do pedido. 1. É constitucional a Lei nº 12.990/2014, que reserva a pessoas negras 20% das vagas oferecidas nos concursos públicos para provimento de cargos efetivos e empregos públicos no âmbito da administração pública federal direta e indireta, por três fundamentos. 1.1. Em primeiro lugar, a desequiparação promovida pela política de ação afirmativa em questão está em consonância com o princípio da isonomia. Ela se funda na necessidade de superar o racismo estrutural e institucional ainda existente na sociedade brasileira, e garantir a igualdade material entre os cidadãos, por meio da distribuição mais equitativa de bens sociais e da promoção do reconhecimento da população afrodescendente. 1.2. Em segundo lugar, não há violação aos princípios do concurso público e da eficiência. A reserva de vagas para negros não os isenta da aprovação no concurso público. Como qualquer outro candidato, o beneficiário da política deve alcançar a nota necessária para que seja considerado apto a exercer, de forma adequada e eficiente, o cargo em questão. Além disso, a incorporação do fator "raça" como critério de seleção, ao invés de afetar o princípio da eficiência, contribui para sua realização em maior extensão, criando uma "burocracia representativa", capaz de garantir que os pontos de vista e interesses de toda a população sejam considerados na tomada de decisões estatais. 1.3. Em terceiro lugar, a medida observa o princípio da proporcionalidade em sua tríplice dimensão. A existência de uma política de cotas para o acesso de negros à educação superior não torna a reserva de vagas nos quadros da administração pública desnecessária ou desproporcional em sentido estrito. Isso porque: (i) nem todos os cargos e empregos públicos exigem curso superior; (ii) ainda quando haja essa exigência, os beneficiários da ação afirmativa no serviço público podem não ter sido beneficiários das cotas nas universidades públicas; e (iii) mesmo que o concorrente tenha ingressado em curso de ensino superior por meio de cotas, há outros fatores que impedem os negros de competir em pé de igualdade nos concursos públicos, justificando a política de ação afirmativa instituída pela Lei nº 12.990/2014. 2. Ademais, a fim de garantir a efetividade da política em questão, também é constitucional a instituição de mecanismos para evitar fraudes pelos candidatos. É legítima a utilização, além da autodeclaração, de critérios subsidiários de heteroidentificação (e.g., a exigência de autodeclaração presencial perante a comissão do concurso), desde que respeitada a dignidade da pessoa humana e garantidos o contraditório e a ampla defesa. 3. Por fim, a administração pública deve atentar para os seguintes parâmetros: (i) os percentuais de reserva de vaga devem valer para todas as fases dos concursos; (ii) a reserva deve ser aplicada em todas as vagas oferecidas no concurso público (não apenas no edital de abertura); (iii) os concursos não podem fracionar as vagas de acordo com a especialização exigida para burlar a política de ação afirmativa, que só se aplica em concursos com mais de duas vagas; e (iv) a ordem classificatória obtida a partir da aplicação dos critérios de alternância e proporcionalidade na nomeação dos candidatos aprovados deve produzir efeitos durante toda a carreira funcional do beneficiário da reserva de vagas. 4. Procedência do pedido, para fins de declarar a integral constitucionalidade da Lei nº 12.990/2014. Tese de julgamento: "***É constitucional a reserva de 20% das vagas oferecidas nos concursos públicos para provimento de cargos efetivos e empregos públicos no âmbito da administração pública direta e indireta. É legítima a utilização, além da autodeclaração, de critérios subsidiários de heteroidentificação, desde que respeitada a dignidade da pessoa humana e garantidos o contraditório e a ampla defesa***". *ADC 41, Relator(a): Min. ROBERTO BARROSO, Tribunal Pleno, julgado em 08/06/2017, PROCESSO ELETRÔNICO DJe-180 DIVULG 16-08-2017 PUBLIC 17-08-2017 – Informativos STF nº 864 e 868*

O salário profissional de engenheiro previsto na Lei nº 4.950-A/66 se aplica ao servidor público de fundação pública estadual?

A remuneração do servidor público da Administração Pública, autárquica e fundacional, ainda que contratado sob o regime da CLT, deve observar os artigos 37, X, e 169 da Constituição Federal, que preveem a necessidade de prévia dotação orçamentária e autorização em lei específica para a concessão de qualquer vantagem ou aumento de remuneração. Assim, ***inaplicável o salário profissional fixado pela Lei nº 4.950-A/66 ao reclamante, engenheiro contratado pelo regime celetista.*** *E-RR-872-97.2010.5.04.0011, Redator Ministro: Márcio Eurico Vitral Amaro, Data de Julgamento: 04/05/2017,*

*Subseção I Especializada em Dissídios Individuais, Data de Publicação: DEJT 26/05/2017 – **Informativo TST nº 158.***

A dispensa de servidor público municipal celetista com base no art. 21 da LEF prescinde de processo administrativo?

Na linha da jurisprudência da Suprema Corte, do STJ e deste TST, ***viola a cláusula inscrita no art. 5º, LV, da Constituição Federal a dispensa do servidor nomeado após aprovação em concurso público, ainda que em estágio probatório, com fundamento no art. 21, parágrafo único, da Lei de Responsabilidade Fiscal, quando não assegurado o contraditório e a ampla defesa em procedimento administrativo.*** Correto, pois, o acórdão regional na parte em que rescindida a sentença primitiva e deferido o restabelecimento do contrato de trabalho e o pagamento da remuneração desde o instante da dissolução do contrato. Conforme decidido em sessão de julgamento, a partir do voto do Exmo. Ministro Barros Levenhagen, cumpre assentar que, como não se trata de servidor público estável, na forma do art. 41 da Constituição Federal, o contrato de trabalho é restabelecido, embora sem reconhecimento de estabilidade e sem prejuízo de a Administração promover a ulterior dispensa do empregado, desde que observado o devido processo legal, em procedimento administrativo no qual assegurado o contraditório e a ampla defesa. *RO-5904-64.2012.5.07.0000, Relator Ministro: Douglas Alencar Rodrigues, Data de Julgamento: 28/03/2017, Subseção II Especializada em Dissídios Individuais, Data de Publicação: DEJT 27/10/2017 – Informativo TST nº 155.*

A prorrogação da licença-maternidade para 180 dias, concedida por lei estadual às servidoras públicas estatutárias do Estado de São Paulo, estende-se às servidoras públicas celetistas?

A prorrogação da licença-maternidade para 180 dias, concedida por lei estadual às servidoras públicas estatutárias do Estado de São Paulo, não se estende às servidoras públicas celetistas, porquanto submetidas a regimes jurídicos distintos e consequente direitos diversos. Assim, se a lei estadual estabelece a prorrogação da licença-maternidade às servidoras da Administração direta e das autarquias submetidas ao regime estatutário, inviável impor ao estado empregador a extensão do benefício à servidora submetida ao regime da CLT com base no princípio da isonomia. Em regra, é defeso conceder pela via judicial benefícios previstos exclusivamente para os servidores submetidos ao regime de trabalho da CLT aos estatutários, bem como o inverso. Informam esse entendimento o princípio da separação dos poderes e a incomunicabilidade dos regimes, a afastar a isonomia entre desiguais. Se a lei estadual limita a prorrogação da licença-maternidade às servidoras da Administração direta e das autarquias submetidas ao regime estatutário, inviável impor ao estado empregador a extensão desse benefício às servidoras sujeitas ao regime celetista. Nesse contexto, oportuno realçar o princípio da legalidade, consagrado no art. 37, caput, da Constituição Federal, no sentido de que a Administração nada pode fazer senão aquilo que a lei determina. O princípio da isonomia não resguarda a postulação, seja porque, como já pacificado nos tribunais brasileiros, trata-se de regimes jurídicos distintos, cada qual com seus benefícios e vantagens, seja porque a se entender por uma isonomia entre servidoras mães trabalhadoras, impor-se-ia o reconhecimento do direito a todas as trabalhadoras brasileiras, independentemente de se tratar de servidoras, empregadas públicas ou trabalhadoras do setor privado da economia. *E-ED-RR-71-08.2013.5.02.0085, Relator Ministro: Márcio Eurico Vitral Amaro, Data de Julgamento: 06/04/2017, Subseção I Especializada em Dissídios Individuais, Data de Publicação: DEJT 05/05/2017 –* ***Informativo TST nº 156.***

Pode o Poder Judiciário determinar a prorrogação de concurso público?

A Empresa Brasileira de Correios e Telégrafos ajuizou Reclamação (RCL 26186) no Supremo Tribunal Federal para questionar decisão do Tribunal Regional do Trabalho da 10ª Região (TRT-10) que determinou a prorrogação de concurso público além do prazo previsto em edital e a contratação dos candidatos aprovados. Para a empresa, a decisão contraria a jurisprudência do Supremo.

Consta dos autos que o Ministério Público do Trabalho (MPT) ingressou com ação civil pública na Justiça trabalhista para questionar o fato de, mesmo existindo candidatos aprovados para o cargo de agente de Correios – carteiro, atendente comercial e operador de triagem e transbordo –, a ECT ter contratado mão de obra temporária para os mesmos postos de trabalho. O MPT pediu a prorrogação da validade do concurso, regido pelo Edital 11/2011 (que era de um ano, prorrogável por igual período uma única vez), e a contratação dos aprovados, em compatibilidade com a necessidade de serviço.

O juiz de primeiro grau deferiu o pedido do MPT, no sentido de prorrogar o prazo de validade do concurso público até o trânsito em julgado da ação civil pública, decisão que foi mantida pelo TRT-10 com a ressalva de que a prorrogação não poderia ultrapassar o prazo constitucional de quatro anos. Para a ECT, a decisão de prorrogar o concurso e compelir a empresa a convocar e contratar candidatos aprovados fora do número de vagas previstas, em certame cuja validade prevista no edital já havia expirado, está em dissonância com a Súmula 15 do STF, segundo a qual "dentro do prazo de validade do concurso, o candidato aprovado tem o direito à nomeação, quando o cargo for preenchido sem observância da classificação".

O ato contestado contraria, ainda, segundo a ECT, a pacífica jurisprudência do STF sobre a discricionariedade da Administração Pública quanto à prorrogação ou não de seus concursos públicos. Citando como precedentes as decisões nos julgamentos dos agravos regimentais nos Recursos Extraordinários (RE) 594410 e 607590 e no Agravo de Instrumento (AI) 830040, bem como no Recurso em Mandado de Segurança (RMS) 23788, a empresa pede a concessão de liminar para suspender o ato judicial reclamado. No mérito, requer a confirmação da liminar com a consequente cassação do acórdão do TRT-10. **Pendente de julgamento*

A transmudação do regime celetista para estatutário enseja o provimento automático de cargos públicos efetivos por servidores celetistas estabilizados na forma do art. 19 do ADCT?

Arguição de Inconstitucionalidade. Rejeição. Art. 276, caput, da Lei Complementar nº 10.098/94 do Estado do Rio Grande do Sul. Transmudação de regime. Validade. Provimento automático de cargos públicos efetivos. Impossibilidade. O Tribunal Pleno decidiu, por unanimidade, rejeitar a declaração de inconstitucionalidade do caput do art. 276 da Lei Complementar nº 10.098/94 do Estado do Rio Grande do Sul, segundo o qual "ficam submetidos ao regime jurídico instituído por esta lei, na qualidade de servidores públicos, os servidores estatutários da Administração Direta, das autarquias e das fundações de direito público, inclusive os interinos e extranumerários, bem como os servidores estabilizados vinculados à Consolidação das Leis do Trabalho, aprovada pelo Decreto-Lei nº 5452, de 1º de maio de 1943". Na hipótese, conclui-se que a expressão "servidores estabilizados vinculados à Consolidação das Leis do Trabalho" não foi prejudicada pela declaração de inconstitucionalidade, na ADI 1.150/RS, da expressão "operando-se automaticamente a transposição dos seus ocupantes", contida no

§2º do mesmo art. 276 da Lei Complementar Estadual nº 10.098/94. Com efeito, no julgamento da ação direita de inconstitucionalidade citada, o Supremo Tribunal Federal limitou-se a negar a possibilidade de provimento automático dos cargos efetivos criados na forma do §2º do art. 276 da lei em questão pelos servidores celetistas estabilizados nos termos do art. 19 do ADCT, porém não considerou inconstitucional a transmudação de regime desses trabalhadores. Em outras palavras, a inconstitucionalidade verificada não residiu propriamente na mudança de regime jurídico, mas no provimento derivado dos recém-criados cargos de provimento efetivo por agentes que não foram previamente aprovados em concursos públicos. Ademais, no julgamento da ADI 180/RS, em que se aferiu a compatibilidade de dispositivo do ADCT da Constituição do Estado do Rio Grande do Sul com a Constituição, assentou-se que a norma estadual assegurou aos servidores estabilizados a organização em quadro especial em extinção, vedando, todavia, a equiparação com as vantagens devidas aos ocupantes de cargos efetivos. *ArgInc - 105100-93.1996.5.04.0018, Relatora Ministra: Maria Helena Mallmann, Data de Julgamento: 21/08/2017, Tribunal Pleno, Data de Publicação: DEJT 18/09/2017 -* ***Informativo TST nº 162.***

É devida a pensão por morte paga para filha solteira maior de 21 anos que aufere rendimento próprio superior a um salário mínimo mensal decorrente de contrato temporário firmado com Estado membro da federação?

Sob a égide da Lei nº 3.373/58, a filha maior de 21 anos, desde que se mantivesse solteira, somente perderia o direito à pensão por morte caso viesse a ocupar cargo público permanente. Posteriormente, o Tribunal de Contas da União, no acórdão nº 892/2012, decidiu que, para obtenção e manutenção da pensão por morte, também era necessário comprovar a dependência econômica, não bastando a demonstração de que a filha maior não contraiu matrimônio ou tomou posse em cargo público permanente. Prevaleceu o entendimento segundo o qual não se compatibiliza com a pensão temporária a percepção, pela pensionista, de outras fontes de renda, ainda que não decorrentes da ocupação de cargo público permanente. Aludido posicionamento ensejou a edição da Súmula nº 285 pelo Tribunal de Contas da União, no sentido de que "a pensão da Lei nº 3.373/1958 somente é devida à filha solteira maior de 21 anos enquanto existir dependência econômica em relação ao instituidor da pensão, falecido antes do advento da Lei nº 8.112/90". Jurisprudência administrativa de observância obrigatória no âmbito da Administração Pública Federal, haja vista o princípio da legalidade. Assim, ***se há comprovação de que a pensionista aufere rendimento próprio superior a um salário-mínimo mensal, decorrente de contrato temporário firmado com Estado membro da federação, impõe-se reconhecer que desapareceu a condição de "dependência econômica" da pensão temporária instituída, tornando indevido o benefício, à luz do entendimento do Tribunal de Contas da União.*** *PA-7951-30.2017.5.00.0000, Relator Ministro: João Oreste Dalazen, Data de Julgamento: 02/10/2017, Órgão Especial, Data de Publicação: DEJT 08/11/2017 -* ***Informativo TST nº 166.***

Empregada pública faz jus a benefício instituído por lei estadual exclusivamente para as servidoras públicas estatutárias?

Em regra, é defeso conceder pela via judicial benefícios previstos exclusivamente para os servidores submetidos ao regime de trabalho da CLT aos estatutários, bem como o inverso. Informam esse entendimento o princípio da separação dos poderes e a incomunicabilidade dos regimes, a afastar a isonomia entre desiguais. Se a lei estadual limita a prorrogação da licença-maternidade às servidoras da Administração direta e das autarquias submetidas ao regime estatutário, inviável impor ao estado empregador a extensão desse benefício às servidoras sujeitas ao regime celetista. Nesse contexto, oportuno realçar o princípio da legalidade, consagrado no art. 37, caput, da Constituição Federal, no sentido de que a Administração nada pode fazer senão aquilo que a lei determina. O princípio da isonomia não resguarda a postulação, seja porque, como já pacificado nos tribunais brasileiros, trata-se de regimes jurídicos distintos, cada qual com seus benefícios e vantagens, seja porque a se entender por uma isonomia entre servidoras mães trabalhadoras, impor-se-ia o reconhecimento do direito a todas as trabalhadoras brasileiras, independentemente de se tratar de servidoras, empregadas públicas ou trabalhadoras do setor privado da economia. *De lege ferenda*, a extensão da prorrogação da licença-maternidade será oponível em todas as situações a depender do desfecho da Proposta de Emenda à Constituição - PEC 30/2007, que dá nova redação ao inciso XVIII do art. 7º da Constituição Federal, ampliando para 180 (cento e oitenta) dias a licença à gestante, em tramitação na Câmara dos Deputados. Embargos de que se conhece e a que se dá provimento. (E-E-D-RR-71-08.2013.5.02.0085, Relator Ministro: Márcio Eurico Vitral Amaro, Data de Julgamento: 06/04/2017, Subseção I Especializada em Dissídios Individuais, Data de Publicação: DEJT 05/05/2017)

O inquérito judicial é imprescindível para a perda de cargo de servidor público?

Conforme registrado na decisão monocrática impugnada, a Turma assentou sua decisão em três fundamentos, quais sejam: para a dispensa por justa causa do reclamante, foram observados o devido processo legal, o contraditório e a ampla defesa no processo administrativo; o próprio reclamante confessou o fato que lhe foi imputado; e ***o inquérito judicial não é imprescindível para a perda de cargo de servidor público, nos termos do artigo 41 da Constituição Federal, podendo ser feita por processo administrativo.*** Nesse contexto, verifica-se que os arestos colacionados desservem ao cotejo de teses, porquanto carecem da devida especificidade, exigida nos termos do item I da Súmula nº 296 desta Corte, já que não revelam teses diversas acerca da interpretação do mesmo dispositivo legal diante do mesmo quadro fático retratado nos autos. Por fim, a parte colaciona aresto não transcrito no recurso de embargos, razão pela qual ele desserve ao cotejo de teses. Revela-se, portanto, a má-fé do reclamante, a justificar a sua condenação ao pagamento de multa de 2% sobre o valor corrigido da causa, nos termos do artigo 81, caput, do CPC/2015, tendo em vista a sua litigância de má-fé. Agravo desprovido. [...] (Ag-ED-E-ED-RR-40340-58.2005.5.09.0026, Relator Ministro: José Roberto Freire Pimenta, Data de Julgamento: 14/09/2017, Subseção I Especializada em Dissídios Individuais, Data de Publicação: DEJT 22/09/2017)

Município pode firmar convênio para contratação de aprendizes sem concurso?

Contratação de aprendizes por Município. Possibilidade (alegação de violação aos artigos 5º, inciso II, e 37, caput e incisos I e II, da Constituição Federal, 429 da Consolidação das Leis do Trabalho, 966 e 1142 do Código Civil e 5º da Lei de Introdução ao Código Civil e à Lei nº 10.097/00). ***É possível que menores carentes trabalhem em órgãos da Administração Pública Direta e Indireta como aprendizes, pois a finalidade do contrato de aprendizagem é promover a inclusão social de menores de idade.*** Assim, a Administração Pública está garantindo o direito do adolescente à profissionalização, como forma de minimizar as dificuldades por ele enfrentadas na busca do primeiro emprego. No caso, o contrato de aprendizagem tem natureza especial, não gerando vínculo com a Administração Pública. (RR-

126940-71.2005.5.15.0008, Relator Ministro: Renato de Lacerda Paiva, Data de Julgamento: 06/09/2017, 2ª Turma, Data de Publicação: DEJT 15/09/2017)

Aplica-se a prescrição trabalhista à pretensão de ressarcimento ao erário em ação ajuizada por empresa pública contra empregado?

Ação de improbidade administrativa ajuizada por empresa pública federal perante a Justiça do Trabalho, cumulada com pedido de ressarcimento ao erário, decorrente de ato de improbidade administrativa perpetrado por empregado no curso de típica relação de emprego com o ente da Administração Pública indireta – Empresa Brasileira de Correios e Telégrafos. ***O expresso comando que emana da parte final do artigo 37, § 5º, da Constituição Federal, ao afastar a incidência do princípio da prescritibilidade -- pilar de sustentação de outro princípio constitucional nuclear, relacionado à preservação da segurança jurídica --, impõe, em caráter excepcionalíssimo, a imprescritibilidade das ações de ressarcimento ao erário em decorrência de prejuízos advindos de ilícitos oriundos de atos de improbidade administrativa praticados por qualquer agente, servidor público ou não.*** Em face da amplitude com que o legislador constitucional definiu o sujeito passivo submetido à regra da imprescritibilidade, forçoso reconhecer que mesmo o empregado de ente da Administração Pública indireta, por ostentar a condição de agente público "lato sensu", submete-se à norma constitucional de eficácia plena. Entendimento que se robustece diante da explícita e ampla definição de "agente público" contida na Lei de Improbidade Administrativa -- Lei nº 8.429/1992 --, que o qualifica como "todo aquele que exerce, ainda que transitoriamente ou sem remuneração, por eleição, nomeação, designação, contrato ou qualquer outra forma de investidura ou vínculo, mandato, cargo, emprego ou função" no âmbito da Administração Pública direta, indireta ou fundacional, ou, ainda, de outros entes, de natureza privada, em que haja, em alguma medida, intervenção do erário (arts. 1º e 2º). Ainda mais avulta a relevância do espectro de proteção conferido pelo artigo 37, § 5º, da CF, afinado aos princípios norteadores da Administração Pública (artigo 37, caput, CF), a circunstância de o Tribunal Pleno do Supremo Tribunal Federal haver firmado tese de Repercussão Geral – Tema 666 -, a fim de explicitar o sentido e alcance da referida norma constitucional, confirmando a imprescritibilidade das ações de ressarcimento por danos causados ao erário, decorrentes de ato de improbidade administrativa. (RE 669069/MG, Tribunal Pleno, Relator Ministro Teori Zavascki, DJe 28/4/2016). Em virtude da natureza da pretensão deduzida em juízo – de índole eminentemente administrativa --, não incide a regra prescricional direcionada às lides tipicamente trabalhistas, prevista no artigo 7º, XXIX, da Constituição Federal. (RR-852-53.2011.5.18.0053, Relator Ministro: João Oreste Dalazen, Data de Julgamento: 08/11/2017, 4ª Turma, Data de Publicação: DEJT 17/11/2017)

» ***Particulares em colaboração: titulares de serventias***

Titulares de serventias não estatizadas devem se aposentar compulsoriamente?

"***Não se aplica a aposentadoria compulsória prevista no artigo 40, parágrafo 1º, inciso II, da Constituição Federal***[13] ***aos titulares de serventias judiciais não estatizadas, desde que não sejam ocupantes de cargo público efetivo e não recebam remuneração proveniente dos cofres públicos***". Essa foi a tese aprovada, por unanimidade no julgamento do Recurso Extraordinário (RE) 647827, com **repercussão geral reconhecida.**

Após fazer um histórico sobre a oficialização das serventias judiciais desde a Emenda Constitucional 7/1967, o relator do caso, ministro Gilmar Mendes, salientou em seu voto que os titulares de serventias judiciais podem ser divididos, atualmente, em **três espécies**: os **titulares de serventias oficializadas**, que ocupam cargo ou função pública e são remunerados exclusivamente pelos cofres públicos; os **titulares de serventias não estatizadas**, remunerados exclusivamente por custas e emolumentos; e por último os **titulares também de serventias não estatizadas**, mas que são remunerados em parte pelos cofres públicos e em parte por custas e emolumentos.

Com relação às serventias extrajudiciais, o ministro lembrou que **no julgamento da Ação Direta de Inconstitucionalidade 2602 o Supremo assentou que não se aplica a aposentadoria compulsória para notários**

---

13. Art. 40 da CR/88 – Aos servidores titulares de cargos efetivos da União, dos Estados, do Distrito Federal e dos Municípios, incluídas suas autarquias e fundações, é assegurado regime de previdência de caráter contributivo e solidário, mediante contribuição do respectivo ente público, dos servidores ativos e inativos e dos pensionistas, observados critérios que preservem o equilíbrio financeiro e atuarial e o disposto neste artigo. (Redação dada pela Emenda Constitucional nº 41, 19.12.2003)

§ 1º Os servidores abrangidos pelo regime de previdência de que trata este artigo serão aposentados, calculados os seus proventos a partir dos valores fixados na forma dos §§ 3º e 17: [...]

II – **compulsoriamente**, com proventos proporcionais ao tempo de contribuição, aos 70 (setenta) anos de idade, ou aos 75 (setenta e cinco) anos de idade, na forma de lei complementar;

e registradores, exatamente por não se tratarem de servidores públicos. Para o relator, deve se estender aos titulares de serventias judiciais não estatizadas, remuneradas exclusivamente por custas e emolumentos, o mesmo tratamento conferido aos titulares dos foros extrajudiciais, "tendo em vista a similitude das relações jurídicas". De acordo com o ministro, "ambas se referem a atividades privadas em colaboração com o Poder Público".

Assim, para o relator, não se deve aplicar aos titulares de serventias judiciais não estatizadas, **remunerados exclusivamente por custas e emolumentos**, a aposentadoria compulsória prevista no artigo 40 (parágrafo 1º, inciso II), que se dirige apenas a servidores públicos titulares de cargos efetivos. Já os demais tipos de titulares estão submetidos à regra constitucional, que antes previa aposentadoria compulsória aos 70 anos, idade que foi ampliada para 75 anos a partir da EC 88/2015, concluiu o relator.

FISCALIZAÇÃO, MEDICINA, SAÚDE, SEGURANÇA E HIGIENE DO TRABALHO

FISCALIZAÇÃO DO TRABALHO

» *Auditor Fiscal do Trabalho*

AFT pode multar empresa que lhe nega o passe livre durante o exercício da profissão?

Cinge-se a controvérsia à regularidade dos autos de infração lavrados por Auditores Fiscais do Trabalho, diante da recusa de concessão do passe livre por concessionária de rodovias, que insistiu na cobrança de pedágio no trânsito dos fiscais. A capitulação dos autos de infração está lastreada nos seguintes dispositivos: artigos 630, § 5º, da CLT e 34, caput, do Decreto nº 4.552/2002. No registro dos auditores fiscais, consta que a cobrança de pedágio pela concessionária de rodovias viola o direito ao passe livre previsto nos citados dispositivos, em óbice ao pleno exercício das funções que lhes são inerentes. Os autos de infração questionados nestes autos originaram-se do poder de polícia conferido a essa categoria. ***Havendo resistência à concessão do passe livre, justifica-se a lavratura dos respectivos autos de infração.*** O artigo 630, § 5º, da CLT assegura o passe livre aos Auditores Fiscais do Trabalho no desempenho de suas atividades, com direito à gratuidade nas empresas de transporte. Por consequência, a cobrança de pedágio em rodovias fere a prerrogativa de gratuidade no deslocamento do Auditor Fiscal do Trabalho, por dificultar-lhe a locomoção no exercício de suas funções. Outrossim, o artigo 628 da CLT determina que, salvo o disposto nos artigos 627 e 627-A da Consolidação das Leis do Trabalho, "a toda verificação em que o Auditor-Fiscal do Trabalho concluir pela existência de violação de preceito legal deve corresponder, sob pena de responsabilidade administrativa, a lavratura de auto de infração". Por sua vez, a natureza jurídica da autora não pode justificar a criação de embaraços ao desempenho das atividades de inspeção do trabalho, mormente porque se trata de concessão de serviço público. Também não há como se restringir a interpretação do artigo 630, § 5º, da CLT ao sentido gramatical ou à sua literalidade, sob pena de esvaziar sua eficácia. O citado dispositivo foi incluído na Consolidação das Leis do Trabalho em 1967, pelo Decreto-Lei nº 229/67, momento histórico em que nem sequer se cogitava da possibilidade de concessão de rodovias, nem das formas de remuneração do concessionário do serviço público. Somente com a Lei Federal nº 9.074/95 sobreveio a outorga de concessões e permissões de serviços públicos nas vias federais. O artigo 34 do Decreto nº 4.552/2002, ao incluir o passe livre aos Auditores Fiscais do Trabalho e aos Agentes de Higiene e Segurança do Trabalho nos pedágios, apenas adequou a norma cogente à realidade social atual. Nesse sentido, a extensão do passe livre aos fiscais do trabalho nas rodovias tem a finalidade de viabilizar o bom andamento do seu serviço, de forma a atender ao escopo da norma. Importante registrar que o Brasil é signatário da Convenção nº 81 da Organização Internacional do Trabalho – OIT, ratificada em 11/10/1989, que traz disposições relativas à inspeção do trabalho na indústria e no comércio, a saber: no artigo 3º impõe ao Estado-membro a adoção de um Sistema de Inspeção do Trabalho; no artigo 6º, preconiza medidas de garantia à estabilidade no emprego do pessoal de inspeção; e, no artigo 11, garante aos inspetores do trabalho facilidades de transporte para o exercício de suas funções. Por conseguinte, é dever do Estado-Juiz garantir a livre locomoção do agente público. O Auditor Fiscal do Trabalho tem como precípua atribuição o deslocamento físico até as empresas para verificar, in loco, a regularidade nas contratações de pessoal, o cumprimento das leis trabalhistas, bem como as condições de segurança e a higiene no meio ambiente de trabalho. Qualquer restrição/oneração ao seu livre deslocamento representa cerceamento ao exercício de suas funções, bem como caracteriza prejuízo à independência funcional, em face da natureza da atividade exercida que, por excelência, é fora da sede dos órgãos públicos. O objetivo do passe livre é viabilizar o acesso aos locais de fiscalização, nos termos do artigo 630, § 5º, da CLT. Qualquer restrição a essa garantia legal importa cerceamento ao exercício da função pública fiscalizatória. Assim, mostra-se válida a disposição normativa regulamentar que estende a prerrogativa do passe livre aos pedágios nas rodovias, mesmo porque a fiscalização às vezes é cumprida em localidades de difícil acesso ou não servidas pelo transporte público regular. A prestação do serviço público adequado e satisfatório perfaz interesse comum compartilhado pelo Estado, pela sociedade civil e pelo concessionário. Constitui interesse coletivo e abrange não só a conservação, manutenção e exploração das vias públicas, mas também a operacionalização do sistema viário, de forma a possibilitar o transporte de pessoas e cargas. Nesses termos, o Decreto nº 4.552/2002, com o objeto de regulamentar o artigo 630, § 5º, da CLT, não extrapolou os limites regulamentadores, criando isenção de pedágio. Apenas adequou a norma cogente à realidade social atual. (RR-97540-52.2005.5.17.0009, Redator Ministro: José Roberto Freire Pimenta, Data de Julgamento: 04/10/2017, 2ª Turma, Data de Publicação: DEJT 27/10/2017)

MEDICINA, SAÚDE, SEGURANÇA E HIGIENE DO TRABALHO

» *Direito à saúde e amianto*

É constitucional o uso do amianto crisolita?

As leis estaduais que proíbem o uso do amianto são constitucionais. O art. 2º da Lei federal nº 9.055/95, que autorizava a utilização da crisotila (espécie de amianto), é inconstitucional. Houve a inconstitucionalidade superveniente (sob a óptica material) da Lei nº 9.055/95, por ofensa ao direito à saúde (art. 6º e 196, CRFB/88). E, ao dever estatal de redução dos riscos inerentes ao trabalho por meio de normas de saúde, higiene e segurança (art. 7º, inciso XXII, CF/88); e à proteção do meio ambiente (art. 225, CF/88). Com isso, ***é proibida a utilização de qualquer forma de amianto.*** (STF. Plenário. *ADI 3937/SP, rel. orig. Min. Marco Aurélio, red. p/ o ac. Min. Dias Toffoli, julgado em 24/8/2017 (Informativo STF nº 874). ADI 3406/RJ, rel. Min. Rosa Weber, julgamento em 29.11.2017 e ADI 3470/RJ, rel. Min. Rosa Weber, julgamento em 29.11.2017 - Informativo STF nº 886.*

EMPREGADO

ELEMENTOS DA RELAÇÃO DE EMPREGO

» *Subordinação x Autonomia*

Cobrança de resultados induz subordinação?

O TRT da 9ª Região entendeu que, além da autonomia, a vendedora, para ter lucro, dependia exclusivamente do seu esforço, e somente recebia se realizasse vendas de pedidos, cadastro e quantidade de consultoras, ou seja, os riscos do negócio não eram suportados pela Natura, mas divididos entre as partes. **A cobrança de resultados** não comprovou, para o TRT, a existência de subordinação, pois ***na relação autônoma de representação comercial é ônus do representante fornecer ao representado informações sobre os negócios.*** (AIRR-333-22.2015.5.09.0657, Data de Julgamento: 22/02/2017, Relator Ministro: Antônio José de Barros Levenhagen, 5ª Turma, Data de Publicação: DEJT 24/02/2017).

Remuneração consistente no percentual no valor do exame impede o reconhecimento de vínculo empregatício entre médico e clínica?

Fácil inferir da moldura fática a ausência da propalada autonomia, pois o recorrido se utilizava da estrutura da empresa para a realização do serviço, tanto quanto da indigitada eventualidade, uma vez que essa não está associada à descontinuidade temporal do trabalho, mas à sua inserção nos fins permanentes do empreendimento, tal como deflui das funções do reclamante, como médico, de preceder exames para a clínica de radiologia. Além disso, agiganta-se a constatação da inserção do recorrido aos fins da empresa, através da qual se infere a ocorrência do fenômeno da atividade integrativa, em que se encontra subjacente a subordinação jurídica, que titula o contrato de trabalho. No mais, ***o vínculo não se desnatura pelo critério de remuneração consistente no percentual no valor do exame, ou mesmo com a abertura de uma pessoa jurídica***, notadamente porque além de o recorrido ter sido supostamente coagido a criar, os elementos dos autos dos autos evidenciam que o trabalho era executado em condições de notória subordinação estrutural. IV – De resto, não é preciso desusada perspicácia para se inferir ter o Regional se orientado pelo princípio da persuasão racional do art. 131 do CPC de 73, em função do qual a decisão de origem é sabidamente soberana. [...] (RR-1224-80.2014.5.17.0002, Relator Ministro: Antônio José de Barros Levenhagen, Data de Julgamento: 22/02/2017, 5ª Turma, Data de Publicação: DEJT 24/02/2017)

EMPREGADOR

DONO DA OBRA

» *Responsabilidade*

> ***O conceito de 'dono da obra', previsto na OJ nº 191 da SBDI- 1 do TST, para efeitos de exclusão de responsabilidade solidária ou subsidiária trabalhista, restringe-se a pessoa física ou micro e pequenas empresas, na forma da lei, que não exerçam atividade econômica vinculada ao objeto contratado?***

1. A exclusão de responsabilidade solidária ou subsidiária por obrigação trabalhista, a que se refere a Orientação Jurisprudencial nº 191 da SbDI-1 do TST, não se restringe a pessoa física ou micro e pequenas empresas. Compreende igualmente empresas de médio e grande porte e entes públicos. 2. A excepcional responsabilidade por obrigações trabalhistas, prevista na parte final da Orientação Jurisprudencial nº 191 da SbDI-1 do TST, por aplicação analógica do artigo 455 da CLT, alcança os casos em que o dono da obra de construção civil é construtor ou incorporador e, portanto, desenvolve a mesma atividade econômica do empreiteiro. 3. Não é compatível com a diretriz sufragada na Orientação Jurisprudencial nº 191 da SbDI-1 do TST jurisprudência de Tribunal Regional do Trabalho que amplia a responsabilidade trabalhista do dono da obra, excepcionando apenas "a pessoa física ou micro e pequenas empresas, na forma da lei, que não exerçam atividade econômica vinculada ao objeto contratado". 4. Exceto ente público da Administração direta e indireta, se houver inadimplemento das obrigações trabalhistas contraídas por empreiteiro que contratar, sem idoneidade econômico-financeira, o dono da obra responderá subsidiariamente por tais obrigações, em face de aplicação analógica do art. 455 da CLT e de culpa *in eligendo. IRR-190-53.2015.5.03.0090 Data de Julgamento: 11/05/2017, Rela-*

tor Ministro: João Oreste Dalazen, Subseção I Especializada em Dissídios Individuais, Data de Publicação: DEJT 30/06/2017 – Informativo TST nº 159.

SUCESSÃO TRABALHISTA

» ***Cartórios extrajudiciais***

A continuidade na prestação dos serviços é essencial para caracterização da sucessão trabalhista em se tratando de cartórios extrajudiciais?

Ação rescisória. Embargos de terceiro. Violação dos arts. 10 e 448 da CLT. Não configuração. Mudança de titularidade de cartório. Sucessão trabalhista. Continuidade na prestação dos serviços. Ausência. Ofensa à coisa julgada. Não ocorrência. Sentença que estabeleceu condenação e obrigação futura para quem não participou da relação processual. Não viola os arts. 10 e 448 da CLT o acórdão proferido nos autos de embargos de terceiro que afastou a sucessão de empregadores e determinou a exclusão da responsabilidade do novo titular do cartório pelas dívidas contraídas pelo primeiro titular, pois, nos termos da jurisprudência do TST vigente à época, a alteração da titularidade do serviço notarial, com a correspondente transferência da unidade econômico-jurídica que integra o estabelecimento, somente caracteriza a sucessão de empregadores quando há continuidade na prestação dos serviços, o que não ocorreu no caso. De outra sorte, o acórdão rescindendo não ofendeu a coisa julgada que se formou na ação trabalhista principal, porquanto o art. 472 do CPC de 1973, ao estabelecer a eficácia da coisa julgada inter partes, deixa claro que a imutabilidade da coisa julgada somente pode atingir quem efetivamente participou do processo. Na hipótese, a sentença que entendeu que os eventuais sucessores do cartório responderiam pelos débitos trabalhistas discutidos na ação principal projetou os efeitos da coisa julgada que ainda iria se formar para além das partes litigantes e para além do tempo, pois estabeleceu condenação e obrigação futura para quem não participou da relação processual e sequer detinha a titularidade do cartório demandado, na medida em que a titularidade conferida ao terceiro-embargante, por meio de concurso público, ocorreu poucos meses antes do trânsito em julgado. Sob esse entendimento, a SBDI-II, à unanimidade, conheceu do recurso ordinário e, no mérito, negou-lhe provimento. *RO-11518-13.2015.5.01.0000, Relator Ministro: Luiz Philippe Vieira de Mello Filho, Data de Julgamento: 21/11/2017, Subseção II*

Especializada em Dissídios Individuais, Data de Publicação: DEJT 24/11/2017 – ***Informativo TST nº 169.***

A jurisprudência dominante nesta Corte Superior estabeleceu que ***a mudança de titularidade de cartório extrajudicial somente pode ocasionar a sucessão trabalhista quando haja continuidade na prestação de serviços em prol do titular sucessor.*** Todavia, na hipótese o Tribunal Regional consignou que a ausência de contratação da embargante não afasta a sua responsabilidade na lide. Assim, a decisão regional violou os artigos 10 e 448 da CLT. Recurso de revista conhecido por violação dos artigos 10 e 448 da CLT e provido. (RR-193-15.2012.5.02.0066, Relator Ministro: Alexandre de Souza Agra Belmonte, Data de Julgamento: 11/10/2017, 3ª Turma, Data de Publicação: DEJT 20/10/2017)

GRUPO ECONÔMICO

» *Caracterização*

> *A mera existência de sócios comuns caracteriza o grupo econômico?*

Execução. Responsabilidade solidária. Grupo econômico. Configuração. Existência de sócios em comum. Ausência de demonstração de relação hierárquica entre as empresas. Art. 5º, II, da CF. Violação direta. Viola o princípio da legalidade insculpido no art. 5º, II, da CF, por impor obrigação não prevista no art. 2º, § 2º, da CLT, decisão que, na fase de execução de sentença, reconhece a configuração de grupo econômico e atribui responsabilidade solidária a empresa distinta daquela com a qual se estabeleceu o vínculo de emprego, com fundamento estritamente na existência de sócios comuns, sem a demonstração de relação hierárquica de uma empresa sobre a outra. Sob esse entendimento, a SBDI-I, por unanimidade, conheceu dos embargos por divergência jurisprudencial e, no mérito, por maioria, negou-lhes provimento, mantendo, portanto, o acórdão turmário que, após reconhecer afronta à norma do art. 5º, II, da CF, afastou a responsabilidade solidária imputada a Amadeus Brasil Ltda. pela decisão do Regional que reconhecera a formação de grupo econômico com a Massa Falida de Rio Sul Linhas Aéreas S.A., executada, com fundamento estritamente na existência de sócios em comum. Vencidos os Ministros Aloysio Corrêa da Veiga, relator, Augusto César de Carvalho, José Roberto Freire Pimenta e Cláudio Mascarenhas Brandão, que entendiam que eventual ofensa ao princípio da legalidade somente se daria de forma reflexa ou indireta, em total desconformidade com o art. 896, §2º, da CLT e a Súmula nº 266 do TST. *TST-E-ED-RR-92- 21.2014.5.02.0029, SBDI-I, rel. Min. Aloysio Corrêa da Veiga, red. p/ acórdão Min. João Oreste Dalazen, 5.10.2017 - **Informativo TST nº 167.***

» ***Responsabilidade***

Aplica-se à TAP Manutenção e Engenharia Brasil S.A. o preceito insculpido no artigo 60, caput e parágrafo único, da Lei nº 11.101/05 ou o entendimento preconizado na OJ nº 411 da SBDI-1?

Nos termos dos artigos 60, parágrafo único, e 141, II, da Lei nº 11.101/2005, a TAP MANUTENÇÃO E ENGENHARIA BRASIL S.A. não poderá ser responsabilizada por obrigações de natureza trabalhista da VARIG S.A. pelo fato de haver adquirido a VEM S.A., empresa que compunha grupo econômico com a segunda. 1. Discute-se a responsabilidade solidária da TAP MANUTENÇÃO ENGENHARIA BRASIL S.A., em razão de ter adquirido ativos da VARIG ENGENHARIA E MANUTENÇÃO S.A. - VEM S.A. -, empresa integrante do mesmo grupo econômico da real empregadora do reclamante - VARIG S.A.. 2. De acordo com as informações prestadas pela 1ª Vara Empresarial da Comarca do Rio de Janeiro - antiga 8ª Vara Empresarial -, o Plano de Recuperação Judicial apresentado pelas aduzidas empresas recomendava a venda de ativos da VEM S.A. e da VOLO DO BRASIL S.A., que necessitou ser antecipada em razão da condenação da VARIG S.A. na Justiça norte-americana, ao pagamento de sessenta e dois milhões de dólares. Registrou, ainda, que a alienação foi realizada no curso do processo de recuperação judicial, sob a chancela do Judiciário e com a aprovação da Assembleia Geral de Credores. 3. É inegável que a alienação de ativos da VEM S.A. contribuiu para a continuidade das atividades das empresas do grupo econômico em recuperação judicial, atendendo ao princípio da preservação da empresa. Verifica-se, inclusive, que o ingresso de receitas decorrentes da venda permitiu a continuação das atividades das empresas do grupo econômico, viabilizando, ainda, o prosseguimento do processo de recuperação judicial, cujo plano foi efetivamente cumprido, conforme consignado na sentença de decretação da falência. 4. É cediço que o artigo 60 da Lei nº 11.101/2005, cuja constitucionalidade foi reconhecida pelo Supremo Tribunal Federal, ao tratar da alienação judicial de filiais ou de unidades produtivas isoladas do devedor, aprovada em plano de recuperação judicial, estabelece expressamente em seu parágrafo único que o objeto da mencionada transação estará livre de quaisquer ônus e, por isso, não haverá sucessão do arrematante nas obrigações do devedor – inclusive quanto aos créditos trabalhistas. 5. Verifica-se que o referido artigo, ao dispor acerca da alienação prevista no plano de recuperação judicial, desonera não somente o arrematante de unidades produtivas isoladas, mas também o adquirente de filiais da empresa em recuperação judicial. 6. Isso porque, caso a lei não concedesse isenção às empresas adquirentes, certamente tais negociações empresariais não ocorreriam, uma vez que não haveria candidato interessado em assumir enorme passivo da empresa em recuperação judicial, em troca da aquisição de uma de suas filiais. 7. Consequentemente, precipitar-se-ia a falência das sociedades empresárias em crise, o que agravaria, de modo geral, a situação de todos os envolvidos, em especial dos credores trabalhistas, partes mais sensíveis ao inadimplemento decorrente do reconhecimento da situação falimentar do empregador. 8. Não parece, portanto, razoável responsabilizar a embargante, TAP MANUTENÇÃO ENGENHARIA BRASIL S.A., por todo passivo da VARIG S.A., pelo fato de ter adquirido uma de suas filiais, enquanto isenta todas as demais empresas que compraram parcela do patrimônio saudável da própria VARIG S.A.. 9. O fato da aquisição da VEM S.A. não ter ocorrido em leilão judicial não é suficiente para retirar o caráter judicial da operação, já que necessitou da homologação do Juízo Falimentar, ocasião em que foi certificada a sua legalidade. 10. Impende registrar, inclusive, que em relação à VOLO DO BRASIL S.A., empresa adquirente de outra filial da VARIG S.A., a VARIGLOG S.A., nas mesmas circunstâncias em que se deu a venda da VEM S.A., esta Corte Superior tem aplicado o acima mencionado artigo da Lei nº 11.101/2005, a fim de afastar sua responsabilidade trabalhista. Precedentes. 11. Não há motivos para a concessão de tratamento jurídico mais severo a apenas uma das empresas adquirentes de ativos da VARIG S.A., alienados no curso do processo de recuperação judicial e sob a chancela do Poder Judiciário. Não se pode distanciar do postulado constitucional da isonomia, de modo que às referidas empresas, em razão da identidade jurídica, deve incidir a mesma norma legal, qual seja, o artigo 60, parágrafo único, da Lei nº 11.101/2005. 12. Desse modo, conquanto a TAP MANUTENÇÃO ENGENHARIA BRASIL S.A. não tenha arrematado a Unidade Produtiva Varig (UPV) em leilão judicial, mas sim adquirido filial da VARIG S.A. (VEM S.A.) no curso do processo de recuperação judicial, o preceito insculpido no artigo 60, parágrafo único, da Lei nº 11.101/2005 a ela também se aplica. CONCLUSÃO: Nos termos dos artigos 60, parágrafo único, e 141, II, da Lei nº 11.101/2005, a TAP MANUTENÇÃO E ENGENHARIA BRASIL S.A. não poderá ser responsabilizada por obrigações de natureza trabalhista da VARIG S.A. pelo fato de haver adquirido a VEM S.A., empresa que compunha grupo econômico com a segunda. PROCESSO Nº E-ED-ARR-69700-28.2008.5.04.0008. PRO-

VIMENTO. Nos termos da tese firmada no IRR-69700-28.2008.5.04.0008, afasta-se a responsabilidade da TAP MANUTENÇÃO E ENGENHARIA BRASIL S.A pelas obrigações trabalhistas da VARIG S.A., ante a incidência do preceito contido nos artigos 60, parágrafo único, e 141, II, da Lei nº 11.101/2005. *IRR-69700-28.2008.5.04.0008 Data de Julgamento: 22/05/2017, Relator Ministro: Guilherme Augusto Caputo Bastos, Tribunal Pleno, Data de Publicação: DEJT 03/07/2017 – Informativo TST nº 159.*

DURAÇÃO DO TRABALHO

COMPENSAÇÃO DE JORNADA E BANCO DE HORAS

» ***Regime de compensação cumulado com banco de horas***

É possível a adoção concomitante do regime de compensação semanal de jornada com o banco de horas?

Cinge-se a controvérsia à possibilidade de adoção concomitante do regime de compensação semanal de jornada com o banco de horas. ***Predomina nesta Corte o entendimento no sentido de ser*** **possível a coexistência do regime de compensação semanal com o banco de horas, desde que observados os requisitos de validade de cada um deles.** Do teor da decisão impugnada, denota-se que o Tribunal Regional não consignou a existência de qualquer irregularidade na adoção dos regimes, perfilhando argumentação cingida à incompatibilidade da instituição simultânea dos ajustes compensatórios. A decisão regional revela-se dissonante do firme posicionamento do TST, cabendo acolher a insurgência recursal em face da invalidação indevida dos ajustes compensatórios. (RR-263-81.2012.5.09.0892, Relator Ministro: Antonio José de Barros Levenhagen, Data de Julgamento: 15/02/2017, 5ª Turma, Data de Publicação: DEJT 17/02/2017)

HORAS EXTRAS, TEMPO À DISPOSIÇÃO E INTERVALOS INTRAJORNADA E INTERJORNADAS

» ***Controle de jornada***

O rastreamento do veículo por satélite conduz ao controle de jornada do motorista?

Horas extras. Motorista. Rastreamento de veículo por satélite. Controle indireto da jornada de trabalho. Inaplicabilidade do art. 62, I, da CLT. A exceção prevista no artigo 62, I, da CLT **não depende apenas do exercício de trabalho externo, mas também da impossibilidade de controle de horário pelo empregador.** No caso, a Egrégia Turma consignou que a empresa detinha a **possibilidade de fiscalizar a jornada de trabalho desenvolvida, ainda que a finalidade precípua do rastreamento consistisse na proteção contra roubos.** Indubitável, portanto, que **o empregador exercia o controle indireto sobre os horários cumpridos pelo empregado. Somente quando se revelar inteiramente impossível o controle, estará afastado o direito ao pagamento de horas extraordinárias**, em razão da liberdade de dispor do seu próprio tempo, a exemplo do que ocorre, mesmo nesses casos, com o intervalo para refeição, cujo gozo é presumido, diante da autorização legal para dispensa do registro. Nesse contexto, o reclamante tem direito às horas extras. Precedentes. Recurso de embargos de que se conhece e a que se nega provimento. *E-RR-45900-29.2011.5.17.0161, Relator Ministro: Cláudio Mascarenhas Brandão, Data de Julgamento: 23/02/2017, Subseção I Especializada em Dissídios Individuais, Data de Publicação: DEJT 10/03/2017* – ***Informativo TST nº 153.***

É válido o registro de ponto por exceção?

A jurisprudência deste Tribunal Superior tem se consolidado no sentido de não reconhecer validade à norma coletiva que prevê o denominado controle de ponto "por exceção", por afronta ao art. 74, § 2º, da CLT, norma de ordem pública, infensa à negociação coletiva. Incidência do disposto no art. 896, § 7º, da CLT. (RR-327-83.2010.5.04.0251, Relator Ministro: Walmir Oliveira da Costa, Data de Julgamento: 12/09/2017, 1ª Turma, Data de Publicação: DEJT 15/09/2017)

» ***Intervalo intrajornada***

Preenchidos os requisitos do art. 71, § 3º, da CLT é necessária a comprovação da publicação oficial da portaria do Ministério do Trabalho que autorizou a redução do intervalo?

Intervalo intrajornada. Redução. Art. 71, § 3º, da CLT. Prova da publicação da portaria de autorização do Ministério do Trabalho. Desnecessidade. É prescindível a comprovação da publicação da Portaria no Diário Oficial para fins de validar a concessão parcial do intervalo intrajornada quando presentes as exigências do artigo 71, § 3º, da CLT (refeitório adequado, ausência de prorrogação de jornada e ato do Ministério do Trabalho). Trata-se de ato administrativo revestido de presunção de veracidade e legitimidade nos termos da lei, não sendo motivo impeditivo de validade da redução do intervalo intrajornada a simples falta de comprovação nos autos da publicação da Portaria no Diário Oficial. Recurso de embargos conhecido e provido. *E-ARR-42-19.2014.5.12.0028, Relator Ministro: Augusto César Leite de Carvalho, Data de Julgamento: 31/08/2017, Subseção I Especializada em Dissídios Individuais, Data de Publicação: DEJT 22/09/2017 –* ***Informativo TST nº 163.***

É possível o fracionamento do intervalo intrajornada do empregado rural?

Trabalhador rural. Intervalo intrajornada. Fracionamento. Possibilidade. Art. 5º da Lei nº 5.889/73. Usos e costumes regionais. No caso, restou incontroverso que o embargado usufruía de dois intervalos intrajornadas, a saber: o primeiro, para o almoço, e o segundo, de 30 minutos, para o café. Não há vedação para a concessão, de forma fracionada, do intervalo intrajornada estabelecido no art. 5º da Lei nº 5.889/73, pois o referido dispositivo de lei estabelece que a concessão do período destinado ao repouso e à alimentação do trabalhador rural observará os usos e os costumes da região. Assim, na hipótese em que a reclamada concedia ao reclamante um intervalo para o almoço e outro, de 30 minutos, para o café, em consonância com o costume do meio rural, não há falar em cômputo deste último intervalo na jornada de trabalho. *E-RR-932-60.2010.5.09.0325, Relator Ministro: Renato de Lacerda Paiva, Data de Julgamento: 04/05/2017, Subseção I Especializada em Dissídios Individuais, Data de Publicação: DEJT 12/05/2017 –* ***Informativo TST nº 158.***

São devidas horas extras no caso de intervalo sem limite de duração previsto em norma coletiva?

Havendo previsão, em norma coletiva para a prorrogação do intervalo intrajornada em período superior a duas horas, reputa-se eficaz o ajuste, ***desde que haja efetiva delimitação do seu tempo de duração.*** Recurso de revista conhecido e provido. (ARR-757-07.2015.5.09.0094, Relator Ministro: Alberto Luiz Bresciani de Fontan Pereira, Data de Julgamento: 22/02/2017, 3ª Turma, Data de Publicação: DEJT 03/03/2017).

Notas:

A Terceira Turma do Tribunal Superior do Trabalho proveu recurso de um motorista para condenar a Unesul de Transportes Ltda. a pagar, como extras, as horas do intervalo de repouso e alimentação que superaram o limite de duas horas diárias. A empresa tinha autorização em convenção coletiva para ultrapassar esse tempo, mas os ministros invalidaram o ajuste, por não estabelecer limite para a duração do período de descanso.

O motorista conduzia ônibus interestadual e argumentou que ficava mais de duas horas na garagem da empresa no intervalo entre as viagens, sem cômputo na jornada. O juízo de primeiro grau e o Tribunal Regional do Trabalho da 9ª Região (PR) indeferiram o pedido de horas extras. Para o TRT, o artigo 71 da CLT permite repousos superiores a 120 minutos mediante autorização em acordo escrito ou contrato coletivo, sem exigir fixação de limite máximo para o intervalo.

Relator do processo no TST, o ministro Alberto Bresciani aceitou a pretensão do motorista. De acordo com Bresciani, o caput do artigo 71 da CLT estabelece que, em qualquer trabalho contínuo cuja duração exceda de seis horas, é obrigatória a concessão de um intervalo de no mínimo uma hora e, "salvo acordo escrito ou contrato coletivo em contrário, não poderá exceder de duas horas". Assim, havendo previsão em norma coletiva para a prorrogação do intervalo intrajornada, a ampliação em período superior a duas horas só será eficaz se houver a efetiva delimitação de seu tempo de duração, o que, segundo o relator, não ocorreu no caso. A decisão foi unânime. (www.tst.jus.br)

» *Horas in itinere*

Há repercussão geral em recurso que discute deslocamento de trabalhador dentro do estabelecimento empresarial?

O STF, em votação no Plenário Virtual, entendeu que **não há repercussão geral** na matéria discutida no Recurso Extraordinário (RE) 944245, interposto contra decisão do Tribunal Superior do Trabalho que **determinou o cômputo do tempo de deslocamento entre a portaria da Volkswagen do Brasil Ltda. e o setor de lotação de um empregado como horas trabalhadas** (*in itinere*). A maioria dos ministros seguiu a manifestação do relator, ministro Edson Fachin, no sentido de que **a discussão da matéria, fundada em normas trabalhistas, exigiria o reexame de legislação infraconstitucional.**

A decisão do TST baseou-se na **Súmula 429 daquela Corte**, que **considera que esse tempo de deslocamento, quando superior a dez minutos diários, como tempo à disposição do empregador.**[14] No recurso extraordinário, a Volkswagen apontava ofensa aos princípios da legalidade e da repartição de competências afetas aos Poderes Legislativo e Judiciário. Segundo a empresa, *a Súmula 429 do TST alteraria o artigo 4º da Consolidação das Leis do Trabalho (CLT), com a criação de obrigação trabalhista nova, não prevista no ordenamento jurídico, o que seria inconstitucional.*

O ministro Fachin assinalou que, no caso concreto, a empresa fundamentou o recurso em argumentos genéricos, demonstrando inconformismo com a decisão do TST, fundado em normas trabalhistas (especialmente o artigo 4º da CLT), o que não é cabível em sede de recurso extraordinário, por exigir o reexame de legislação infraconstitucional. Ainda segundo o relator, eventual divergência ao entendimento do TST, em relação tanto à forma de cálculo quanto ao enquadramento legal do tempo despendido pelo empregado em deslocamento dentro da empresa, demandaria nova apreciação de matéria probatória, também inviável na instância extraordinária.

O relator destacou que as duas Turmas do STF já se manifestaram sobre a mesma temática, e que a jurisprudência do Tribunal se consolidou no sentido de que os temas que demandam o reexame de legislação infraconstitucional e o revolvimento de contexto fático específico não têm repercussão geral, ainda que supostamente discutam princípios como os da dignidade da pessoa humana, legalidade, propriedade, acesso à Justiça, devido processo legal, dentre outros. Concluiu, assim, que **o caso não transcende os interesses subjetivos da causa, manifestando-se pela inexistência de repercussão geral da questão tratada nos autos.**

A manifestação do relator foi seguida pela maioria dos ministros, vencido o ministro Gilmar Mendes. Assim, fica mantido o entendimento fixado pelo TST sobre a matéria. (STF-RE 944245)

EMENTA: DIREITO DO TRABALHO. HORAS IN ITINERE. DESLOCAMENTO ENTRE PORTARIA E LOCAL DE REGISTRO DE ENTRADA NA EMPRESA. LEGALIDADE. MATÉRIA INFRACONSTITUCIONAL E FÁTICA. AUSÊNCIA DE REPERCUSSÃO GERAL. 1. Não se reconhece repercussão geral da discussão acerca do cômputo como horas in itinere do

14. **Súmula 429. Tempo à disposição do empregador. Art. 4º da CLT. Período de deslocamento entre a portaria e o local de trabalho.** Considera-se à disposição do empregador, na forma do art. 4º da CLT, o tempo necessário ao deslocamento do trabalhador entre a portaria da empresa e o local de trabalho, desde que supere o limite de 10 (dez) minutos diários.

tempo gasto pelo trabalhador para deslocar-se da portaria até o local do registro de sua entrada na empresa ou no seu efetivo posto de trabalho. 2. Em que pese o estatuto constitucional do princípio da legalidade (art. 5º, II, CF) e da repartição de competências afetas aos Poderes Legislativo e Judiciário (44, 48, 49, XI, 96 e seguintes, e 103, § 1º, CF), constata-se que o apelo extremo fundamenta-se em argumentos genéricos, demonstrando inconformismo com o deslinde legal da questão suscitada, fundado em normas trabalhistas (especialmente o art. 4º da Consolidação das Leis do Trabalho), o que não se admite em sede de recurso extraordinário, por exigir o reexame de legislação infraconstitucional. 3. Ausência de repercussão geral do tema. REPERCUSSÃO GERAL EM RE N. 944.245-SP; RELATOR: MIN. EDSON FACHIN - Informativo STF nº 855.

» ***Tempo à disposição***

Dois intervalos de dez minutos cada, concedidos como pausa para café, acrescidos ao final da jornada, configuram tempo à disposição do empregador?

O TST possui firme entendimento no sentido de que **as duas pausas fracionadas de dez minutos para café, não integram o intervalo intrajornada de uma hora e, sendo acrescidos ao final da jornada, configuram tempo à disposição do empregador**, atraindo a aplicação da Súmula 118, *verbis* "*JORNADA DE TRABALHO. HORAS EXTRAS. Os intervalos concedidos pelo empregador na jornada de trabalho, não previstos em lei, representam tempo à disposição da empresa, remunerados como serviço extraordinário, se acrescidos ao final da jornada.*" (E-ED-RR-2034-49.2012.5.15.0077, Relator Ministro: Hugo Carlos Scheuermann, Data de Julgamento: 02/02/2017, Subseção I Especializada em Dissídios Individuais, Data de Publicação: DEJT 10/02/2017).

Tempo de espera para embarque em aeroportos é considerado tempo à disposição?

As horas utilizadas pelo reclamante em viagens, realizadas em decorrência do contrato de trabalho e, portanto, no interesse e em benefício da reclamada, uma vez que extrapolam a jornada de trabalho, devem ser consideradas como extras, pois caracterizam tempo à disposição do empregador, na esteira da diretriz do art. 4° da CLT. Contudo, não se mostra razoável considerar o interregno em que o empregado permanece no aeroporto realizando os procedimentos para o embarque como tempo de serviço, para efeito de apuração de horas extras, e sua consequente remuneração, pois nesse período o trabalhador não se encontra à disposição do seu empregador, aguardando ou executando ordens, mas apenas espera o momento do embarque, não se amoldando referida situação àquela prevista no art. 4º da CLT. Revela-se acertada, portanto, a conclusão do Regional de que o tempo à disposição do empregador nos casos de viagem deve ser somente aquele no qual o empregado está efetivamente em trânsito, na medida em que o tempo de espera para embarque constitui evento comum que ocorre com todo trabalhador que depende de transporte público regular para o deslocamento de sua residência para o trabalho e vice-versa. Recurso de revista conhecido e não provido. (RR-1296-93.2012.5.09.0670, Relatora Ministra: Dora Maria da Costa, Data de Julgamento: 09/08/2017, 8ª Turma, Data de Publicação: DEJT 14/08/2017)

» *Jornada 12 x 36*

A ausência de norma coletiva para fixação do regime 12x36 implica na aplicação do item III, da Súmula 85, do TST?

Caso de regime laboral de 12 horas de trabalho por 36 de descanso sem previsão em norma coletiva. Em tais circunstâncias, a ausência do aludido instrumento coletivo macula o ajuste e torna **inaplicável a Súmula 85 do TST**, especialmente porque tal sistemática de trabalho não pode ser considerado um regime típico de compensação, normalmente relacionado ao módulo semanal de compensação ou ao banco de horas. Afinal, a adoção dessa sistemática configura situação excepcional, uma vez que ultrapassa até mesmo as duas horas de prorrogação admitidas pela lei (artigo 59 da CLT). Por isso, e porque o legislador constituinte apenas permitiu a extrapolação mediante ajuste coletivo (CF/88, artigo 7º, XIII), a jurisprudência pacificada desta Corte só admite o aludido regime 12x36 como válido quando autorizado por acordo ou por convenção coletiva de trabalho (Súmula 444 do TST). Desse modo, tratando-se de situação incomum, pelo fato de se considerar um regime de compensação atípico, o item III da Súmula 85 do TST, que preconiza o pagamento apenas do adicional de horas extras quanto às horas destinadas à compensação, não se adequa aos casos de regime 12x36. Recurso de embargos conhecido e não provido. (E-ED-RR-42000-15.2011.5.17.0007, Relator Ministro: Augusto César Leite de Carvalho, Data de Julgamento: 16/02/2017, Subseção I Especializada em Dissídios Individuais, Data de Publicação: DEJT 24/02/2017)

» ***Semana espanhola***

Semana espanhola deve ser firmada, necessariamente, por negociação coletiva?

Dá-se provimento ao recurso de embargos quando constatada a desconformidade do acórdão turmário com a jurisprudência deste Tribunal, firme no sentido de que ***a adoção da chamada "semana espanhola" pressupõe prévia autorização por norma coletiva.*** (E-ED-RR-984-78.2011.5.12.0053, Relator Ministro: Márcio Eurico Vitral Amaro, Data de Julgamento: 09/03/2017, Subseção I Especializada em Dissídios Individuais, Data de Publicação: DEJT 17/03/2017)

FÉRIAS

» ***Concessão***

Qual a consequência pela concessão fracionada das férias fora dos casos excepcionais?

Nos termos do art. 134, § 1º, da CLT, as férias serão concedidas em um único período, sendo que seu parcelamento pode ser determinado em casos excepcionais, desde que limitado a dois períodos, um dos quais não poderá ser inferior a 10 dias corridos. Dessa forma, o parcelamento irregular das férias, por frustrar o objetivo da lei, quanto à necessidade de o trabalhador repor suas energias após longo período de labor, implica o pagamento em dobro e, por se tratar de direito assegurado por norma cogente, não é possível que as partes negociem para reduzir referido direito. RR-20134-48.2014.5.04.0381, Relatora Ministra: Kátia Magalhães Arruda, Data de Julgamento: 29/11/2017, 6ª Turma, Data de Publicação: DEJT 01/12/2017.

Nota: entendimento superado pela reforma trabalhista, que admite o fracionamento das férias independentemente da excepcionalidade fática.

Recebimento no dia do início da fruição de férias gera o pagamento em dobro?

[...] 1.1 Caso em que o Tribunal Regional deu provimento ao recurso ordinário do Reclamante para determinar o pagamento em dobro das férias relacionadas aos períodos aquisitivos 2009/2010, 2010/2011, 2011/2012 e 2012/2013, uma vez que, embora regularmente concedidas ao empregado, foram quitadas dois dias após o prazo do art. 145 da CLT. 1.2. Todos os trabalhadores urbanos e rurais fazem jus ao gozo de férias anuais remuneradas com, no mínimo, um terço a mais do salário normal (art. 7º, XVII, da CF). Ainda, o pagamento respectivo deve ocorrer até dois dias antes do início do período de descanso, sob pena de o empregador pagar a dobra (arts. 137 e 145 da CLT c/c Súmula 450/TST). 1.3. O legislador, ao estabelecer o prazo de até 2 (dois) dias antes do início da fruição para o pagamento da remuneração das férias, objetivou possibilitar ao empregado o gozo do período de descanso com recursos financeiros que o permitam desfrutar de atividades e momentos que contribuirão para sua recuperação física, emocional e mental, daí porque a remuneração deve ocorrer de forma antecipada. O empregador, portanto, ao deixar de remunerar as férias dentro do prazo estabelecido em lei estaria, na verdade, inviabilizando a fruição respectiva e frustrando o objetivo da norma trabalhista. 1.4. No caso dos precedentes que ensejaram a edição da Súmula 450 desta Corte, restou patente o propósito de indenizar e compensar os trabalhadores que tiveram frustrada a fruição plena do período anual de descanso, em razão do pagamento intempestivo - em alguns desses precedentes há referência expressa ao pagamento posterior ao gozo das férias, em outros não foram identificados os atrasos - do salário acrescido do abono de 1/3. Portanto, o caso dos autos guarda expressiva singularidade em relação aos precedentes citados, pois restou incontroverso que o pagamento foi efetuado no dia do início das férias, por empresa pública, vinculada aos ditames do art. 37 da CF, sequer havendo notícia ou indícios de que o trabalhador tenha vivenciado transtornos ou constrangimentos em razão do equívoco cometido, equívoco que, embora traduza inescusável infração administrativa (CLT, art. 153), não se revela suficiente para atrair a condenação, verdadeiramente desproporcional, a novo e integral pagamento das férias. 1.5. No caso presente, muito embora tenha sido desrespeitado o prazo estabelecido em lei para a remuneração das férias, o atraso foi ínfimo (dois dias antes do início das férias), não se mostrando razoável a condenação da Demandada ao pagamento em dobro, na medida em que o Reclamante não suportou qualquer prejuízo, desfrutando o período de descanso com os recursos econômicos aos quais fazia jus. 1.6. Ressalte-se que o entendimento explicitado por esta Corte constitui situação excepcional, aplicada apenas ao caso concreto, sendo certo que a empresa Reclamada incorreu em infração administrativa. Oficie-se o Ministério do Trabalho e o Ministério Público do Trabalho para a adoção das providências cabíveis, considerando a notícia de que o atraso no pagamento das férias ocorreu em outros contratos de trabalho. Má aplicação da Súmula 450 do TST e violação do art. 137 da CLT. Recurso de revista conhecido e provido. (RR-11014-44.2015.5.15.0088, Relator Ministro: Douglas Alencar Rodrigues, Data de Julgamento: 28/06/2017, 7ª Turma, Data de Publicação: DEJT 04/08/2017)

É devido o pagamento de férias proporcionais na dispensa por justa causa com base na Convenção 132 da OIT?

A Convenção nº 132 da OIT, de 1970, tratou das férias anuais remuneradas, aplicando-se a todas as categorias de empregados (excetuando os marítimos). Em seu texto – art. 4º -, confere o direito ao pagamento de férias proporcionais, nada dispondo sobre a forma de dispensa. A despeito de o Brasil tê-la ratificado e incorporado ao ordenamento jurídico, declarando-a aplicável aos empregados urbanos e rurais, sem consignar qualquer exceção, o TST editou, em 2004, a Súmula nº 171, que exclui o empregado dispensado por justa causa do direito ao pagamento de férias proporcionais. No mesmo sentido, dispõe o parágrafo único do artigo 146 da CLT. A decisão regional vai de encontro ao entendimento majoritário do TST. Ao decidir sobre a aplicação da Convenção nº 132 da OIT, esta Corte tem reiterado o entendimento de que é indevido o pagamento de férias proporcionais quando ocorre dispensa por justa causa. Precedentes. Recurso de revista conhecido e provido. (RR-20533-36.2014.5.04.0233, Relatora Ministra: Maria Helena Mallmann, Data de Julgamento: 25/10/2017, 2ª Turma, Data de Publicação: DEJT 27/10/2017)

Atraso na comunicação de férias gera pagamento em dobro para o empregado?

Nos termos do artigo 135 da Consolidação das Leis do Trabalho, a concessão de férias impõe ao empregador o rigoroso cumprimento de requisitos formais, incumbindo-lhe participar, por escrito, a referida concessão ao obreiro com antecedência mínima de 30 (trinta) dias e proceder à respectiva anotação na CTPS e em livro ou nas fichas de registros dos empregados. No caso, com relação às férias, o Tribunal Regional destacou que "a legislação garante ao empregador a prerrogativa de estabelecer, de acordo com suas necessidades, o período em que o empregado desfrutará férias" e que, "por não escolher a data, o empregado tem o direito de ter ciência antecipada do período estabelecido, para que possa desfrutá-las de forma ampla e ilimitada". Concluiu, diante disso, que, "da mesma forma que as infrações aos artigos 134 e 145, pelo procedimento do reclamado restou frustrada a finalidade do instituto, que é mais abrangente do que o simples descanso, pois deve propiciar ao empregado atividades destinadas ao seu equilíbrio emocional e mental, alcançados com a devida preparação, planejamento e programação, para as quais necessita de tempo antecedente ao gozo das férias, além de dinheiro". Assim, deferiu ao autor o recebimento da dobra das férias ao longo do período contratual, à exceção das férias gozadas de 20/12/2010 a 18/1/2011 e 19/12/2011 a 17/1/2012, pois, nesse período, entendeu que foi dado atendimento ao artigo 139 da CLT. Da leitura do artigo 135 da CLT, observa-se que não existe previsão de concessão de férias em dobro em decorrência da comunicação de férias extemporânea. Já o artigo 137 da CLT prevê o pagamento em dobro quando a concessão das férias ocorrer depois de transcorridos doze meses do fim do período aquisitivo (artigo 134 da CLT), ou em caso de descumprimento da regra do artigo 145 da CLT, qual seja pagamento da remuneração de férias até dois dias antes do início do período respectivo – hipótese diversa da dos autos. Dentro desse contexto, não há como se ter por concretizado o suporte fático determinante da incidência da hipótese normativa prevista no artigo 137 da CLT, razão pela qual a decisão deve ser reformada (precedentes desta Corte). Recurso de revista conhecido e provido. (RR-10146-62.2014.5.15.0036, Relator Ministro: José Roberto Freire Pimenta, Data de Julgamento: 08/11/2017, 2ª Turma, Data de Publicação: DEJT 10/11/2017)

» *Contribuição previdenciária*

Incide contribuição previdenciária sobre o terço constitucional de férias usufruídas?

O Colendo STJ, em sede de julgamento de recursos repetitivos (tema repetitivo nº 478), decidiu que ***não incide a contribuição previdenciária sobre o adicional de férias (terço constitucional) concernente às férias gozadas no regime geral de Previdência Social, que é o regime privado, caso dos contratos trabalhistas regidos pela CLT.*** Esta Corte Superior Trabalhista também trilha no mesmo sentido, ante a plena aplicabilidade da Lei 8.212/91, em seu art. 28, § 9º, alínea "d", da Lei nº 8.212/91, com a redação da Lei nº 9.528/97, que dispõe que ***as importâncias recebidas a título de férias indenizadas e respectivo adicional constitucional não integram o salário de contribuição, em razão de sua natureza indenizatória, uma vez que não objetiva retribuir serviços prestados nem configura tempo à disposição do empregador, não se cogitando, assim, de incidência de contribuição previdenciária sobre o terço constitucional das férias usufruídas. Portanto,***

apesar de incidir contribuição previdenciária sobre as férias gozadas, por se tratar de verba de natureza salarial, não cabe idêntico raciocínio para o terço constitucional de férias, já que tal parcela não se destina à retribuição pelos serviços prestados, nem pelo tempo à disposição do empregador, ostentando natureza indenizatória. Ressalta-se que tal orientação não conflita com o decidido pelo Excelso STF no RE 593068[15], em que definida a repercussão geral do tema da incidência de contribuição previdenciária sobre adicionais e gratificações temporárias, dentre eles o terço constitucional de férias, porque restrito ao regime previdenciário de servidor público, que não é o caso dos contratos de trabalho privados regidos pela CLT. *E-RR - 403-87.2012.5.06.0023, Relator Ministro: Hugo Carlos Scheuermann, Data de Julgamento: 21/09/2017, Subseção I Especializada em Dissídios Individuais, Data de Publicação: DEJT 29/09/2017 –* ***Informativo TST nº 165.***

15. EMENTA: CONSTITUCIONAL. REPERCUSSÃO GERAL. TRIBUTÁRIO. SERVIDOR PÚBLICO FEDERAL. REGIME PREVIDENCIÁRIO. CONTRIBUIÇÃO. BASE DE CÁLCULO. TERÇO CONSTITUCIONAL DE FÉRIAS. GRATIFICAÇÃO NATALINA (DÉCIMO-TERCEIRO SALÁRIO). HORAS EXTRAS. OUTROS PAGAMENTOS DE CARÁTER TRANSITÓRIO. LEIS 9.783/1999 E 10.887/2004. CARACTERIZAÇÃO DOS VALORES COMO REMUNERAÇÃO (BASE DE CÁLCULO DO TRIBUTO). ACÓRDÃO QUE CONCLUI PELA PRESENÇA DE PROPÓSITO ATUARIAL NA INCLUSÃO DOS VALORES NA BASE DE CÁLCULO DO TRIBUTO (SOLIDARIEDADE DO SISTEMA DE CUSTEIO). 1. Recurso extraordinário em que se discute a exigibilidade da contribuição previdenciária incidente sobre adicionais e gratificações temporárias, tais como 'terço de férias', 'serviços extraordinários', 'adicional noturno', e 'adicional de insalubridade'. Discussão sobre a caracterização dos valores como remuneração, e, portanto, insertos ou não na base de cálculo do tributo. Alegada impossibilidade de criação de fonte de custeio sem contrapartida de benefício direto ao contribuinte. Alcance do sistema previdenciário solidário e submetido ao equilíbrio atuarial e financeiro (arts. 40, 150, IV e 195, § 5º da Constituição). 2. Encaminhamento da questão pela existência de repercussão geral da matéria constitucional controvertida. (RE 593068 RG, Relator(a): Min. JOAQUIM BARBOSA, julgado em 07/05/2009, DJe-094 DIVULG 21-05-2009 PUBLIC 22-05-2009 EMENT VOL-02361-08 PP-01636 LEXSTF v. 31, n. 365, 2009, p. 285-295)

RETRIBUIÇÃO PELO TRABALHO

ADICIONAIS

» *Adicional noturno*

Havendo prorrogação da jornada de trabalho para além das 5 horas, ainda que a jornada não seja cumprida integralmente no horário noturno, é devido o adicional noturno quanto às horas prorrogadas?

Nos termos da jurisprudência desta Corte, havendo prorrogação da jornada de trabalho para além das 5 horas, ainda que a jornada não seja cumprida integralmente no horário noturno, é devido o adicional noturno quanto às horas prorrogadas, pois a jornada mista não afasta o direito ao adicional noturno, desde que haja prevalência de trabalho noturno, isto é, a maior parte da jornada seja cumprida em horário noturno. Na hipótese, entretanto, nas ocasiões em que o reclamante laborou em horário noturno, iniciava sua jornada às 3 horas da manhã, donde se concluiu que não havia preponderância do trabalho noturno, pois a maior parte da jornada era cumprida em horário diurno. Indevido, pois, o adicional sobre as horas laboradas após às 5h. Recurso de revista conhecido e provido. (RR-11602-57.2015.5.03.0097, Relatora Ministra: Maria Helena Mallmann, Data de Julgamento: 08/11/2017, 2ª Turma, Data de Publicação: DEJT 17/11/2017)

» *Adicional de horas extras*

> ***A majoração do valor do repouso semanal remunerado, em razão da integração das horas extras habitualmente prestadas, repercute no cálculo das férias, da gratificação natalina, do aviso prévio e do FGTS?***

Incidente de Recursos de Revista Repetitivos. "Tema nº 0009 - Repouso Semanal Remunerado (RSR). Integração das horas extras habituais. Repercussão nas demais parcelas salariais. Bis in idem." Proclamação do resultado. Suspensão. Encaminhamento ao Tribunal Pleno. Art. 171, I, e § 2º, do RITST. A SBDI-I, por unanimidade, decidiu suspender a proclamação do resultado do julgamento do Tema Repetitivo nº 0009 - REPOUSO SEMANAL REMUNERADO (RSR). INTEGRAÇÃO DAS HORAS EXTRAS HABITUAIS. REPERCUSSÃO NAS DEMAIS PARCELAS SALARIAIS. BIS IN IDEM, para, nos termos do art. 171, I, e § 2º, do RITST, submeter à apreciação do Tribunal Pleno a questão relativa à revisão da Orientação Jurisprudencial nº 394 da SBDI-I, uma vez que a maioria dos ministros votou em sentido contrário ao disposto na referida orientação jurisprudencial. No caso, os Ministros Márcio Eurico Vitral Amaro, relator, Walmir Oliveira da Costa, revisor, Augusto César Leite de Carvalho, José Roberto Freire Pimenta, Hugo Carlos Scheuermann, Cláudio Mascarenhas Brandão, Renato de Lacerda Paiva, Luiz Philippe Vieira de Melo Filho, Alberto Luiz Bresciani de Fontan Pereira e Guilherme Augusto Caputo Bastos votaram no sentido de fixar a tese de que "a majoração do valor do repouso semanal remunerado, decorrente da integração das horas extras habituais, deve repercutir no cálculo das férias, da gratificação natalina, do aviso prévio e do FGTS, sem que se configure a ocorrência de bis in idem." De outra sorte, os Ministros Maria Cristina Irigoyen Peduzzi, Brito Pereira e Ives Gandra da Silva Martins filho votaram pela manutenção do entendimento constante da Orientação Jurisprudencial nº 394 da SBDI-I. *TST-IRR-10169-57.2013.5.05.0024, SBDI-I, rel. Min. Márcio Eurico Vitral Amaro, 14.12.2017 –* ***Informativo TST nº 170.***

» *Adicional de insalubridade*

> ***Admite-se o pagamento do adicional de insalubridade pode ou não ser licitamente feito de forma proporcional à jornada menor que a normal efetivamente trabalhada pelo empregado?***

O entendimento fixado pela SBDI-1 do TST quanto ao art. 193, § 2º, da CLT é o de que o dispositivo em comento "veda, em toda e qualquer circunstância, a percepção cumulativa dos adicionais de insalubridade e de periculosidade, independentemente de o pedido de cumulação de adicionais derivar de uma única causa de pedir ou de causas de pedir distintas" (cfr. TST-E-RR-2013-42.2014.5.12.0027, Relator Ministro João Oreste Dalazen, DEJT 10/08/2017). Isso porque o art. 193 da CLT disciplina a forma de pagamento do trabalho realizado em condições de risco, facultando ao empregado, no caso de exposição a ambos os agentes, insalubre e perigoso, optar pelo adicional mais vantajoso. Nesse sentido, o TRT violou o art. 193, § 2º, da CLT, ao concluir pela licitude da cumulação dos adicionais, quando não franqueada a possibilidade pela lei, devendo o recurso ser provido, para que a Parte exerça a opção por um dos adicionais. (RR-661-78.2016.5.19.0061, Relatora Desembargadora Convocada: Cilene Ferreira Amaro Santos, Data de Julgamento: 20/09/2017, 6ª Turma, Data de Publicação: DEJT 22/09/2017)

O que é necessário para neutralizar a insalubridade da atividade desenvolvida em ambiente artificialmente frio?

No caso de atividade desenvolvida em ambiente artificialmente frio, a insalubridade somente poderá ser neutralizada se houver a cumulação de dois fatores, quais sejam, a utilização de equipamentos de proteção individual adequados (art. 191 da CLT) e a concessão do intervalo para recuperação térmica de vinte minutos a cada uma hora e quarenta de trabalho contínuo (art. 253 da CLT). *E-RR-25850-56.2014.5.24.0007, Relator Ministro: João Batista Brito Pereira, Data de Julgamento: 30/03/2017, Subseção I Especializada em Dissídios Individuais, Data de Publicação: DEJT 05/05/2017* – ***Informativo TST nº 156.***

Os operadores de telemarketing, que utilizam fones de ouvidos, têm direito ao recebimento de adicional de insalubridade nos termos do Anexo 13 da NR 15 da Portaria no 3.214/78 do MTE?

1. O reconhecimento da insalubridade, para fins do percebimento do adicional previsto no artigo 192 da CLT, não prescinde do enquadramento da atividade ou operação na relação elaborada pelo Ministério do Trabalho ou da constatação de extrapolação de níveis de tolerância fixados para agente nocivo expressamente arrolado no quadro oficial. 2. A atividade com utilização constante de fones de ouvido, tal como a de operador de telemarketing, não gera direito ao adicional de insalubridade, tão somente por equiparação aos serviços de telegrafia e radiotelegrafia, manipulação em aparelhos do tipo Morse e recepção de sinais em fones, para os fins do Anexo 13 da

Norma Regulamentadora 15 da Portaria no 3.214/78 do Ministério do Trabalho. *IRR-356-84.2013.5.04.0007 Data de Julgamento: 25/05/2017, Relator Ministro: Walmir Oliveira da Costa, Subseção I Especializada em Dissídios Individuais, Data de Publicação: DEJT 02/06/2017 –* ***Informativo TST nº 159.***

» Adicional de periculosidade

É irrelevante a quantidade de líquido inflamável armazenado em recinto fechado, para efeito de reconhecimento da periculosidade?

A caracterização da periculosidade em virtude do labor em recinto fechado em que há armazenamento de líquidos inflamáveis encontra-se expressamente tratada no Anexo 2 da NR-16 da Portaria nº 3.214/78 do Ministério do Trabalho. Não é o caso, portanto, de omissão da norma administrativa, a autorizar a aplicação de regulamentação dirigida a situação diversa (transporte de líquidos inflamáveis, por exemplo), ainda que por analogia. Também ***não subsiste tese jurídica segundo a qual se afigura irrelevante a quantidade de líquido inflamável armazenado em recinto fechado, para efeito de reconhecimento da periculosidade.*** Os itens 3 e 4 do Anexo 2 da NR-16 expõem à saciedade os limites de líquido inflamável armazenado, passíveis de gerar, ou não, o direito à percepção de adicional de periculosidade. Precisamente o item 4 do Anexo 2 da NR-16, ao tratar dos casos em que não é devido o adicional de periculosidade, reporta-se ao Quadro I, que, por sua vez, alude à "Capacidade Máxima para Embalagens de Líquidos Inflamáveis". O exame do referido Quadro permite concluir que ***o reconhecimento, ou não, do direito ao adicional de periculosidade guarda relação direta com a quantidade e com o tipo de embalagem em que acondicionado o agente de risco.*** Nos termos da NR-16, não gera direito ao adicional de periculosidade o labor prestado em recinto fechado em que há armazenamento de líquido inflamável acondicionado em tambores ou bombonas de aço, alumínio, outros metais ou plástico, com capacidade entre 60 e até 250 litros (Quadro I, item 4, Anexo 2). Não faz jus ao adicional de periculosidade empregada, professora de física, que, nos termos do acórdão regional, executava parte das atividades em laboratórios em que havia pequena quantidade de líquidos inflamáveis armazenados – vinte e sete litros. 6. Embargos da Reclamada de que se conhece, por divergência jurisprudencial, e a que se dá provimento. *E-RR-970-73.2010.5.04.0014, Relator Ministro: João Oreste Dalazen, Data de Julgamento: 16/02/2017, Subseção I Especializada em Dissídios Individuais, Data de Publicação: DEJT 19/05/2017 – Informativo TST nº 153. (*No mesmo sentido,*

TST-E-RR-125200-41.2007.5.02.0050, SBDI-I, rel. Min. Cláudio Mascarenhas Brandão, red. p/ acórdão Min. Aloysio Corrêa da Veiga, 16.2.2017)

O abastecimento de trator pelo próprio empregado, por poucos minutos e diariamente ao longo do contrato de trabalho rende ensejo ao adicional de periculosidade?

A permanência do empregado em área de risco, como no caso dos autos, em que consignado pela e. Turma, que o reclamante, motorista, abastecia o trator que dirigia, ainda que por poucos minutos, e diariamente ao longo do contrato de trabalho, não consubstancia contato com inflamáveis por tempo extremamente reduzido. Trata-se, sim, de atividade desenvolvida com potencial de risco efetivo, a caracterizar o contato intermitente, hábil a ensejar o pagamento do adicional de periculosidade. Precedentes desta Subseção. (E-ED-RR-35500-23.2008.5.15.0029, Relator Ministro: Hugo Carlos Scheuermann, Data de Julgamento: 16/02/2017, Subseção I Especializada em Dissídios Individuais, Data de Publicação: DEJT 24/02/2017)

Copiloto que tem contato intermitente com agente inflamável faz jus ao adicional de periculosidade?

A Corte Regional registra que, como copiloto, o autor ora permanecia dentro da aeronave durante o abastecimento, ora na área externa, junto à aeronave, quando havia permanência na área de risco acentuado, o que se dava de maneira intermitente, e não eventual, em razão dos seis abastecimentos que eram realizados em cada escala. Nesse contexto, não viola o art. 193 da CLT, tampouco contraria o entendimento consolidado na Súmula nº 364 desta Corte Superior, o acórdão regional que, diante das premissas fáticas delineadas, com fundamento em laudo pericial, concluiu ser devido o adicional de periculosidade. (RR-278300-07.2005.5.02.0011, Relator Ministro: Walmir Oliveira da Costa, Data de Julgamento: 22/02/2017, 1ª Turma, Data de Publicação: DEJT 24/02/2017)

Carteiro tem direito ao recebimento cumulado de adicionais de distribuição e de periculosidade?

Nota: a questão ainda é controversa no TST e há recurso de embargos para que a Subseção I Especializada em Dissídios Individuais (SDI-1) do TST unifique a jurisprudência do Tribunal sobre a questão.

É indevida a cumulação do adicional de atividade de distribuição e coleta (AADC) com o adicional de periculosidade, pela igual natureza. O próprio Plano de Cargos (PCCS/98) prevê a supressão do AADC quando houver o efetivo pagamento do adicional de periculosidade. (RR-1751-61.2015.5.06.0371, Relatora Ministra: Maria Cristina Irigoyen Peduzzi, Data de Julgamento: 15/02/2017, 8ª Turma, Data de Publicação: DEJT 17/02/2017)

RECURSO DE REVISTA. RECLAMADA. ECT. ADICIONAL DE ATIVIDADE DE DISTRIBUIÇÃO E/OU COLETA EXTERNA (AADC). ADICIONAL DE PERICULOSIDADE. TRABALHADOR EM MOTOCICLETA. 1 – Está em discussão a possibilidade de o empregado da Empresa Brasileira de Correios e Telégrafos receber, de forma cumulativa, o pagamento do "ADICIONAL DE ATIVIDADE DE DISTRIBUIÇÃO E/OU COLETA EXTERNA" (que passou a integrar o PCCS em decorrência de norma coletiva) e o "ADICIONAL DE PERICULOSIDADE" (previsto no art. 193, § 4º, da CLT). 2 – Cabe registrar que a SDC do TST foi instada a se manifestar sobre a matéria em dissídio coletivo de natureza jurídica (Processo nº DC-27307-16.2014.5.00.0000); no entanto, acolheu preliminar de inadequação da via eleita suscitada e decidiu extinguir o processo, sem resolução de mérito. 3 – O ADICIONAL DE ATIVIDADE DE DISTRIBUIÇÃO E/OU COLETA EXTERNA encontra-se estabelecido no Plano de Cargos, Carreiras e Salários da ECT, da seguinte forma: 4.8 ADICIONAL DE ATIVIDADE DE DISTRIBUIÇÃO E/OU COLETA EXTERNA – AADC 4.8.1 O Adicional de Atividade de Distribuição e/ou Coleta Externa – AADC é atribuído, exclusivamente, aos empregados que atuarem no exercício efetivo da atividade postal externa de Distribuição e/ou Coleta em vias públicas. 4.8.1.1 Para os empregados ocupantes do cargo de Agente de Correios na Atividade de Carteiro, oriundos do Cargo de Carteiro I, II e III ou Agente de Correios Atividade de Carteiro, contratados a partir da vigência do PCCS/2008 e para os ocupantes do cargo de Carteiro I, II, III na situação de extinção, o referido adicional corresponderá a 30% do salário-base do empregado. 4.8.1.2 Para os demais empregados, cuja atividade seja predominantemente de distribuição e/ou coleta externa, em vias públicas, o referido adicional corresponderá ao valor de R$ 279,16 (duzentos e setenta e nove reais e dezesseis centavos), sendo o seu reajuste por ocasião do Acordo Coletivo de Trabalho, pelo mesmo índice – percentual linear – definido na data-base para o ajuste salarial. 4.8.1.3 Para os empregados ocupantes do cargo de Agente de Correios, na atividade Atendente Comercial e para os ocupantes do cargo de Atendente Comercial I,II e III na situação em extinção lotados em Agências de pequeno porte (categoria V e VI), cujo rol de atividades contempla a atividade postal externa de Distribuição e/ou Coleta em vias públicas, de forma não predominante, caberá o pagamento de 25% do valor definido para o referido adicional, conforme estabelece o subitem

4.8.1.2. 4.8.2 O Adicional de Atividade de Distribuição e/ou Coleta Externa - AADC será suprimido, em caso de concessão legal de qualquer mecanismo, sob o mesmo título ou idêntico fundamento/natureza, qual seja, atividade de distribuição e/ou coleta em vias públicas, a fim de evitar a configuração de acumulação de vantagens. 4 - Conforme descrito no Manual de Pessoal da ECT, a empresa instituiu o "ADICIONAL DE ATIVIDADE DE DISTRIBUIÇÃO E/OU COLETA EXTERNA" - AADC com o objetivo de valorizar os profissionais que desempenham atividades de contato com os clientes tanto no atendimento, contratação ou captação de serviços, quanto na distribuição ou coleta ou tratamento de objetos, bem com aumentar a atratividade para as áreas Comercial e Operacional. Também segundo descrição no Manual de Pessoal da ECT, o AADC deve ser pago apenas aos profissionais que atendam a todas as seguintes condições: "a) AADC DE 30% DO SALÁRIO-BASE: receberão o adicional equivalente a 30% sobre a rubrica Salário-Base somente os empregados ocupantes do cargo de Agente de Correios na Atividade de Carteiro - oriundos do cargo de Carteiro I, II e III - e os empregados ocupantes dos cargos de Carteiro I, II e III na situação de extinção, e desde que executem atividade postal externa de Distribuição e/ou Coleta, em domicílios de clientes, quando em vias públicas. b) AADC EM VALOR FIXO: com exceção dos cargos citados na alínea a) deste subitem receberão o AADC em valor fixo os demais empregados ocupantes do cargo de Agente de Correios - inclusive os correspondentes do PCCS/95 em situação de extinção - desde que estejam no exercício das funções de MOTORIZADO (M, V, M/V), MOTORISTA OPERACIONAL e OPERADOR DE VEC e também estejam na execução de atividade postal externa de Distribuição e/ou Coleta, em domicílios de clientes, quando em vias públicas. c) AADC DE 25% DO VALOR FIXO: receberão o adicional no percentual de 25% sobre o valor fixo do AADC somente os empregados ocupantes dos cargos de Agente de Correios na Atividade Atendente Comercial e dos cargos de Atendente Comercial I, II e III na situação de extinção, desde que lotados em Agências de Categoria V e VI e também na execução, de forma não predominante, de atividade postal externa de Distribuição e/ou Coleta, em domicílios de clientes, quando em vias públicas". 5 - Por sua vez, o "ADICIONAL DE PERICULOSIDADE", encontra-se previsto no art. 193, §4º, da CLT, inserido pela Lei 12.997/2014, nos seguintes termos: "São consideradas atividades ou operações perigosas, na forma da regulamentação aprovada pelo Ministério do Trabalho e Emprego, aquelas que, por sua natureza ou métodos de trabalho, impliquem risco acentuado em virtude de exposição permanente do trabalhador a: (...) § 4 o São também consideradas perigosas as atividades de trabalhador em motocicleta". O ADICIONAL DE PERICULOSIDADE (art. 193 da CLT) é devido nas atividades laborais com utilização de motocicleta ou motoneta no deslocamento de trabalhador em vias públicas, em razão dos riscos/perigos acentuados aos quais se submente os trabalhadores que exercem esse tipo de atividade (Anexo 5, da Portaria MTE 1.565/2014, da Norma Regulamentadora 16). 6 – ***Em conclusão, o pagamento do ADICIONAL DE ATIVIDADE DE DISTRIBUIÇÃO E/OU COLETA EXTERNA – AADC é devido aos empregados da ECT que executem atividade postal externa de Distribuição e/ou Coleta, em domicílios de clientes, quando em vias públicas, independentemente de estarem expostos às condições perigosas. No outro lado, o ADICIONAL DE PERICULOSIDADE, previsto em norma estatal (§ 4º do art. 193 da CLT), é devido em razão dos riscos/perigos acentuados em razão da função exercida pelos carteiros da empresa, que exercem suas atividades laborais com utilização de motocicleta ou motoneta. Há nítida diferença nas circunstâncias gravosas, que dão ensejo ao recebimento dos adicionais. O "ADICIONAL DE ATIVIDADE DE DISTRIBUIÇÃO E/OU COLETA EXTERNA" e o "ADICIONAL DE PERICULOSIDADE" não possuem o mesmo fato gerador. Portanto, a percepção dos dois adicionais não caracteriza o bis in idem.*** (RR-674-86.2015.5.06.0251, Redatora Ministra: Kátia Magalhães Arruda, Data de Julgamento: 14/12/2016, 6ª Turma, Data de Publicação: DEJT 24/02/2017)

O vigia que porta arma de foto tem direito ao adicional de periculosidade?

O reclamante pretende o recebimento de adicional de periculosidade, sob o argumento de que exercia atividade de vigilância patrimonial e pessoal. O Regional, por sua vez, considerou que o autor, como auxiliar de segurança patrimonial de hospital, não se enquadrava no Anexo 3 da NR-16 da Portaria nº 1.885/2013 do Ministério da Justiça, que define os profissionais de segurança pessoal ou patrimonial, nos termos da Lei nº 7.102/83, motivo pelo qual afastou da condenação o pagamento do adicional de periculosidade. Com efeito, consta do acórdão recorrido que o reclamante laborava no setor de segurança patrimonial do reclamado, desempenhando funções relacionadas a guarda de valores, rondas, guarita da portaria, entrada e estacionamento de funcionários e guarita do pátio de serviços. Destacou-se que o obreiro, em seu depoimento pessoal, afirmou que "*não possui curso de vigilante e nem usava qualquer tipo de arma para o trabalho; já foi policial; não transportava valores no reclamado*". A discussão dos autos recai, portanto, sobre alcance do inciso II do artigo 193 da CLT, incluído pela Lei nº 12.740/2012, o qual instituiu o adicional de periculosidade para as atividades que exponham o trabalhador a risco de roubo ou outras espécies de violência física nas atividades profissionais de segurança pessoal e patrimonial. A controvérsia é se os trabalhadores que laboram como vigia tem ou não direito ao adicional de periculosidade previsto no inciso II do artigo 193. No caso em exame, vale enfatizar que o reclamante não realizava vigilância armada. Dessa forma, ***a SbDI-1 desta Corte, recente e reiteradamente, tem entendido que o vigia, ao contrário do vigilante, não está exposto a risco de roubo ou violência física, não se enquadrando, pois, nas atividades descritas no Anexo 3 da Portaria nº 1.885/2013 do Ministério do Trabalho. Isso porque a atividade exercida pelo vigilante demanda o uso de arma de fogo e treinamento específico, além dos demais requisitos previstos em lei, ao passo que o vigia desenvolve suas funções sem o risco acentuado a que alude o artigo 193, inciso II, da CLT, não havendo previsão legal de pagamento do adicional de periculosidade para esta atividade.*** Dessa forma, diante da premissa fática descrita no acórdão recorrido de que o reclamante exercia a função de vigia, sem portar arma de fogo, não é devido o pagamento do adicional de periculosidade (precedentes). Ressalvado o entendimento pessoal do relator em contrário. Recurso de revista não conhecido. (RR-10564-52.2015.5.03.0180, Relator Ministro: José Roberto Freire Pimenta, Data de Julgamento: 11/10/2017, 2ª Turma, Data de Publicação: DEJT 20/10/2017)

O vigilante tem direito ao adicional de periculosidade desde a edição da Lei nº 12.740/12?

Dispõe o art. 193 da CLT que as atividades de segurança pessoal ou patrimonial, previstas no inciso II, são consideradas perigosas "na forma da regulamentação aprovada pelo Ministério do Trabalho e Emprego", não havendo falar na aplicabilidade imediata de tal artigo. A edição da Portaria 1.885/2013 do MTE, que aprova o Anexo 3 da NR 16, corrobora com a tese de não aplicabilidade imediata do art. 193, II, da CLT. Dessa forma, ***é devido o adicional de periculosidade aos vigilantes somente a partir de 03/12/2013, data de publicação da Portaria 1.885/2013 do MTE.*** (RR-1120-14.2013.5.15.0153, Relator Ministro: Fernando Eizo Ono, Data de Julgamento: 30/08/2017, 4ª Turma, Data de Publicação: DEJT 01/09/2017)

LUVAS

Parcela concedida ao empregado na data da contratação, com o objetivo de atraí-lo a integrar o quadro funcional da empresa, quitado em parcela única, possui natureza jurídica salarial?

É firme a jurisprudência desta Corte Superior no sentido de que ***o bônus concedido ao empregado na data da contratação, com o objetivo de atraí-lo a integrar o quadro funcional da empresa, ainda que quitado em parcela única, possui natureza jurídica salarial, mormente porque não visa ao ressarcimento, compensação ou reparação de qualquer espécie.*** (ARR-109900-53.2008.5.04.0404 Data de Julgamento: 02/08/2017, Relator Ministro: Walmir Oliveira da Costa, 1ª Turma, Data de Publicação: DEJT 04/08/2017).

PARTICIPAÇÃO NOS LUCROS E RESULTADOS

» *Recebimento de acordo com o número de dias trabalhados*

É válida norma coletiva que condiciona o recebimento do PLR a número mínimo de dias trabalhados?

A jurisprudência assente nesta Corte, expressa nos termos de sua Súmula nº 451, entende devido o pagamento proporcional da PLR em relação aos meses trabalhados, pois o empregado, durante esse período, concorreu para os resultados positivos da empresa. (RR-1000327-89.2014.5.02.0701, Relatora Ministra: Maria de Assis Calsing, Data de Julgamento: 30/11/2016, 4ª Turma, Data de Publicação: DEJT 02/12/2016)

Nota: a previsão normativa violou o princípio da isonomia, uma vez que, o empregado dispensado no decorrer do ano ou contratado após o meio do ano também contribuiu para o atingimento das metas estipuladas. Logo, de acordo com o entendimento da decisão, a negociação coletiva não poderá retirar do empregado o direito à mencionada parcela, sob pena de afronta ao princípio da isonomia.

GORJETAS

» *Gorjetas*

Pode o empregador deixar de pagar o salário caso as gorjetas recebidas pelo empregado superem o valor do salário mínimo ou do salário normativo da categoria?

O artigo 457 da CLT define salário como a parte da remuneração que é contraprestacional e é paga diretamente pelo empregador. No conjunto da remuneração, o que excede o seu elemento mais restrito, o salário, é a gorjeta paga por terceiros. O legislador teve a clara intenção de não permitir que a gorjeta, ou seja, a parte da remuneração paga por terceiro, compusesse o salário mínimo. Retirou-lhe, assim, a natureza salarial. Portanto, ***não pode o empregador deixar de pagar o salário, ainda que as gorjetas recebidas pelo empregado superem o valor do salário mínimo ou do salário normativo da categoria.*** (RR-668-35.2011.5.15.0133, Relator Ministro: Augusto César Leite de Carvalho, Data de Julgamento: 20/09/2017, 6ª Turma, Data de Publicação: DEJT 22/09/2017)

GRATIFICAÇÕES

» *Gratificação de função*

> *A sucessão do BESC pelo Banco do Brasil e a não adesão do reclamante ao quadro funcional do novo empregador constituem justo motivo para a supressão do direito à incorporação de gratificação de função exercida por mais de dez anos?*

Gratificação de função. Supressão. Exercício por mais de dez anos. Sucessão do BESC pelo Banco do Brasil S.A. Empregado que não adere ao quadro funcional do sucessor. Inexistência de justo motivo. Incidência da Súmula nº 372, I, do TST. Preservação dos direitos adquiridos. O justo motivo a que se reporta o inciso I da mencionada Súmula nº 372 do TST, certamente, não engloba situação criada pelo próprio empregador, como ocorreu no caso da sucessão operada entre o BESC e o Banco do Brasil. A doutrina trabalhista é uníssona no sentido de que a alteração contratual qualitativa e quantitativa somente se viabiliza no âmbito do contrato de trabalho, quando observado o binômio da ausência de prejuízo e livre consentimento das partes, justamente em face da subordinação jurídica e da relação de dependência do empregado, diante da necessidade de se manter no emprego. Trata-se de norma de ordem pública, inderrogável e inafastável. A contenção do abuso do poder econômico em qualquer que seja o segmento da ciência jurídica – direito civil, trabalhista, econômico, ambiental, consumidor ou antitruste -, é justamente a indicação de que em um Estado Democrático de Direito, a Constituição e as leis regem as relações sociais segundo princípios e regras próprios, que não a lex mercatória. Não fora isso, dizer-se que se tratava de exigência lícita – a opção ao novo plano – é olvidar-se a regra de Direito Civil que equipara o abuso de direito ao ato ilícito. Apesar do suposto assento de direito, o ato abusivo foi definido como o excesso no exercício do direito, diante dos limites impostos pelos fins econômicos e sociais do direito. Portanto, a incorporação de determinado estabelecimento financeiro por outro, em sucessão, sempre importou na preservação dos direitos adquiridos pelos empregados à sua situação jurídica anterior, em atenção exatamente ao que dispõe o art. 468 da CLT, agora, curiosamente, invocado em sentido diametralmente oposto. A sucessão de determinado estabelecimento financeiro por outro importa em preservação dos direitos adquiridos pelos empregados à sua situação jurídica anterior, em atenção ao que dispõem os arts. 10, 448 e 468 da CLT. Ademais, o justo motivo a que se refere a Súmula nº 372, I, do TST não engloba situação criada pelo próprio empregador. *E-ED-RR-9161-82.2011.5.12.0036, Relator Ministro: Luiz Philippe Vieira de Mello Filho, Data de Julgamento: 07/12/2017, Subseção I Especializada em Dissídios Individuais, Data de Publicação: DEJT 19/12/2017 –* ***Informativo nº 170.***

QUEBRA DE CAIXA

» *Natureza jurídica*

Qual a natureza jurídica da parcela quebra de caixa?

Embargos de divergência. Contribuição previdenciária. Arts. 22, I, e 28, I, da Lei n. 8.212/1991. Verba denominada quebra de caixa. Natureza salarial. Inexistência de caráter indenizatório. Incidência tributária. Possibilidade. A divergência traçada envolve a definição da natureza da verba denominada "quebra de caixa" e a consequente incidência ou não da tributação previdenciária. O acórdão embargado entendeu que "a jurisprudência da Primeira Turma é firme no sentido de que a verba relativa à 'quebra de caixa' possui natureza indenizatória e não salarial, por essa razão não haveria incidência de contribuição previdenciária". Por sua vez, o acórdão paradigma consignou que "a Segunda Turma do Superior Tribunal de Justiça firmou o entendimento de que, sendo o auxílio de 'quebra de caixa' pago com o escopo de compensar os riscos assumidos pelo empregado que manuseia numerário, deve ser reconhecida a natureza salarial da aludida parcela e, por conseguinte, a possibilidade de incidência da contribuição previdenciária". A divergência, portanto, é evidente e deve ser resolvida adotando-se o posicionamento firmado no acórdão paradigma, pelas razões que se seguem. A análise da origem e da razão de ser da verba "quebra de caixa", à luz da interpretação sistemática dos arts. 195, I, 'a', e 201, § 11, da CF/1988, bem como dos arts. 22, I, e 28, I, da Lei n. 8.212/1991, denota que aquela quantia se amolda ao conceito de remuneração para fins de incidência da contribuição previdenciária patronal, pois se revela pagamento habitual e, embora não pareça, destina-se a retribuir o trabalho em razão da prestação do serviço ao empregador. Apesar de a quantia em análise servir para "compensar" eventuais diferenças de caixas a serem descontadas da remuneração do empregado, este pagamento não tem finalidade indenizatória tendente a recompor o patrimônio do trabalhador em decorrência de uma lesão, pois o desconto autorizado em face da diferença de caixa não se revela ilícito a exigir uma reparação de dano. É o que se depreende da leitura do art. 462, caput, e § 1º, da CLT. Registre-se, por oportuno, que a verba "quebra de caixa" não consta do rol do § 9º do art. 28 da Lei n. 8.212/1991, ou de qualquer outra norma apta a lhe excluir do conceito de salário de contribuição. Por fim, registre-se que a Justiça Trabalhista, cuja competência jurisdicional compreende também a execução, de ofício, das contribuições previdenciárias patronais (CF, art. 114, VIII), firmou, nos termos da Súmula 247 do TST, a seguinte compreensão: "A parcela paga aos bancários sob a denominação 'quebra de caixa' possui natureza salarial, integrando o salário do prestador de serviços, para todos os efeitos legais". *EREsp 1.467.095-PR, Rel. Min. Mauro Campbell Marques, Rel. para acórdão Min. Og Fernandes, por maioria, julgado em 10/5/2017, DJe 6/9/2017. (Informativo n. 610)*

SALÁRIO COMPLESSIVO

» *Efetivo recebimento*

Se há o efetivo recebimento da parcela, ainda que não discriminada, ocorre a figura do salário complessivo?

Uma vez consignado no v. acórdão impugnado que o pagamento do adicional por aprimoramento acadêmico, mesmo não sendo discriminado nos recibos de salários era efetivamente pago, pois comprovadamente incluído no valor do salário-hora, conforme previsto no acordo coletivo de trabalho, não há que se falar em salário complessivo, sob pena de violação ao princípio da vedação ao enriquecimento ilícito. Se não há prejuízo ao empregado, conforme perícia realizada nos autos e, ainda, diante da firme jurisprudência desta c. Corte de que a ciência do empregado, pela previsão em norma coletiva, do pagamento ajustado, não há se falar em pagamento de parcela já recebida. (E-ARR-165000-65.2009.5.04.0401, Relator Ministro: Aloysio Corrêa da Veiga, Data de Julgamento: 24/08/2017, Subseção I Especializada em Dissídios Individuais, Data de Publicação: DEJT 01/09/2017)

SALÁRIO FAMÍLIA

» *Ônus da prova*

> ***A quem compete comprovar a ausência de apresentação, por parte do autor, dos documentos necessários à percepção do salário-família?***

Salário-família. Ônus da prova. Súmula nº 254 do TST. Matéria suspensa para apreciação do Tribunal Pleno. A SBDI-I decidiu, por unanimidade, suspender a proclamação do resultado do julgamento do processo em que se discute se cabe ao empregado ou ao empregador o ônus de provar os fatos constitutivos que ensejam o direito ao salário-família e, nos termos do art. 158, § 1º, do RITST, remeter os autos ao Tribunal Pleno para revisão, se for o caso, da Súmula nº 254 do TST. Na hipótese, os Ministros Márcio Eurico Vitral Amaro, relator, Luiz Philippe Vieira de Mello Filho, Guilherme Augusto Caputo Bastos, Walmir Oliveira da Costa e Renato de Lacerda Paiva votaram no sentido de conhecer dos embargos, por divergência jurisprudencial, e, no mérito, dar-lhes provimento para, reformando o acórdão embargado que endossara a inversão do ônus da prova em desfavor da empregadora, julgar improcedente o pedido de salário-família. De outra sorte, os Ministros José Roberto Freire Pimenta, Augusto César Leite de Carvalho, Hugo Carlos Scheuermann, Alexandre Agra Belmonte, Cláudio Mascarenhas Brandão e Brito Pereira conheciam dos embargos, por divergência jurisprudencial, e, no mérito, negavam-lhes provimento, inclinando-se, portanto, a decidir em sentido contrário ao disposto na Súmula nº 254 do TST. *TST-E-RR-696-25.2012.5.05.0463, SBDI-I, rel. Min. Márcio Eurico Vitral Amaro, 28.9.2017* – ***Informativo TST nº 166.***

GARANTIAS E PROTEÇÃO DO SALÁRIO

» *Intangibilidade salarial*

> ***Em quais casos é possível o desconto de valores relativos a empréstimo consignado sobre as verbas rescisórias?***

1. Nos termos do art. 1º, § 1º, da Lei 10.820/2003, resta autorizado o desconto de até 30% (trinta por cento) das verbas rescisórias para o pagamento de empréstimo consignado. 2. No caso, a teor da decisão recorrida, há autorização expressa do reclamante quanto ao desconto de valores das verbas rescisórias para pagamento das parcelas do empréstimo consignado. E não há

registro no acórdão embargado, sequer alegação do reclamante, no sentido de que o limite legalmente estabelecido restou ultrapassado, sendo indevida, portanto, a devolução postulada. Recurso de embargos conhecido e provido. *E-ED-ARR-1610-36.2012.5.15.0132, Relator Ministro: Hugo Carlos Scheuermann, Data de Julgamento: 21/09/2017, Subseção I Especializada em Dissídios Individuais, Data de Publicação: DEJT 29/09/2017 –* ***Informativo TST nº 165.***

» ***Prazo para pagamento***

As horas in itinere devem ser quitadas até o quinto dia útil do mês subsequente ao vencido?

Multa administrativa. Auto de infração. Validade. Não pagamento de horas in itinere no prazo previsto no art. 459, § 1º, da CLT. 1. A 2ª Turma desta Corte deu provimento ao recurso de revista interposto pela União, para declarar válido o auto de infração, salientando que o prazo previsto no art. 459, §1º, da CLT, abrange o pagamento das horas in itinere, porquanto estas integram a remuneração dos empregados para todos os efeitos legais, em face do disposto na parte final do § 2º do art. 58 da CLT. 2. Com efeito, as horas in itinere, por consistirem tempo à disposição do empregador, integram-se à jornada de trabalho e devem ser remuneradas como horas extraordinárias, a teor do disposto nos arts. 4º e 58, § 2º, da CLT e na Súmula nº 90, V, do TST. Portanto, detém natureza jurídica salarial. 3. Por sua vez, o art. 459, § 1º, da CLT não distingue quais parcelas salariais devem ser adimplidas no prazo estipulado e a sua interpretação deve ser no sentido de abranger todos os elementos que integram o salário. 4. Se o legislador não restringiu o direito, o inadimplemento de parcelas salariais que compõem a remuneração dos empregados, no caso, horas in itinere, viola o disposto no mencionado artigo. Recurso de embargos conhecido e desprovido. *E-RR-623-25.2014.5.18.0171, Relator Ministro: Luiz Philippe Vieira de Mello Filho, Data de Julgamento: 23/11/2017, Subseção I Especializada em Dissídios Individuais, Data de Publicação: DEJT 07/12/2017 –* ***Informativo TST nº 169.***

» ***Correção monetária***

Qual o índice de correção monetária aplicável aos débitos trabalhistas?

Embargos de declaração em incidente de arguição de inconstitucionalidade. Atualização monetária dos débitos trabalhistas. Art. 39 da Lei

nº 8.177/91. Declaração de inconstitucionalidade da expressão "equivalentes à TRD". Aplicação do índice IPCA-E. Efeito modificativo. Modulação de efeitos. O Tribunal Pleno, em sede de embargos de declaração em incidente de arguição de inconstitucionalidade, decidiu, por maioria, conferir efeito modificativo ao julgado para modular os efeitos da decisão que declarou inconstitucional, por arrastamento, a expressão "equivalentes à TRD", contida no art. 39 da Lei nº 8.177/91, e acolheu o IPCA-E como índice de atualização monetária dos débitos trabalhistas, para que produza efeitos somente a partir de 25.3.2015, data coincidente com aquela adotada pelo Supremo Tribunal Federal no acórdão prolatado na ADI 4.357. De outra sorte, por unanimidade, em cumprimento à decisão liminar concedida no processo STF-Rcl-22.012, rel. Min. Dias Toffoli, o Pleno excluiu a determinação contida na decisão embargada de reedição da Tabela Única de cálculo de débitos trabalhistas, a fim de que fosse adotado o índice IPCA-E, visto que tal comando poderia significar a concessão de efeito "erga omnes", o que não é o caso. Vencidos, totalmente, os Ministros Maria de Assis Calsing, Antonio José de Barros Levenhagen, Maria Cristina Irigoyen Peduzzi, Dora Maria da Costa e Ives Gandra Martins Filho, que julgavam prejudicados os embargos de declaração em razão da liminar deferida pelo STF e, parcialmente, o Ministro Brito Pereira, que acolhia os embargos declaratórios para prestar esclarecimentos, sem modular os efeitos da decisão. *ED-ArgInc-479-60.2011.5.04.0231 Data de Julgamento: 20/03/2017, Relator Ministro: Cláudio Mascarenhas Brandão, Tribunal Pleno, Data de Publicação: DEJT 30/06/2017 –* ***Informativo TST nº 155.***

Reclamação e índice de atualização de débitos trabalhistas – 1

A Segunda Turma do STF iniciou julgamento de reclamação, ajuizada pela Federação Nacional dos Bancos (Fenaban) contra decisão do Tribunal Superior do Trabalho (TST) que determinou a alteração de índice de atualização de débitos trabalhistas.

No caso, o TST declarou a inconstitucionalidade, por arrastamento, da expressão "equivalentes à TRD" contida no "caput" do art. 39 da Lei 8.177/91 (1) e determinou a revisão da Orientação Jurisprudencial – OJ 300 (2) SbDI-1, que reconhece a TR como índice de atualização monetária de débitos trabalhistas. Para tanto, o TST se apoiou nos acórdãos das ADI 4.357/DF (DJE de 6.8.2015) e na ADI 4.425/DF (DJE de 6.8.2015), propostas em face da EC 62/2009, que alterou a sistemática dos precatórios. Além disso, adotou a técnica de interpretação conforme à Constituição para que o texto remanescente do dispositivo impugnado preservasse o direito à atualização monetária dos créditos trabalhistas. O TST ainda definiu a variação do Índice de Preços ao Consumidor Amplo Especial (IPCA-E) como fator de atualização a ser utilizado na tabela de atualização monetária dos débitos trabalhistas na Justiça do Trabalho.

O ministro Dias Toffoli (relator) julgou procedente o pedido para cassar a decisão reclamada na parte em que determina a revisão do índice de atualização dos débitos trabalhistas. O relator decidiu, ainda, restabelecer os índices antigos, em respeito à regra do art. 39 da Lei 8.177/1991.

Afirmou que, muito embora proferida em sede de processo de caráter eminentemente subjetivo, ao determinar a revisão da OJ, a eficácia do julgado atacado nesta ação expande para além das partes que integram a relação processual na ação trabalhista, atingindo todos os órgãos da Justiça do Trabalho.

Assim, o TST, ao julgar o incidente de inconstitucionalidade da ação trabalhista, não apenas aplicou de forma equivocada os precedentes da ADI 4.357/DF e da ADI 4.425/DF, mas também usurpou a competência do STF para decidir, em última instância e com efeito uniformizador de jurisprudência no controle difuso, matéria constitucional com repercussão geral.

A decisão na presente reclamatória, contudo, não impede a discussão de direito material relativo à constitucionalidade do art. 39 da Lei 8.177/1991.

Há necessidade, portanto, de intervenção do STF a fim de promover a racionalização e estabilização da prestação jurisdicional, sem, contudo, esvaziar a competência da Justiça do Trabalho para proceder, no caso concreto, ao controle difuso de constitucionalidade do art. 39 da Lei 8.177/1991.

Em divergência, o ministro Ricardo Lewandowski, preliminarmente, entendeu que a Fenaban é parte ilegítima para propor a reclamação. Ressaltou que o reclamante não demonstrou como o seu interesse jurídico teria sido afetado pelo acórdão reclamado.

No mérito, julgou improcedente o pedido formulado. Rememorou que o Plenário se manifestou contrariamente à chamada "transcendência" ou "efeitos irradiantes" dos motivos determinantes das decisões proferidas em controle abstrato de normas e que a jurisprudência de ambas as Turmas deste Tribunal é no sentido de inexistir estrita aderência entre o conteúdo das decisões que determinam a utilização de índice diverso da TR para atualização monetária dos débitos trabalhistas e o decidido no julgamento da ADI 4.357/DF e da ADI 4.425/DF.

Além disso, observou haver recurso interposto contra o acórdão do TST e a reclamação não pode ser utilizada como sucedâneo de recurso. O ministro Celso de Mello acompanhou a divergência.

Em seguida, o ministro Gilmar Mendes pediu vista. *Rcl 22012/RS, rel. Min. Dias Toffoli, julgamento em 12.9.2017 – Informativo STF nº 877.*

Reclamação e índice de atualização de débitos trabalhistas -2

A Segunda Turma declarou improcedente reclamação ajuizada pela Federação Nacional (Fenaban) contra decisão do Tribunal Superior do Trabalho (TST) que determinou a alteração de índice de atualização de débitos trabalhistas.

No caso, o TST declarou a inconstitucionalidade, por arrastamento, da expressão "equivalentes à TRD" contida no "caput" do art. 39 da Lei 8.177/91 (1) e determinou a revisão da Orientação Jurisprudencial - OJ 300 (2) SbDI-1, que reconhece a TR como índice de atualização monetária de débitos trabalhistas. Para tanto, o TST se apoiou nos acórdãos das ADI 4.357/DF (DJE de 6.8.2015) e na ADI 4.425/DF (DJE de 6.8.2015), propostas em face da EC 62/2009, que alterou a sistemática dos precatórios. Além disso, adotou a técnica de interpretação conforme à Constituição para que o texto remanescente do dispositivo impugnado preservasse o direito à atualização monetária dos créditos trabalhistas. O TST ainda definiu a variação do Índice de Preços ao Consumidor Amplo Especial (IPCA-E) como fator de atualização a ser utilizado na tabela de atualização monetária dos débitos trabalhistas na Justiça do Trabalho. (vide Informativo 877).

A Turma entendeu que a Fenaban é parte ilegítima para propor reclamação. Ressaltou que o reclamante não demonstrou como o seu interesse jurídico teria sido afetado pelo acórdão reclamado. No mérito, julgou improcedente o pedido formulado. Rememorou que o Plenário se manifestou contrariamente à chamada "transcendência" ou "efeitos irradiantes" dos motivos determinantes das decisões proferidas em controle abstrato de normas e que a jurisprudência de ambas as Turmas deste Tribunal é no sentido de inexistir estrita aderência entre o conteúdo das decisões que determinam a utilização de índice diverso da TR para atualização monetária dos débitos trabalhistas e o decidido no julgamento da ADI 4.357/DF e da ADI 4.425/DF.

Além disso, observou haver recurso interposto contra o acórdão do TST e a reclamação não pode ser utilizada como sucedâneo de recurso.

Vencidos o ministro Dias Toffoli (relator) e o ministro Gilmar Mendes, os quais compreenderam que a decisão do TST extrapolou os limites de sua competência ao aplicar entendimento firmado pelo Supremo Tribunal Federal (STF), em controle abstrato de constitucionalidade com efeito vinculante, em hipótese por ele não abrangida. *Rcl 22012/RS, rel. Min. Dias Toffoli, red. p/ ac. Min. Ricardo Lewandowski, julgamento em 12.9.2017 – Informativo TST nº 887.*

AVISO PRÉVIO

» ***Beneficiário***

O aviso prévio proporcional é direito também do empregador?

Aviso prévio proporcional. Lei nº 12.506/2011. Direito exclusivo do empregado. A proporcionalidade do aviso prévio a que se refere a Lei nº 12.506/2011 aplica-se somente aos casos em que o empregador toma a iniciativa de rescindir o contrato de trabalho. A proporcionalidade do aviso prévio a que se refere a Lei 12.506/2001 apenas pode ser exigida da empresa, uma vez que entendimento em contrário, qual seja, exigir que também o trabalhador cumpra aviso prévio superior aos originários 30 dias, constituiria alteração legislativa prejudicial ao empregado, o que, pelos princípios que norteiam o ordenamento jurídico trabalhista, não se pode admitir. Dessarte, conclui-se que a norma relativa ao aviso prévio proporcional não guarda a mesma bilateralidade característica da exigência de 30 dias, essa sim obrigatória a qualquer das partes que intentarem resilir o contrato de emprego. *E-RR-1964-73.2013.5.09.0009, Relator Ministro: Hugo Carlos Scheuermann, Data de Julgamento: 21/09/2017, Subseção I Especializada em Dissídios Individuais, Data de Publicação: DEJT 29/09/2017 –* ***Informativo TST nº 165.***

A proporcionalidade do aviso prévio a que se refere a Lei 12.506/2001 apenas pode ser exigida da empresa, uma vez que entendimento em contrário, qual seja, exigir que também o trabalhador cumpra aviso prévio superior aos originários 30 dias, constituiria alteração legislativa prejudicial ao empregado, o que, pelos princípios que norteiam o ordenamento jurídico trabalhista, não se pode admitir. Dessarte, conclui-se que a norma relativa ao aviso prévio proporcional não guarda a mesma bilateralidade característica da exigência de 30 dias, essa sim obrigatória a qualquer das partes que intentarem resilir o contrato de emprego. Recurso de embargos conhecido e provido. (E-RR-1964-73.2013.5.09.0009, Relator Ministro: Hugo Carlos Scheuermann, Data de Julgamento: 21/09/2017, Subseção I Especializada em Dissídios Individuais, Data de Publicação: DEJT 29/09/2017)

» *Adesão ao PDV no curso do aviso indenizado*

Empregado tem direito a aderir ao PDV instituído no curso do aviso prévio indenizado?

Se a lei assegura a projeção do aviso prévio para todos os efeitos legais (art. 487, § 1º, da CLT), o empregado beneficia-se de plano de demissão voluntária instituído pela empresa nesse interregno, quando ainda em vigor o contrato de trabalho. Incidência da Súmula nº 371 do TST e, por analogia, do entendimento perfilhado nas Orientações Jurisprudenciais nos 82 e 83 da SbDI-1 do TST. Precedentes. (E-ED-RR-2002-83.2012.5.02.0472, Relator Ministro: João Oreste Dalazen, Data de Julgamento: 02/02/2017, Subseção I Especializada em Dissídios Individuais, Data de Publicação: DEJT 17/02/2017)

EXTINÇÃO DO CONTRATO DE TRABALHO

APOSENTADORIA

» *Aposentadoria especial*

Aposentadoria especial extingue o contrato de trabalho?

A jurisprudência prevalente no âmbito desta Subseção é no sentido de que a concessão de aposentadoria especial acarreta a extinção do contrato de trabalho por iniciativa do empregado. Precedente. (E-ARR-607-93.2010.5.09.0678, Relator Ministro: Hugo Carlos Scheuermann, Data de Julgamento: 14/09/2017, Subseção I Especializada em Dissídios Individuais, Data de Publicação: DEJT 22/09/2017)

Cinge-se a controvérsia a se saber se por ocasião da aposentadoria especial o empregado deve desligar-se do emprego. A aposentadoria especial decorre de benefício concedido com apoio nos artigos 201, § 1°, da CF/88 e 57 e seguintes da Lei n° 8213/91, que visa proteger o trabalhador de condições deterioradas do seu ambiente de trabalho. Nesse esteio, a contagem diferenciada somente se justifica em razão da não continuidade do trabalho. É o mesmo raciocínio adotado para as aposentadorias que decorrem de invalidez. Nestas últimas, não se admite a acumulação dos proventos de inatividade com a manutenção do contrato de trabalho. Se o objetivo da lei é preservar o trabalhador do ambiente nocivo, não se pode admitir que a mesma lei seja interpretada para mantê-lo no ambiente nocivo. ***Adota-se, portanto, o entendimento de que, concedida a aposentadoria especial, ocorre***

a resilição unilateral do contrato de emprego por iniciativa do empregado. Precedente da SBDI-1/TST. (ARR-607-93.2010.5.09.0678 Data de Julgamento: 11/05/2016, Relator Ministro: Alexandre de Souza Agra Belmonte, 3ª Turma, Data de Publicação: DEJT 13/05/2016).

DISPENSA IMOTIVADA

» *Guias do seguro desemprego*

O fornecimento das guias do seguro desemprego independente da constatação de que o empregado preenche os requisitos legais para o recebimento do benefício?

A jurisprudência desta corte consolidou o entendimento de que o não-fornecimento pelo empregador da guia necessária para o recebimento do seguro-desemprego dá origem ao direito à indenização, nos termos da Súmula 389, II, do TST. Recurso de revista conhecido e provido. (RR-11271-77.2014.5.18.0102, Relatora Ministra: Maria Helena Mallmann, Data de Julgamento: 16/08/2017, 2ª Turma, Data de Publicação: DEJT 25/08/2017)

Considerando o disposto no inciso II da Súmula nº 389 do TST, a indenização substitutiva pleiteada pelo Reclamante resulta, tão somente, do não fornecimento, pelo empregador, das guias de seguro-desemprego, independentemente, portanto, da constatação do preenchimento pelo empregado dos requisitos legais exigidos para o recebimento do benefício. Portanto, constata-se que a decisão regional foi proferida em contrariedade ao referido dispositivo jurisprudencial. Recurso de Revista conhecido e provido. (RR-639-34.2016.5.21.0006, Relatora Ministra: Maria de Assis Calsing, Data de Julgamento: 25/10/2017, 4ª Turma, Data de Publicação: DEJT 27/10/2017)

Nota: de fato, não cabe ao empregador questionar se o trabalhador tem ou não direito ao benefício, mas tão somente fornecer-lhe as guias necessárias para que possa solicitá-lo, cabendo ao órgão competente processar ou não a solicitação. A relatora do recurso, ministra Maria de Assis Calsing, observou que o pedido de indenização diz respeito apenas ao não fornecimento das guias de seguro-desemprego pelo empregador, independentemente, portanto, da constatação de que o empregado preencheria os requisitos legais para o seu recebimento. Logo, não cabia ao empregado comprovar que tenha havido trabalho anterior, uma vez que cabe ao órgão previdenciário verificar a ocorrência dos requisitos autorizadores para a concessão do benefício. O não fornecimento das guias pelo empregador impede o trabalhador de pleitear o seguro-desemprego e, de acordo com o item II da Súmula 389 do TST, origina o direito à indenização requerida.

» *Manutenção do plano de saúde*

Direito do ex-empregado a manter condições do plano de saúde não depende de regulamentação

A manutenção do ex-empregado no plano de saúde, sob as mesmas condições observadas durante o vínculo empregatício, é um direito assegurado por lei ao trabalhador demitido sem justa causa, independentemente de regulamentação da Agência Nacional de Saúde Suplementar (ANS). (STJ-REsp 1539815).

Como fica o plano de saúde do aposentado que, voltando a trabalhar, é posteriormente dispensado sem justa causa?

Cinge-se a controvérsia em determinar se a agravante deve ser mantida em plano de saúde contratado por seu falecido esposo e, na hipótese de se decidir pela sua manutenção, definir se esta tem direito à manutenção por tempo indefinido ou por tempo determinado, de acordo com a Lei 9.656/98. É assegurado ao trabalhador aposentado que contribuiu para o plano de saúde em decorrência do vínculo empregatício o direito de manutenção como beneficiário nas mesmas condições de cobertura assistencial que gozava quando da vigência do contrato de trabalho, desde que assuma o seu pagamento integral. O art. 31 da Lei 9.656/98 não evidencia, de forma explícita, que a aposentadoria deve dar-se posteriormente à vigência do contrato de trabalho, limitando-se a indicar a figura do aposentado – sem fazer quaisquer ressalvas – que tenha contribuído para o plano de saúde, em decorrência do vínculo empregatício. O tempo total de contribuição ao plano foi de 9 (nove) anos e 8 (oito) meses, mostrando-se, impossível, portanto, a aplicação do art. 31, caput, da Lei, que exige tempo de contribuição mínimo de 10 (dez) anos. A manutenção do contrato de seguro saúde deve dar-se nos moldes do que dispõe o art. 31, § 1º, da Lei, que prevê que ao aposentado que contribuiu para planos coletivos de assistência à saúde por período inferior a 10 (dez) anos é assegurado o direito de manutenção como beneficiário à razão de um ano para cada ano de contribuição, desde que assumido o pagamento integral do mesmo. (REsp 1.371.271-RJ, Ministra Nancy Andrighi, j. 02/02/2017)

Notas:

No caso de um aposentado que voltou a trabalhar e depois foi demitido do novo emprego sem justa causa, aplicam-se as regras para os aposentados previstas no artigo 31 da Lei dos Planos de Saúde (Lei 9.656/98).

Com esse entendimento, os ministros da Terceira Turma do Superior Tribunal de Justiça (STJ) rejeitaram o recurso de uma operadora de plano de saúde que pleiteava a aplicação da regra disposta no artigo 30 da mesma lei.

Para o aposentado, é facultada a permanência no plano de saúde por tempo indeterminado (assumindo o ônus total do plano) após a aposentadoria quando o tempo de contribuição for superior a dez anos, e nos casos de menor tempo de contribuição, a permanência é pelo mesmo tempo de contribuição feita enquanto empregado (artigo 31).

Já o artigo 30 afirma que o empregado demitido sem justa causa somente pode permanecer no plano de saúde por um período de seis a 24 meses.

Para a ministra relatora do caso, Nancy Andrighi, a Lei dos Planos de Saúde não faz restrição ao conceito de aposentado. O fato de o segurado ter se aposentado em 1980, e depois ter trabalhado de 1991 a 2008 em outra empresa, não faz com que ele perca o status de aposentado, para fins de aplicação da lei.

"Inviável acatar a tese da recorrente quando o texto legal não evidencia, de forma explícita, que a aposentadoria deve dar-se posteriormente à vigência do contrato de trabalho, limitando-se a indicar a figura do aposentado – sem fazer quaisquer ressalvas – que tenha contribuído para o plano de saúde, em decorrência do vínculo empregatício", explicou a magistrada.

O recurso do particular também foi rejeitado. A viúva do aposentado e dependente no plano de saúde buscava a manutenção por período indeterminado no plano, ou, não sendo possível a primeira hipótese, que o prazo de permanência no plano passasse a contar somente após o óbito do aposentado.

A ministra explicou que, de acordo com a Lei dos Planos de Saúde, a manutenção do segurado no plano por prazo indeterminado somente é possível caso o prazo de contribuição tenha sido superior a dez anos.

No caso analisado, o aposentado contribuiu por nove anos e oito meses, sendo desconsiderado para fins da aplicação da lei o período em que a viúva continuou contribuindo após o falecimento do esposo.

Além disso, a ministra destacou não ser possível considerar a data da morte do aposentado, já que o direito de permanência no plano nasce com o desligamento da empresa, e não com o óbito. Dessa forma, os ministros mantiveram o acórdão recorrido, que permitiu a permanência da dependente no plano por nove anos, contados a partir da demissão sem justa causa do titular do plano. (fonte: www.stj.jus.br)

Também noticiado no Informativo STJ nº 597:

Os contornos fáticos da ação de obrigação de fazer proposta em desfavor da seguradora dão conta que aposentado pelo INSS foi contratado por empresa e posteriormente demitido sem justa causa. Durante a vigência desse contrato de trabalho, o aposentado desfrutou de seguro de saúde coletivo custeado, em parte, por ele próprio e, em parte, pela empregadora. Nesse período, sua esposa fez uso do plano na condição de dependente. Após sua demissão, o contrato continuou vigendo mediante o pagamento de mensalidades integrais pelo segurado, que veio a falecer tempos depois. Nesse contexto, discutiu-se a correta aplicação da Lei n. 9.656/98. Com efeito, a referida legislação distingue o direito de manutenção no plano de saúde coletivo do trabalhador demitido sem justa causa e do aposentado – estendendo-se também ao grupo familiar inscrito –, consagrando em dispositivos legais distintos as suas condições e limitações (arts. 30, § 1º, e 31, caput e § 1º, respectivamente). Confrontando-se os artigos supracitados, verifica-se, quanto ao primeiro, que é assegurado ao empregado demitido sem justa causa o direito de permanecer, por um período determinado, como beneficiário do plano de saúde coletivo da empresa. Quanto ao segundo dispositivo legal, assegura-se ao empregado aposentado o direito de permanecer como beneficiário por tempo indeterminado ou determinado, a depender do tempo de contribuição para o plano. Extrai-se do art. 31 da Lei n. 9.656/98 que o texto legal não manifesta, de forma explícita, que a aposentadoria deve dar-se posteriormente à vigência do contrato de trabalho, limitando-se a indicar a figura do aposentado – sem fazer quaisquer ressalvas – que tenha contribuído para o plano de saúde, em decorrência do vínculo empregatício. Tal conclusão se evidencia porque deve-se atentar para o escopo primordial da referida legislação. É razoável admitir que a intenção da lei, ao permitir a manutenção do aposentado em plano de saúde, era de protegê-lo, já que, na maioria das situações, é pessoa idosa e encontra dificuldades em contratar novo plano – seja para ser aceito pelas operadoras de saúde, em razão da idade avançada, seja para conseguir arcar com a respectiva mensalidade, que, via de regra, impõe elevados valores, justamente levando em consideração a faixa etária do segurado.

Por oportuno, convém relatar que o STJ – em julgamento de questão análoga – assim se manifestou acerca da interpretação do art. 31 da Lei n. 9.656/98: "(...) mesmo aqueles empregados que já tenham rompido o vínculo empregatício com a empresa estipulante podem, posteriormente, quando da obtenção da aposentadoria, requerer o benefício previsto no art. 31 da Lei n. 9.656/98" (REsp 1.431.723-SP, 3º Turma, DJe 9/6/2014). Ora, se é possível entender que, mesmo que tenha havido o rompimento do vínculo empregatício em momento anterior à concessão de aposentadoria, pode-se requerer o benefício previsto no art. 31 da Lei n. 9.656/96 quando, posteriormente, o empregador obtiver a aposentadoria; também pode-se entender que esse benefício deve ser estendido ao aposentado que é posteriormente contratado e, em razão de sua demissão, volta à inatividade. Dessarte, como se percebe, não exige a norma que a extinção do contrato de trabalho em razão da aposentadoria se dê no exato momento em que ocorra o pedido de manutenção das condições de cobertura assistencial. Ao revés, exige tão somente que, no momento de requerer o benefício, tenha preenchido as exigências legais, dentre as quais ter a condição de jubilado, independentemente de ser esse o motivo de desligamento da empresa (REsp 1.371.271-RJ, Rel. Min. Nancy Andrighi, por unanimidade, julgado em 2/2/2017, DJe 10/2/2017) – Informativo STJ nº 597.

RESCISÃO INDIRETA

» *Perdão tácito*

Pode-se falar em perdão tácito do empregado em relação às faltas cometidas pelo empregador?

Cinge-se a controvérsia acerca da possibilidade de se reconhecer a rescisão indireta do contrato de trabalho, por atrasos nos pagamentos de salários e irregularidades nos recolhimentos do FGTS, frente à suposta ausência de imediatidade na propositura da respectiva ação a configurar a hipótese de perdão tácito. II – Pois bem, nos termos do artigo 483, alínea "d", da CLT, o empregado poderá considerar rescindido o contrato de trabalho e pleitear os títulos trabalhistas daí decorrentes se o empregador não cumprir com as obrigações contratuais. III – O Fundo de Garantia por Tempo de Serviço-FGTS é direito social alçado a patamar constitucional, conforme previsão do artigo 7º, III, da CF/88. III – A efetivação de tal direito incumbe ao empregador, que deve depositar, até o dia 7 (sete) de cada mês, em conta bancária vinculada, importância correspondente a 8 (oito) por cento da remuneração paga ou devida a cada empregado no mês anterior, nos termos do artigo 15 da Lei nº 8.036, de 11/05/1990. IV - Sendo nítida a relevância do Fundo, para o trabalhador e para a sociedade em geral, firmou-se nesta Corte o entendimento de que a ausência ou irregularidades no recolhimento da parcela implica falta grave apta a ensejar o reconhecimento da rescisão indireta. V - Mediante exame do acórdão recorrido, o contexto factual ali lavrado revela-se emblemático de que a recorrida deixara de efetuar com regularidade dos depósitos do FGTS do recorrente, a dar o tom da gravidade da falta patronal, nos exatos termos do artigo 483, alínea "d", da CLT. Precedentes. VI - Importa registrar que, dada a evidência de que a ausência de depósitos do FGTS entendeu-se até o término do contrato, não se configura a hipótese de falta de imediatidade e por injunção lógico-jurídica o pretendido perdão tácito por parte do empregado. VII - Notadamente, porque não se pode olvidar que o empregado experimenta status jurídico diferenciado na relação de emprego, pois tem no vínculo empregatício sua única fonte de subsistência, o bastante para que o Judiciário examine com prudência, caso a caso, se ocorrera ou não a ausência de imediatidade e se implicara ou não o perdão tácito. VIII - Este Tribunal, vale frisar, tem firme posicionamento no sentido de mitigar a exigência de pronta reação do empregado, descaracterizando o propalado perdão tácito. Precedentes. IX - Recurso conhecido e provido. (RR-352-84.2014.5.09.0003, Relator Ministro: Antonio José de Barros Levenhagen, Data de Julgamento: 15/02/2017, 5ª Turma, Data de Publicação: DEJT 17/02/2017)

» ***Princípio da Imediatidade***

O princípio da imediatidade se aplica ao empregado?

Rescisão indireta. Caracterização. Art. 483 da CLT. Princípio da imediatidade. Inaplicabilidade. Necessidade de manutenção do contrato de emprego por parte do empregado. Não constitui óbice ao reconhecimento da rescisão indireta do contrato de trabalho a ausência de imediatidade entre a ocorrência da conduta patronal faltosa e a propositura da reclamação pelo empregado, diante do desequilíbrio econômico entre as partes e a necessidade de manutenção do contrato de emprego, fator preponderante para a subsistência do trabalhador e de sua família. No caso, o descumprimento reiterado das obrigações trabalhistas pelo empregador (não pagamento de adicionais, horas extras e intervalos) caracteriza a hipótese de falta grave empresarial tipificada no art. 483, "d", da CLT, de modo a autorizar a rescisão indireta do contrato de trabalho, com ônus rescisórios para a empresa. *E-RR-1044-36.2014.5.03.0105, Relator Ministro: Walmir Oliveira da Costa, Data de Julgamento: 09/02/2017, Subseção I Especializada em Dissídios Individuais, Data de Publicação: DEJT 17/02/2017 - **Informativo TST nº 152.***

» *Ausência de depósito do FGTS*

A ausência de depósitos do FGTS no curso do contrato autoriza a rescisão indireta?

O artigo 483, d, da CLT faculta ao empregado, no caso de descumprimento das obrigações contratuais por parte do empregador, a rescisão indireta do contrato de trabalho. Nesse sentido, o fato de não recolher os depósitos do FGTS, ou seu recolhimento irregular, e das contribuições previdenciárias, configura ato faltoso do empregador, cuja gravidade é suficiente para acarretar a rescisão indireta do contrato de trabalho. Por outro lado, esta Corte tem reiteradamente decidido pela relativização do requisito da imediatidade no tocante à rescisão indireta, em observância aos princípios da continuidade da prestação laboral e da proteção ao hipossuficiente. O artigo 483, caput e § 3º, da CLT, faculta ao empregado considerar rescindido o contrato de trabalho antes de pleitear em juízo as verbas decorrentes da rescisão indireta. Todavia, o referido dispositivo não estabelece o procedimento a ser adotado pelo empregado quando o empregador incidir em uma das hipóteses de justa causa. Vale dizer, não há qualquer exigência formal para o exercício da opção de se afastar do emprego antes do ajuizamento da respectiva ação trabalhista. Comprovada em juízo a justa causa do empregador, presume-se a relação entre a falta patronal e a iniciativa do empregado de rescindir o contrato de trabalho. Esse é o entendimento assente na jurisprudência majoritária desta Corte Superior, em julgados da Subseção 1 Especializada em Dissídios Individuais, bem como das Turmas, é no sentido de que a ausência de recolhimento de valores devidos a título de FGTS, por parte do empregador, no curso do contrato de trabalho autoriza a rescisão indireta. E esse entendimento ampara-se justamente no artigo 483, d, da CLT, segundo o qual o empregado poderá considerar rescindido o contrato e pleitear a devida indenização quando o empregador não cumprir as obrigações do contrato. (E-ED-ED-RR-1902-80.2010.5.02.0058, Relator Ministro: Augusto César Leite de Carvalho, Data de Julgamento: 23/02/2017, Subseção I Especializada em Dissídios Individuais, Data de Publicação: DEJT 10/03/2017)

A jurisprudência desta Corte é pacífica no sentido de que ***a ausência de recolhimento do FGTS, de forma habitual, configura conduta grave a ensejar a rescisão indireta do contrato de trabalho.***(RR-10261-10.2014.5.01.0057, Relatora Ministra: Maria Cristina Irigoyen Peduzzi, Data de Julgamento: 04/10/2017, 8ª Turma, Data de Publicação: DEJT 06/10/2017)

HOMOLOGAÇÃO

» *Juiz de Paz*

Ainda hoje é válida homologação de rescisão por juiz de paz?[16]

Nesse caso o recurso não foi conhecido pelo TST. A Quarta Turma do Tribunal Superior do Trabalho desproveu o agravo que pretendia destrancar o Recurso de Revista. O empregado se insurgia contra decisão que considerou válida a homologação da rescisão do seu contrato de trabalho pelo juiz de paz da cidade de Pindorama (SP), onde reside, por não haver ali representação do sindicato profissional nem Delegacia Regional do Trabalho.

O juízo da 2ª Vara do Trabalho de Catanduva (SP) julgou nula a rescisão devido à ausência de assistência do sindicato ou da autoridade do Ministério do Trabalho na homologação, como exige o parágrafo 1º do artigo 477 da CLT. Mas o Tribunal Regional do Trabalho da 15ª Região (Campinas/SP) reformou a sentença, por entender que se a manifestação de vontade do trabalhador foi confirmada perante o juiz de paz de Pindorama, onde reside, ele não estava desassistido quando da rescisão.

No agravo ao TST, o montador defendeu a ineficácia da homologação por "juiz de casamento", e sustentou que a sede do sindicato fica a apenas 7 km de onde reside. Mas a relatora, ministra Maria de Assis Calsing, assinalou que, como o Regional registrou que não havia representação sindical na cidade do trabalhador e julgou válida a homologação pelo juiz da paz, a decisão é de cunho interpretativo, e só poderia ser contestada por controvérsia de teses. Ocorre, porém, que o trabalhador não apresentou decisões divergentes nesse sentido, o que inviabilizou o processamento do recurso. A decisão foi unânime. (AIRR-12118-62.2014.5.15.0070 Data de Julgamen-

16. "Art. 477, § 3º, da CLT – Quando não existir na localidade nenhum dos órgãos previstos neste artigo, a assistência será prestada pelo Represente do Ministério Público ou, onde houver, pelo Defensor Público e, na falta ou impedimento dêste, pelo **Juiz de Paz**." Vale lembrar que com a Reforma Trabalhista não mais se mostra necessária a homologação da rescisão contratual, como regra.

to: 01/02/2017, Relatora Ministra: Maria de Assis Calsing, 4ª Turma, Data de Publicação: DEJT 03/02/2017).

MULTAS

» *Multa do art. 477, § 8º, da CLT*

É devida a multa do art. 477, § 8º, da CLT no caso de reversão da justa causa em juízo?

Da interpretação teleológica da norma do § 8º do artigo 477 da CLT extrai-se a conclusão de o legislador ter instituído a multa ali preconizada, para o caso de as verbas rescisórias devidas ao empregado serem incontroversas, cujo pagamento não seja efetuado nos prazos contemplados no § 6º daquele artigo, salvo eventual mora que lhe seja atribuída. III – No caso dos autos, **a despeito de a justa causa ter sido revertida em juízo, tal condição não obstaculiza a condenação ao pagamento da multa do artigo 477 da CLT.** IV – Isso porque, com o cancelamento da OJ nº 351 da SDI-I do TST, não mais prevalece o entendimento de que, em havendo controvérsia sobre a obrigação cujo inadimplemento gerou a multa, esta seria descabida. V – Com efeito, a atual iterativa e notória jurisprudência desta Corte é a de que **a multa em questão somente não seria devida quando o próprio trabalhador tiver dado causa à mora**, hipótese não verificada nos autos. VI – Recurso de revista não conhecido. (TST-RR-8-47.2015.5.17.0003 Data de Julgamento: 07/12/2016, Relator Ministro: Antônio José de Barros Levenhagen, 5ª Turma, Data de Publicação: DEJT 16/12/2016.

É devida a multa do art. 477, § 8º, da CLT no caso de reconhecimento do vínculo em juízo?

No caso, houve o reconhecimento do vínculo de emprego em juízo. Prevalece nesta Corte o entendimento de que, nos casos em que reconhecido judicialmente o vínculo empregatício, impõe-se o pagamento da parcela pelo atraso das verbas rescisórias (artigo 477, § 8º, da CLT), uma vez que, constatada a existência de relação de emprego pretérita, não pode o empregador eximir-se do cumprimento de obrigações previstas em lei, em face da não efetivação do registro do contrato de trabalho a tempo e modo. Nesse sentido, dispõe a Súmula 462/TST que "*a circunstância de a relação de emprego ter sido reconhecida apenas em juízo não tem o condão de afastar a incidência da multa prevista no art. 477, §8º, da CLT. A referida multa não será devida apenas quando, comprovadamente, o empregado der causa à mora no pagamento das verbas rescisórias".* Recurso de revista conhecido e provido. (RR-1437-94.2012.5.02.0060, Relator Ministro: Douglas Alencar Rodrigues, Data de Julgamento: 21/06/2017, 7ª Turma, Data de Publicação: DEJT 23/06/2017)

Incide a multa do art. 477 caso o valor do pagamento realizado por cheque fique disponível após o prazo legal?

1. No caso concreto, o Tribunal Regional, não obstante o pagamento tempestivo das verbas rescisórias através do depósito de cheque de outra praça, entendeu devida a multa prevista no artigo 477, §8º, da CLT, ao fundamento de que a compensação se efetivou fora do prazo legal. 2. Límpido o entendimento de que o § 4º oferece a possibilidade de pagamento por cheque – em regra, meio de pagamento à vista -, mas tratando-se de cheque de outra praça, com prazo de compensação diferenciado, exige exame mais aprofundado. 3. O empregador, optando pelo pagamento por cheque ou por transferência bancária, cujo crédito se torne disponível ao empregado somente após o decurso do prazo legal, deixa de cumprir a previsão contida no art. 477, § 6º, da CLT, razão pela qual incide a multa do artigo 477, § 8º, da CLT, mormente no caso em exame, em que a importância somente foi liberada ao ex empregado vinte dias após. Recurso de revista não conhecido. (RR- 10006-64.2013.5.19.0064, Relator Ministro: Hugo Carlos Scheuermann, Data de Julgamento: 11/10/2017, 1ª Turma, Data de Publicação: DEJT 16/10/2017)

» *Multa do art. 467 da CLT*

Aplica-se o art. 467 da CLT nos casos de reconhecimento do vínculo em juízo?

Incontroverso nos autos que o reconhecimento do vínculo de emprego se deu em juízo, o entendimento sedimentado nesta C. SbDI-1 é o de que ***não é aplicável o art. 467 da CLT, na medida em que não há como vislumbrar parcelas incontroversas em audiência.*** (E-RR-188200-75.2009.5.02.0072, Relator Ministro: Hugo Carlos Scheuermann, Data de Julgamento: 23/02/2017, Subseção I Especializada em Dissídios Individuais, Data de Publicação: DEJT 03/03/2017)

ESTABILIDADES E GARANTIAS PROVISÓRIAS DE EMPREGO

ACIDENTADO

» *Doença ocupacional*

> ***É possível a reintegração no emprego no caso de doença ocupacional constatada em juízo após a extinção do contrato?***

Cinge-se a controvérsia a definir se é possível a reintegração no emprego com o pagamento dos salários e demais verbas trabalhistas do período de afastamento, no caso de doença ocupacional constatada em juízo, com relação de causalidade com a execução do contrato de emprego, em situação na qual não houve a emissão da comunicação de acidente de trabalho – CAT. Não havendo a concessão do auxílio-doença acidentário, como no caso dos autos em que a doença ocupacional foi constatada em juízo, mediante laudo do perito judicial de que houve "incapacidade total e definitiva para as atividades anteriormente exercidas e qualquer outra atividade que cause sobrecarga funcional para a coluna lombar", não há como definir o dies a quo e muito menos o dies ad quem do período da estabilidade provisória de 12 meses. Nessa situação, não há como afirmar categoricamente que já se exauriu o período da estabilidade provisória de 12 meses, razão pela qual não se aplica a diretriz jurisprudencial firmada na Súmula 396, I, do TST, a qual preconiza que, no caso de empregado em gozo de auxílio-doença, havendo o término do contrato durante o período da estabilidade acidentária, deve o empregado ser reintegrado no emprego; exaurido o respectivo período, são devidos apenas os salários do período compreendido entre a data da dispensa e o final do período de estabilidade. Nesse contexto, entende-se necessária a reintegração ao emprego nos moldes fixados na instância ordinária. Há Precedentes da SBDI-1. Recurso de embargos conhecido e desprovido. (E-ED-RR-164600-85.2007.5.02.0301, Relator Ministro: Augusto César Leite de Carvalho, Data de Julgamento: 23/02/2017, Subseção I Especializada em Dissídios Individuais, Data de Publicação: DEJT 10/03/2017)

Para a concessão da estabilidade provisória advinda de acidente de trabalho ou doença ocupacional a ele equiparada, é necessário que tenha havido o afastamento superior a 15 dias e a percepção do auxílio-doença acidentário?

Para a concessão da estabilidade provisória advinda de acidente de trabalho ou doença ocupacional a ele equiparada, não é necessário que tenha havido o afastamento superior a 15 dias e a percepção do auxílio-doença acidentário, quando demonstrado que o acidente guarda relação de causalidade com a execução do pacto laboral, sendo esta a hipótese dos autos, o que atrai a incidência da parte final do item II da Súmula 378/TST. No caso concreto, foi consignado no acórdão regional que "o autor contraiu malária quando prestava serviços em Angola, tendo vários afastamentos do trabalho (docs. de fls. 18/20)". Anoto, por oportuno, que, de acordo com a lista B, XIV, do Decreto 3.048/99, a malária é considerada uma das "doenças infecciosas e parasitárias relacionadas com o trabalho". Assim, tendo como presentes os requisitos que ensejam o reconhecimento de que o Autor, à época da sua dispensa, preenchia as condições previstas no artigo 118, da Lei n º 8.213/91, deve ser reconhecida a estabilidade provisória pleiteada. Recurso de revista conhecido e provido no aspecto. (RR-218100-70.2008.5.02.0062, Relator Ministro: Mauricio Godinho Delgado, Data de Julgamento: 22/08/2017, 3ª Turma, Data de Publicação: DEJT 25/08/2017)

APOSENTADO

» *Aposentado dispensado espontaneamente*

Faz jus à reintegração o emprego que, ao se aposentar espontaneamente, é dispensado sem justa causa?

Na hipótese vertente, depreende-se da leitura do v. acórdão regional, transcrito pela egrégia Primeira Turma desta Corte, que a reclamada dispensou sem justa causa o reclamante ao tomar ciência da aposentadoria espontânea dele. Diante dessa premissa fática, a egrégia Turma entendeu que o reclamante tem direito à multa de 40% do FGTS sobre a totalidade dos depósitos efetuados durante o período em que vigorou o seu contrato de trabalho. Não há falar, pois, em contrariedade à Orientação Jurisprudencial nº 361, porquanto devidamente aplicada ao caso concreto, tendo em vista que o reclamante não continuou a prestar seus serviços para a reclamada após sua aposentadoria, visto que foi dispensado imotivadamente e não possuía garantia de emprego. Tampouco há falar em divergência jurisprudencial quando se constata que os arestos colacionados são inespecíficos, impossibilitando o cotejo de teses. Com efeito, os julgados não apresentam hipótese fática idêntica à dos autos. Os arestos oriundos da Terceira e da Oitava Turma são convergentes com a tese adotada no v. acórdão turmário, o qual se encontra em conformidade com a Orientação Jurisprudencial nº 361 da SBDI-1. 6. Considerando, portanto, a inespecificidade dos arestos transcritos, aplica-se o óbice previsto no item I da Súmula nº 296. 7. Agravo regimental conhecido e não provido. (AgR-E-AgR-RR-49000-35.1998.5.17.0003, Relator Ministro: Guilherme Augusto Caputo Bastos, Data de Julgamento: 16/02/2017, Subseção I Especializada em Dissídios Individuais, Data de Publicação: DEJT 24/02/2017)

DIRIGENTE SINDICAL

» *Inquérito para apuração de falta grave*

Para dispensa do dirigente sindical, é imprescindível o inquérito para apuração de falta grave?

A estabilidade provisória do dirigente sindical não o torna absolutamente imune à dispensa, mas apenas limita sua aplicação às hipóteses de justa causa apurada em inquérito (arts. 494 e 543, § 3º, da CLT e Súmula 379 do TST). **No caso dos autos, contudo, apesar de não ter sido instaurado o inquérito, não houve prejuízo para o reclamante, uma vez que a falta grave foi reconhecida no curso da presente ação, em que pôde ter seu inconformismo examinado pelo Poder Judiciário. Inviável, portanto, o acolhimento do pedido de conversão da dispensa por justa causa em imotivada.** Precedente. Recurso de revista não conhecido. (RR-696-10.2013.5.12.0038, Relator Ministro: Márcio Eurico Vitral Amaro, Data de Julgamento: 22/02/2017, 8ª Turma, Data de Publicação: DEJT 03/03/2017)

A mais importante estabilidade temporária referida pela Constituição é a que imanta o dirigente de entidades sindicais (art. 8º, VIII, da CF/88). Trata-se, a propósito, do único caso em que, em geral, a jurisprudência pacificada desta Corte é no sentido da essencialidade de propositura de inquérito judicial, pelo empregador, para obtenção da dispensa por justa causa de empregado favorecido por garantia temporária de emprego (ex-OJ 114/ SBDI-1/TST; Súmula 379/TST). Sendo incontroverso o fato de ser o Reclamante detentor de estabilidade sindical - pois eleito para cargo de direção sindical -, vedada estaria, em princípio, sua dispensa pelo empregador até um ano após o final do seu mandato sem a prévia observância do art. 543, §3º, parte final, da CLT (inquérito para apuração de falta grave). Entretanto, **comprovado em juízo, mediante prova consistente, a séria conduta culposa do obreiro, com a gradação infrutífera de penalidades pelo empregador, não há como desconsiderar-se o saneamento processual da irregularidade formal** (arts.482, 492 e 493, CLT). É que **não há como se invalidar o ato da dispensa por estrito defeito procedimental, uma vez que sanada a falha em Juízo, por ser o processo judicial mais amplo, no sentido de assegurar plenamente o direito ao contraditório e à ampla defesa.** Recurso de revista não conhecido, no aspecto. (RR-61300-11.2006.5.12.0028, Relator Ministro: Mauricio Godinho Delgado, Data de Julgamento: 30/11/2011, 6ª Turma, Data de Publicação: DEJT 09/12/2011).

GESTANTE

A mera recusa da reclamante de retorno ao emprego afasta o direito à garantia provisória?

A atual jurisprudência desta Corte posiciona-se no sentido de que a mera recusa da reclamante de retorno ao emprego não afasta o direito à garantia provisória, porquanto a norma constitucional se destina à proteção da mãe e do nascituro e, ainda que a empregada não pretenda o retorno ao trabalho, não comprometerá o seu direito à indenização compensatória decorrente da estabilidade prevista no artigo 10, II, "b", do ADCT. Precedentes da SDI-1/TST. Recurso de revista conhecido e provido. (RR - 1000464-71.2014.5.02.0604, Relatora Ministra: Dora Maria da Costa, Data de Julgamento: 06/12/2017, 8ª Turma, Data de Publicação: DEJT 11/12/2017)

A Constituição Federal prevê, no seu art. 6º, "caput", que são direitos sociais, entre outros que enumera, "a proteção à maternidade e à infância". O art. 10, II, "b", do ADCT, respondendo à diretriz do art. 7º, XVIII, da Carta Magna, afirma que "II – fica vedada a dispensa arbitrária ou sem justa causa: b) da empregada gestante, desde a confirmação da gravidez até cinco meses após o parto". 2. O direito à estabilidade da gestante é norma de ordem pública, irrenunciável, pois visa à proteção do nascituro. Diante disso, a recusa ao retorno ao emprego não obsta o direito à indenização substitutiva. Precedentes. Recurso ordinário conhecido e provido. (RO-10959-65.2016.5.03.0000, Relator Ministro: Alberto Luiz Bresciani de Fontan Pereira, Data de Julgamento: 28/11/2017, Subseção II Especializada em Dissídios Individuais, Data de Publicação: DEJT 01/12/2017)

A jurisprudência desta Corte admite o direito à indenização substitutiva em face da estabilidade provisória assegurada à gestante, nos moldes do artigo 10, II, alínea "b", do ADCT, mesmo quando constatada a recusa de retorno ao emprego. Assim, não há como se concluir pela ocorrência de abuso de direito em face da ausência de pedido de reintegração e o fato de a propositura da ação haver ocorrido após o nascimento da criança, ao final do período de estabilidade. Exegese da Orientação Jurisprudencial nº 399 da SBDI-1 e da Súmula nº 244, ambas do TST. Precedentes da SBDI-1. Recurso de revista de que se conhece e a que se dá provimento. PROTEÇÃO AO TRABALHO DA MULHER. INTERVALO PARA DESCANSO. ARTIGO 384 DA CONSOLIDAÇÃO DAS LEIS DO TRABALHO. Nos termos da jurisprudência desta Corte uniformizadora, o artigo 384 da Consolidação das Leis do Trabalho foi recepcionado pela Constituição da República. O descumprimento do intervalo previsto no referido artigo não importa mera penalidade administrativa, mas, sim, pagamento do tempo correspondente, nos moldes do artigo 71, § 4º, da CLT, tendo em vista tratar-se de medida de higiene, saúde e segurança da trabalhadora. Precedentes. Recurso de revista de que se conhece e a que se dá provimento. MULTA DO ARTIGO 477 DA CLT. PAGAMENTO DAS VERBAS RESCISÓRIAS EFETUADO NO PRAZO LEGAL. ATRASO NA HOMOLOGAÇÃO E ENTREGA DE GUIAS. A jurisprudência prevalecente do Tribunal Superior do Trabalho é no sentido de que a multa prevista no artigo 477, § 8º, da CLT, refere-se à mora no pagamento das parcelas rescisórias, de modo que a homologação posterior ao decurso do prazo estabelecido no § 6º ou a demora na entrega das guias para saque do FGTS ou recebimento do Seguro-Desemprego não podem ser consideradas como fato gerador de aplicação da aludida penalidade. Precedentes. Recurso de revista de que não se conhece. (RR – 911-98.2013.5.03.0017, Relator Ministro: Cláudio Mascarenhas Brandão, Data de Julgamento: 04/10/2017, 7ª Turma, Data de Publicação: DEJT 13/10/2017)

Gestante admitida sem prévia aprovação em concurso público possui garantia de emprego?

Matéria afetada ao Tribunal Pleno. Gestante. Contrato nulo. Ausência de prévia aprovação em concurso público. Estabilidade provisória. Indevida. Incidência da Súmula nº 363 do TST. A contratação de empregada pública, sem submissão a concurso público, sendo nula, não tem o condão de assegurar garantia de emprego à gestante. Não se nega que a proteção do nascituro é princípio fundamental, constitucional. No entanto, a sua efetivação pressupõe uma relação jurídica regularmente estabelecida, em respeito à regra legal de submissão prévia a concurso público, nos termos dos artigos 37, II e § 2º e 37, IX, da Constituição da República. A Súmula 363 do c. TST, diante do contrato nulo, autoriza ao trabalhador apenas o pagamento da contraprestação pactuada, em relação ao número de horas trabalhadas, respeitado o valor da hora do salário mínimo, e dos valores referentes aos depósitos do FGTS. Não alcança a garantia de emprego de que trata o art. 10, II, b, do ADCT. *E-ED-RR-175700-88.2007.5.04.0751, Redator Ministro: Aloysio Corrêa da Veiga, Data de Julgamento: 17/04/2017, Tribunal Pleno, Data de Publicação: DEJT 30/06/2017 –* ***Informativo TST nº 156.***

Empregada que se demite e, no curso do aviso prévio, ao tomar conhecimento de seu estado gravídico, solicita o cancelamento da demissão (não aceito pelo empregador), tem o direito à estabilidade?

Discute-se, na hipótese, se o fato de a autora ter formulado pedido de demissão e, no curso do aviso prévio, ao tomar conhecimento de seu estado gravídico, solicitar o cancelamento de tal pedido (não aceito pelo empregador), lhe retira o direito à estabilidade prevista no artigo 10, II, "b", do ADCT. O entendimento da e. Turma foi de que, "Segundo as disposições do artigo 10, II, "b", do ADCT, o termo inicial do direito da gestante à estabilidade dá-se com a concepção e não com a constatação da gravidez, mediante exame clínico, sendo necessário apenas que a empregada esteja grávida no momento da rescisão do contrato de trabalho, independentemente da ciência das partes" (fls. 443-444, grifamos). Não resta dúvida de que a jurisprudência desta c. Corte pacificou-se no sentido de que a ocorrência da gravidez durante o aviso prévio garante o direito da trabalhadora à estabilidade prevista no artigo 10, alínea "b", do ADCT. Aqui, porém, há uma particularidade, a saber, a questão envolvendo o pedido de ruptura do contrato de trabalho feito pela autora. *Data venia* dos que entendem ao contrário, o fato de a autora ter formulado pedido de demissão e, no curso do aviso prévio, ao constatar o seu estado gravídico, solicitar o cancelamento de tal pedido (não aceito pelo empregador), não compromete o seu direito à estabilidade prevista no referido artigo 10, II, "b", do ADCT/CF, uma vez que a estabilidade provisória da gestante é uma garantia também ao nascituro, e não apenas à genitora. Caso contrário, estar-se-ia admitindo verdadeira renúncia à estabilidade provisória da gestante. Ademais, fixando a lei critério objetivo da definição do direito à estabilidade, não se mostram importantes questões paralelas, porquanto a "confirmação da gravidez" a que se refere a norma constitucional diz respeito ao fato da gravidez em si. Recurso de embargos conhecido por divergência jurisprudencial e desprovido. (E-ED-RR-2537-64.2012.5.02.0002, Relator Ministro: Alexandre de Souza Agra Belmonte, Data de Julgamento: 02/02/2017, Subseção I Especializada em Dissídios Individuais, Data de Publicação: DEJT 17/02/2017).

Empregada que se demite sem saber da gravidez, ao tomar conhecimento de seu estado gravídico, solicita o cancelamento da demissão (não aceito pelo empregador), tem o direito à estabilidade?

1. Hipótese em que a Turma considerou válido o pedido de dispensa sem assistência sindical, por considerar inaplicável à empregada gestante, detentora da estabilidade prevista no art. 10, II, "b", do ADCT, a norma inserta no art. 500 da CLT. Registrou que "sendo válido o pedido de demissão da Reclamante gestante, é indevida a estabilidade prevista no art. 10, II, "b", do ADCT, não havendo de se falar, portanto, em violação do art. 500 da CLT – segundo o qual o "pedido de demissão do empregado estável só será válido quando feito com a assistência do respectivo Sindicato e, se não o houver, perante autoridade local competente do Ministério do Trabalho ou da Justiça do Trabalho", por não se tratar de empregado estável". 2. Tratando-se de empregada gestante, detentora de estabilidade provisória, a validade do pedido de demissão está condicionada à assistência do respectivo Sindicato ou da autoridade do Ministério do Trabalho, nos termos do artigo 500 da CLT, de modo a afastar qualquer incerteza quanto à vontade livre e consciente do trabalhador de rescindir o seu contrato de trabalho. Decisões de todas as Turmas neste sentido. Recurso de embargos conhecido e provido. (E-ARR – 603-26.2015.5.03.0071, Relator Ministro: Hugo Carlos Scheuermann, Data de Julgamento: 19/10/2017, Subseção I Especializada em Dissídios Individuais, Data de Publicação: DEJT 27/10/2017)

A exigência de assistência sindical para a homologação da rescisão contratual de empregado estável, contida no artigo 500 da CLT, aplica-se à hipótese de empregada gestante?

Conforme entendimento firmado nesta Turma é inaplicável o disposto no artigo 500 da CLT à hipótese de empregada gestante, pois relacionado à estabilidade decenal e não às estabilidades provisórias. Outrossim, incontroverso nos autos que a rescisão contratual ocorreu por iniciativa da própria reclamante e, uma vez não comprovada a existência de qualquer vício de consentimento no seu pedido de demissão, não há falar em direito à estabilidade a que alude o art. 10, II, "b", do ADCT, pois não houve dispensa arbitrária ou sem justa causa. Recurso de revista conhecido e não provido. (RR-199-36.2015.5.09.0029, Relatora Ministra: Dora Maria da Costa, Data de Julgamento: 31/05/2017, 8ª Turma, Data de Publicação: DEJT 02/06/2017)[17]

1. Preenchidos os requisitos do art. 896, § 1º-A, da CLT. 2. O acórdão do Regional entendeu que o pedido de demissão realizado pela reclamante retira o direito à estabilidade gestante. 3. O art. 10, II, b, do ADCT proíbe a dispensa arbitrária ou imotivada da empregada gestante, desde a confirmação da gravidez até cinco meses após o parto, mas não lhe garante o direito à estabilidade no caso de ruptura contratual por sua própria iniciativa, situação ocorrente nos autos, nos quais é fato incontroverso o pedido de demissão por parte da empregada. 4. Como bem afirma o Ministro Augusto César Leite de Carvalho, "o emprego que se assegura é o emprego que se quer"; se a reclamante não queria o emprego e pediu livremente demissão, não há dispensa arbitrária ou sem justa causa capaz de tornar nula a demissão. 5. Quanto ao artigo 500 da CLT, constata-se ser regra destinada ao empregado detentor da estabilidade decenal prevista no artigo 492 da CLT e não à empregada gestante. 6. Tratando-se da estabilidade decenal, a benesse era de fácil constatação, considerando os registros admissionais do empregado, o que permitia ao empregador formalizar a rescisão contratual observando os requisitos da lei, já que havia conhecimento da estabilidade. 7. No caso da empregada gestante, mormente aquela que só tomou conhecimento do estado gravídico após a formalização do ato de demissão, não havia como o empregador observar analogicamente a regra do artigo 500 da CLT, ainda que quisesse, pois nenhuma das partes tinha conhecimento da estabilidade. 8. Recurso de revista de que não se conhece. (RR-1498-

17. Como se nota, o entendimento da 8ª Turma é contrário ao entendimento da SBDI-1 do TST, expressado no julgamento dos E-ARR-603-26.2015.5.03.0071, Relator Ministro: Hugo Carlos Scheuermann, Data de Julgamento: 19/10/2017, Subseção I Especializada em Dissídios Individuais, Data de Publicação: DEJT 27/10/2017.

97.2014.5.09.0024, Relatora Ministra: Kátia Magalhães Arruda, Data de Julgamento: 14/09/2016, 6ª Turma, Data de Publicação: DEJT 16/09/2016)[18]

Há garantia de emprego em caso de aborto espontâneo?

Segundo se extrai da decisão proferida pelo Tribunal Regional, a reclamante, na época da despedida, em 23/12/2009, já estava grávida e em 30/1/2010, após internação, sofreu aborto espontâneo. Esta Corte, ao interpretar os arts. 10, inc. II, alínea"b", da Constituição da República e 395 da CLT, uniformizou o entendimento de que à empregada gestante é garantida a estabilidade provisória no emprego desde a concepção até cinco meses após o parto. Todavia, em caso de interrupção da gravidez por aborto espontâneo, essa garantia persiste desde a concepção até duas semanas após o aborto. O único pressuposto para que a empregada gestante tenha assegurado o seu direito à estabilidade provisória (ADCT, art. 10, inc. II, alínea "b") é que esteja grávida, não se cogitando de outro prazo para o ajuizamento da ação, senão o de dois anos a contar da extinção do contrato de trabalho consoante dispõe o art. 7º, inc. XXIX, da Constituição da República. Recurso de Revista de que se conhece e a que se dá provimento. (RR-1236-86.2011.5.04.0382, Relator Ministro: João Batista Brito Pereira, Data de Julgamento: 09/08/2017, 5ª Turma, Data de Publicação: DEJT 18/08/2017)

Há garantia de emprego em caso de concepção no curso do aviso prévio?

1. Na hipótese, constata-se que a Turma contrariou o disposto na Súmula nº 126 desta Corte, ao entender que depende do reexame de provas a discussão acerca da comprovação da data em que efetivamente ocorreu a gestação da reclamante. Com efeito, consta da decisão regional que a reclamante foi dispensada do emprego em 24/5/2010 e dois dias depois, em 26/5/2010, realizou exame que apresentou resultado negativo para gestação. Entretanto, segundo a Corte de origem, no dia 23/6/2010, a gravidez foi constatada em novo exame realizado. Embora o Regional consigne que

18. Como se nota, o entendimento da 6ª Turma é contrário ao entendimento da SBDI-1 do TST, expressado no julgamento dos E-ARR-603-26.2015.5.03.0071, Relator Ministro: Hugo Carlos Scheuermann, Data de Julgamento: 19/10/2017, Subseção I Especializada em Dissídios Individuais, Data de Publicação: DEJT 27/10/2017.

isso ocorreu mais de quatro semanas após a dispensa, e em que pese a omissão sobre as datas de início e término do aviso-prévio, está claro que este estava em curso quando o exame foi realizado. Logo, na hipótese dos autos, o exame da matéria não depende de reexame fático-probatório dos autos, de forma que ficou patente a ofensa à Súmula nº 126 desta Corte. 2. No mérito, discute-se o direito da reclamante à garantia provisória de emprego quando constatado que a gravidez ocorreu no curso do aviso-prévio. O artigo 10, inciso II, alínea "b", do Ato das Disposições Constitucionais Transitórias da Constituição da República, ao vedar a dispensa arbitrária da empregada gestante, o fez de forma objetiva. Esta Corte, interpretando o referido dispositivo, editou a Súmula nº 244, item I, do TST, segundo a qual "o desconhecimento do estado gravídico pelo empregador não afasta o direito ao pagamento da indenização decorrente da estabilidade (art. 10, inciso II, alínea 'b', do ADCT)". Logo, é condição essencial, para que seja assegurada a estabilidade à reclamante, o fato de a gravidez ter ocorrido durante o transcurso do contrato de trabalho. No caso, extrai-se do acórdão regional transcrito na decisão embargada que a concepção ocorreu na vigência do contrato de trabalho, no curso do aviso-prévio. Na esteira da Orientação Jurisprudencial nº 82 da Subseção I Especializada em Dissídios Individuais desta Corte, "a data de saída a ser anotada na CTPS deve corresponder à do término do prazo do aviso prévio, ainda que indenizado", e, nos termos do artigo 487, § 1º, da CLT, o aviso-prévio, seja trabalhado, seja indenizado, integra o contrato de trabalho para todos os efeitos. Logo, a gravidez ocorrida nesse período não afasta o direito da reclamante à estabilidade provisória prevista no artigo 10, inciso II, alínea "b", do ADCT (precedentes desta Subseção). Recurso de embargos conhecido e provido. (E-ED-RR – 124700-79.2010.5.02.0434, Relator Ministro: José Roberto Freire Pimenta, Data de Julgamento: 14/09/2017, Subseção I Especializada em Dissídios Individuais, Data de Publicação: DEJT 22/09/2017)

Há garantia de emprego em caso de pedido de demissão feito quando já havia ciência da gravidez por parte da empregada?

Nada obstante não se olvide que a jurisprudência desta Corte tem entendimento no sentido de que se aplica à empregada gestante a regra contida no art. 500 da CLT, independente da duração do contrato de trabalho, este Tribunal Superior firmou mencionado entendimento sopesando que a gravidez reconhecida impõe ao empregador diligente e de boa-fé que tenha mais cautela e promova a rescisão contratual com a assistência sindical ou do Ministério do Trabalho. No entanto, no caso dos autos, o que se verifica é que a conduta praticada pela reclamante não se pautou no princípio da boa-fé objetiva. Com efeito, o princípio da boa-fé encerra um conceito ético de conduta, que se amalgama a um dever de agir com retidão, dignidade e honradez, com o propósito de não causar prejuízo a ninguém, o que não restou observado pela reclamante. No caso concreto, a autora, mesmo cônscia do seu estado de gravidez, pediu demissão com menos de dois meses de duração do contrato de trabalho, sem avisar previamente ao seu empregador da referida circunstância, a fim de lhe possibilitar a adoção das providências necessárias para formalizar seu pedido de demissão, frustrando, indubitavelmente, a legítima confiança da reclamada depositada na reclamante ao firmar o contrato de trabalho. E, agora, a demandante pretende, de forma oblíqua e incongruente, invalidar em juízo seu referido ato de vontade unilateral; não maculado por qualquer vício de consentimento - frise-se; invocando norma contida no art. 500 da CLT, que estabelece requisito formal atinente à necessidade de assistência sindical ou da autoridade competente no pedido de demissão formulado por empregado detentor de estabilidade, com claro intuito de obter acréscimo patrimonial sem a devida contraprestação; conduta que não pode ser chancelada pelo Poder Judiciário. No caso dos autos, nem se há de falar em arrependimento da reclamante do pedido de demissão em virtude de ter descoberto posteriormente a existência de sua gravidez, pois, conforme dito alhures, o pedido de demissão fora formulado por ela quando já tinha plena ciência da gestação, ocorrida antes mesmo de ter sido admitida pela reclamada. Nessa quadra, verifica-se que a aludida conduta da reclamante consiste em abuso do exercício de seu direito à estabilidade gestante, que atenta contra o princípio da boa-fé objetiva e desvirtua a finalidade sócio-econômica do referido direito constitucionalmente assegurado. Por corolário, reputa-se válido o pedido de demissão formulado pela reclamante e, no caso específico dos autos, dispensa-se a homologação exigida no art. 500 da CLT, requisito formal invocado pela autora tão somente com o intuito de anular ato de vontade por ela externado sem nenhum vício de consentimento, para obter indevido acréscimo patrimonial. Recurso de revista não conhecido. (RR-266-88.2015.5.08.0106, Relator Ministro: Luiz Philippe Vieira de Mello Filho, Data de Julgamento: 30/08/2017, 7ª Turma, Data de Publicação: DEJT 01/09/2017)

Há garantia de emprego para a gestante aprendiz?

Na hipótese, o Tribunal Regional alterou a sentença para indeferir o pedido de pagamento da indenização estabilitária da empregada gestante, por tratar-se contrato de aprendizagem. A estabilidade provisória dada à empregada gestante ocorre desde a concepção até o quinto mês após o parto, mesmo em se tratando de contrato de aprendizagem. A interpretação restritiva dada pelo Tribunal Regional não se coaduna com o princípio da máxima efetividade das normas constitucionais. Nesse contexto, necessário o provimento do apelo interposto. Recurso de revista conhecido e provido. (RR-1977-38.2014.5.02.0072, Relatora Ministra: Maria Helena Mallmann, Data de Julgamento: 20/09/2017, 2ª Turma, Data de Publicação: DEJT 29/09/2017)

PRÉ-ELEITORAL

Qual a abrangência da expressão "circunscrição do pleito"?

Período pré-eleitoral. Estabilidade provisória. Art. 73, V, da Lei nº 9.504/97. Circunscrição do pleito. Abrangência. A interpretação do inciso V da Lei 9.504/1997, especificamente quanto à expressão "circunscrição do pleito", deve se ater ao objetivo da norma que visa impedir a utilização da máquina estatal como meio de pressão política sobre o empregado. Daí a razão de se entender de forma mais abrangente possível que, independentemente do vínculo de emprego ser com ente da administração pública federal, estadual ou municipal, deve ser reconhecida a estabilidade provisória no período pré-eleitoral ao empregado que trabalha no limite territorial onde realizada a eleição. Correto, pois, o acórdão recorrido ao reconhecer o direito à estabilidade provisória à reclamante que fora dispensada sem justa em razão da eleição municipal de 2008, por empregador integrante da administração pública estadual. Recurso de embargos conhecido e desprovido. *Ag-E-ED-ARR-230800-32.2008.5.02.0433, Relator Ministro: Augusto César Leite de Carvalho, Data de Julgamento: 28/09/2017, Subseção I Especializada em Dissídios Individuais, Data de Publicação: DEJT 06/10/2017 –* ***Informativo TST nº 166.***

TERCEIRIZAÇÃO

Contratante é obrigada a fiscalizar jornada de caminhoneiros terceirizados?

Se o transporte de carga não constitui atividade finalística da Ré, é indevido imputar obrigação legal de fiscalizar o cumprimento do intervalo de descanso previsto na legislação de regência do motorista profissional ou quanto à manutenção de instalações para repouso e descanso de tais profissionais. Recurso de Revista conhecido e provido. (ARR-1885-27.2013.5.09.0678, Relatora Ministra: Maria Cristina Irigoyen Peduzzi, Data de Julgamento: 18/10/2017, 8ª Turma, Data de Publicação: DEJT 20/10/2017)

Nota: Outro motivo para a absolvição foi o fato de ter sido revogado o artigo que exigia a manutenção dos locais de espera. A ministra destacou que, em 2015, o artigo 9º da Lei 12.619/2012, sobre a manutenção de local para repouso e espera dos motoristas, foi revogado, assim como o parágrafo 7º do artigo 67-A do CTB, que impedia transportadores de cargas, mesmo subcontratados, de ordenar o trabalho de motoristas em desconformidade com as normas de jornada previstas no Código.

ADMINISTRAÇÃO PÚBLICA

Responsabilidade da Administração por inadimplemento de encargos trabalhistas

O Plenário do Supremo Tribunal Federal (STF) deu início ao julgamento do **Recurso Extraordinário (RE) 760931, com repercussão geral reconhecida**, no qual se discute a responsabilidade *subsidiária* da administração pública por encargos trabalhistas gerados pelo inadimplemento de empresa terceirizada. Até o momento votou a relatora, ministra Rosa Weber, no sentido do desprovimento do recurso interposto pela União.

A ministra reafirmou o entendimento do Supremo no julgamento da Ação Declaratória de Constitucionalidade (ADC) 16, no qual o Tribunal, ao julgar constitucional o artigo 71, parágrafo 1º, da Lei 8.666/1993 (Lei de Licitações), **vedou a transferência automática à administração pública dos encargos trabalhistas resultantes da execução de contrato de prestação de serviços.** Mas, segundo entendeu a relatora, **não fere a Constituição a imputação de responsabilidade subsidiária à administração pública pelo inadimplemento de obrigações trabalhistas por empresas terceirizadas, em caso de culpa comprovada do Poder Público em relação aos deveres legais de acompanhar e fiscalizar o contrato de prestação de serviços.**

Na compreensão da ministra Rosa Weber, **o ônus probatório deve ser da administração pública**, no entanto ela observou que todos os participantes da relação processual têm o dever de colaborar para que se obtenha decisão de mérito justa e efetiva, conforme o Código de Processo Civil. Ao citar vasta doutrina sobre a matéria, ela afirmou que a cooperação entre as partes na atividade probatória encontra fundamento nos princípios do acesso à justiça, devido processo legal, duração razoável do processo e efetividades da jurisdição.

"***Mostra-se desproporcional exigir dos terceirizados o ônus probatório acerca do descumprimento do dever legal por parte da administração pública, tomadora dos serviços, beneficiada diretamente pela sua força de trabalho***", disse a ministra. De acordo com ela, se as necessidades da contratante são atendidas por esses trabalhadores, "***nada mais justo que o ônus decorrente da falta de fiscalização da execução do contrato recaia sobre o maior beneficiado pela mão-de-obra ofertada***". A ministra destacou que "*a força de trabalho uma vez entregue não pode ser reposta*" e acrescentou que "***a falta de contraprestação devida, independentemente de quem venha a arcar com esse pagamento, transforma o terceirizado em escravo moderno***".

Segundo a relatora, toda a sociedade de alguma forma é beneficiada com o trabalho terceirizado junto ao ente público, por esse motivo é razoável atribuir à administração pública a responsabilidade subsidiária pelo inadimplemento dos direitos trabalhistas se não for cumprido pela administração o seu dever de fiscalização. "*Admitida conduta diferente, a empresa prestadora de serviços receberia da administração pública carta branca para o desempenho do contrato, podendo inclusive ignorar e desrespeitar os direitos laborais constitucionalmente consagrados*", completou.

"*Em respeito a todo arcabouço normativo destinado à proteção do trabalhador em atenção ao* ***fato de a administração pública ter se beneficiado da prestação de serviços****, entendo que deve* ***o ente público satisfazer os direitos trabalhistas não adimplidos pela contratada****, empregadora dos terceirizados, em face de sua* **culpa in vigilando*, caracterizada pela não demonstração conforme lhe competia nos termos da Lei de licitações e das instruções normativas dos seus deveres de acompanhamento e fiscalização da execução do contrato***".

Assim, a relatora negou provimento ao RE e propôs a seguinte tese de repercussão geral: "*Não fere o texto constitucional a imputação de responsabilidade subsidiária à administração pública pelo inadimplemento, por parte da prestadora de serviços, das obrigações trabalhistas, em caso de culpa comprovada, em relação aos deveres legais de acompanhamento e fiscalização do contrato de prestação de serviços, observados os princípios disciplinadores do ônus da prova*".

O RE foi interposto pela União contra acórdão do Tribunal Superior do Trabalho (TST) que manteve o reconhecimento de responsabilidade subsidiária da entidade pública tomadora de serviços terceirizados pelo pagamento de verbas trabalhistas devidas ao trabalhador, em razão de culpa in vigilando caracterizada pela omissão em fiscalizar adequadamente o contrato de prestação de serviços.

Empate suspende julgamento sobre responsabilidade da administração por inadimplemento de empresa terceirizada

Empate na votação suspendeu a análise, pelo Plenário do Supremo Tribunal Federal (STF), do **Recurso Extraordinário (RE) 760931, com repercussão geral reconhecida**, que discute a responsabilidade *subsidiária* da administração pública por encargos trabalhistas gerados pelo inadimplemento de empresa terceirizada. O voto de desempate caberá ao ministro a ser nomeado para a vaga de Teori Zavascki, falecido em janeiro.

A presidente do STF, ministra Cármen Lúcia, votou com a divergência, pelo provimento parcial do recurso. A ministra considerou que não houve comprovação da responsabilidade da administração pelo descumprimento da legislação trabalhista e, por isso, ela entendeu que a decisão do Supremo na Ação Declaratória de Constitucionalidade (ADC) 16 foi contrariada. Segundo ela, **a previsão da Lei nº 9.032/1995, que alterou dispositivo da Lei nº 8.666/1993, restringiu a solidariedade entre a administração e o contratado somente quanto aos encargos previdenciários.**[19]

Histórico dos votos: a relatora, ministra Rosa Weber, votou pelo desprovimento do recurso interposto pela União, tendo sido acompanhada pelos ministros Edson Fachin, Luís Roberto Barroso, Ricardo Lewandowski e Celso de Mello. O ministro Luiz Fux abriu a divergência ao dar provimento ao RE e foi seguido pelos ministros Marco Aurélio, Dias Toffoli e Gilmar Mendes, além da ministra Cármen Lúcia, na sessão de hoje.

No início do julgamento, em 2 de fevereiro, a ministra Rosa Weber **reafirmou o entendimento do STF no julgamento da ADC 16, em que o Tribunal, ao julgar constitucional o artigo 71, parágrafo 1º, da Lei 8.666/1993 (Lei de Licitações), vedou a transferência automática à administração pública dos encargos trabalhistas resultantes da execução de contrato de prestação de serviços. Mas, segundo entendeu a ministra Rosa Weber, não fere a Constituição a imputação de responsabilidade**

19. **Art. 71 da Lei nº 8.666/93.** O contratado é responsável pelos encargos trabalhistas, previdenciários, fiscais e comerciais resultantes da execução do contrato.
§ 1º A inadimplência do contratado, com referência aos encargos trabalhistas, fiscais e comerciais não transfere à Administração Pública a responsabilidade por seu pagamento, nem poderá onerar o objeto do contrato ou restringir a regularização e o uso das obras e edificações, inclusive perante o Registro de Imóveis. (Redação dada pela Lei nº 9.032, de 1995)
§ 2º A Administração Pública responde solidariamente com o contratado pelos encargos previdenciários resultantes da execução do contrato, nos termos do art. 31 da Lei nº 8.212, de 24 de julho de 1991. (Redação dada pela Lei nº 9.032, de 1995)

subsidiária à administração pública pelo inadimplemento de obrigações trabalhistas por empresas terceirizadas, em caso de culpa comprovada do Poder Público em relação aos deveres legais de acompanhar e fiscalizar o contrato de prestação de serviços. No caso dos autos, a relatora conheceu em parte do recurso e, na parte conhecida, negou-lhe provimento.

Em sentido divergente, o ministro Luiz Fux votou pelo provimento do recurso. Ele lembrou que, na análise da ADC 16, o Supremo declarou a constitucionalidade do artigo 71, parágrafo 1º, da Lei 8.666/1993 e entendeu que **foi intenção do legislador excluir a responsabilidade subsidiária da administração pública para evitar o descumprimento desse preceito, chancelado pelo Supremo.**

O recurso foi interposto pela União contra acórdão do Tribunal Superior do Trabalho (TST) que manteve a responsabilidade subsidiária da entidade pública pelo pagamento de verbas trabalhistas devidas a uma recepcionista terceirizada, por força de culpa caracterizada pela omissão em fiscalizar adequadamente o contrato de prestação de serviços.

Direito Administrativo - Responsabilidade do Estado

Responsabilidade subsidiária da Administração e encargos trabalhistas não adimplidos - 1

O Tribunal iniciou julgamento de recurso extraordinário em que se discute a responsabilidade subsidiária da Administração Pública por encargos trabalhistas gerados pelo inadimplemento de empresa prestadora de serviço.

Na origem, o TST manteve a responsabilidade subsidiária de entidade da Administração Pública - tomadora de serviços terceirizados - pelo pagamento de verbas trabalhistas não adimplidas pela empresa contratante. Isso ocorreu em razão da existência de culpa "in vigilando" do órgão público, caracterizada pela falta de acompanhamento e fiscalização da execução de contrato de prestação de serviços, em conformidade com a nova redação dos itens IV e V da Súmula 331 do TST ("IV - O inadimplemento das obrigações trabalhistas, por parte do empregador, implica a responsabilidade subsidiária do tomador dos serviços quanto àquelas obrigações, desde que haja participado da relação processual e conste também do título executivo judicial; e V - Os entes integrantes da Administração Pública direta e indireta respondem subsidiariamente, nas mesmas condições do item IV, caso evidenciada a sua conduta culposa no cumprimento das obrigações da Lei 8.666, de 21.6.1993, especialmente na fiscalização do cumprimento das obrigações contratuais e legais da prestadora de serviço como empregadora. A aludida responsabilidade não decorre de mero inadimplemento das obrigações trabalhistas assumidas pela empresa regularmente contratada").

A recorrente alega que o acórdão recorrido, ao condenar subsidiariamente o ente público, com base no art. 37, § 6º, da CF, teria desobedecido ao conteúdo da decisão proferida no julgamento da ADC 16 (DJE de 9.9.2011) e, consequentemente, ao disposto no art. 102, § 2º, da CF. Afirma que o acórdão recorrido teria declarado a inconstitucionalidade do art. 71, § 1º, da Lei 8.666/1993, embora a norma tenha sido declarada constitucional no julgamento da ADC 16. Sustenta violação dos arts. 5°, II, e 37, "caput", da CF, por ter o TST inserido no item IV da sua Súmula 331 obrigação frontalmente contrária ao previsto no art. 71, § 1º, da Lei de Licitações. Defende, por fim, que a culpa "in vigilando" deveria ser provada pela parte interessada, e não ser presumida.

Preliminarmente, o Tribunal admitiu o ingresso de "amici curiae" - após a inclusão do processo em pauta para julgamento -, em respeito ao princípio da paridade de armas, ou seja, quando há pedidos de ingressos e admissão de "amici curiae", de um lado, e não há, ou há um número muito menor, do outro.

Quanto ao mérito, a ministra Rosa Weber (relatora) conheceu em parte do recurso - apenas quanto ao tema da responsabilidade subsidiária - e, na parte conhecida, negou-lhe provimento. Reafirmou a constitucionalidade do art. 71, § 1º, da Lei 8.666/1993, nos termos do que decidido no julgamento da ADC 16, em que vedada a imputação automática de responsabilidade à Administração Pública pelo mero inadimplemento de obrigações trabalhistas decorrentes de contrato de prestação de serviços.

Ademais, asseverou que, no julgamento da ADC 16, foi fixada a tese de que não fere o texto constitucional (arts. 5º, II, e 37, "caput" e § 6º, da CF) a atribuição de responsabilidade subsidiária à Administração Pública pelo inadimplemento, por parte de empresa prestadora de serviços, de obrigações trabalhistas na hipótese de culpa comprovada da entidade administrativa - relativamente aos deveres legais de acompanhamento e fiscalização do contrato de prestação de serviços -, observados os princípios disciplinadores do ônus da prova.

Acrescentou que a Corte, naquele julgamento, não adentrou a questão do ônus probatório dos aspectos configuradores da culpa - hábil a ensejar a referida responsabilidade - nem tampouco estabeleceu balizas para a apreciação da prova pelo julgador.

Ponderou que a presunção de legitimidade, atributo dos atos administrativos, carrega em si prerrogativa de conformidade da atuação administrativa com o direito. Isso, contudo, não exonera a Administração Pública de demonstrar o cumprimento dos deveres legalmente estabelecidos.

Para a ministra, ressalvada na ADC 16 a tese da responsabilidade subjetiva do Poder Público, em face da omissão estatal no dever fiscalizatório, é adequada a invocação da doutrina da culpa presumida no tocante ao encargo probatório.

Nesses termos, o Estado não é condenado automaticamente ou de forma objetiva. A adoção da culpa presumida - situada dentro da responsabilidade subjetiva - possibilita ao ente público, detentor dos meios probatórios, demonstrar o cumprimento do dever legal, a inexistência de negligência, imperícia ou imprudência e, mais especificamente, a ausência de culpa, bem como que não desatendeu às prescrições existentes. Em face da inércia ou ineficiência do Estado, não se tem apenas a presunção de culpa estatal, mas a própria presunção do nexo causal, com a inversão do ônus da prova em relação a possíveis excludentes.

Consignou que, a par da perspectiva da teoria da culpa presumida, os princípios orientadores da teoria do ônus da prova concorrem para a mesma conclusão - de que o encargo probatório nessas hipóteses cabe à Administração Pública. À luz do princípio da aptidão para a prova, a parte responsável pela produção probatória é a que apresenta melhores condições de realizá-la, independentemente do ônus imposto pela norma processual. Trata-se da própria aplicação do princípio da igualdade no processo, na medida em que exige de cada parte a prova que realmente possa produzir.

Assim, considerada a busca da efetiva tutela jurisdicional do direito lesado ou ameaçado de lesão, os deveres probatórios cabem à parte que detiver aptidão para se reportar a respeito de conhecimentos técnicos e informações específicas sobre os fatos ou tiver maior facilidade na sua demonstração, sem necessidade de qualquer decisão judicial de inversão do ônus da prova. Esse princípio harmoniza-se perfeitamente com o processo do trabalho, em que a hipossuficiência do trabalhador na relação de direito material acaba sendo refletida no próprio acesso à Justiça e aos meios probatórios.

Igualmente, sob o norte do princípio da cooperação - boa-fé objetiva no processo -, todos os participantes da relação processual têm o dever de colaborar para que se obtenha decisão de mérito justa e efetiva em tempo razoável. Nesse contexto, tem-se a necessidade de atuação positiva do julgador, a fim de impedir o massacre do direito da parte hipossuficiente ou o desequilíbrio da relação processual.

Quanto ao dever probatório da Administração Pública em situações como a dos autos, a técnica processual da distribuição dinâmica do ônus da prova, fundamentada nos princípios da igualdade, aptidão para a prova e cooperação, contrapõe-se ao ônus estático da prova (art. 818 da CLT e art. 333 do revogado Código de Processo Civil) e tem por norte a capacidade probatória de cada parte – antídoto para a chamada "prova diabólica".

A ministra entendeu caber ao ente público o ônus de provar o cumprimento do poder dever fiscalizatório do contrato de prestação de serviços, mormente no que se refere à observância das regras de direito trabalhista, em consonância com os princípios constitucionais que orientam o direito administrativo, sobretudo o da moralidade.

Afirmou, por conseguinte, ser inequivocamente desproporcional impor aos terceirizados o dever probatório quanto ao descumprimento do dever da Administração Pública de fiscalizar o contrato de prestação de serviços.

Observou que o dever jurídico de fiscalizar a execução do contrato (Lei 8.666/1993, art. 67) é incluído no regime jurídico dos contratos administrativos instituído por essa lei como uma das prerrogativas da Administração Pública, ao lado de outras fundamentais a assegurar a eficácia da fiscalização exigida. Incumbe à Administração Pública, dessa forma, acompanhar e fiscalizar permanentemente o cumprimento, pela prestadora de serviços, das obrigações trabalhistas em relação a seus empregados antes, durante e após o contrato de trabalho.

Ressaltou que a legislação vem conferindo ao sistema de licitação e contratação pelo poder público uma nova feição regulatória que, além do sentido meramente econômico de defesa do interesse imediato da administração, busca preservar uma relação de custo-benefício social da contratação. Apenas quando a Administração Pública descumprir dever legal atinente a fiscalização, sanções e garantias, com violação de direitos dos trabalhadores terceirizados, haverá responsabilização subsidiária.

Por fim, destacou que concluir pela irresponsabilidade estatal ou pela imposição do encargo probatório ao trabalhador implicaria desconsideração do valor social do trabalho e dos princípios trabalhistas, que visam assegurar o resguardo dos direitos fundamentais do trabalhador e do princípio da dignidade humana, em homenagem à nova ordem constitucional.

Em seguida, o julgamento foi suspenso. *RE 760931/DF, rel. Min. Rosa Weber, julgamento em 2.2.2017 – Informativo TST nº 852.*

Plenário define limites da responsabilidade da administração pública

O Plenário do Supremo Tribunal Federal concluiu, nesta quinta-feira (30), o julgamento do Recurso Extraordinário (RE) 760931, com repercussão geral reconhecida, que discute a responsabilidade subsidiária da administração pública por encargos trabalhistas gerados pelo inadimplemento de empresa terceirizada. Com o voto do ministro Alexandre de Moraes, o recurso da União foi parcialmente provido, confirmando-se o entendimento, adotado na Ação de Declaração de Constitucionalidade (ADC) 16, que veda a responsabilização automática da administração pública, só cabendo sua condenação se houver prova inequívoca de sua conduta omissiva ou comissiva na fiscalização dos contratos.

Na conclusão do julgamento, a presidente do STF, ministra Cármen Lúcia, lembrou que existem pelo menos 50 mil processos sobrestados aguardando a decisão do caso paradigma. Para a fixação da tese de repercussão geral, os ministros decidiram estudar as propostas apresentadas para se chegar à redação final, a ser avaliada oportunamente.

Desempate: ao desempatar a votação, suspensa no dia 15 de fevereiro para aguardar o voto do sucessor do ministro Teori Zavascki (falecido), o ministro Alexandre de Moraes ressaltou que a matéria tratada no caso é um dos mais profícuos contenciosos do Judiciário brasileiro, devido ao elevado número de casos que envolvem o tema. "Esse julgamento tem relevância no sentido de estancar uma interminável cadeia tautológica que vem dificultando o enfrentamento da controvérsia", afirmou.

Seu voto seguiu a divergência aberta pelo ministro Luiz Fux. Para Moraes, o artigo 71, parágrafo 1º da Lei de Licitações (Lei 8.666/1993) é "mais do que claro" ao exonerar o Poder Público da responsabilidade do pagamento das verbas trabalhistas por inadimplência da empresa prestadora de serviços.

No seu entendimento, elastecer a responsabilidade da Administração Pública na terceirização "parece ser um convite para que se faça o mesmo em outras dinâmicas de colaboração com a iniciativa privada, como as concessões públicas". O ministro Alexandre de Moraes destacou ainda as implicações jurídicas da decisão para um modelo de relação público-privada mais moderna. "A consolidação da responsabilidade do estado pelos débitos trabalhistas de terceiro apresentaria risco de desestímulo de colaboração da iniciativa privada com a administração pública, estratégia fundamental para a modernização do Estado", afirmou.

Voto vencedor: o ministro Luiz Fux, relator do voto vencedor – seguido pela ministra Cármen Lúcia e pelos ministros Marco Aurélio, Gilmar Mendes, Dias Toffoli e Alexandre de Moraes – lembrou, ao votar na sessão de 8 de fevereiro, que a Lei 9.032/1995 introduziu o parágrafo 2º ao artigo 71 da Lei de Licitações para prever a responsabilidade solidária do Poder Público sobre os encargos previdenciários. "Se quisesse, o legislador teria feito o mesmo em relação aos encargos trabalhistas", afirmou. "Se não o fez, é porque entende que a administração pública já afere, no momento da licitação, a aptidão orçamentária e financeira da empresa contratada".

Relatora: o voto da relatora, ministra Rosa Weber, foi no sentido de que cabe à administração pública comprovar que fiscalizou devidamente o cumprimento do contrato. Para ela, não se pode exigir dos terceirizados o ônus de provar o descumprimento desse dever legal por parte da administração pública, beneficiada diretamente pela força de trabalho. Seu voto foi seguido pelos ministros Edson Fachin, Luís Roberto Barroso, Ricardo Lewandowski e Celso de Mello.

Responsabilidade subsidiária da Administração e encargos trabalhistas não adimplidos - 2

O Plenário retomou o julgamento de recurso extraordinário em que se discute a responsabilidade subsidiária da Administração Pública por encargos trabalhistas gerados pelo inadimplemento de empresa prestadora de serviço.

Na origem, o TST manteve a responsabilidade subsidiária de entidade da Administração Pública - tomadora de serviços terceirizados - pelo pagamento de verbas trabalhistas não adimplidas pela empresa contratante. Isso ocorreu em razão da existência de culpa "in vigilando" do órgão público, caracterizada pela falta de acompanhamento e fiscalização da execução de contrato de prestação de serviços, em conformidade com a nova redação dos itens IV e V da Súmula 331 do TST ("IV - O inadimplemento das obrigações trabalhistas, por parte do empregador, implica a responsabilidade subsidiária do tomador dos serviços quanto àquelas obrigações, desde que haja participado da relação processual e conste também do título executivo judicial; e V - Os entes integrantes da Administração Pública direta e indireta respondem subsidiariamente, nas mesmas condições do item IV, caso evidenciada a sua conduta culposa no cumprimento das obrigações da Lei 8.666, de 21.6.1993, especialmente na fiscalização do cumprimento das obrigações contratuais e legais da prestadora de serviço como empregadora. A aludida responsabilidade não decorre de mero inadimplemento das obrigações trabalhistas assumidas pela empresa regularmente contratada").

A recorrente alega que o acórdão recorrido, ao condenar subsidiariamente o ente público, com base no art. 37, § 6º, da CF, teria desobedecido ao conteúdo da decisão proferida no julgamento da ADC 16 (DJE de 9.9.2011) e, consequentemente, ao disposto no art. 102, § 2º, da CF. Afirma que o acórdão recorrido teria declarado a inconstitucionalidade do art. 71, § 1º, da Lei 8.666/1993, embora a norma tenha sido declarada constitucional no julgamento da ADC 16. Sustenta violação dos arts. 5º, II, e 37, "caput", da CF, por ter o TST inserido no item IV da sua Súmula 331 obrigação frontalmente contrária ao previsto no art. 71, § 1º, da Lei de Licitações. Defende, por fim, que a culpa "in vigilando" deveria ser provada pela parte interessada, e não ser presumida – v. Informativo 852.

Na assentada, o ministro Edson Fachin acompanhou na íntegra o voto da ministra Rosa Weber (relatora), no sentido do não provimento do recurso extraordinário, na parte em que conhecida – apenas quanto ao tema da responsabilidade subsidiária –, no que foi seguido pelos ministros Roberto Barroso, Ricardo Lewandowski e Celso de Mello.

A par das conclusões defendidas pela ministra relatora – a) impossibilidade de transferência automática para a Administração Pública da responsabilidade subsidiária pelo descumprimento das obrigações trabalhistas pela empresa terceirizada; b) viabilidade de responsabilização do ente público em caso de culpa comprovada em fiscalizar o cumprimento dessas obrigações; e c) que cabe à Administração Pública comprovar que fiscalizou adequadamente o cumprimento das obrigações trabalhistas pelo contratado –, o ministro Roberto Barroso acrescentou que compete à Administração o ônus de provar que houve fiscalização. O dever de fiscalização da Administração acerca do cumprimento de obrigações trabalhistas pelas empresas contratadas constitui obrigação de meio, e não de resultado, e pode ser realizado por amostragem, estruturada pelo próprio ente público com apoio técnico de órgão de controle externo, caso em que gozará de presunção "juris tantum" de razoabilidade.

O ministro ainda asseverou que, constatada pelo Poder Público a ocorrência de inadimplência trabalhista pela contratada, a empresa deve ser notificada – com a definição de prazo para sanar a irregularidade – e, em caso de não atendimento, deve o Poder Público promover ação de depósito, com a liquidação e o pagamento, em juízo, das importâncias devidas, abatendo-se tais importâncias do valor devido à empresa contratada.

Consignou, por fim, não ser válida a responsabilização subsidiária do ente público, com base em afirmação genérica de culpa "in vigilando", sem a indicação, com rigor e precisão, dos fatos e das circunstâncias que configuram essa culpa, bem como se comprovada pela Administração a realização da fiscalização por amostragem e a adoção de medidas mitigadoras.

O ministro Luiz Fux deu provimento ao recurso extraordinário – na parte em que conhecido. Para o ministro, uma interpretação conforme do art. 71 da Lei 8.666/1993, com o reconhecimento da responsabilidade subsidiária da Administração Pública, infirma a decisão tomada no julgamento da ADC 16 (DJE de 9.9.2011), nulificando, por conseguinte, a coisa julgada formada sobre a declaração de constitucionalidade do dispositivo legal.

Ademais, observou que, com o advento da Lei 9.032/1995, o legislador buscou excluir a responsabilidade subsidiária da Administração, exatamente para evitar o descumprimento do disposto no art. 71 da Lei 8.666/1993, declarado constitucional por esta Suprema Corte.

Os ministros Marco Aurélio, Dias Toffoli e Gilmar Mendes acompanharam a divergência.

Em seguida, o Tribunal deliberou suspender o julgamento para aguardar o voto da ministra Cármen Lúcia (presidente). *RE 760931/DF, rel. Min. Rosa Weber, julgamento em 8.2.2017 - Informativo STF nº 853.*

Responsabilidade subsidiária da Administração e encargos trabalhistas não adimplidos - 3

O Plenário retomou o julgamento de recurso extraordinário em que se discute a responsabilidade subsidiária da Administração Pública por encargos trabalhistas gerados pelo inadimplemento de empresa prestadora de serviço.

Na origem, o TST manteve a responsabilidade subsidiária de entidade da Administração Pública tomadora de serviços terceirizados pelo pagamento de verbas trabalhistas não adimplidas pela empresa contratante. Isso ocorreu em razão da existência de culpa "in vigilando" do órgão público, caracterizada pela falta de acompanhamento e fiscalização da execução de contrato de prestação de serviços, em conformidade com a nova redação dos itens IV e V do Enunciado 331 da Súmula do TST ("IV - O inadimplemento das obrigações trabalhistas, por parte do empregador, implica a responsabilidade subsidiária do tomador dos serviços quanto àquelas obrigações, desde que haja participado da relação processual e conste também do título executivo judicial; e V - Os entes integrantes da Administração Pública direta e indireta respondem subsidiariamente, nas mesmas condições do item IV, caso evidenciada a sua conduta culposa no cumprimento das obrigações da Lei 8.666, de 21.6.1993, especialmente na fiscalização do cumprimento das obrigações contratuais e legais da prestadora de serviço como empregadora. A aludida responsabilidade não decorre de mero inadimplemento das obrigações trabalhistas assumidas pela empresa regularmente contratada").

A recorrente alega, em suma, que o acórdão recorrido, ao condenar subsidiariamente o ente público, com base no art. 37, § 6º, da CF, teria desobedecido ao conteúdo da decisão proferida no julgamento da ADC 16/DF (DJE de 9.9.2011) e, consequentemente, ao disposto no art. 102, § 2º, da CF. Afirma, ainda, que o acórdão recorrido teria declarado a inconstitucionalidade do art. 71, § 1º, da Lei 8.666/1993, embora a norma tenha sido declarada constitucional no julgamento da ADC 16/DF. Sustenta violação dos arts. 5º, II, e 37, "caput", da CF, por ter o TST inserido no item IV do Enunciado 331 da sua Súmula obrigação frontalmente contrária ao previsto no art. 71, § 1º, da Lei de Licitações. Defende, por fim, que a culpa "in vigilando" deveria ser provada pela parte interessada, e não ser presumida – v. Informativos 852 e 853.

A ministra Cármen Lúcia (Presidente), ao acompanhar a divergência inaugurada pelo ministro Luiz Fux, deu provimento ao recurso extraordinário, na parte em que conhecido.

Para ela, a imputação da culpa "in vigilando" ou "in elegendo" à Administração Pública, por suposta deficiência na fiscalização da fiel observância das normas trabalhistas pela empresa contratada, somente pode acontecer nos casos em que se tenha a efetiva comprovação da ausência de fiscalização.

Rememorou que, na espécie, o tribunal de origem concluiu pela existência de culpa "in elegendo", prévia à celebração do contrato, e, principalmente, de culpa "in vigilando", posterior à contratação, por não ter demonstrado, a União, em juízo, sua atuação no sentido de fiscalizar, no curso e no encerramento do contrato administrativo, a plena observância dos direitos trabalhistas do reclamante.

Asseverou, nesse ponto, que a alegada ausência de comprovação em juízo da efetiva fiscalização do contrato, não substitui a necessidade de prova taxativa do nexo de causalidade entre a conduta da Administração e o dano sofrido. Nesses termos, não tendo sido demonstrado, no caso, a comprovação cabal da responsabilidade do poder público pelo descumprimento da legislação trabalhista, entendeu que o acórdão recorrido contrariou o decidido no julgamento da ADC 16/DF (DJE de 9.9.2011).

Pontuou, por fim, que a Lei 9.032/1995 (art. 4º), que alterou o disposto no § 2º do art. 71 da Lei 8.666/1993, restringiu a solidariedade entre contratante e contratado apenas quanto aos encargos previdenciários resultantes da execução do contrato, nos termos do art. 31 da Lei 8.212/1991.

Diante do empate na votação, o Tribunal deliberou suspender o julgamento para colher voto de desempate do novo ministro a integrar a Corte. *RE 760931/DF, rel. Min. Rosa Weber, julgamento em 15.2.2017 – Informativo STF nº 854.*

Responsabilidade subsidiária da Administração e encargos trabalhistas não adimplidos - 4

O Plenário, em conclusão de julgamento e por maioria, conheceu em parte e, na parte conhecida, deu provimento a recurso extraordinário em que discutida a responsabilidade subsidiária da Administração Pública por encargos trabalhistas gerados pelo inadimplemento de empresa prestadora de serviço. Na origem, o Tribunal Superior do Trabalho (TST) manteve a responsabilidade subsidiária de entidade da Administração Pública tomadora de serviços terceirizados pelo pagamento de verbas trabalhistas não adimplidas pela empresa contratante. Isso ocorreu em razão da existência de culpa "in vigilando" do órgão público, caracterizada pela falta de acompanhamento e fiscalização da execução de contrato de prestação de serviços, em conformidade com a nova redação dos itens IV e V do Enunciado 331 da Súmula do TST (1). A recorrente alegava, em suma, que o acórdão recorrido, ao condenar subsidiariamente o ente público, com base no art. 37, § 6º, da Constituição Federal (CF), teria desobedecido ao conteúdo da decisão proferida no julgamento da ADC 16/DF (DJE de 9.9.2011) e, consequentemente, ao disposto no art. 102, § 2º, da CF. Afirmava, ainda, que o acórdão recorrido teria declarado a inconstitucionalidade do art. 71, § 1º, da Lei 8.666/1993, embora a norma tenha sido declarada constitucional no julgamento da ADC 16/DF. Sustentava violação dos arts. 5º, II, e 37, "caput", da CF, por ter o TST inserido no item IV do Enunciado 331 da sua Súmula obrigação frontalmente contrária ao previsto no art. 71, § 1º, da Lei de Licitações. Defendia, por fim, que a culpa "in vigilando" deveria ser provada pela parte interessada, e não ser presumida - v. Informativos 852, 853 e 854.

Prevaleceu o voto do ministro Luiz Fux, que foi acompanhado pelos ministros Marco Aurélio, Dias Toffoli, Gilmar Mendes, Cármen Lúcia (Presidente) e Alexandre de Moraes. Entendeu que uma interpretação conforme do art. 71 da Lei 8.666/1993, com o reconhecimento da responsabilidade subsidiária da Administração Pública, infirma a decisão tomada no julgamento da ADC 16/DF (DJE de 9.9.2011), nulificando, por conseguinte, a coisa julgada formada sobre a declaração de constitucionalidade do dispositivo legal. Observou que, com o advento da Lei 9.032/1995, o legislador buscou excluir a responsabilidade subsidiária da Administração, exatamente para evitar o descumprimento do disposto no art. 71 da Lei 8.666/1993, declarado constitucional pela Corte. Anotou que a imputação da culpa "in vigilando" ou "in elegendo" à Administração Pública, por suposta deficiência na fiscalização da fiel observância das normas trabalhistas pela empresa contratada, somente pode acontecer nos casos em que se tenha a efetiva comprovação da ausência de fiscalização. Nesse ponto, asseverou que a alegada ausência de comprovação em juízo da efetiva fiscalização do contrato não substitui a necessidade de prova taxativa do nexo de causalidade entre a conduta da Administração e o dano sofrido. Ao final, pontuou que a Lei 9.032/1995 (art. 4º), que alterou o disposto no § 2º do art. 71 da Lei 8.666/1993, restringiu a solidariedade entre contratante e contratado apenas quanto aos encargos previdenciários resultantes da execução do contrato, nos termos do art. 31 da Lei 8.212/1991.

O ministro Alexandre de Moraes considerou inexistente a possibilidade de a Administração Pública vir a responder por verbas trabalhistas de terceiros a partir de mera presunção, hipótese admitida apenas quando houver prova inequívoca de falha na fiscalização do contrato. Ponderou que o § 6º do art. 37 da CF prevê a responsabilidade civil objetiva do Estado como exceção. Em seu entendimento, elastecer a responsabilidade do poder público em contratos de terceirização parece ser um convite para que se faça o mesmo em outras dinâmicas de colaboração com a iniciativa privada, como as concessões de serviços públicos. Asseverou que a consolidação da responsabilidade do Estado por débitos trabalhistas de terceiros, alavancada pela premissa de inversão do ônus da prova em favor do trabalhador, acabaria por apresentar risco de desestimulo à colaboração da iniciativa privada com a Administração Pública, estratégia essencial para a modernização do Estado.

Vencida a ministra Rosa Weber (relatora), acompanhada pelos ministros Edson Fachin, Roberto Barroso, Ricardo Lewandowski e Celso de Mello, que negavam provimento ao recurso. Concluíam: a) pela impossibilidade de transferência automática para a Administração Pública da responsabilidade subsidiária pelo descumprimento das obrigações trabalhistas pela empresa terceirizada; b) pela viabilidade de responsabilização do ente público em caso de culpa comprovada em fiscalizar o cumprimento dessas obrigações; e c) competir à Administração Pública comprovar que fiscalizou adequadamente o cumprimento das obrigações trabalhistas pelo contratado.

Em seguida, o Tribunal deliberou fixar a tese da repercussão geral em assentada posterior. *RE 760931/DF, rel. orig. Min. Rosa Weber, red. p/ o ac. Min. Luiz Fux, julgamento em 30.3.2017 - Informativo STF nº 859.*

Responsabilidade subsidiária da Administração e encargos trabalhistas não adimplidos - 5

O inadimplemento dos encargos trabalhistas dos empregados do contratado não transfere automaticamente ao Poder Público contratante a responsabilidade pelo seu pagamento, seja em caráter solidário ou subsidiário, nos termos do art. 71, § 1º, da Lei 8.666/1993.

Com esse entendimento, o Plenário, em conclusão de julgamento e por maioria, conheceu em parte e, na parte conhecida, deu provimento a recurso extraordinário em que discutida a responsabilidade subsidiária da Administração Pública por encargos trabalhistas gerados pelo inadimplemento de empresa prestadora de serviço.

Na origem, o Tribunal Superior do Trabalho (TST) manteve a responsabilidade subsidiária de entidade da Administração Pública tomadora de serviços terceirizados pelo pagamento de verbas trabalhistas não adimplidas pela empresa contratante. Isso ocorreu em razão da existência de culpa "in vigilando" do órgão público, caracterizada pela falta de acompanhamento e fiscalização da execução de contrato de prestação de serviços, em conformidade com a nova redação dos itens IV e V do Enunciado 331 da Súmula do TST.

A recorrente alegava, em suma, que o acórdão recorrido, ao condenar subsidiariamente o ente público, com base no art. 37, § 6º, da Constituição Federal (CF), teria desobedecido ao conteúdo da decisão proferida no julgamento da ADC 16/DF (DJE de 9.9.2011) e, consequentemente, ao disposto no art. 102, § 2º, da CF. Afirmava que o acórdão recorrido teria declarado a inconstitucionalidade do art. 71, § 1º, da Lei 8.666/1993, embora a norma tenha sido declarada constitucional no julgamento da ADC 16/DF. Sustentava violação dos arts. 5º, II, e 37, "caput", da CF, por ter o TST inserido no item IV do Enunciado 331 da sua Súmula obrigação frontalmente contrária ao previsto no art. 71, § 1º, da Lei de Licitações. Defendia, por fim, que a culpa "in vigilando" deveria ser provada pela parte interessada, e não ser presumida – v. Informativos 852, 853, 854 e 859.

Prevaleceu o voto do ministro Luiz Fux, que foi acompanhado pelos ministros Marco Aurélio, Dias Toffoli, Gilmar Mendes, Cármen Lúcia (Presidente) e Alexandre de Moraes. A Corte entendeu que uma interpretação conforme do art. 71 da Lei 8.666/1993, com o reconhecimento da responsabilidade subsidiária da Administração Pública, infirma a decisão tomada no julgamento da ADC 16/DF (DJE de 9.9.2011), nulificando, por conseguinte, a coisa julgada formada sobre a declaração de constitucionalidade do dispositivo legal. Observou que, com o advento da Lei 9.032/1995, o legislador buscou excluir a responsabilidade subsidiária da Administração, exatamente para evitar o descumprimento do disposto no art. 71 da Lei 8.666/1993, declarado constitucional pela Corte. Anotou que a imputação da culpa "in vigilando" ou "in eligendo" à Administração Pública, por suposta deficiência na fiscalização da fiel observância das normas trabalhistas pela empresa contratada, somente pode acontecer nos casos em que se tenha a efetiva comprovação da ausência de fiscalização. Nesse ponto, asseverou que a alegada ausência de comprovação em juízo da efetiva fiscalização do contrato não substitui a necessidade de prova taxativa do nexo de causalidade entre a conduta da Administração e o dano sofrido. Ao final, pontuou que a Lei 9.032/1995 (art. 4º), que alterou o disposto no § 2º do art. 71 da Lei 8.666/1993, restringiu a solidariedade entre contratante e contratado apenas quanto aos encargos previdenciários resultantes da execução do contrato, nos termos do art. 31 da Lei 8.212/1991.

Vencida a ministra Rosa Weber (relatora), acompanhada pelos ministros Edson Fachin, Roberto Barroso, Ricardo Lewandowski e Celso de Mello, que negavam provimento ao recurso. Concluíam: a) pela impossibilidade de transferência automática para a Administração Pública da responsabilidade subsidiária pelo descumprimento das obrigações trabalhistas pela empresa terceirizada; b) pela viabilidade de responsabilização do ente público, em caso de culpa comprovada em fiscalizar o cumprimento dessas obrigações; e c) pela competência da Administração Pública em comprovar ter fiscalizado adequadamente o cumprimento das obrigações trabalhistas pelo contratado. *RE 760931/DF, rel. orig. Min. Rosa Weber, red. p/ o ac. Min. Luiz Fux, julgamento em 26.4.2017 - Informativo STF nº 862.*

O Tribunal, por maioria e nos termos do voto do Ministro Luiz Fux, que redigirá o acórdão, vencido, em parte, o Ministro Marco Aurélio, fixou a seguinte **tese de repercussão geral**: "***O inadimplemento dos encargos trabalhistas dos empregados do contratado não transfere automaticamente ao Poder Público contratante a responsabilidade pelo seu pagamento, seja em caráter solidário ou subsidiário, nos termos do art. 71, § 1º, da Lei nº 8.666/93***". Ausente, justificadamente, o Ministro Celso de Mello. Presidiu o julgamento a Ministra Cármen Lúcia. Plenário, 26.4.2017.

Ementa: 1. A dicotomia entre "atividade-fim" e "atividade-meio" é imprecisa, artificial e ignora a dinâmica da economia moderna, caracterizada pela especialização e divisão de tarefas com vistas à maior eficiência possível, de modo que frequentemente o produto ou serviço final comercializado por uma entidade comercial é fabricado ou prestado por agente distinto, sendo também comum a mutação constante do objeto social das empresas para atender a necessidades da sociedade, como revelam as mais valiosas empresas do mundo. É que a doutrina no campo econômico é uníssona no sentido de que as "Firmas mudaram o escopo de suas atividades, tipicamente reconcentrando em seus negócios principais e terceirizando muitas das atividades que previamente consideravam como centrais" (ROBERTS, John. The Modern Firm: Organizational Design for Performance and Growth. Oxford: Oxford University Press, 2007). 2. A cisão de atividades entre pessoas jurídicas distintas não revela qualquer intuito fraudulento, consubstanciando estratégia, garantida pelos artigos 1º, IV, e 170 da Constituição brasileira, de configuração das empresas, incorporada à Administração Pública por imperativo de eficiência (art. 37, caput, CRFB), para fazer frente às exigências dos consumidores e cidadãos em geral, justamente porque a perda de eficiência representa ameaça à sobrevivência da empresa e ao emprego dos trabalhadores. 3. Histórico científico: Ronald H. Coase, "The Nature of The Firm", Economica (new series), Vol. 4, Issue 16, p. 386-405, 1937. O objetivo de uma organização empresarial é o de reproduzir a distribuição de fatores sob competição atomística dentro da firma, apenas fazendo sentido a produção de um bem ou serviço internamente em sua estrutura quando os custos disso não ultrapassarem os custos de obtenção perante terceiros no mercado, estes denominados "custos de transação", método segundo o qual firma e sociedade desfrutam de maior produção e menor desperdício. 4. A Teoria da Administração qualifica a terceirização (outsourcing) como modelo organizacional de desintegração vertical, destinado ao alcance de ganhos de performance por meio da transferência para outros do fornecimento de bens e serviços anteriormente providos pela própria firma, a fim de que esta se concentre somente naquelas atividades em que pode gerar o maior valor, adotando a função de "arquiteto vertical" ou "organizador da cadeia de valor". 5. A terceirização apresenta os seguintes benefícios: (i) aprimoramento de tarefas pelo aprendizado especializado; (ii) economias de escala e de escopo; (iii) redução da complexidade organizacional; (iv) redução de problemas de cálculo e atribuição, facilitando a provisão de incentivos mais fortes a empregados; (v) precificação mais precisa de custos e maior transparência; (vi) estímulo à competição de fornecedores externos; (vii) maior facilidade de adaptação a necessidades de modificações estruturais; (viii) eliminação de problemas de possíveis excessos de produção; (ix) maior eficiência pelo fim de subsídios cruzados entre departamentos com desempenhos diferentes; (x) redução dos custos iniciais de entrada no mercado, facilitando o surgimento de novos concorrentes; (xi) superação de eventuais limitações de acesso a tecnologias ou matérias-primas; (xii) menor alavancagem operacional, diminuindo a exposição da companhia a riscos e oscilações de balanço, pela redução de seus custos fixos; (xiii) maior flexibilidade para adaptação ao mercado; (xiii) não comprometimento de recursos que poderiam ser utilizados em setores estratégicos; (xiv) diminuição da possibilidade de falhas de um setor se comunicarem a outros; e (xv) melhor adaptação a diferentes requerimentos de administração, know-how e estrutura, para setores e atividades distintas. 6. A Administração Pública, pautada pelo dever de eficiência (art. 37, caput, da Constituição), deve empregar as soluções de mercado adequadas à prestação de serviços de excelência à população com os recursos disponíveis, mormente quando demonstrado, pela teoria e pela prática internacional, que a terceirização não importa precarização às condições dos trabalhadores. 7. O art. 71, § 1º, da Lei nº 8.666/93, ao definir que a inadimplência do contratado, com referência aos encargos trabalhistas, não transfere à Administração Pública a responsabilidade por seu pagamento, representa legítima escolha do legislador, máxime porque a Lei nº 9.032/95 incluiu no dispositivo exceção à regra de não responsabilização com referência a encargos trabalhistas. 8. Constitucionalidade do art. 71, § 1º, da Lei nº 8.666/93 já reconhecida por esta Corte em caráter erga omnes e vinculante: ADC 16, Relator(a): Min. CEZAR PELUSO, Tribunal Pleno, julgado em 24/11/2010. 9. Recurso Extraordinário parcialmente conhecido e, na parte admitida, julgado procedente para fixar a seguinte tese para casos semelhantes: "O inadimplemento dos encargos trabalhistas dos empregados do contratado não transfere automaticamente ao Poder Público contratante a responsabilidade pelo seu pagamento, seja em caráter solidário ou subsidiário, nos termos do art. 71, § 1º, da Lei nº 8.666/93".

(RE 760931, Relator(a): Min. ROSA WEBER, Relator(a) p/ Acórdão: Min. LUIZ FUX, Tribunal Pleno, julgado em 26/04/2017, PROCESSO ELETRÔNICO REPERCUSSÃO GERAL – MÉRITO DJe-206 DIVULG 11-09-2017 PUBLIC 12-09-2017)

É cabível reclamação por contrariedade a ADC nº 16?

1. O Supremo Tribunal Federal firmou, no julgamento do RE 760.931, Rel. p/ o acórdão Min. Luiz Fux, a seguinte tese: "*O inadimplemento dos encargos trabalhistas dos empregados do contratado não transfere automaticamente ao Poder Público contratante a responsabilidade pelo seu pagamento, seja em caráter solidário ou subsidiário, nos termos do art. 71, § 1º, da Lei nº 8.666/93*" (tema 246 da repercussão geral). 2. A partir de 02.05.2017, data da publicação da ata do referido julgamento, tornou-se inviável reclamação com fundamento no julgado da ADC 16. 3. A alegação de descumprimento da tese firmada em repercussão geral exige o esgotamento das vias ordinárias (art. 988, § 5º, II, do CPC/2015). 4. Reclamação a que se nega seguimento.

1. Trata-se de reclamação, com pedido liminar, ajuizada em face de decisão da Justiça do Trabalho, alegando violação à autoridade da decisão proferida pelo Supremo Tribunal Federal na ADC 16, Rel. Min. Cezar Peluso. Alega-se, também, afronta à Súmula Vinculante nº 10, por ter sido o referido dispositivo legal afastado sem observância da reserva de plenário

(CF/88, art. 97). 2. Aduz o ente público, para tanto, ter sido condenado ao pagamento de verbas trabalhistas inadimplidas por empresa contratada. Argumenta a parte reclamante que tal condenação afronta o art. 71, §1º, da Lei nº 8.666/1993, cuja constitucionalidade foi declarada, com efeitos vinculantes, na decisão proferida na ADC 16. 3. É o relatório. Decido. 4. No julgamento da ADC 16, Rel. Min. Cezar Peluso, o Supremo Tribunal Federal declarou a constitucionalidade do art. 71, §1º, da Lei nº 8.666/1993. O dispositivo legal assim prevê: "*A inadimplência do contratado, com referência aos encargos trabalhistas, fiscais e comerciais não transfere à Administração Pública a responsabilidade por seu pagamento, nem poderá onerar o objeto do contrato ou restringir a regularização e o uso das obras e edificações, inclusive perante o Registro de Imóveis*". 5. Naquela oportunidade, porém, esclareceu o relator que "*isto não significa que eventual omissão da Administração Pública, na obrigação de fiscalizar as obrigações do contratado, não gere responsabilidade. É outra matéria*". A partir daí, passou-se a admitir a condenação subsidiária do ente público ao pagamento de verbas trabalhistas inadimplidas por suas contratadas, desde que caracterizada a culpa in vigilando ou in eligendo da Administração. 6. Com base nisto, em alguns casos, esta Corte julgou improcedente reclamações ajuizadas contra decisões da Justiça do Trabalho reconhecendo a responsabilidade subsidiária da Administração, quando fundamentadas em evidências de ausência de fiscalização do contrato. Esta linha foi observada em diversas reclamações sobre o tema, v.g., Rcl 23.282 AgR, Rel. Min. Luiz Fux; Rcl 13.739 AgR, Rel. Min. Rosa Weber; Rcl 12.050 AgR, Rel. Min. Celso de Mello; e Rcl 24.545 AgR, minha relatoria. 7. Ocorre que em 26.04.2017, o Plenário do Supremo Tribunal Federal concluiu o julgamento do RE 760.931, paradigma do Tema 246 da repercussão geral. Naquela decisão, o STF afastou a condenação subsidiária da União pelas dívidas decorrentes de contrato de terceirização, embora, segundo o TST, não tenha havido o exercício adequado do poder-dever de fiscalização. Ao final, fixou-se a seguinte tese: "*O inadimplemento dos encargos trabalhistas dos empregados do contratado não transfere automaticamente ao Poder Público contratante a responsabilidade pelo seu pagamento, seja em caráter solidário ou subsidiário, nos termos do art. 71, § 1º, da Lei nº 8.666/93*". 8. A superveniência do julgamento do RE 760.931 implica dizer que **a tese firmada na ADC 16, no que toca à sua eficácia vinculante, foi plenamente substituída pela tese do tema 246 da repercussão geral, de modo que, a partir 02.05.2017 (data da publicação da ata do julgamento que fixou a nova tese) é inviável reclamação com fundamento em alegação de afronta ao julgado da ADC 16**. É dizer: eventual má aplicação da nova tese acerca da responsabilidade subsidiária da Administração Pública pelos débitos trabalhistas de contratado deve ser impugnada, inicialmente, por meio de recursos. 9. Nessa linha, a inobservância da tese firmada em repercussão geral somente enseja o ajuizamento da reclamação, quando "esgotadas as instâncias ordinárias" (art. 988, § 5º, II, do CPC/2015). O que, conforme vem sendo interpretado por esta Corte, exige o correto percurso de todo o iter processual, ultimado na interposição de agravo interno contra a decisão que nega seguimento ao recurso extraordinário, nos termos do art. 1.030, I e § 2º, do CPC/2015. Nesse sentido, veja-se a Rcl 24.686-ED-AgR, Rel. Min. Teori Zavascki: Ementa: PROCESSUAL CIVIL. RECLAMAÇÃO PROPOSTA PARA GARANTIR A OBSERVÂNCIA DE RECURSO EXTRAORDINÁRIO COM REPERCUSSÃO GERAL RECONHECIDA. CPC/2015, ART. 988, § 5º, II. INTERPRETAÇÃO TELEOLÓGICA. 1. Em se tratando de reclamação para o STF, a interpretação do art. 988, § 5º, II, do CPC/2015 deve ser fundamentalmente teleológica, e não estritamente literal. O esgotamento da instância ordinária, em tais casos, significa o percurso de todo o íter recursal cabível antes do acesso à Suprema Corte. Ou seja, se a decisão reclamada ainda comportar reforma por via de recurso a algum tribunal, inclusive a tribunal superior, não se permitirá acesso à Suprema Corte por via de reclamação. 2. Agravo regimental não provido. 10. Saliente-se que, entender-se em sentido contrário seria permitir o acesso direto ao Supremo Tribunal Federal, por alegação, ainda que transversa, de afronta a tese firmada em repercussão geral, sem o cumprimento do pressuposto legal. 11. Diante do exposto, nego seguimento à reclamação, prejudicada a análise do pedido cautelar. 12. Sem honorários, porquanto não instaurado o contraditório. Publique-se. Brasília, 09 de agosto de 2017 Ministro LUÍS ROBERTO BARROSO Relator (Rcl 27789, Relator(a): Min. ROBERTO BARROSO, julgado em 09/08/2017, publicado em PROCESSO ELETRÔNICO DJe-178 DIVULG 14/08/2017 PUBLIC 15/08/2017)

Há responsabilidade da Administração Pública por verbas trabalhistas de empregado contratado por meio de convênio?

O Governo do Distrito Federal (GDF) terá de responder subsidiariamente pelas verbas trabalhistas devidas a um auxiliar administrativo contratado pela Ação Social Nossa Senhora de Fátima por meio de convênio celebrado entre o governo e a instituição, para atendimento a programas sociais. A Primeira Turma do Tribunal Superior do Trabalho negou provimento ao agravo do GDF, ressaltando que a aplicação da responsabilidade subsidiária decorreu da falta de fiscalização do governo no cumprimento de suas obrigações.

O Tribunal Regional do Trabalho da 10ª Região (DF) ratificou a sentença que anulou o contrato de trabalho e restringiu a condenação imposta ao governo ao pagamento do saldo de salário e verbas referentes ao FGTS, sob o entendimento de que a contratação do empregado para trabalho em proveito do governo distrital "constituiu mera roupagem fraudulenta para ingresso no emprego público sem a observância do indisponível concurso público", o que revela a nulidade contratual.

Em sua defesa, o GDF alegou que o convênio objetiva a execução de programa de atendimento a menores carentes, o que afastaria a incidência da Súmula 331 do TST. Mas o relator do agravo, ministro Hugo Carlos Scheuermann, observou que, nos casos em que se conclui pela ilicitude da terceirização da atividade-fim da Administração Pública, o TST tem firmado a responsabilidade subsidiária, tendo em vista a inviabilidade de reconhecimento de vínculo empregatício direto sem concurso público.

A decisão foi unânime. Após a publicação do acórdão, o GDF opôs embargos declaratórios, ainda não julgados. Processo: Ag-AIRR-1576-67.2009.5.10.0015

RESPONSABILIDADE

Nos casos de contratos de fornecimento de alimentação a empresa contratante responde subsidiariamente pelo inadimplemento de verbas trabalhistas?

Na hipótese, infere-se do acórdão regional que a primeira reclamada foi contratada pela terceira reclamada para fornecer refeições aos seus funcionários e que a reclamante era contratada direta da primeira reclamada. ***Nos casos de contratos de fornecimento de alimentação, constatado que essa atividade não constitui atividade-fim nem atividade-meio da empresa contratante e que a reclamante não laborou diretamente nas suas dependências, não se aplica a Súmula nº 331 do TST, por não se caracterizar a empresa contratante como tomadora dos serviços dessa trabalhadora, devendo essa empresa ser absolvida da condenação pelo pagamento, como responsável subsidiária, dos direitos trabalhistas devidos à empregada.*** Recurso de revista conhecido e provido. (RR-19-20.2016.5.23.0021, Relator Ministro: José Roberto Freire Pimenta, Data de Julgamento: 08/11/2017, 2ª Turma, Data de Publicação: DEJT 10/11/2017)

Quando se descaracteriza o contrato de facção?

A alegada contrariedade à Súmula 331, III, do TST não merece prosperar porque, no caso dos autos, não há falar em terceirização de serviços, nos moldes da Súmula 331 do TST, e sim relação comercial entre as reclamadas através de contrato civil de compra e venda de materiais ou de facção. Ademais, não restou evidenciada a exclusividade na prestação dos serviços para a empresa contratante e ingerência na produção da contratada. Julgados. Recurso de revista não conhecido. (RR-487-35.2014.5.09.0670, Relator Ministro: Márcio Eurico Vitral Amaro, Data de Julgamento: 21/06/2017, 8ª Turma, Data de Publicação: DEJT 23/06/2017)

(I)LICITUDE

É lícita a terceirização de serviços de call center nos bancos?

Segundo o entendimento consolidado nesta egrégia SBDI-1, os serviços de *call center* encontram-se relacionados às atividades precípuas das instituições bancárias, e, por isso, é ilícita a sua terceirização que, quando levada a efeito, gera vínculo de emprego diretamente com o tomador dos serviços, conforme preconiza o item I da Súmula nº 331. Precedentes desta Subseção. (AgR-E-RR – 1082-34.2012.5.03.0003, Relator Ministro: Guilherme Augusto Caputo Bastos, Data de Julgamento: 09/03/2017, Subseção I Especializada em Dissídios Individuais, Data de Publicação: DEJT 17/03/2017)

Nota: entendimento possivelmente superado pela atual redação da Lei nº 6.019/74.

É lícita a terceirização de atividade de operador de cartões de crédito, em razão de contrato de parceria comercial?

C&A Modas Ltda. Atividades de operações com cartões de crédito. Terceirização. Licitude. Enquadramento do empregado como bancário. Impossibilidade. É lícita a terceirização da atividade de operador de cartões de crédito, em razão de contrato de parceria comercial firmado entre a C&A Modas Ltda. e o Bradescard, empresa vinculada ao Banco Bradesco S.A., não havendo falar, portanto, em reconhecimento de vínculo direto com a instituição financeira e o consequente enquadramento da reclamante como bancária. Consta do acórdão do Regional que as atividades desempenhadas pela reclamante consistiam no atendimento de clientes da C&A, para fins de esclarecimento quanto à fatura do cartão de crédito da própria empresa e no oferecimento de produtos a ele relacionados, não havendo correspondência com as práticas tipicamente bancárias, a exemplo de abertura de contas, concessão de empréstimos e manuseio de numerário. Assim, resta evidente que as atribuições da autora não se destinavam a promover a atividade fim do Banco Bradesco, mas sim a atividade empresarial da C&A que, para se manter no mercado varejista de vestuário, teve de modernizar a sua gestão por meio de parcerias com instituições financeiras que viabilizassem as vendas a crédito. Sob esses fundamentos, a SBDI-I, por maioria, conheceu dos embargos por contrariedade à Súmula nº 331, I, do TST e, no mérito, por unanimidade, deu-lhes provimento para afastar o enquadramento da autora como bancária e, como consequência, julgar improcedente a reclamação trabalhista. Vencidos quanto ao conhecimento os Ministros José Roberto Freire Pimenta, Cláudio Mascarenhas Brandão, Walmir Oliveira da Costa, Augusto César Leite de Carvalho e Hugo Carlos Scheuermann. *TST-E-ED-RR-11266-31.2013.5.03.0030, SBDI-I, rel. Min. Alexandre de Souza Agra Belmonte, 30.11.2017* – ***Informativo TST nº 170.***

DIREITO INTERTEMPORAL

A Lei nº 13.429/2017 aplica-se às relações de emprego regidas e extintas sob a égide da lei velha?

Instituição financeira. Telemarketing. Atividade-fim. Terceirização ilícita. Contrato de trabalho celebrado e extinto na vigência da Lei nº 6.019/74. Não incidência da Lei nº 13.429/2017. 1. A entrada em vigor da Lei nº 13.429/2017 (Lei da Terceirização), geradora de profundo impacto perante a jurisprudência consolidada do Tribunal Superior do Trabalho, no que alterou substancialmente a Lei nº 6.019/74, não se aplica às relações de emprego regidas e extintas sob a égide da lei velha, sob pena de afronta ao direito adquirido do empregado a condições de trabalho muito mais vantajosas. 2. Quanto aos contratos de trabalho celebrados e findos antes da entrada em vigor da Lei nº 13.429/2017, prevalece o entendimento jurisprudencial firmado à luz da Súmula nº 331, I, do TST, amparado na anterior redação da Lei nº 6.019/74. 3. Embargos de declaração a que se dá provimento para prestar esclarecimentos. No caso, a reclamada insurgiu-se contra decisão da SBDI-I que, invocando a Súmula nº 331, I, do TST, estabeleceu que a prestação de serviços de cobrança a clientes de instituição financeira, mediante contato telefônico, se insere na atividade-fim bancária. Alegou que a Lei nº 13.429/2017, ao acrescentar o art. 4ª-A, § 2º, à Lei nº 6.019/74, afastou a ilicitude na terceirização dos serviços prestados e tem aplicação imediata. Todavia, por se tratar de contrato celebrado e findo antes da entrada em vigor da Lei nº 13.429/2017, prevaleceu o entendimento jurisprudencial firmado no item I da Súmula nº 331 do TST, amparado no antigo teor da Lei nº 6.019/1974. *ED-E-ED-RR-1144-53.2013.5.06.0004, Relator Ministro: João Oreste Dalazen, Data de Julgamento: 03/08/2017, Subseção I Especializada em Dissídios Individuais, Data de Publicação: DEJT 10/08/2017 – **Informativo TST nº 162.***

RESPONSABILIDADE CIVIL

RESPONSABILIDADE OBJETIVA

» ***Acidente de trabalho ocorrido na vigência do Código Civil de 1916***

> *É possível a aplicação da responsabilidade objetiva prevista no art. 927, parágrafo único, do Código Civil de 2002 a caso ocorrido na vigência do Código Civil de 1916?*

A responsabilidade objetiva prevista no artigo 927, parágrafo único, do Código Civil de 2002, apenas confirmou o entendimento jurisprudencial baseado na teoria do risco já aplicada antes mesmo do advento do Código Civil de 2002. Portanto, a aplicação de responsabilidade objetiva a caso anterior ao novo Código Civil não revela aplicação retroativa de norma. Na hipótese, diante de acidente sucedido em 1998, em que o reclamante, embora tenha sido contratado para prestar serviços como jóquei, foi ferido fatalmente durante a doma de cavalo de corrida, o proprietário do animal foi responsabilizado objetivamente pela reparação dos danos decorrentes do exercício de atividade de risco, nos termos do art. 927, parágrafo único, do Código Civil. No caso concreto, vislumbrou-se ainda responsabilidade subjetiva do dono do cavalo, por negligência, visto que submeteu o jóquei à tarefa de domador sem que ele estivesse apto a desempenhá-la. Com esse posicionamento, a SBDI-I, por unanimidade, conheceu dos embargos, por divergência jurisprudencial e, no mérito, por maioria, negou-lhes provimento. Vencidos os Ministros João Oreste Dalazen, Ives Gandra Martins Filho e Guilherme Augusto Caputo Bastos que, reputando impertinente a invocação de jurisprudência em que se reconhece a viabilidade de aplicar-se a responsabilidade civil objetiva antes do Código Civil de 2002, davam provimento aos embargos para julgar improcedente o pedido de indenização por danos moral e material, por entenderem que a própria vítima, na condição de jóquei/treinador, atraiu para si a presunção relativa de responsabilidade por todo e qualquer evento danoso provocado pelo animal, ao exercer atividade autônoma de risco, nos termos do art. 1.527 do Código Civil de 1916. *E-ED-RR-9953600-29.2006.5.09.0013, Relator Ministro: Augusto César Leite de Carvalho, Data de Julgamento: 17/08/2017, Subseção I Especializada em Dissídios Individuais, Data de Publicação: DEJT 15/09/2017 – Informativo TST nº 162.*

» *Aviação*

Aviação é atividade de risco?

Nos termos do art. 927, parágrafo único, do CC, "*haverá obrigação de reparar o dano, independentemente de culpa, nos casos especificados em lei, ou quando a atividade normalmente desenvolvida pelo autor do dano implicar, por sua natureza, risco para os direitos de outrem*". Assim, não se pode aplicar indistintamente a responsabilidade objetiva com fundamento no comando legal supramencionado, porquanto esta tem aplicação restrita aos casos previstos na legislação e àqueles nos quais a atividade exercida pelo empregador submeta o empregado a risco excepcional de lesão. *In casu*, todavia, ***não é possível extrair do acórdão regional que a atividade exercida pela reclamada expunha seus empregados a risco acentuado, ou seja, acima do nível médio da coletividade em geral, sendo inaplicável, assim, a responsabilidade objetiva***. Com efeito, a reclamante, comissária de bordo, após ter trabalhado num voo no qual houve forte turbulência, causando pânico nos passageiros e na tripulação, passou a sofrer de depressão, ficando total e definitivamente incapacitada para exercer a atividade de comissária de bordo, razão pela qual o Regional concluiu que "*a responsabilidade objetiva, decorrente da teoria do risco, é perfeitamente aplicável em relação ao evento que fez irromper a doença da autora, porquanto as viagens a serviço faziam parte da sua rotina diária e estavam diretamente ligadas à atividade econômica desenvolvida pela ré*". Ora, mesmo que se entendesse possível aplicar a teoria da responsabilidade objetiva à hipótese dos autos, ainda sim não se poderia responsabilizar a reclamada, ante a inexistência de culpa no "acidente" aéreo a resultar na doença da reclamante, mormente porque ***a aviação não configura atividade que acarreta excepcional risco, ou, então, atividade econômica que cria perigo para os que lhe prestam serviço.*** (RR-1215-65.2012.5.04.0030, Relatora Ministra: Dora Maria da Costa, Data de Julgamento: 15/02/2017, 8ª Turma, Data de Publicação: DEJT 17/02/2017)

» ***Transporte do empregado***

Em caso no qual a empresa de transporte contratada pelo empregador é culpada pelo acidente ocorrido no trajeto, este último deve ser responsabilizado?

Cinge-se a controvérsia a saber **o grau de responsabilidade da empregadora pelo acidente sofrido pelo empregado durante o trajeto ao local de trabalho em transporte contratado pela reclamada**, para fins de indenização por danos morais. A jurisprudência desta Corte tem decidido que **a responsabilidade do empregador é objetiva no caso em que o acidente de trânsito ocorre durante o transporte do empregado em veículo fornecido pela empresa, com fundamento nos arts. 734 e 735 do Código Civil (aplicáveis ao Direito do Trabalho por força do art. 8º da CLT), porquanto o empregador, ao se responsabilizar pelo transporte de seus empregados, equipara-se ao transportador, assumindo o ônus do transporte do empregado ao local de trabalho e os riscos por eventuais acidentes ocorridos no trajeto, ainda que por culpa exclusiva de terceiro**. Desse modo, diante da responsabilidade fixada por lei para o transportador, é perfeitamente aplicável à hipótese dos autos o parágrafo único do artigo 927 do Código Civil – teoria do risco. Ressalta-se que, nos termos dos artigos 932, inciso III, e 933, ambos do Código Civil, o empregador responde pelos atos praticados por seus empregados, serviçais e prepostos, no exercício do trabalho que lhes competir, ou em razão dele, ainda que não haja culpa de sua parte. Portanto, não há falar em ofensa aos artigos 7º, inciso XXVIII, da Constituição Federal e 927, parágrafo único, do Código Civil. (RR-112000-80.2008.5.01.0204, Redator Ministro: José Roberto Freire Pimenta, Data de Julgamento: 16/11/2016, 2ª Turma, Data de Publicação: DEJT 09/12/2016)

» ***Assalto a motorista de ônibus***

Aplica-se a responsabilidade objetiva no caso de assalto, do qual resulta a morte do empregado motorista de ônibus?

A teor da decisão embargada, o ex-empregado, no exercício de suas atividades laborais como motorista de ônibus, foi vítima de assalto. Consideradas tais premissas fáticas, forçoso concluir que o acidente de que foi vítima o *de cujus* ocorreu no exercício e em decorrência da atividade desempenhada para a reclamada, notadamente considerada de risco, a atrair a aplicação do art. 927, parágrafo único, do CC. (E-RR-163600-10.2009.5.16.0004, Relator

Ministro: Hugo Carlos Scheuermann, Data de Julgamento: 16/02/2017, Subseção I Especializada em Dissídios Individuais, Data de Publicação: DEJT 24/02/2017)

» *Cortador de cana*

É objetiva a responsabilidade do empregador no caso de empregado cortador de cana atingido por um raio durante o exercício de sua atividade laboral?

A reparação a ser conferida em decorrência de acidente de trabalho decorre da responsabilidade civil da parte que coloca o empregado em atividade de risco. A aplicação da responsabilidade objetiva, pelo acidente, todavia, deve decorrer da atividade realizada, o que não alcança o caso fortuito externo, quando não verificada a culpa por conduta omissiva ou comissiva do empregador. *In casu*, havendo excludente de culpa, por se tratar de caso fortuito externo à atividade e à conduta do agente, não há se falar em indenização por dano moral. Embargos conhecidos e providos. *E-ED-RR - 195-49.2011.5.19.0000, Relator Ministro: Aloysio Corrêa da Veiga, Data de Julgamento: 22/06/2017, Subseção I Especializada em Dissídios Individuais, Data de Publicação: DEJT 06/10/2017 - Informativo TST nº 161.*

» *Incapaz*

Pai de menor que cometeu ilícito responde de maneira exclusiva, não solidária[20]

Em ação de indenização, a responsabilidade do pai de menor que cometeu ato ilícito é substitutiva, e não solidária – ou seja, **não existe litisconsórcio necessário entre o pai e o filho.**

O entendimento unânime foi proferido pela Quarta Turma do Superior Tribunal de Justiça (STJ) ao interpretar a inovação legislativa trazida

20. A decisão não está relacionada diretamente com o direito do trabalho, mas, tendo em vista a possibilidade de ser cobrada em primeira fase, optou-se por aqui mencioná-la.

pelo artigo 928 do Código Civil de 2002[21], que prevê a possiblidade de o incapaz responder civilmente por seus atos.

A ação de indenização foi movida por uma menor, representada por sua mãe, contra o pai de outro menor, que a feriu na cabeça ao disparar uma arma de fogo. O pai foi condenado a pagar reparação por danos materiais no valor de R$ 760 mensais até o restabelecimento da saúde da vítima, mais R$ 30 mil por danos morais.

O pai apelou ao Tribunal de Justiça de Minas Gerais (TJMG), sob a alegação de nulidade do processo por ausência de formação de litisconsórcio passivo necessário entre ele e seu filho. Também sustentou que os pais respondem civilmente pelos atos praticados por seus filhos quando estiverem sob sua autoridade e em sua companhia. Alegou, por fim, culpa concorrente da vítima.

Segundo o tribunal mineiro, não existe nulidade, pois à época dos fatos o jovem tinha 15 anos, sendo civil e penalmente irresponsável por seus atos. Entendeu, ainda, que **a exigência de estarem os filhos na companhia dos pais, contida no artigo 932, nada mais é do que "o exercício do pátrio poder e a guarda, o que não foi afastado no caso dos autos".**

O ministro Luis Felipe Salomão, relator do recurso no STJ, afirmou que **a correta interpretação do artigo 928 é no sentido de a responsabilidade do incapaz ser subsidiária apenas quando os responsáveis não tiverem meios de arcar com o ressarcimento.** Será, ainda, "condicional e mitigada, não podendo ultrapassar o limite humanitário do patrimônio do infante", e será "equitativa", pois "a indenização deverá ser equânime, sem a privação do mínimo necessário para a sobrevivência digna do incapaz".

Para Salomão, "**o filho menor não é responsável solidário com seus genitores, mas subsidiário. E a responsabilidade do pai, portanto, se o causador do dano for filho inimputável, será substitutiva, exclusiva, e não solidária**".

O ministro explicou que a vítima não é obrigada a litigar contra o responsável e o incapaz, "não havendo falar em litisconsórcio passivo necessário", **mas reconheceu ser possível formar o litisconsórcio facultativo, com a proposição de demandas distintas contra ambos, pai e filho.**

---

21. Art. 928. O incapaz responde pelos prejuízos que causar, se as pessoas por ele responsáveis não tiverem obrigação de fazê-lo ou não dispuserem de meios suficientes. Parágrafo único. A indenização prevista neste artigo, que deverá ser eqüitativa, não terá lugar se privar do necessário o incapaz ou as pessoas que dele dependem.

Segundo o relator, **não é possível afastar a responsabilidade do pai apenas porque ele não estava junto do filho no momento do fato, "pois, além do poder familiar, o jovem estava sob sua autoridade e direção".**

O ministro afirmou também que **<u>a responsabilidade civil do pai é objetiva</u>, exigindo-se como premissa a comprovação da conduta ilícita, culposa ou dolosa, do filho**. Da mesma forma, "**a conduta que importa para fins de concorrência de culpa é a da vítima, sendo irrelevante discussão sobre ausência de vigilância da mãe no momento do evento danoso**". (STJ-REsp 1436401)

» ***Discussão acerca da natureza jurídica***

STF discutirá responsabilização objetiva de empregador por danos decorrentes de acidente de trabalho

O Supremo Tribunal Federal (STF) reconheceu a existência de **<u>repercussão geral</u>** na matéria tratada no **<u>Recurso Extraordinário (RE) 828040</u>**, que discute a **<u>natureza jurídica da responsabilidade do empregador na reparação de danos a empregado vítima de acidente de trabalho</u>, tendo em vista o disposto no artigo 7º, inciso XXVIII, da Constituição Federal, que prevê a obrigação de indenizar quando há dolo ou culpa.**

O recurso foi interposto pela Protege S/A – Proteção e Transporte de Valores contra decisão do Tribunal Superior do Trabalho (TST) que a condenou ao pagamento de indenização a um vigilante de carro forte devido a transtornos psicológicos decorrentes de um assalto. A tese adotada pelo TST foi a da **<u>responsabilidade objetiva</u>**, que prescinde da comprovação de dolo ou culpa, fazendo incidir no caso a regra prevista no artigo 927, parágrafo único, do Código Civil, por se tratar de atividade de risco. Para a empresa, porém, a condenação contrariou o dispositivo constitucional que trata da matéria, uma vez que o assalto foi praticado em via pública, por terceiro.

<u>O RE 828040 é o processo paradigma do tema 932 da tabela de repercussão geral do STF</u>. O Plenário Virtual, por maioria, entendeu que a **matéria tem natureza constitucional e tem repercussão econômica e social, tendo em vista sua relevância para o desenvolvimento das relações empregatícias.** Ficaram vencidos a ministra Rosa Weber e o ministro Edson Fachin.

O recurso era de relatoria do ministro Teori Zavascki e, com seu falecimento, será aplicado, para efeito da publicação do acórdão da repercussão geral, o artigo 38, inciso IV, alínea "b", do Regimento Interno do STF.

O dispositivo prevê que, em caso de aposentadoria, renúncia ou morte, o relator será substituído pelo ministro que tiver proferido o primeiro voto vencedor acompanhando-o, para lavrar ou assinar os acórdãos dos julgamentos anteriores à abertura da vaga.

EMENTA: DIREITO DO TRABALHO. RECURSO EXTRAORDINÁRIO. NATUREZA DA RESPONSABILIDADE CIVIL DE EMPRESA PRESTADORA DE SERVIÇOS PÚBLICOS POR ACIDENTE DE TRABALHO. TEORIA DO RISCO. AUSÊNCIA DE REPERCUSSÃO GERAL.

1. O acórdão recorrido entendeu que é objetiva a responsabilidade de empresa prestadora de serviços públicos por dano moral ou material causado ao empregado no exercício da função de operador de subestação em companhia distribuidora de energia elétrica, em razão do risco inerente à atividade profissional.

2. A revisão dessa conclusão pressupõe a análise de legislação infraconstitucional atinente à responsabilidade civil objetiva nas hipóteses de exercício de atividade empresarial de risco, nos termos do art. 927, parágrafo único, do Código Civil, o que revela o caráter infraconstitucional da discussão.

3. Afirmação da seguinte tese: "Não tem repercussão geral a controvérsia relativa à natureza da responsabilidade civil de empresa prestadora de serviços públicos por dano moral ou material causado ao empregado em virtude do exercício de atividade profissional de risco".

4. Recurso não conhecido.

REPERCUSSÃO GERAL EM RE N. 828.075-BA; REDATOR P/ O ACÓRDÃO: MIN. ROBERTO BARROSO – Informativo STF nº 855.

DANOS MATERIAIS

» *Pensão mensal*

Seguro de vida recebido por viúva pode ser abatido de indenização por acidente de trabalho?

Prevalece nesta Corte Superior o entendimento de que não é possível a dedução dos valores percebidos pela família do morto a título de prêmio de seguro de vida privado das indenizações decorrentes do acidente do trabalho, em razão da natureza jurídica distinta das parcelas. Precedentes. Recurso de revista não conhecido. CONSTITUIÇÃO DE CAPITAL. O Tribunal Superior do Trabalho vem decidindo que a constituição de capital para o pagamento da pensão mensal é faculdade do juízo, no legítimo exercício do poder discricionário, segundo critérios de oportunidade e conveniência, considerando as circunstâncias do caso concreto. Precedentes. Acórdão recorrido mediante o qual se determinou a constituição de capital em sintonia com a atual jurisprudência desta Corte. Óbice do art. 896, § 4º, da CLT e da Súmula nº 333 do c. TST. Recurso de revista não conhecido. [...] (RR-494-86.2011.5.09.0749, Relator Ministro: Alexandre de Souza Agra Belmonte, Data de Julgamento: 25/10/2017, 3ª Turma, Data de Publicação: DEJT 27/10/2017)

Caso o empregado fique inválido para a sua função, mas não para outras, é devida a pensão mensal?

A teor do art. 950 do Código Civil, a pensão deverá ser incluída na indenização quando o ofendido não puder exercer seu ofício ou quando sua capacidade de trabalho for diminuída. Em outros termos, a lei não exige que o ofendido fique inapto para todo e qualquer trabalho, mas apenas para sua atividade profissional cotidiana ou que tenha, pelo menos, seu potencial para o trabalho reduzido. Precedentes. Recurso de Revista de que se conhece em parte e a que se dá provimento. (RR-90000-62.2009.5.16.0001, Relator Ministro: João Batista Brito Pereira, Data de Julgamento: 08/11/2017, 5ª Turma, Data de Publicação: DEJT 17/11/2017)

Infarto sofrido por atleta profissional de futebol durante treino tem nexo causal com o trabalho?

1. Conforme registrado pelo TRT, "pretende o autor na exordial que seja caracterizado como acidente de trabalho o infarto agudo do miocárdio a qual foi acometido em 06.09.2006, durante treinamento (corrida leve) que, sob recomendação médica do 1º reclamado [Cruzeiro Esporte Clube], realizava nas dependências do Centro de Treinamento Toca da Raposa II". 2. A Corte de origem consignou que o autor é portador de doença coronariana aterosclerótica, "a qual é sobreposta e agravada também por sua outra condição congênita de ser portador de trombofilia por deficiência de proteína C". Reconheceu que o infarto sofrido por autor é consequência das referidas doenças congênitas, destacando, contudo, que "a atividade laboral do autor – prática desportiva profissional – foi concausa do acidente de trabalho, que resta, assim, configurado, uma vez que, associando-se à patologia congênita do autor, contribuiu como fator desencadeante e agravante do dano por ele sofrido". Aplicou, assim, à hipótese as disposições contidas no art. 21 da Lei

8.213/91, relativas ao nexo de concausalidade. 3. E, além de reputar configurado o exercício de atividade de risco – circunstância apta a ensejar a responsabilidade objetiva do clube de futebol -, entendeu caracterizada a culpa do reclamado, "seja por, desde o início, não investigar à exaustão o quadro de trombofilia e/ou deficiência de proteína C, a fim de concluir pela contraindicação do mesmo na atuação profissional, seja à míngua de documentação completa capaz de confirmar a inexistência de sintomatologia a exigir investigação mais aprofundada". Destacou que o art. 34, III, da Lei 9.615/98 "prevê o dever da entidade de prática desportiva de submeter os atletas profissionais aos exames médicos e clínicos necessários à prática desportiva", cabendo "ao clube promover pré-avaliação médica exaustiva, com a realização de exames que possam identificar se o atleta é portador de trombofilia/deficiência de proteína C ou outra doença congênita que o contraindique à prática desportiva. (...) não realizando a apuração médica preventiva suficiente, e mantendo o atleta em atuação, inclusive ministrando remédios contraindicados aos portadores de cardiopatia, o clube responde não apenas objetivamente, mas também subjetivamente". Registrou, ainda, "o fato de estarem ausentes documentos que poderiam contribuir na análise certeira do histórico clínico do autor, que antecedeu o acidente cardiológico, visando a verificação das providências preventivas acaso tomadas pelo 1º reclamado", acrescentando que "as queixas de dor toráxica, acusadas pelo reclamante aos médicos do 1º Reclamado antes do primeiro infarto, e que poderiam sinalizar para uma patologia cardíaca, deveriam estar supostamente consignadas nas folhas do prontuário médico do autor". 4. Assim, em relação ao infarto sofrido pelo reclamante, restou demonstrado o nexo de concausalidade com o trabalho e a culpa do Cruzeiro Esporte Clube, o que é suficiente a respaldar a condenação ao pagamento de indenização pelos danos dele decorrentes. 5. Desse modo, ao condenar o empregador ao pagamento de indenização pelos danos morais decorrentes do infarto sofrido pelo empregado, o Tribunal Regional não violou os arts. 7º, XXVIII, da CF, 186 e 927, parágrafo único, do CC, 19 e 20, § 1º, "a" e "b", da Lei 8.213/91, tampouco divergiu dos arestos colacionados (Súmula 296/TST). 6. É inviável, contudo, responsabilizar o primeiro reclamado (Cruzeiro Esporte Clube) pela incapacidade do reclamante para as atividades que exigem esforço físico como a de jogador de futebol, pois a mesma não decorre do infarto sofrido em 2006 e não guarda nexo de causalidade com os serviços prestados. 7. É que, a teor do acórdão regional, o reclamante "nunca pôde nem jamais poderia ser atleta profissional", não tendo sido "o infarto que o impediu de jogar e ceifou sua carreira". A incapacidade para as funções que demandam esforço físico decorre, pois, de doença de natureza congênita. Não é consequência do infarto sofrido em 2006 e não guarda relação de causalidade com os serviços prestados em benefício do reclamado. 8.

E, quanto às atividades laborais não relacionadas com a prática de esportes, não foi reconhecida a redução da capacidade laboral em decorrência do infarto sofrido, consoante se depreende do seguinte excerto da decisão recorrida: "a lesão decorrente do infarto é parcial e permanente, e, por óbvio, limita as atividades laborais do reclamante, tanto que refaz sua vida profissional em área diversa da esportiva, estando contratado por uma empresa metalúrgica". 9. Deve ser excluída da condenação, pois, a indenização por danos materiais, restando mantido o pagamento de indenização por danos morais. Recurso de revista parcialmente conhecido e provido, no tema. SEGURO PREVISTO NO ART. 45 DA LEI 9615/98. INDENIZAÇÃO. 1. Não se depreende, do art. 45 da Lei 9615/98, com a redação anterior à conferida pela Lei 12.395/2011 (aplicável à hipótese), que a cobertura do seguro ali previsto diz respeito apenas aos casos de incapacidade total para qualquer trabalho. Resta incólume, assim, sob o enfoque veiculado no recurso de revista, o referido dispositivo. 2. Quanto ao pedido sucessivo (dedução do valor da indenização do montante percebido nos últimos cinco anos sem a prestação de serviços), destaco que os arts. 45 da Lei 9615/98, 422 e 884 do CC são impertinentes e que não resta configurada a hipótese prevista no art. 368 do CC, pois o reclamante e o clube de futebol não são ao mesmo tempo credor e devedor um do outro. Recurso de revista não conhecido, no tema. INDENIZAÇÃO POR DANOS MORAIS. VALOR. 1. A Corte de origem condenou o empregador (Cruzeiro Esporte Clube) ao pagamento de indenização por danos morais, em montante correspondente a "16 (dezesseis) vezes o valor do último salário contratual", o que corresponde a aproximadamente R$ 129.088,00 (cento e vinte e nove mil e oitenta e oito reais). 2. Tal decisão não viola o art. 5º, V e X, da CF, pois, considerados os elementos balizadores da quantificação da indenização por danos morais e as circunstâncias do caso concreto, em especial a gravidade do acidente do trabalho sofrido – infarto – e a condição econômica das partes, não sobressai a alegada desproporcionalidade do quantum indenizatório, a ensejar a sua redução. Recurso de revista não conhecido, no tema. (ARR-922-43.2011.5.03.0003, Redator Ministro: Hugo Carlos Scheuermann, Data de Julgamento: 31/05/2017, 1ª Turma, Data de Publicação: DEJT 09/06/2017)

DANOS MORAIS

» *Acidente de trabalho*

É devida indenização em caso de moléstia não incapacitante?

Na hipótese, restou incontroverso que a patologia adquirida pelo empregado (tendinopatia do supraespinhoso/síndrome do impacto) teve origem na atividade desempenhada para a empresa reclamada (desossa na área de dianteiro e traseiro), sendo irrelevante, para a configuração do dano moral, o fato de a doença adquirida não ter causado incapacidade laborativa para as funções exercidas. A responsabilidade civil do empregador por dano moral em casos de doença deve resultar da análise independente entre a legislação civil e a previdenciária. Segundo o art. 186 do Código Civil, aquele que por conduta ativa, omissiva, negligente ou imprudente viole direito e cause dano a outrem, ainda que exclusivamente moral, comete ato ilícito e, por conseguinte, tem o dever de indenizar. Assim, a despeito do art. 20 da Lei nº 8.213/1991 equiparar as moléstias profissionais ao acidente de trabalho apenas quando houver incapacidade laborativa, tal conclusão não afasta a caracterização do dano moral, pois patente a lesão à saúde do empregado advinda do exercício da atividade profissional. *E-ED-RR-641-74.2012.5.24.0001, Redator Ministro: José Roberto Freire Pimenta, Data de Julgamento: 23/03/2017, Subseção I Especializada em Dissídios Individuais, Data de Publicação: DEJT 12/05/2017* – ***Informativo TST nº 155.***

» ***Descontos salariais***

Descontos salariais indevidos geram danos morais?

A teor do art. 462 da CLT, é vedado ao empregador efetuar qualquer desconto nos salários do empregado, salvo quando este resultar de adiantamentos, de dispositivos de lei ou de contrato coletivo. Na hipótese, o Tribunal Regional consignou expressamente que "restou comprovada a versão da autora quanto à prática adotada reiteradamente pela ré de descontar valores nos seus salários sem apresentar quaisquer justificativas razoáveis" e que ditos descontos não decorriam de necessidade financeira da reclamada, mas sim "por única e exclusiva arbitrariedade e menosprezo para com a empregada". Uma vez restando comprovados os descontos indevidos e reiterados, a empresa desrespeita seu dever legal de entregar o salário ao final do mês, de forma integral, ao trabalhador, consoante art. 459, § 1º, da CLT. Tal fato enseja o direito à indenização por dano moral, na modalidade *in re ipsa*. Precedentes. Recurso de revista conhecido e desprovido. (RR-324-38.2015.5.04.0871, Relatora Ministra: Maria Helena Mallmann, Data de Julgamento: 02/08/2017, 2ª Turma, Data de Publicação: DEJT 10/08/2017)

» ***Dispensa***

Comunicação da dispensa por telefone, no dia do repouso semanal remunerado e em horário manifestamente inoportuno gera danos morais?

Conquanto ilegal a conduta do reclamado, de não proceder à anotação da CTPS da reclamante, por violar norma de caráter cogente, o entendimento desta Corte superior é no sentido de que tal procedimento, por si só, não tem o condão de atingir os direitos da personalidade do empregado, não ensejando, portanto, reparação por dano moral. Ressalva de entendimento do Relator, neste particular. Por outro lado, a comunicação da dispensa da reclamante por telefone, no dia do repouso semanal remunerado, sábado, e em horário manifestamente inoportuno, às 23h, não pode ser considerada exercício regular do direito potestativo, pois ofensiva à integridade moral do trabalhador. Não se pode admitir tal conduta como mera deselegância do empregador, mas abusiva, indiferente para com o bem-estar do trabalhador e violadora dos direitos da personalidade do empregado. (RR-121600-94.2011.5.17.0004, Relator Desembargador Convocado: Marcelo Lamego Pertence, Data de Julgamento: 21/06/2017, 1ª Turma, Data de Publicação: DEJT 23/06/2017)

» ***Exigência de certidão negativa de antecedentes criminais***

A exigência de Certidão de Antecedentes Criminais de candidato a emprego é legítima?

1. Não é legítima e caracteriza lesão moral a exigência de Certidão de Antecedentes Criminais de candidato a emprego quando traduzir tratamento discriminatório ou não se justificar em razão de previsão em lei, da natureza do ofício ou do grau especial de fidúcia exigido. 2. A exigência de Certidão de Antecedentes Criminais de candidato a emprego é legítima e não caracteriza lesão moral quando amparada em expressa previsão legal ou justificar-se em razão da natureza do ofício ou do grau especial de fidúcia exigido, a exemplo de empregados domésticos, cuidadores de menores, idosos ou deficientes (em creches, asilos ou instituições afins), motoristas rodoviários de carga, empregados que laboram no setor da agroindústria no manejo de ferramentas de trabalho perfurocortantes, bancários e afins, trabalhadores que atuam com substâncias tóxicas, entorpecentes e armas, trabalhadores que atuam com informações sigilosas. 3. A exigência de Certidão

de Antecedentes Criminais, quando ausente alguma das justificativas supra, caracteriza dano moral in re ipsa, passível de indenização, independentemente de o candidato ao emprego ter ou não sido admitido. *IRR-243000-58.2013.5.13.0023 Data de Julgamento: 20/04/2017, Redator Ministro: João Oreste Dalazen, Subseção I Especializada em Dissídios Individuais, Data de Publicação: DEJT 22/09/2017* – ***Informativo TST nº 157.***

A exigência de Certidão de Antecedentes Criminais de candidato a emprego de telemarketing é legítima?

Esta Subseção, ao julgamento do IRR-243000-58.2013.5.13.0023, firmou entendimento no sentido de que a exigência de Certidão de Antecedentes Criminais de candidato a emprego é legítima e não caracteriza lesão moral quando justificada pela natureza do ofício, a exemplo dos trabalhadores que atuam com informações sigilosas (Redator Ministro João Oreste Dalazen, DEJT 22.09.2017). 2. No caso, o reclamante exercia a atividade de operador de telemarketing, tendo acesso, pois, a informações sigilosas dos clientes. Assim, a exigência de certidão de antecedentes criminais está justificada pelas peculiaridades da função desempenhada, não havendo falar em violação à dignidade, à intimidade ou à vida privada do trabalhador. 3. Indevido, pois, o pagamento de indenização por danos morais. Recurso de embargos conhecido e provido. (E-RR-210900-92.2013.5.13.0009, Relator Ministro: Hugo Carlos Scheuermann, Data de Julgamento: 16/11/2017, Subseção I Especializada em Dissídios Individuais, Data de Publicação: DEJT 24/11/2017)

» *Direito de imagem*

A divulgação da imagem em material interno, mesmo que sem finalidade promocional ou comercial, enseja o pagamento de indenização?

O uso indevido e não autorizado da imagem do Obreiro caracteriza violação do seu direito resguardado constitucionalmente, surgindo o dever de indenizar, em especial quando é utilizada para fins comerciais ou publicitários, pois viola o patrimônio jurídico personalíssimo do indivíduo. Contudo, na hipótese dos autos, o Reclamante teve sua imagem divulgada no manual do motorista, de circulação interna, de contexto estritamente informativo e de orientação quanto aos procedimentos internos da empresa, sem qualquer finalidade econômica ou comercial. Não se trata, portanto, de conduta ilícita decorrente de abuso do poder diretivo da Reclamada, que utiliza da imagem do empregado para fins comerciais e obtenção de lucros, a ensejar o pagamento de indenização por danos morais, uma vez que não houve exploração econômica da sua imagem. Recurso de Revista conhecido e provido. (RR-20049-37.2015.5.04.0281, Relatora Ministra: Maria de Assis Calsing, Data de Julgamento: 16/08/2017, 4ª Turma, Data de Publicação: DEJT 18/08/2017)

» *Lista suja*

> ***A inscrição do nome do trabalhador em lista suja gera danos morais "in re ipsa"?***

A responsabilidade civil do empregador pela reparação decorrente de danos morais causados ao empregado pressupõe a existência de três requisitos, quais sejam: a conduta (culposa, em regra), o dano propriamente dito (violação aos atributos da personalidade) e o nexo causal entre esses dois elementos. O primeiro é a ação ou omissão de alguém que produz consequências às quais o sistema jurídico reconhece relevância. É certo que esse agir de modo consciente é ainda caracterizado por ser contrário ao Direito, daí falar-se que, em princípio, a responsabilidade exige a presença da conduta culposa do agente, o que significa ação inicialmente de forma ilícita e que se distancia dos padrões socialmente adequados, muito embora possa haver o dever de ressarcimento dos danos, mesmo nos casos de conduta lícita. O segundo elemento é o dano que, nas palavras de Sérgio Cavalieri Filho, consiste na "[...] subtração ou diminuição de um bem jurídico, qualquer que seja a sua natureza, quer se trate de um bem patrimonial, quer se trate de um bem integrante da própria personalidade da vítima, como a sua honra, a imagem, a liberdade etc. Em suma, dano é lesão de um bem jurídico, tanto patrimonial como moral, vindo daí a conhecida divisão do dano em patrimonial e moral". Finalmente, o último elemento é o nexo causal, a consequência que se afirma existir e a causa que a provocou; é o encadeamento dos acontecimentos derivados da ação humana e os efeitos por ela gerados. No caso, o quadro fático consignado pelo Tribunal Regional revela que a ré possuía banco de dados com nomes de ex-empregados os quais ajuizaram ações trabalhistas ou foram testemunhas nessas ações e que essa lista era utilizada com o fito de impedir a obtenção de novo emprego em outras empresas. Concluiu, assim, "restarem preenchidos os requisitos ensejadores para o reconhecimento da responsabilidade civil dos réus, nos termos dos artigos 186 e 927 do Código Civil, uma vez que presentes o dano à personalidade do autor (por mais que seja presumido), o ato ilícito praticado pelas rés e o nexo causal desse último com o dano sofrido pelo autor, razão pela qual entendo ser devido à parte autora indenização por danos morais." Esta Corte tem firmado entendimento no sentido de que a inclusão do nome do empregado em lista discriminatória viola direito decorrente da própria dignidade humana - epicentro da proteção constitucional -, prescindindo da prova da dor, abalo ou sofrimento suportados pelo ofendido, razão pela qual não prospera a tese recursal no sentido de que não comprovado o dano. Precedentes. Recurso de revista de que não se conhece. [...] (RR-579-43.2010.5.09.0091, Relator Ministro: Cláudio Mascarenhas Brandão, Data de Julgamento: 24/05/2017, 7ª Turma, Data de Publicação: DEJT 02/06/2017)

» *Jornada exaustiva*

A jornada exaustiva provoca danos morais "in re ipsa" ou o empregado deve provar que, em razão dela, sofreu prejuízos?

Conforme iterativa, notória e atual jurisprudência desta Corte, o tempo despendido pelo empregado no trajeto até o refeitório e na fila para alimentação encontra-se inserido no período destinado ao intervalo intrajornada, não podendo ser considerado como tempo à disposição da empresa. Recurso de revista não conhecido. 2 – DANOS MORAIS. JORNADA EXAUSTIVA. No caso concreto, **reconhecida pelo Tribunal Regional a jornada excessiva (jornada diária de aproximadamente 12 horas, de segunda a sábado), faz jus o reclamante à reparação por dano moral, o qual não precisa ser provado, pois se diz "in re ipsa", ou seja, deriva da própria natureza do fato.** Indenização por danos morais fixada em R$ 14.480,00 (quatorze mil, quatrocentos e oitenta reais), conforme postulado na inicial. Recurso de revista conhecido e provido. (RR-297-29.2014.5.23.0041, Relatora Ministra: Delaíde Miranda Arantes, Data de Julgamento: 26/10/2016, 2ª Turma, Data de Publicação: DEJT 04/11/2016)

Trecho retirado do acórdão: "Este Tribunal Superior do Trabalho tem entendido que a submissão à jornada excessiva ocasiona dano existencial, em que a conduta da empresa limita a vida pessoal do empregado, inibindo-o do convívio social e familiar, além de impedir o investimento de seu tempo em reciclagem profissional e estudos. No caso concreto, reconhecida pelo Tribunal Regional a jornada excessiva (jornada diária de aproximadamente 12 horas, de segunda a sábado), faz jus o reclamante à reparação por danos morais, o qual, como é de conhecimento amplo, não precisa ser provado, pois se diz in re ipsa, ou seja, deriva da própria natureza do fato".

Nota do autor: danos morais não se confundem com danos existenciais. Ambos são espécies de danos extrapatrimoniais. Essa diferenciação é importante pois a decisão acima pois não é pacífico o entendimento acerca da necessidade de prova do dano existencial. Na decisão acima, a 2ª turma entendeu que reconhecida a jornada excessiva, o dano moral decorre inexoravelmente. Ocorre que, em casos de jornada exaustiva, o Reclamante pode veicular duas pretensões: uma por danos morais e outra por dano existencial, devendo este último ser comprovado. É a posição que prepondera no Tribunal Superior do Trabalho. Assim, tem prevalecido o entendimento pelo qual o dano existencial deve ser demonstrado concretamente, não se podendo extrair automaticamente da comprovação da prestação de horas extraordinárias a consequência de que as relações sociais do trabalhador foram rompidas ou que seu projeto de vida foi suprimido do seu horizonte. Demonstrado concretamente o prejuízo às relações sociais e a ruína do projeto de vida do trabalhador, tem-se como comprovado, *in re ipsa*, a dor e o dano a sua dignidade. O que não se pode admitir é que, comprovada a prestação em horas extraordinárias, extraia-se daí automaticamente a consequência de que as relações sociais do trabalhador foram rompidas ou que seu projeto de vida foi suprimido do seu horizonte (RR-523-56.2012.5.04.0292 Data de Julgamento: 26/08/2015, Relator Ministro: Luiz Philippe Vieira de Mello Filho, 7ª Turma, Data de Publicação: DEJT 28/08/2015). Também pela necessidade de prova do prejuízo: RR-11628-88.2013.5.18.0103, Data de Julgamento: 15/04/2015, Relator Ministro: José Roberto Freire Pimenta, 2ª Turma, Data de Publicação: DEJT 08/05/2015; RR-1443-94.2012.5.15.0010, Data de Julgamento: 15/04/2015, Relatora Ministra: Maria de Assis Calsing, 4ª Turma, Data de Publicação: DEJT 17/04/2015; AIRR-647-66.2013.5.04.0013, Data de Julgamento: 22/04/2015, Relator Desembargador Convocado: Breno Medeiros, 8ª Turma, Data de Publicação: DEJT 24/04/2015.

[...] DANO EXISTENCIAL. PRESTAÇÃO EXCESSIVA, CONTÍNUA E DEZARRAZOADA DE HORAS EXTRAS. CONFIGURAÇÃO. O excesso de jornada extraordinária, para muito além das duas horas previstas na Constituição e na CLT, cumprido de forma habitual e por longo período, tipifica, em tese, o dano existencial, por configurar manifesto comprometimento do tempo útil de disponibilidade que todo indivíduo livre, inclusive o empregado, ostenta para usufruir de suas atividades pessoais, familiares e sociais. A esse respeito é preciso compreender o sentido da ordem jurídica criada no País em cinco de outubro de 1988 (CF/88). É que a Constituição da República determinou a instauração, no Brasil, de um Estado Democrático de Direito (art. 1º da CF), composto, segundo a doutrina, de um tripé conceitual: a pessoa humana, com sua dignidade; a sociedade política, necessariamente democrática e inclusiva; e a sociedade civil, também necessariamente democrática e inclusiva (Constituição da República e Direitos Fundamentais – dignidade da pessoa humana, justiça social e Direito do Trabalho. 3ª ed. São Paulo: LTr, 2015, Capítulo II). Ora, a realização dos princípios constitucionais humanísticos e sociais (inviolabilidade física e psíquica do indivíduo; bem-estar individual e social; segurança das pessoas humanas, ao invés de apenas da propriedade e das empresas, como no passado; valorização do trabalho e do emprego; justiça social; subordinação da propriedade à sua função social, entre outros princípios) é instrumento importante de garantia e cumprimento da centralidade da pessoa humana na vida socioeconômica e na ordem jurídica, concretizando sua dignidade e o próprio princípio correlato da dignidade do ser humano. Essa realização tem de ocorrer também no plano das relações humanas, sociais e econômicas, inclusive no âmbito do sistema produtivo, dentro da dinâmica da economia capitalista, segundo a Constituição da República Federativa do Brasil. Dessa maneira, uma gestão empregatícia que submeta o indivíduo a reiterada e contínua jornada extenuante, que se concretize muito acima dos limites legais, em dias sequenciais, agride todos os princípios constitucionais acima explicitados e a própria noção estruturante de Estado Democrático de Direito. Se não bastasse, essa jornada gravemente excessiva reduz acentuadamente e de modo injustificável, por longo período, o direito à razoável disponibilidade temporal inerente a todo indivíduo, direito que é assegurado pelos princípios constitucionais mencionados e pelas regras constitucionais e legais regentes da jornada de trabalho. Tal situação anômala deflagra, assim, o dano existencial, que consiste em lesão ao tempo razoável e proporcional, assegurado pela ordem jurídica, à pessoa humana do trabalhador, para que possa se dedicar às atividades individuais, familiares e sociais inerentes a todos os indivíduos, sem a sobrecarga horária desproporcional, desarrazoada e ilegal, de intensidade repetida e contínua, em decorrência do contrato de trabalho mantido com o empregador. Logo, configurada essa situação no caso dos autos, deve ser restabelecida a sentença, que condenou a Reclamada no pagamento de indenização por danos morais no importe de R$ 5.000,00. Recurso de revista conhecido e provido no aspecto. 6. CONDENAÇÃO EM VERBAS DE TRATO SUCESSIVO. LIMITAÇÃO TEMPORAL. PARCELAS VINCENDAS. Tratando-se de prestações sucessivas por tempo indeterminado, a execução compreenderá inicialmente as prestações devidas até a data do ingresso na execução, consoante dicção do art. 892 da CLT. Por outro lado, segundo estabelece o art. 290 do CPC/1973, atual art. 323 do CPC/2015, se o devedor deixar de pagar ou de consignar, no curso do processo, obrigações consistentes em prestações periódicas, a sentença as incluirá na condenação, enquanto durar a obrigação, até mesmo no caso de ausência de pedido expresso. É o caso das parcelas de horas extras, vale-alimentação, adicional de periculosidade, etc. Atente-se que, sobrevindo alteração na situação fática suscetível de modificação da decisão, a Reclamada dispõe da ação revisional (art. 471, I, do CPC/1973, atual 505, I, do CPC/2015). Recurso de revista conhecido e provido no aspecto. (RR – 1355-21.2015.5.12.0047, Relator Ministro: Mauricio Godinho Delgado, Data de Julgamento: 07/11/2017, 3ª Turma, Data de Publicação: DEJT 10/11/2017)

A ausência do direito à desconexão gera danos morais?

A responsabilidade civil do empregador pela reparação decorrente de danos morais causados ao empregado pressupõe a existência de três requisitos, quais sejam: a conduta (culposa, em regra), o dano propriamente dito (violação aos atributos da personalidade) e o nexo causal entre esses dois elementos. O primeiro é a ação ou omissão de alguém que produz consequências às quais o sistema jurídico reconhece relevância. É certo que esse agir de modo consciente é ainda caracterizado por ser contrário ao Direito, daí falar-se que, em princípio, a responsabilidade exige a presença da conduta culposa do agente, o que significa ação inicialmente de forma ilícita e que se distancia dos padrões socialmente adequados, muito embora possa haver o dever de ressarcimento dos danos, mesmo nos casos de conduta lícita. O segundo elemento é o dano que, nas palavras de Sérgio Cavalieri Filho, consiste na "[...] subtração ou diminuição de um bem jurídico, qualquer que seja a sua natureza, quer se trate de um bem patrimonial, quer se trate de um bem integrante da própria personalidade da vítima, como a sua honra, a imagem, a liberdade etc. Em suma, dano é lesão de um bem jurídico, tanto patrimonial como moral, vindo daí a conhecida divisão do dano em patrimonial e moral". Finalmente, o último elemento é o nexo causal, a consequência que se afirma existir e a causa que a provocou; é o encadeamento dos acontecimentos derivados da ação humana e os efeitos por ela gerados. No caso, o quadro fático registrado pelo Tribunal Regional revela que "o autor permaneceu conectado, mentalmente, ao trabalho durante os plantões, que ocorriam 14 dias seguidos. Além de cumprir sua jornada, o autor permanecia à disposição da empresa, chegando a trabalhar de madrugada em algumas ocasiões, como no dia 06/01/2008, por exemplo, em que trabalhou das 2h às 5h, no dia 27 do mesmo mês, das 4h40min às 11h30min (fl. 416), e no dia 13/09/13, das 0h às 3h30min (fl. 418)." A precarização de direitos trabalhistas em relação aos trabalhos à distância, pela exclusão do tempo à disposição, em situações corriqueiras relacionadas à permanente conexão por meio do uso da comunicação telemática após o expediente, ou mesmo regimes de plantão, como é o caso do regime de sobreaviso, é uma triste realidade que se avilta na prática judiciária. A exigência para que o empregado esteja conectado por meio de smartphone, notebook ou BIP, após a jornada de trabalho ordinária, é o que caracteriza ofensa ao direito à desconexão. Isso porque não pode ir a locais distantes, sem sinal telefônico ou internet, ficando privado de sua liberdade para usufruir efetivamente do tempo destinado ao descanso. Com efeito, o excesso de jornada aparece em vários estudos como uma das razões para doenças ocupacionais relacionadas à depressão e ao transtorno de ansiedade, o que leva a crer que essa conexão demasiada contribui, em muito, para que o empregado cada vez mais, fique privado de ter uma vida saudável e prazerosa. Para Jorge Luiz Souto Maior, "quando se fala em direito a se desconectar do trabalho, que pode ser traduzido como direito de não trabalhar, não se está tratando de uma questão meramente filosófica ou ligada à futurologia(...), mas sim numa perspectiva técnico-jurídica, para fins de identificar a existência de um bem da vida, o não-trabalho, cuja preservação possa se dar, em concreto, por uma pretensão que se deduza em juízo." Não fossem suficientes as argumentações expostas e a sustentação doutrinária do reconhecimento do direito aludido, há que se acrescentar o arcabouço constitucional que ampara o direito ao lazer, com referência expressa em vários dispositivos, a exemplo dos artigos 6º; 7º, IV; 217, § 3º; e 227. O direito à desconexão certamente ficará comprometido, com a permanente vinculação ao trabalho, se não houver critérios definidos quanto aos limites diários, os quais ficam atrelados à permanente necessidade do serviço. Resultaria, enfim, em descumprimento de direito fundamental e no comprometimento do princípio da máxima efetividade da Carta Maior. Finalmente, a proteção não se limita ao direito interno. Mencione-se, na mesma linha, diversos diplomas normativos internacionais, que, ou o reconhecem de modo expresso, ou asseguram o direito à limitação do número de horas de trabalho, ora destacados: artigos 4º do Complemento da Declaração dos Direitos do Homem (elaborado pela Liga dos Direitos do Homem e do Cidadão em 1936); XXIV da Declaração Universal dos Direitos Humanos, de 1948; 7º do Pacto Internacional Relativo aos Direitos Econômicos, Sociais e Culturais, de 1966; e 7º, "g" e "h" do Protocolo de San Salvador (Protocolo

Adicional à Convenção Interamericana Sobre Direitos Humanos em Matéria de Direitos Econômicos, Sociais e Culturais), os dois últimos ratificados pelo Brasil. Nesse contexto, mostra-se incontroversa a conduta antijurídica da empresa que violou direito fundamental decorrente de normas de ordem pública. Os danos causados, pela sua natureza in re ipsa, derivam na própria natureza do ato e independem de prova. Presente o nexo de causalidade entre este último e a conduta patronal, está configurado o dever de indenizar. Agravo de instrumento a que se nega provimento. DANOS MORAIS. VALOR DA INDENIZAÇÃO. DECISÃO GENÉRICA. INÉRCIA DA PARTE, QUANTO À OPOSIÇÃO DE EMBARGOS DE DECLARAÇÃO. IMPOSSIBILIDADE DE REVISÃO. O Tribunal Regional não especificou os parâmetros concretos que o levaram a manter a sentença que fixou a indenização por danos morais em R$25.000,00. Diante da omissão da Corte a quo, caberia a oposição de embargos de declaração, a fim de que explicitasse os fundamentos que conduziram ao valor arbitrado e demonstrasse a proporcionalidade com relação à extensão do dano. Como a parte não tomou tal providência afigura-se inviável o exame da tese recursal, no sentido de que não há razoabilidade no montante da indenização. Incidência da Súmula nº 297 do TST. Agravo de instrumento a que se nega provimento. (AIRR-2058-43.2012.5.02.0464, Relator Ministro: Cláudio Mascarenhas Brandão, Data de Julgamento: 18/10/2017, 7ª Turma, Data de Publicação: DEJT 27/10/2017)

» *Revista*

A revista em bolsas e pertences do empregado rende ensejo a indenização por danos morais?

É entendimento assente nesta Corte superior que a revista visual em bolsas, quando ocorre de forma impessoal e sem contato físico entre a pessoa que procede à revista e o empregado, não submete o trabalhador a situação vexatória, porquanto esse ato decorre do poder diretivo e fiscalizador da reclamada. Ocorre que, na hipótese dos autos, a revista não era realizada de forma meramente visual, uma vez que o segurança remexia o interior da mochila do obreiro à procura de produtos que também eram vendidos na loja e os etiquetava, verificando-os ao fim do expediente. A revista, portanto, se dava de maneira induvidosamente causadora de humilhação e constrangimento aos empregados, com exposição da sua intimidade, ensejando a condenação ao pagamento de indenização por danos morais. (RR-894-37.2015.5.05.0017, Relator Desembargador Convocado: Marcelo Lamego

Pertence, Data de Julgamento: 21/06/2017, 1ª Turma, Data de Publicação: DEJT 23/06/2017)

Nos termos da jurisprudência desta Corte, a revista de bolsas e pertences do empregado, sem que haja contato físico, não caracteriza dano moral. Na hipótese dos autos, contudo, ficou registrado que o procedimento era feito de "forma vexatória e humilhante", mediante a exposição do conteúdo das sacolas aos demais empregados, que também eram compelidos a vasculhar os pertences dos colegas. Tal peculiaridade permite reconhecer o excesso, a justificar a manutenção da condenação. É preciso preservar a dignidade e a intimidade da pessoa humana (no caso do trabalhador) em detrimento do direito de propriedade e da livre iniciativa, pois, embora todos sejam direitos fundamentais de primeira geração, a técnica de ponderação de valores permite verificar a preponderância do primeiro sobre o segundo, na relação laboral. Talvez nem mesmo se devesse falar, com exatidão, em ponderação de valores como técnica de solução de conflitos de natureza difícil, uma vez que a clara opção axiológica adotada pelo constituinte de 1988 deixa evidente a primazia do SER sobre o TER; a pessoa sobre o patrimônio; o homem sobre a coisa. O acórdão regional confere efetividade a esse princípio. (AIRR-1162-22.2010.5.19.0003, Relator Ministro: Cláudio Mascarenhas Brandão, Data de Julgamento: 14/06/2017, 7ª Turma, Data de Publicação: DEJT 23/06/2017)

» *Reversão da justa causa em juízo*

A reversão da justa causa em juízo rende ensejo a indenização por danos morais?

A demissão por justa causa está prevista na lei e encontra-se dentro do poder diretivo do empregador. Não é apenas o fato de a empresa dispensar o empregado, mas a atitude abusiva no ato da dispensa que determinará a existência de lesão à honra e à imagem do trabalhador, que deve ser provada. A simples dispensa por justa causa não caracteriza ato ilícito ou abuso do poder potestativo do empregador, ainda que haja reversão desse ato em juízo. Necessário, antes de tudo, que tenha havido prejuízo de difícil reparação em decorrência de ato ilícito. Não havendo tal constatação, como se depreende da r. decisão proferida pelo eg. Tribunal Regional, não se caracteriza o dano moral apto a ensejar necessária reparação. Recurso de revista conhecido e provido. (ARR-1000200-26.2015.5.02.0311, Relator Ministro: Aloysio Corrêa da Veiga, Data de Julgamento: 08/03/2017, 6ª Turma, Data de Publicação: DEJT 10/03/2017)

Dano moral. Não configuração. Atribuição de conduta desidiosa ao empregado. Reversão da justa causa em juízo. Ausência de ato ilícito a ser atribuído à empresa. A simples dispensa por justa causa, com atribuição de conduta desidiosa ao empregado, não caracteriza, por si só, ato ilícito ou abuso do poder potestativo do empregador, ainda que haja reversão da aludida justa causa em juízo. A existência de lesão à honra e à imagem do trabalhador deve ser demonstrada. Desse modo, se não provada a má-fé do empregador, ao imputar falta grave ao empregado, nem qualquer publicidade acerca de qual fato determinou a justa causa, não se caracteriza o dano moral apto a ensejar a reparação pleiteada. *TST-E-ED-RR-737000-44.2004.5.09.0012, SBDI-I, rel. Min. Aloysio Corrêa da Veiga, 31.8.2017 (*Ver Informativo TST nºs 7, 24, 70 e 117) –* ***Informativo TST nº 163.***

» ***Pessoas Jurídicas***

Admite-se danos morais in re ipsa a pessoas jurídicas?

A Terceira Turma do Superior Tribunal de Justiça (STJ) reafirmou o entendimento de que **a condenação por danos morais sofridos por pessoa jurídica exige comprovação fática, ainda que seja possível a utilização de presunções e regras de experiência para configuração do dano.**

Ao acolher um recurso e afastar a condenação imposta por danos morais devido à ausência de pressupostos para sua configuração, os ministros lembraram que esse tipo de condenação em favor de pessoas jurídicas ocorre de forma diferenciada.

A ministra Nancy Andrighi, relatora do caso, explicou que **nas situações que envolvem pessoa física, é possível a constatação implícita do dano, o que não se dá com a pessoa jurídica.** Nesses casos, segundo a magistrada, **<u>não há o dano moral *in re ipsa*</u>, ou seja, o dano moral presumido, que decorre naturalmente do próprio fato e não exige comprovação.** [...]

Nancy Andrighi lembrou que **o ordenamento jurídico permite a condenação por danos morais impostos a pessoa jurídica, mas é preciso uma comprovação de danos à honra objetiva da empresa**, algo que varia de caso a caso e precisa ser observado pelo magistrado responsável pela demanda. (STJ-REsp 1637629).

» *Polígrafo*

O uso do polígrafo gera danos morais?

Indenização por danos morais. Utilização do polígrafo. Ausência de fiabilidade probatória. Violação da dignidade humana e dos direitos de personalidade do empregado. Configuração. A aplicação das normas trabalhistas no espaço obedece aos Princípios da Territorialidade e da Soberania Nacional. Assim, o contrato de trabalho celebrado e executado no Brasil deve ser integralmente regido pelas regras e princípios do sistema pátrio, independentemente da nacionalidade da empregadora. É certo, ainda, que entre os fundamentos da República Federativa do Brasil, a dignidade da pessoa humana e os valores sociais do trabalho (artigo 1º, III e IV, da Constituição Federal), verdadeiros vetores que devem orientar quaisquer relações, públicas ou privadas, firmadas ou desenvolvidas no País. A par dessas garantias, convivem, no mesmo sistema, a livre iniciativa e o direito constitucional à propriedade privada (artigo 1º, IV, da Constituição Federal), embora esta última com função social. Porém, como proteção necessária à condição de hipossuficiência em que se encontra o empregado, o ordenamento jurídico impõe alguns limites intransponíveis a esse poder, em face da necessidade de respeito aos direitos fundamentais dos empregados, uma vez que estes devem ser assegurados em qualquer ambiente e em todas as situações, em razão de sua eficácia horizontal. Imperioso, assim, compreender que os direitos fundamentais, por serem indissociáveis da pessoa do empregado, não podem ser desconsiderados a partir do momento em que este ingressa no estabelecimento como se, nesse momento, todos os seus atributos pessoais se encontrassem ao alvedrio do empregador, independentemente de a empresa lidar com questões delicadas de segurança, como as concernentes ao transporte aéreo de passageiros. Por outro lado, é inquestionável a proibição de quaisquer investidas em aspectos referentes aos direitos fundamentais dos empregados ao mero argumento de que se está em lícito exercício do poder diretivo do empregador. Como não se cogita a hipótese de tratar-se, este último, de direito absoluto, deve obediência ao limite mínimo a que todas as demais faculdades subjetivas devem estar submetidas, qual seja: o respeito a dignidade humana. Ressalte-se, ademais, que no Brasil o uso do polígrafo não vem sendo admitido nem mesmo na área penal, principalmente em razão da sua ausência de confiabilidade científica. Nem se pode reconhecer, com segurança, o seu grau de fiabilidade, pois avaliar a fiabilidade probatória do polígrafo impõe, antes de mais nada, compreender e separar, epistemologicamente, a sua utilização enquanto equipamento que simplesmente afere as reações fisiológicas específicas para as quais foi concebido, portanto, uma espécie de "medidor de sinais psicofisiológicos" emitidos por uma pessoa, e diferenciá-la da capacidade de identificar se essa pessoa está mentindo, baseada na interpretação feita por alguém – o poligrafista –, desses mesmos sinais. Significa, por conseguinte, separar a confiabilidade da função meramente "mecânica", da atividade intelectiva e interpretativa de análise dos dados obtidos. Assim, se a utilização do polígrafo não é admitida nem mesmo no processo penal, conduzido pelo Estado e com participação do Ministério Público, fiscal da ordem jurídica por excelência, não há por que tolerar a sua aplicação pelo empregador, no âmbito de uma relação particular e privada, sem que haja garantia de resguardo a um suposto "devido processo legal" ou a quaisquer outros direitos fundamentais do indivíduo. Nesse contexto, seria possível afirmar que o empregador, ao fazer uso da aludida técnica de aferição da verdade, estaria investindo-se do exclusivo e indelegável Poder de Polícia, promovendo verdadeira persecução criminal que só pode ser levada a cabo pelo Estado. Saliente-se que tramitou no Congresso Nacional o Projeto de Lei nº 7.253/2002, arquivado em razão do encerramento da legislatura, de autoria do Senador Paulo Paim, que proibia expressamente o uso de polígrafo nas relações de trabalho. Em sua justificação frisou que "Seu uso configura grosseira violação à liberdade, à dignidade e à privacidade do homem. Mesmo em caso de existência de suspeitas veementes de crime praticado pelo empregado (p. ex., furto, ou apropriação indébita), sua utilização consiste em prática reprovável (além de bizarra), eis que o empregador não pode instituir por sua própria conta, um ' processo penal' travestido, pois cabe ao Estado a persecução penal". Sob o aspecto do prejuízo ao empregado, cumpre ressaltar que, antes do início do teste propriamente dito, é necessária a fase de calibragem do aparelho, onde são feitas diversas perguntas ao examinando, entre as quais podem ser indevidamente incluídas perguntas de ordem pessoal ou mesmo vexatórias, que geram exposição desnecessária e certamente não dizem respeito ao exercício da atividade laborativa, acarretando inevitável constrangimento, desconforto e abalo psíquico e moral. No caso, questiona-se se, em razão do nível de exposição a que está submetido o empregado, ao ter que responder perguntas relacionadas ao uso de bebidas alcóolicas, narcóticos, se tem antecedentes de desonestidade, se já se envolveu em atividade criminosa ou foi preso, por exemplo, além de outras de foro ainda mais particular ou até vexatórias, o polígrafo seria mesmo o meio que lhe causaria menor prejuízo, especialmente quando se considera sua esfera moral e o respeito aos direitos da personalidade ligados à intimidade e à vida privada. O tema, aliás, não passou ao largo da jurisprudência do Supremo Tribunal Federal. Ao contrário, firmou a tese no tocante ao respeito às liberdades fundamentais, mesmo nas relações privadas, como se vê no RE n. 201.819, Redator para o acórdão o Min. Gilmar Mendes, publicado em 27-10-2006. Acrescente-se a previsão contida no artigo 5º, LXIII, da Constituição da República, segundo o qual é assegurado aos acusados o direito ao silêncio, e normas internacionais de direitos humanos que aderem ao cenário constitucional pátrio - porque nele integradas -, consagradoras do princípio fundamental no sentido de que "ninguém é obrigado a produzir provas contra si mesmo", como o Pacto Internacional dos Direitos Civis e Políticos de 1966, ratificado pelo Brasil em 06.07.1992, artigo 14, 3, g; e à Convenção Americana de Direitos Humanos, ratificada pelo Brasil em 06.11.1992, artigo 8º, 2, g. Diante de tudo do que foi exposto neste acórdão, conclui-se que a utilização do polígrafo nas relações laborais configura ato ilícito, que atinge a dignidade humana e os direitos da personalidade do empregado, notadamente a honra, a vida privada e a intimidade, o que dá ensejo ao pagamento de indenização por danos morais. Recursos de embargos de que se conhece e a que se nega provimento. *E-ED-RR-28140-17.2004.5.03.0092, Relator Ministro: Cláudio Mascarenhas Brandão, Data de Julgamento: 30/11/2017, Subseção I Especializada em Dissídios Individuais, Data de Publicação: DEJT 15/12/2017* - ***Informativo TST nº 170.***

» ***Mero contágio por substância cancerígena***

A contaminação por substância cancerígena, ainda que não haja comprovação do desenvolvimento de doença com ela relacionada, gera danos morais?

A contaminação do reclamante por substância cancerígena, decorrente dos serviços prestados à reclamada, *<u>ainda que não haja a comprovação do desenvolvimento de doença com ela relacionada</u>*, possibilita, <u>por si só</u>, o reconhecimento do direito à reparação por danos morais. Acontece que, no caso, conforme revela o quadro fático delineado no acórdão regional, o autor foi acometido por patologias possivelmente causadas pela exposição ao Hexaclorobenzeno, o que reforça a tese da existência do dano moral alegado e do consequente dever de indenizar. Outrossim, quanto ao ambiente de trabalho, é cediço que cabe ao empregador a adoção de medidas capazes de evitar acidentes de trabalho e doenças ocupacionais (art. 157 da CLT). Inclui-se entre os deveres que são a ele atribuídos, por força do contrato de trabalho, o de segurança, que implica na necessidade de dotar o contexto laboral dos mecanismos, equipamentos, práticas e rotinas necessárias à preservação da higidez física e mental dos empregados e de tantos quantos nele possam mourejar. Dessa forma, o não cumprimento das obrigações necessárias à prevenção do adoecimento demonstra negligência e omissão da ré quanto às normas de segurança e saúde do trabalho. Evidenciado o dano, assim como a conduta culposa do empregador e o nexo causal entre ambos, deve ser mantido o acórdão regional que condenou a reclamada a indenizá-lo. Agravo de instrumento a que se nega provimento. (TST-AIRR-30200-18.2006.5.02.0254 Data de Julgamento: 22/02/2017, Relator Ministro: Cláudio Mascarenhas Brandão, 7ª Turma, Data de Publicação: DEJT 06/03/2017).

» ***Retenção da CTPS***

A retenção da CTPS gera danos morais in re ipsa ou o empregado deve comprovar o prejuízo?

A retenção indevida da CTPS por prazo superior ao legal de quarenta e oito horas (art. 53 da CLT) acarreta, por si só, lesão a direitos da personalidade e, consequentemente, o direito a reparação por dano moral. Neste caso, não necessita o empregado demonstrar o constrangimento ou prejuízo sofridos, pois presumidos em face do impedimento de apresentar o documento em eventual entrevista de emprego, nos termos do art. 13 da CLT, que dispõe tratar-se de documento obrigatório para o exercício de qualquer emprego, ou para verificar situação de benefícios previdenciários. *E-RR-189-15.2012.5.05.0641, Relator Ministro: Márcio Eurico Vitral Amaro, Data de Julgamento: 28/09/2017, Subseção I Especializada em Dissídios Individuais, Data de Publicação: DEJT 06/10/2017 –* ***Informativo TST nº 166.***

» ***Reversão da justa causa em juízo***

A reversão da justa causa que se deu por suposto crime não comprovado gera danos morais in re ipsa ou o empregado deve comprovar o prejuízo?

I – Cinge-se a controvérsia acerca da possibilidade de indenizar o empregado por danos morais quando a dispensa por justa causa decorrer de suposto crime desconstituído em juízo. II – É certo que não se pode dar pela ocorrência de dano moral mediante a simples constatação do nexo de causalidade entre a dispensa por improbidade e o insucesso processual na sua comprovação, sobretudo porque o reclamado não tem nenhum controle sobre o exame das provas, o qual cabe naturalmente ao magistrado. III

– A prevalecer a tese de o dano moral ser resultante da simples não comprovação do ato de improbidade na esfera judicial, estar-se-ia admitindo a responsabilidade não objetiva, mas automática do pretenso ofensor, hipótese não contemplada quer na Constituição, quer no Código Civil. IV – Por isso é imprescindível aquilatar em que condições se procedeu à imputação da prática de crime para se aferir se o empregador eventualmente tenha dado divulgação do ato a terceiros ou ao conjunto do seu pessoal, extravasando os limites da razoabilidade na imputação daquela falta grave. V – Caso haja demonstração dessa atitude patronal concomitante ao despedimento pelo cometimento daquele ato, agiganta-se a convicção de ter agido com dolo ou ao menos à guisa de culpa grave, leve ou levíssima, de modo a justificar o direito do empregado à percepção da indenização por dano imaterial. VI – Entretanto, segundo se extrai do acórdão regional, não se divisa do contexto probatório ali delineado que o recorrido tivesse sofrido tratamento humilhante por parte das recorrentes, na medida em que se utilizaram comedidamente do poder de resolução contratual, estando amparados pela excludente de culpabilidade, consubstanciada no exercício regular de direito assegurado por lei. VII – No caso dos autos, deduz-se que a indenização extra patrimonial questionada, derivada da abertura de inquérito policial, só seria cabível se restasse comprovado que a instauração do citado procedimento foi requerida de forma maliciosa e/ou despropositada, e que teria havido repercussão na vida particular do arguido causadora de evidentes dissabores em seu conceito profissional ou no ambiente social e familiar que se encontra inserido, circunstâncias que não ficaram perfeitamente demonstradas na controvérsia em questão, de tal sorte que não se vislumbra os elementos essenciais para obtenção da indigitada indenização: o dano (dor), nexo causal (conexão entre o ato supostamente ilícito e o dano experimentado) e a culpa no seus dois aspectos – dolo intencional e a culpa derivada de negligência, imprudência ou imperícia. VIII – Há de se convir que a subjetividade de que se reveste a interpretação da conduta reprovável atribuída ao empregado, mesmo que essa tenha consistido na prática de crime, indica que a sua descaracterização pela decisão judicial, proveniente de mero insucesso probatório, não autoriza, por si só, a condenação em indenização por dano moral, exaurindo-se o direito do recorrido no âmbito da reparação prevista na Consolidação das Leis do Trabalho. IX – Com isso, avulta a convicção de que, apesar da reversão da justa causa em juízo, o procedimento adotado pela empresa configura-se razoável diante da inviabilidade de continuidade do contrato de trabalho, por quebra do elemento fiduciário que lhe é inerente, pelo que não se vislumbra nenhum ato ilícito suscetível de reparação pecuniária. (RR-1471-36.2012.5.01.0080, Relator

Desembargador Convocado: Roberto Nobrega de Almeida Filho, Data de Julgamento: 30/08/2017, 5ª Turma, Data de Publicação: DEJT 01/09/2017)

Ver, em sentido contrário:

Discute-se o direito a indenização por dano moral em face da dispensa por justa causa por suposto ato de improbidade (desvio de numerário), desconstituído em juízo. A obrigação de indenizar por dano moral decorre da comprovação da prática de ato ilícito pelo empregador por ação ou omissão, culpa ou dolo, bem como da existência do nexo de causalidade entre o dano sofrido e a conduta ilícita, na forma dos arts. 186 e 927 do Código Civil. A resolução do contrato de trabalho por justa causa, fundada supostamente em ato de improbidade, quando desconstituída judicialmente, gera evidentemente reflexos na vida pessoal do empregado e lesiona direitos da personalidade, em especial a honra e a imagem. Embora a reversão judicial da dispensa por justa causa não constitua, por si só e necessariamente, motivo ensejador da indenização por dano moral, in casu, presume-se grave ofensa à imagem, pois não há como negar o sofrimento causado ao obreiro. Diferente seria se a justa causa imputada tivesse o pressuposto da conduta incontroversa (faltas ao trabalho, ofensa pessoal, desídia no cumprimento de norma geral, etc), quando então estaria imune o empregador para exercer o direito de tentar enquadrar tal comportamento em um dos tipos legais descritivos de justa causa. Ademais, a acusação, sem a necessária cautela, de grave imputação de desvio de dinheiro, evidencia o abuso do direito do empregador ao exercer o poder disciplinar, configurando-se ato ilícito, previsto no artigo 186 do Código Civil, e indenizável, na forma do artigo 927 do mesmo diploma legal. Esta Corte tem decidido não ser necessária a comprovação de prejuízo advindo do dano moral, bastando que a parte comprove a violação de direito da personalidade, como ocorreu no caso em concreto. Há precedentes desta Subseção. Recurso de embargos conhecido e provido. (E-RR-48300-39.2003.5.09.0025, Relator Ministro: Augusto César Leite de Carvalho, Data de Julgamento: 10/09/2015, Subseção I Especializada em Dissídios Individuais, Data de Publicação: DEJT 16/10/2015)

» *Sigilo bancário*

A quebra de sigilo bancário do empregador, pelo banco empregador, gera danos morais?

A jurisprudência desta Corte considerava como ofensa ao patrimônio moral de empregados de instituições financeiras as situações de quebra de seu sigilo bancário pelo empregador, seja em auditoria interna, para verificação da situação financeira dos trabalhadores, seja em outras situações não autorizadas pela Lei Complementar 105, de 2001. Para essa compreensão jurisprudencial, as hipóteses de quebra de sigilo bancário estavam explicitadas no diploma normativo que regula o sigilo das operações de instituições financeiras, isto é, a Lei Complementar n. 105/2001, entre as quais não se encontraria o exercício do poder empregatício (art. 2º, caput, CLT). À luz desse entendimento, a tutela legal do sigilo bancário impunha a todos, inclusive ao empregador financeiro, uma conduta omissiva de respeito à privacidade quanto a esse tipo de dados. Contudo, com fundamento na interpretação que se extrai dos preceitos da Lei 9.613/98 – especialmente o art. 11, II, § 2º -, dispositivos que determinam aos Bancos que monitorem todas as contas bancárias existentes em seus estabelecimentos e, por consequência, dos correntistas que sejam seus empregados – e, igualmente, com suporte na própria atividade de fiscalização financeira que é inerente aos Bancos, conforme previsto na mesma Lei Complementar 105/2001, especialmente em seu art. 1º, § 3º, e art. 5º, § 1º, firmou-se, a partir da SBDI-1 do TST, a compreensão de que o exercício, pelo Banco, de um dever legal, inerente ao leque normativo de suas funções institucionais, não constitui ato ilícito, e, por isso, não gera dano moral. Ademais, em se tratando de hipóteses em que a quebra de sigilo bancário não se deu de maneira isolada e discriminada a apenas um empregado, esta Corte Superior firmou o entendimento de que não há ato ilícito a ensejar a responsabilidade civil do empregador, tampouco se verifica a configuração de dano moral a ser indenizado. Por tais razões, o acórdão recorrido apresenta-se em conformidade com a jurisprudência consolidada do TST, o que torna inviável o exame das indicadas violações de dispositivo legal e/ou constitucional, bem como superada a eventual divergência jurisprudencial (Súmula 333 do TST e art. 896, § 7º, da CLT). Recurso de revista não conhecido no tema. (RR-311-86.2011.5.03.0069, Redator Ministro: Mauricio Godinho Delgado, Data de Julgamento: 30/05/2017, 3ª Turma, Data de Publicação: DEJT 23/06/2017)

» *Treinamento de empregado*

Aplicar spray de pimenta no rosto de todos os guardas municipais durante o treinamento configura ato ilícito?

A conduta do Município Reclamado de aplicar spray de pimenta no rosto de todos os guardas municipais durante o treinamento não configura ato ilícito, mas mera preparação para o exercício profissional das funções de segurança de pessoas e bens. Não há anotação de que o Reclamante tenha sofrido dano irreversível à sua integridade física ou psíquica, tampouco verificado risco de adoecer em razão dos fatos narrados. Ausentes tanto a conduta ilícita, quanto os danos, não há como se manter a responsabilidade do Município Reclamado. Recurso de Revista conhecido e provido. (RR-40-83.2014.5.15.0119, Relatora Ministra: Maria Cristina Irigoyen Peduzzi, Data de Julgamento: 14/12/2016, 8ª Turma, Data de Publicação: DEJT 19/12/2016)

PRESCRIÇÃO E DECADÊNCIA

PRESCRIÇÃO BIENAL E QUINQUENAL

» *Aviso prévio indenizado*

Deve ser considerada a projeção do aviso-prévio na contagem do prazo prescricional ainda que controvertida a própria existência do vínculo de emprego?

1. O período do aviso-prévio, ainda que indenizado, integra o tempo de serviço do empregado, nos termos do § 1º do art. 487 da CLT, operando-se a rescisão contratual apenas com o seu término, conforme determina o caput do art. 487 da CLT e consoante o entendimento consagrado na Orientação Jurisprudencial nº 83 da SBDI-1 do TST. 2. Esta Subseção firmou o entendimento de que deve ser considerada a projeção do aviso-prévio na contagem do prazo prescricional ainda que controvertida a própria existência do vínculo de emprego, pois "a causa de pedir alegada é aquela que diz respeito a um contrato cujo término não cessaria na data em que cessou a prestação de trabalho, mas sim um mês depois em razão do que prescreve o art. 487, § 1º, da CLT". 3. Consoante o disposto no art. 894, §2º, da CLT, não enseja o conhecimento de embargos a divergência superada pela atual e iterativa jurisprudência desta Corte. Agravo desprovido. (Ag-E-RR-175-68.2011.5.09.0022, Relator Ministro: Luiz Philippe Vieira de Mello Filho, Data de Julgamento: 07/12/2017, Subseção I Especializada em Dissídios Individuais, Data de Publicação: DEJT 15/12/2017)

» ***Estágio***

Qual o prazo prescricional aplicável no contrato de estágio?

O contrato de estágio, apesar de envolver tipo de relação de trabalho, e não de emprego, contém pretensão que atrai a incidência da prescrição trabalhista prevista no inciso XXIX do art. 7º da Constituição Federal, cujo comando alude, expressamente, a contrato de trabalho e a trabalhadores urbanos e rurais, e não apenas a empregados. O Tribunal Regional, ao aplicar à espécie a regra prescricional prevista no Código Civil, negou vigência ao citado dispositivo constitucional. Recurso de revista conhecido e provido. (RR-10322-74.2012.5.04.0664, Relator Ministro: Walmir Oliveira da Costa, Data de Julgamento: 29/11/2017, 1ª Turma, Data de Publicação: DEJT 01/12/2017)

» ***Suspensão***

A suspensão do prazo prescricional previsto no art. 625-G da CLT está limitada a dez dias?

O prazo de dez dias previsto no art. 625-F da CLT é dirigido à Comissão de Conciliação Prévia, com o fim de dar maior celeridade à tentativa de conciliação, e não à parte que a provocou. Por esse motivo, não há razoabilidade em se concluir que a suspensão do prazo prescricional previsto no art. 625-G da CLT esteja limitada àqueles dez dias. Uma vez elastecido o período entre a submissão da demanda à CCP e a data em que foi lavrado o termo de conciliação frustrada, todo esse tempo deve ser computado para efeito de suspensão do prazo prescricional, sob pena de penalizar a parte que optou em buscar a conciliação. De tal modo, no lapso de tempo entre a provocação da CCP e a tentativa frustrada de conciliação, esteve suspenso o decurso do prazo prescricional. *E-ED-ARR-1929-04.2011.5.03.0025, Relator Ministro: Aloysio Corrêa da Veiga, Data de Julgamento: 14/09/2017, Subseção I Especializada em Dissídios Individuais, Data de Publicação: DEJT 20/10/2017 – Informativo TST nº 164.*

» ***Interrupção***

O efeito interruptivo do prazo prescricional mediante o ajuizamento de protesto judicial restringe-se à prescrição bienal?

O protesto não interrompe apenas a prescrição do direito de ação (bienal), mas também a quinquenal, que é contada a partir do primeiro ato de interrupção da prescrição, ou seja, do ingresso da reclamação anteriormente ajuizada (protesto), sob pena de se tornar inócua a interrupção da prescrição, se ultrapassado cinco anos para o ajuizamento da nova ação. Também assim é o entendimento desta Corte, por meio da Orientação Jurisprudencial nº 392 da SBDI-1. Todavia, o marco inicial para o reinício do cômputo da prescrição extintiva é a data do trânsito em julgado da decisão proferida na primeira ação, ou seja, do protesto judicial, enquanto que a contagem da prescrição quinquenal se reinicia na data do ajuizamento do referido protesto. *E-ED-RR-92600-76.2005.5.05.0462, Relator Ministro: José Roberto Freire Pimenta, Data de Julgamento: 01/06/2017, Subseção I Especializada em Dissídios Individuais, Data de Publicação: DEJT 16/06/2017 - Informativo TST nº 160.*

» *Imprescritibilidade*

Os direitos trabalhistas são imprescritíveis enquanto não assegurada a eficácia do sistema de garantia contra a despedida arbitrária de que cogita o art. 7º, I, da Constituição Federal?

Prescrição quinquenal. Art. 7º, XXIX, da CF. Aplicabilidade imediata. Desnecessidade de regulamentação do art. 7º, I, da CF. 1. O art. 7º, XXIX, da Constituição Federal é de aplicação imediata e fixou o prazo prescricional de cinco anos a atingir as parcelas decorrentes do contrato de trabalho, com o estabelecimento de limite máximo de dois anos contados de sua extinção para o exercício do preexistente direito de ação. 2. A tese de serem imprescritíveis os direitos trabalhistas enquanto não assegurada a eficácia de outra norma constitucional, aquela relativa ao sistema de garantia contra a despedida arbitrária de que cogita o art. 7º, I, da Constituição Federal, fundamento da sentença rescindenda, afronta o disposto na mencionada norma constitucional. Recurso ordinário conhecido e desprovido. *RO-10012-64.2013.5.12.0000, Relator Ministro: Luiz Philippe Vieira de Mello Filho, Data de Julgamento: 21/02/2017, Subseção II Especializada em Dissídios Individuais, Data de Publicação: DEJT 24/02/2017 - Informativo TST nº 153.*

Aplica-se a prescrição trabalhista à pretensão de ressarcimento ao erário em ação ajuizada por empresa pública contra empregado?

1. Ação de improbidade administrativa ajuizada por empresa pública federal perante a Justiça do Trabalho, cumulada com pedido de ressarcimento ao erário, decorrente de ato de improbidade administrativa

perpetrado por empregado no curso de típica relação de emprego com o ente da Administração Pública indireta – Empresa Brasileira de Correios e Telégrafos. 2. O expresso comando que emana da parte final do artigo 37, § 5º, da Constituição Federal, ao afastar a incidência do princípio da prescritibilidade -- pilar de sustentação de outro princípio constitucional nuclear, relacionado à preservação da segurança jurídica --, impõe, em caráter excepcionalíssimo, a imprescritibilidade das ações de ressarcimento ao erário em decorrência de prejuízos advindos de ilícitos oriundos de atos de improbidade administrativa praticados por qualquer agente, servidor público ou não. 3. Em face da amplitude com que o legislador constitucional definiu o sujeito passivo submetido à regra da imprescritibilidade, forçoso reconhecer que mesmo o empregado de ente da Administração Pública indireta, por ostentar a condição de agente público "lato sensu", submete-se à norma constitucional de eficácia plena. 4. Entendimento que se robustece diante da explícita e ampla definição de "agente público" contida na Lei de Improbidade Administrativa -- Lei nº 8.429/1992 --, que o qualifica como "todo aquele que exerce, ainda que transitoriamente ou sem remuneração, por eleição, nomeação, designação, contrato ou qualquer outra forma de investidura ou vínculo, mandato, cargo, emprego ou função" no âmbito da Administração Pública direta, indireta ou fundacional, ou, ainda, de outros entes, de natureza privada, em que haja, em alguma medida, intervenção do erário (arts. 1º e 2º). 5. Ainda mais avulta a relevância do espectro de proteção conferido pelo artigo 37, § 5º, da CF, afinado aos princípios norteadores da Administração Pública (artigo 37, caput, CF), a circunstância de o Tribunal Pleno do Supremo Tribunal Federal haver firmado tese de Repercussão Geral – Tema 666 -, a fim de explicitar o sentido e alcance da referida norma constitucional, confirmando a imprescritibilidade das ações de ressarcimento por danos causados ao erário, decorrentes de ato de improbidade administrativa. (RE 669069/MG, Tribunal Pleno, Relator Ministro Teori Zavascki, DJe 28/4/2016). 6. Em virtude da natureza da pretensão deduzida em juízo – de índole eminentemente administrativa --, não incide a regra prescricional direcionada às lides tipicamente trabalhistas, prevista no artigo 7º, XXIX, da Constituição Federal. 7. Agravo de instrumento da empresa Autora a que se dá provimento para determinar o regular processamento do recurso de revista, em virtude de afronta à norma do artigo 37, § 5º, da Constituição Federal. Recurso de Revista de que se conhece e a que se dá provimento. (RR-852-53.2011.5.18.0053, Relator Ministro: João Oreste Dalazen, Data de Julgamento: 08/11/2017, 4ª Turma, Data de Publicação: DEJT 17/11/2017)

PRESCRIÇÃO TOTAL E PARCIAL

» *Redução salarial*

Qual espécie de prescrição incide no caso de redução salarial levada a efeito pelo empregador?

Redução salarial. Diferenças. Violação do art. 7º, VI, da CF e dos arts. 444 e 468 da CLT. Prescrição Parcial. Parte final da Súmula nº 294 do TST. Aplica-se a prescrição parcial à pretensão de diferenças salariais na hipótese em que o reclamante, ao retornar ao trabalho após afastamento por auxílio-doença, teve seu salário reduzido sob o argumento de que não teria mais condições físicas para exercer sua antiga função. A proteção ao salário está consagrada no art. 7º, VI, da CF e também nos arts. 444 e 468 da CLT, referentes à irredutibilidade salarial e à inalterabilidade contratual lesiva. Assim, incide a parte final da Súmula no 294 do TST, pois a cada mês se renova a violação da norma constitucional e da CLT. *E-ED-RR-44500-65.2005.5.10.0005, Relator Ministro: José Roberto Freire Pimenta, Data de Julgamento: 09/02/2017, Subseção I Especializada em Dissídios Individuais, Data de Publicação: DEJT 24/03/2017 - Informativo TST nº 152.*

» *Lei estadual*

Qual espécie de prescrição incide no caso de pretensão fundada em leis estaduais não revogadas?

Gratificação adicional. Avanços trienais. Parcelas previstas em leis estaduais não revogadas. Integração ao contrato de trabalho do reclamante. Prescrição parcial. A lei estadual que cria parcela remuneratória em benefício dos servidores públicos celetistas equipara-se ao regulamento empresarial, uma vez que a competência para legislar sobre Direito do Trabalho é privativa da União, e não dos Estados (artigo 22, I, da Constituição Federal). Esse fato, porém, não define, por si só, a incidência da prescrição parcial ou da prescrição total. Há de se verificar se a norma em questão permanece vigente, hipótese em que incidirá a prescrição parcial, ou se já houve a sua revogação, caso em que a prescrição será total. O efetivo descumprimento de cláusula contratual, a qual se incorporou ao patrimônio do trabalhador, gera a renovação da lesão a cada mês em que o empregador paga o salário sem o acréscimo das parcelas "gratificação adicional" e "avanços". No caso, o reclamante, que fora admitido na Secretaria de Saúde e Meio Ambiente do Estado do Rio Grande do Sul – SSMA e posteriormente transposto para a Fundação Estadual de Proteção Ambiental – FEPAM, pretende o recebimento das parcelas "gratificação adicional de 25%", prevista na Lei nº 8.701/88 do Estado do Rio Grande do Sul, e "avanços trienais", a que se refere a Lei nº 9.196/91 do mesmo Estado. Ressalte-se que as parcelas "gratificação adicional" e "avanços" estão previstas nas Leis Estaduais nos 8.701/88 e 9.196/91, respectivamente, normas essas ainda vigentes, consoante reconhece a própria reclamada. Desse modo, não obstante a massiva jurisprudência desta Corte acerca da incidência da prescrição total sobre a pretensão de recebimento de parcelas previstas em leis estaduais, uma vez que tais normas se equiparam a regulamentos de empresas, a hipótese versada nos autos possui particularidades que merecem ser analisadas sob ângulo distinto e que devem ser consideradas para fins de aplicação da prescrição parcial, quais sejam: a) as leis estaduais que o autor entende serem-lhe aplicáveis ainda estão vigentes; e b) o reconhecimento expresso do Tribunal Regional quanto à integração dessas normas ao contrato de trabalho do reclamante. Assim, conclui-se que, de fato, tais particularidades permitem constatar que a supressão das parcelas "gratificação adicional" e "avanços", quando da transposição do autor aos quadros da FEPAM, não constitui ato único do empregador, tampouco alteração contratual, mas sim, descumprimento do pactuado, gerando lesão que se renova mês a mês. Nesse contexto, incide sobre a pretensão a prescrição parcial, uma vez que surge a cada mês que a ré deixa de efetuar o pagamento das referidas parcelas. Desse modo, o pedido de prestações sucessivas fundamenta-se no descumprimento do pactuado e não de sua alteração, situação que atrai a aplicação da parte final da Súmula nº 294 do TST. *E-RR-990-47.2013.5.04.0018, Relator Ministro: Cláudio Mascarenhas Brandão, Data de Julgamento: 05/10/2017, Subseção I Especializada em Dissídios Individuais, Data de Publicação: DEJT 13/10/2017 - Informativo TST nº 167.*

» ***Promoções***

> ***Qual espécie de prescrição incide no caso de pedido de diferenças salariais pela não concessão de promoções por antiguidade quadrienais?***

Diferenças salariais. Promoção por antiguidade. Quadriênios. Plano de Cargos e Salários de 1988. Descumprimento de obrigação que se incorporou ao contrato de emprego. Prescrição parcial. Cinge-se a controvérsia à prescrição a ser aplicada, se parcial ou total, quanto ao pedido de diferenças salariais pela não concessão das promoções por antiguidade quadrienais nos anos de 2003, 2007 e 2011. Por entender que o exame do prazo prescricional deve ser realizado de forma abstrata a partir da pretensão formulada na petição inicial, sob pena de obstar o direito de ação, sem adentrar na análise do mérito, percebe-se, a partir dos dados informados no acórdão recorrido, que o pedido do autor é de recebimento dos quadriênios previstos no PCS de 1988, referente ao período compreendido entre 2003 e 2011, fundamentado nos princípios do direito adquirido (CF/88, art. 5º, XXXVI) e da inalterabilidade contratual lesiva (CLT, art. 468), e que no mesmo ano de criação do PCS de 1988, foi editada a Resolução nº 2.696/88 atribuindo efeito de cláusula contratual ao quadriênio, o que demonstra estar diante de alegação de descumprimento do pactuado de modo a atrair a aplicação da prescrição parcial, nos exatos termos da parte final da Súmula 294 deste Tribunal. Recurso de embargos conhecido e não provido. *E-RR-415-86.2012.5.09.0001, Relator Ministro: Augusto César Leite de Carvalho, Data de Julgamento: 06/04/2017, Subseção I Especializada em Dissídios Individuais, Data de Publicação: DEJT 20/04/2017 - Informativo TST nº 156*[22]

Qual espécie de prescrição incide no caso de promoções asseguradas em regulamento empresarial?

Promoções asseguradas em regulamento empresarial. Não concessão. Prescrição parcial. Possibilidade de reconhecimento do direito às promoções em período prescrito. Restrição dos efeitos financeiros ao período não prescrito. 1. É parcial a prescrição relativa ao pedido de pagamento de diferenças salariais decorrentes da não concessão, pelo empregador, de promoções asseguradas em plano de cargos e salários ou equivalente, porquanto a lesão ao direito do empregado decorre do descumprimento contínuo e periódico de obrigação imposta por norma regulamentar da empresa. Incidência da Súmula nº 452 do TST. 2. A incidência da prescrição parcial não impede o reconhecimento a promoções a que fazia jus a empregada em período já prescrito, restringindo-se, porém, seus efeitos financeiros somente a contar do lapso temporal não atingido pela prescrição. *E-ED-RR-900-31.2012.5.18.0003, Redator Ministro: João Oreste Dalazen, Data de Julgamento: 17/08/2017, Subseção I Especializada em Dissídios Individuais, Data de Publicação: DEJT 20/10/2017 - Informativo TST nº 162.*

22. Superada pela reforma trabalhista.

» ***FGTS***

FGTS e prescrição trintenária: reafirmação da jurisprudência

O Plenário, em conclusão de julgamento e por maioria, negou provimento a recurso extraordinário interposto em face de decisão do Tribunal Superior do Trabalho (TST) que havia considerado ser de trinta anos o prazo para exigir judicialmente dos empregadores e tomadores de serviços o depósito de valores relativos ao FGTS, ainda que depois da Constituição em vigor – v. Informativo 634 do STF.

O Colegiado declarou, ainda, a inconstitucionalidade do **art. 23, § 5º, da Lei 8.036/1990** e do **art. 55 do Decreto 99.684/1990**, com eficácia "*ex nunc*", de modo a alcançar apenas os processos ajuizados posteriormente à data deste julgamento (Lei 9.868/1999, art. 27).

Destacou que o tema, quanto ao prazo prescricional, deveria ser revisto à luz da ordem constitucional vigente, com o exame das consequências da constitucionalização do instituto levado a efeito apenas com a promulgação da nova Carta. Nesse contexto, observou que o art. 7º, XXIX, da CF contém determinação expressa acerca do prazo de prescrição referente à propositura de ações atinentes a "créditos resultantes das relações de trabalho".

Apontou que a aplicabilidade daquele dispositivo constitucional à cobrança judicial dos valores devidos ao FGTS foi reconhecida pelo TST, ao editar o Enunciado 362.

No entanto, frisou que o entendimento da Corte trabalhista de ser aplicável apenas parte do dispositivo constitucional é, além de contraditório, dissonante do postulado hermenêutico da máxima eficácia das normas constitucionais. Sinalizou que o prazo deve ser o de cinco anos, previsto no inciso XXIX do art. 7º da CF. Em seguida, ponderou que, por mais de vinte anos, tanto o STF quanto o TST mantiveram posicionamento de que o prazo prescricional do FGTS é de trinta anos.

Aludiu à possibilidade de se modularem os efeitos em sede de controle incidental. Por fim, assinalou que, no caso, o princípio da segurança jurídica recomendaria fosse mitigado o princípio da nulidade da lei inconstitucional, com a consequente modulação de efeitos da decisão. Assim, seria possível resguardar as legítimas expectativas dos trabalhadores brasileiros, que se pautavam em manifestações, até então inequívocas, do tribunal competente para dizer a última palavra sobre a interpretação da Constituição e da corte responsável pela uniformização da legislação trabalhista.

Ressaltou que essa tese foi acolhida pelo Plenário do STF no julgamento do **ARE 709.212/DF (DJE de 18.2.2015)** **efetuado sob a sistemática da repercussão geral**. Na ocasião, os efeitos da declaração de inconstitucionalidade foram modulados, de modo que a nova orientação jurisprudencial valeria apenas para as ações propostas a partir da data daquele julgamento.

Vencido o ministro Marco Aurélio, que dava provimento ao recurso. Afirmava que, observado o biênio, seria possível pleitear, na inicial da reclamação trabalhista, as parcelas dos últimos cinco anos.

1. Enunciado 362/TST: "*É trintenária a prescrição do direito de reclamar contra o não recolhimento da contribuição para o FGTS, observado o prazo de 2 (dois) anos após o término do contrato de trabalho*". *RE 522897/RN, rel. Min. Gilmar Mendes, julgamento em 16.3.2017. (RE-522897)*

Nota:

Sobre essa decisão vale lembrar a modulação de efeitos decidida no julgamento do ARE nº 709212 (com repercussão geral - Tema 608), por meio do qual o STF atualizou sua jurisprudência para modificar de 30 anos para 5 anos o prazo de prescrição aplicável à cobrança de valores não depositados. Decidiu-se que "*para aqueles casos cujo termo inicial da prescrição - ou seja, a ausência de depósito no FGTS - ocorra após a data do julgamento (13.11.2014), aplica-se, desde logo, o prazo de cinco anos. Por outro lado, para os casos em que o prazo prescricional já esteja em curso, aplica-se o que ocorrer primeiro: 30 anos, contados do termo inicial, ou cinco anos, a partir deste julgamento*".

» *Indenização por danos morais e materiais*

Em relação a indenização por danos materiais opera-se a prescrição parcial ou total?

A jurisprudência desta Corte consolidou o entendimento de que o termo inicial para aferir o lapso prescricional para o ajuizamento da ação trabalhista cuja pretensão é a reparação por danos materiais, morais e/ou estéticos decorrentes de acidente de trabalho (ou doença profissional a ele equiparado) é a data em que a vítima toma efetivo conhecimento da lesão e de sua extensão. Na hipótese de ter ocorrido após a promulgação da EC nº 45/2004 (31/12/2004), aplica-se a regra prescricional do artigo 7º, XXIX, da Constituição Federal. De outra sorte, incidirá a prescrição civil e, dependendo da situação, observa-se a regra de transição inserta no artigo 2.028 do

Código Civil de 2002, vigente a contar de 11/01/2003.Na situação dos autos, o acidente de trabalho ocorreu em 24/11/2002, mas a ciência inequívoca dos danos somente se efetivou com a alta previdenciária, em 02/02/2003, quando já se encontrava em vigor a atual norma civilista. Assim, há de se observar o prazo trienal, previsto no artigo 206, § 3º, V, do Código Civil de 2002, ao menos no que tange às indenizações por danos morais e estéticos. Logo, ajuizada a reclamação somente em 31/07/2008, a pretensão deduzida pelo autor, quanto a essas, está fulminada pela prescrição total. **Excepciona-se, contudo, o pleito relativo à indenização por danos materiais, na forma de pensionamento, em face da caracterização de parcelas sucessivas, cuja lesão se renova mês a mês, a ensejar a aplicação da prescrição parcial, que não alcança o fundo do direito. Acrescente-se que, na hipótese, houve continuidade da prestação de serviços até 05/11/2007, data em que, efetivamente, se caracterizou prejuízo financeiro, a motivar a iniciativa do autor em obter a pensão mensal vitalícia, haja vista a redução parcial e permanente da capacidade laborativa, resultante do acidente de trabalho**. Precedentes. Recurso de revista de que se conhece e a que se dá parcial provimento. (RR – 122700-39.2008.5.15.0071, Relator Ministro: Cláudio Mascarenhas Brandão, Data de Julgamento: 22/02/2017, 7ª Turma, Data de Publicação: DEJT 06/03/2017).

PARTE II

DIREITO COLETIVO DO TRABALHO

PRINCÍPIOS

» ***Especificidade***

Modo de servir refeição determina enquadramento sindical de empregados de lanchonete?

I. A Corte Regional entendeu que a representação sindical pertence ao SINTHORESP, "pois o modo de servir a refeição não se perfaz em critério apto a alterar o estabelecido no artigo 511 da CLT, fracionando a categoria envolvida que, repise-se, deve se pautar, para fins de enquadramento profissional, na atividade preponderante do empregador". II. Ao analisar caso de um restaurante de refeições rápidas, envolvendo os mesmos sindicatos do caso dos autos, a SBDI-I do TST entendeu que a representação sindical dos restaurantes de fast food pertence ao SINDFAST, e não ao SINTHORESP, com fundamento no princípio da especificidade. III. Agravo de instrumento de que se conhece e a que se dá provimento, a fim de determinar o processamento do recurso de revista, observando-se o disposto na Resolução Administrativa nº 928/2003. II – SINTHORESP. ENQUADRAMENTO SINDICAL. DIVERGÊNCIA JURISPRUDENCIAL. I. O Tribunal Regional negou provimento ao recurso ordinário da Reclamada e considerou que a representação sindical dos seus empregados pertence ao SINTHORESP, sob o fundamento de que "o modo de servir a refeição não se perfaz em critério apto a alterar o estabelecido no artigo 511 da CLT, fracionando a categoria envolvida". II. Essa decisão diverge do entendimento desta Corte Superior, que é no sentido de se reconhecer a representação sindical do SINDFAST para empregados que trabalham em estabelecimentos que atuam no ramo de fast food, com fundamento no princípio da especificidade. III. Considerando que se trata de empresa que desenvolve atividade servindo refeições rápidas, a representação sindical de seus empregados pertence ao SINDICATO DOS TRABALHADORES NAS EMPRESAS DE REFEIÇÕES RÁPIDAS

(FAST FOOD) DE SÃO PAULO (SINDIFAST) e não ao SINTHORESP. IV. Recurso de revista de que se conhece e a que se dá provimento, para julgar improcedente a ação de cobrança de contribuição sindical ajuizada pelo SINTHORESP. (RR – 1692-12.2014.5.02.0083, Relator Ministro: Fernando Eizo Ono, Data de Julgamento: 08/11/2017, 4ª Turma, Data de Publicação: DEJT 17/11/2017)

» *Liberdade sindical*

O art. 529 da CLT[1] foi recepcionado pela CRFB/88?

A norma do artigo 529 da CLT, ao estabelecer as condições para o exercício do direito de voto e para a investidura em cargo de direção ou representação sindical, **não foi recepcionada pela atual Constituição Federal por total incompatibilidade com os princípios de liberdade de organização e administração sindical previsto no artigo 8.°, I, desta**. Por outro lado, os arestos trazidos à colação desservem ao fim pretendido, nos termos das Súmulas 296, I, e 337, I, a, do TST. Recurso de revista não conhecido. (RR-146100-21.2009.5.12.0010, Relator Ministro: Augusto César Leite de Carvalho, Data de Julgamento: 07/12/2016, 6ª Turma, Data de Publicação: DEJT 03/03/2017).

A Sexta Turma do Tribunal Superior do Trabalho não conheceu do recurso de um gerente contra decisão que manteve a candidatura de dois motoristas a cargos de direção no Sindicato dos Condutores de Veículos e Trabalhadores em Transportes Rodoviários de Cargas e Passageiros de Brusque/SC (Sintrab).

O gerente pediu as impugnações com base no artigo 529, alínea "a", da CLT e no artigo 35 do estatuto do sindicato, que permitem a eleição apenas de trabalhadores filiados há no mínimo seis meses antes da data da votação. Apesar de os motoristas terem se associado faltando menos de cinco

1. **Art. 529 da CLT** - São condições para o exercício do direito do voto como para a investidura em cargo de administração ou representação econômica ou profissional:
a) ter o associado mais de seis meses de inscrição no Quadro Social e mais de 2 (dois) anos de exercício da atividade ou da profissão; (Redação dada pelo Decreto-lei nº 8.080, 11.10.1945)
b) ser maior de 18 (dezoito) anos;
c) estar no gozo dos direitos sindicais.
Parágrafo único - É obrigatório aos associados o voto nas eleições sindicais. (Incluído pelo Decreto-lei nº 229, de 28.2.1967)

meses para a escolha dos dirigentes, o juízo de primeiro grau e o Tribunal Regional do Trabalho da 12ª Região (SC) julgaram improcedente a ação.

O TRT decidiu relativizar o prazo mínimo de filiação com fundamento na liberdade sindical e no cumprimento dos outros critérios de elegibilidade previstos no estatuto, como a participação em pelo menos três assembleias e o pagamento regular das mensalidades. Destacou ainda a falta de prejuízo ao princípio da concorrência, pois a única chapa participante da eleição era a dos motoristas, que trabalhavam com o gerente.

Relator do processo no TST, o ministro Augusto César de Carvalho afirmou que **o artigo 529 da CLT, ao estabelecer as condições para o exercício do direito de voto e para a investidura em cargo de direção ou representação sindical, não foi recepcionado pela Constituição Federal "por total incompatibilidade com os princípios de liberdade de organização e administração sindical, previstos no inciso I do artigo 8º"**. Embora acredite que a escolha dos dirigentes deva ser regida por atos normativos do próprio sindicato, e o estatuto do Sintrab exigiu os seis meses de filiação, Augusto César entendeu que o gerente não apresentou decisões que viabilizassem o conhecimento do recurso por divergência jurisprudencial.

Por maioria, a Sexta Turma acompanhou o voto do relator, vencido o ministro Aloysio Corrêa da Veiga. Ele destacou o descumprimento da regra estatutária pelo próprio sindicato, e, como a norma interna reproduz a primeira parte do artigo 529, alínea "a", da CLT, concluiu que seria possível conhecer do recurso por violação desse dispositivo de lei.

GREVE

CLASSIFICAÇÃO

» *Greve política*

É legítima a greve por motivação política?

Portuários. Greve. Abusividade. Paralisação por motivação política. A greve com nítido caráter político é abusiva, na medida em que o empregador, conquanto seja diretamente por ela afetado, não dispõe do poder de negociar e pacificar o conflito. Recurso Ordinário parcialmente provido. RO – 1393-27.2013.5.02.0000, Relatora Ministra: Maria de Assis Calsing, Data de Julgamento: 24/04/2017, Seção Especializada em Dissídios Coletivos, Data de Publicação: DEJT 29/05/2017 – Informativo TST nº 157.

» *Greve ilegal*

É legítima a greve por nas carreiras de segurança pública?

CONSTITUCIONAL. ADMINISTRATIVO. SERVIDOR PÚBLICO. POLICIAL CIVIL. DIREITO DE GREVE. EXISTÊNCIA DE REPERCUSSÃO GERAL. (ARE 654432 RG, Relator(a): Min. RICARDO LEWANDOWSKI, julgado em 19/04/2012, ACÓRDÃO ELETRÔNICO DJe-092 DIVULG 10-05-2012 PUBLIC 11-05-2012 RDECTRAB v. 19, n. 215, 2012, p. 11-14)

Direito de greve e carreiras de segurança pública. *O exercício do direito de greve, sob qualquer forma ou modalidade, é vedado aos policiais civis e a todos os servidores públicos que atuem diretamente na área de segurança pública. É obrigatória a participação do Poder Público em mediação instaurada* *pelos órgãos classistas das carreiras de segurança pública, nos termos do art. 165 do Código de Processo Civil (CPC), para vocalização dos interesses da categoria.* ARE 654432/GO, rel. orig. Min. Edson Fachin, red. p/ o ac. Min. Alexandre de Moraes, julgamento em 5.4.2017. (Informativo STF nº 860)

DIAS PARADOS

» *Greve de longa duração*

Nas greves de longa duração, como fica o pagamento dos dias parados?

Predomina nesta Corte o entendimento de que a greve configura a suspensão do contrato de trabalho, e, por isso, como regra geral, não é devido o pagamento dos dias de paralisação, exceto quando a questão é negociada entre as partes ou em situações excepcionais, como na paralisação motivada por descumprimento de instrumento normativo coletivo vigente, não pagamento de salários e más-condições de trabalho. No caso, infere-se que a greve não se enquadra nas hipóteses de excepcionalidade admitidas pela jurisprudência desta Corte, o que poderia resultar na decretação de descontos dos dias de paralisação. No entanto, tratando-se de movimento paredista de longa duração, como na hipótese em comento, em que a greve teve início em 25/5/2015 e perdurou até 19/6/2015, a jurisprudência desta SDC tem admitido soluções para a questão dos dias de paralisação, em razão do caráter de verba alimentícia do salário e do grande prejuízo que pode ser causado pelo desconto total dos dias de não realização de trabalho. Neste dissídio coletivo, além de a greve ter sido longa, trata-se de movimento de paralisação que atingiu segmentos de serviços públicos ligados à saúde, educação e limpeza pública. Nessa condição, esta Relatora entende que seria possível determinar a compensação integral dos dias não trabalhados. Medida que trilha pela observância do princípio da razoabilidade, uma vez que, diante da natureza dos serviços atingidos pela paralisação, certamente, a compensação traria maior ganho à população em relação ao desconto dos salários. No entanto, com a ressalva desta Relatora, prevaleceu na sessão o entendimento de manter a decisão do Regional, que autorizou o desconto nos salários de 50% dos dias não trabalhados e a compensação dos 50% dos dias restantes. Recurso ordinário a que se nega provimento. (TST-RO-5896-60.2015.5.15.0000, Relatora Ministra: Kátia Magalhães Arruda, Data de Julgamento: 12/12/2016, Seção Especializada em Dissídios Coletivos, Data de Publicação: DEJT 19/12/2016).

DESCONTOS DOS DIAS PARADOS. O entendimento da SDC desta Corte, ante as disposições do art. 7º da Lei nº 7.783/1989, é o de que a greve suspende os contratos de trabalho, razão pela qual o empregador não pode ser obrigado a pagar os salários relativos aos dias parados. Todavia, tem prevalecido a compreensão de que, nas situações em que se constata a longa duração da greve – hipótese destes autos, em que a greve durou cerca de quarenta e quatro dias -, o desconto integral dos dias de paralisação pode acarretar ônus excessivo ao trabalhador, sendo autorizada a compensação de 50% daqueles dias. Assim, ressalvado entendimento pessoal desta Relatora, que entende pelo desconto integral dos dias de paralisação, reforma-se parcialmente a decisão regional, no aspecto, autorizando-se o desconto de 50% dos dias parados e a compensação dos 50% dos dias restantes. (RO-5923-11.2015.5.09.0000 Data de Julgamento: 11/09/2017, Relatora Ministra: Dora Maria da Costa, Seção Especializada em Dissídios Coletivos, Data de Publicação: DEJT 22/09/2017).

» ***Culpa recíproca e direitos decorrentes***

Quais os efeitos para o contrato de trabalho da greve desencadeada por culpa da empresa, mas que é abusiva?

Dissídio coletivo de greve. Não cumprimento imediato da sentença normativa pela empresa. Irregular exercício do direito de greve pela categoria profissional. Culpa recíproca. Descontos dos dias parados. Estabilidade provisória indevida. Agiu mal a Empresa ao decidir pelo não cumprimento imediato da sentença normativa relativamente ao reajuste salarial ali fixado, a pretexto da interposição de Embargos de Declaração. De outro lado, também andou mal a categoria profissional ao deflagrar nova greve, quando a seu favor já tinha uma sentença normativa, mediante a qual foi solucionado o conflito de greve anterior e ouvidas as reivindicações que lhe eram afetas, passível, portanto, de ação de cumprimento. Some-se a isso o fato de que a nova parede, deflagrada em virtude do não cumprimento da decisão judicial, ocorreu de forma abrupta, sem as notificações devidas. Ambos os lados, portanto, agiram em desconformidade com o direto, não se podendo olvidar que as atividades que envolvem os atores sociais são indispensáveis à população, o que torna imprudente a solução do conflito na forma em que conduzida pelas Partes. Decorre daí o reconhecimento da culpa recíproca pela greve ocorrida no período de 10 a 20 de julho de 2014, após o julgamento do primeiro conflito de greve. Indevidos o pagamento dos salários relativos aos dias de paralisação e a estabilidade provisória, nos termos da OJ nº 10 da SDC. *RO-1000974-53.2014.5.02.0000, Relatora Ministra: Maria de Assis Calsing, Data de Julgamento: 13/02/2017, Seção Especializada em Dissídios Coletivos, Data de Publicação: DEJT 24/02/2017) – Informativo TST nº 152.*

NORMAS COLETIVAS

EFICÁCIA

» *Depósito no MTE*

Qual a consequência pelo descumprimento do disposto no art. 614 da CLT?

Esta Corte Superior compreende que o não cumprimento da formalidade prevista no art. 614 da CLT, ou seja, não efetuar o depósito da norma coletiva perante o Ministério do Trabalho, acarreta mera infração administrativa, não afetando a validade do instrumento coletivo negociado. Recurso ordinário a que se nega provimento. [...]. (RO-10963-05.2016.5.03.0000, Relatora Ministra: Kátia Magalhães Arruda, Data de Julgamento: 12/12/2017, Seção Especializada em Dissídios Coletivos, Data de Publicação: DEJT 19/12/2017)

APLICAÇÃO DA NORMA NO ESPAÇO

» *Princípio da territorialidade*

O âmbito de eficácia da norma coletiva é definido de acordo com o local da prestação dos serviços pelo empregado ou da sede da empresa?

O âmbito de eficácia da norma coletiva é definido de acordo com o local da prestação dos serviços pelo empregado e não da sede da empresa. No caso, verificou-se que o autor foi admitido como vendedor-propagandista no Estado de São Paulo, mas prestou serviços no Estado do Rio Grande do Sul, onde, inclusive, foi homologada a sua rescisão contratual. Assim, com base no **<u>princípio da territorialidade</u>**, são aplicáveis ao empregado as normas coletivas negociadas pelos sindicatos da categoria profissional e econômica do Estado do Rio Grande do Sul, não incidindo, portanto, o entendimento contido na Súmula nº 374 do TST. *E-ED-RR-96900-23.2007.5.04.0015, Redator Ministro: José Roberto Freire Pimenta, Data de Julgamento: 09/02/2017, Subseção I Especializada em Dissídios Individuais, Data de Publicação: DEJT 19/05/2017 – Informativo TST nº 152.*

Para as categorias diferenciadas aplica-se o princípio da territorialidade?

Por força do princípio da territorialidade que informa o enquadramento sindical, à luz do art. 8º, II, da Constituição Federal, ao empregado integrante de categoria profissional diferenciada aplica-se a convenção coletiva celebrada por sindicato representante de sua categoria e sindicato representante da correspondente categoria econômica na localidade da prestação de serviços, ainda que não coincidente com o local da sede da empregadora. Incolumidade da Súmula 374 do TST, pois, nessa hipótese, a empresa foi representada por órgão de classe de sua categoria na base territorial da prestação de serviços. Precedente da SbDI-1 de 9/2/2017. Embargos conhecidos e não providos. (E-RR-102300-39.2007.5.04.0008, Relator Ministro: Márcio Eurico Vitral Amaro, Data de Julgamento: 23/02/2017, Subseção I Especializada em Dissídios Individuais, Data de Publicação: DEJT 03/03/2017)

As normas coletivas a serem aplicadas a uma vendedora-propagandista – pertencente a categoria profissional diferenciada – são aquelas firmadas pelo sindicato do local da prestação dos serviços da trabalhadora ou as do sindicato de onde fica a sede da empresa?

Discute-se, no caso, qual a norma coletiva aplicável à reclamante – vendedora-propagandista, pertencente a categoria profissional diferenciada – se aquelas firmadas pelos sindicatos do Rio Grande do Sul, local da prestação de serviços, ou as de São Paulo, sede da reclamada. A representação sindical é definida pelos critérios da atividade preponderante do empregador e da territorialidade, este último decorrente da unicidade sindical prevista no artigo 8º, inciso II, da Constituição Federal. Assim, o enquadramento sindical deve considerar o local da prestação de serviços, após o que deverá ser observada a atividade preponderante do empregador para fins de incidência das normas coletivas correspondentes, exceto no caso de empregado pertencente a categoria profissional diferenciada, conforme disposição do artigo 511, § 3º, da CLT, quando incidirão as normas próprias. Logo, ao contrato de trabalho de empregado pertencente a categoria profissional diferenciada, aplicam-se as normas coletivas firmadas pelo sindicato correspondente do local da prestação dos serviços para definir seu enquadramento sindical, em estrita observância ao critério da territorialidade. Desse modo, considerando que a reclamante pertence a categoria profissional diferenciada e prestou serviços no Estado do Rio Grande do Sul, ao seu contrato de emprego devem incidir as normas coletivas dos vendedores-propagandistas deste Estado, em detrimento daquelas da localidade da sede da empresa, como corolário do que dispõe o artigo 8º, inciso II, da Constituição Federal. Além disso, depreende-se dos autos que a reclamada integra a categoria da indústria farmacêutica, com atuação no Estado do Rio Grande do Sul, pelo que se conclui que ela foi representada pelo sindicato respectivo. Assim, não há falar em ausência de participação da reclamada nas negociações coletivas relativas à categoria diferenciada – vendedor-propagandista -, haja vista que os seus interesses foram representados pelo Sindicato das Indústrias de Produtos Farmacêuticos do Rio Grande do Sul, local onde houve a prestação de serviços. Acrescenta-se, ainda, que acolher a pretensão da reclamada importaria em favorecer concorrência desleal, à medida que a aplicação das normas coletivas firmadas pelo sindicato patronal de São Paulo às relações empregatícias em curso no Estado do Rio Grande do Sul tornaria o custo da mão de obra da reclamada mais barato do que das demais sociedades empresárias do ramo em atividade no mesmo Estado. Nesse aspecto, é importante salientar que, nesses casos em que os reclamantes pedem diferenças, é óbvio que as normas coletivas locais são mais favoráveis aos trabalhadores, senão não ajuizariam a reclamação. Assim, essas normas coletivas locais são mais gravosas para as empresas locais, o que significa que elas têm custos maiores do que a concorrente de São Paulo. Diante disso, pode-se concluir que a adoção automática do entendimento da Súmula nº 374 desta Corte sem levar essa disparidade em consideração rebaixa o nível de proteção de todos os trabalhadores, aplicando sempre a norma coletiva menos favorável, o que contraria o princípio da proteção, elementar do Direito do Trabalho. Ressalta-se que a relação jurídica de direito material objeto desta demanda não tem natureza civil, em que há igualdade das partes contratantes evidenciada pela livre manifestação de vontade, mas trabalhista, em que as partes são econômica e juridicamente desiguais, o que atrai a aplicação de todo o arcabouço normativo tuitivo do Direito do Trabalho. Com esse entendimento, protege-se o trabalhador e, também, a livre concorrência entre os empregadores, não permitindo a redução artificial de custos em relação aos empreendedores locais, que têm gastos maiores com custeio de pessoal, pois têm de aplicar as normas coletivas locais, que lhe são mais onerosas e, simetricamente, mais favoráveis a seus empregados. Esse, aliás, foi o entendimento adotado pela maioria dos integrantes desta Subseção no julgamento do processo E-ED-RR-96900-23.2007.5.04.0015, publicado no DEJT de 19/5/2017, na sessão do dia 9/2/2017, ocasião em que o voto de vista regimental deste Relator prevaleceu em controvérsia idêntica à dos autos, para restabelecer a decisão regional no aspecto em que se determinou a aplicação das normas coletivas firmadas entre o Sindicato dos Propagandistas-Vendedores e Vendedores de Produtos Farmacêuticos do Estado do Rio Grande do Sul e o Sindicato da Indústria de Produtos Farmacêuticos no Estado do Rio Grande do Sul. Também foi a conclusão a que se chegou por unanimidade no julgamento do E-ED-ARR-1418-37.2010.504.0017, na sessão do dia 1º/6/2017, acórdão publicado no DEJT de 9/6/2017, de relatoria do Ministro Alexandre de Souza Agra Belmonte. No que tange à Súmula nº 374 desta Corte, o exame dos precedentes que ensejaram a edição da referida súmula revela que o entendimento deste Tribunal foi de não admitir a incidência de instrumento coletivo negociado por categorias profissionais e econômicas distintas, do qual não participou, diretamente ou mediante representação, o empregador, de modo que o simples fato de o trabalhador ser integrante de categoria profissional diferenciada não basta, por si só, para gerar obrigações a uma sociedade empresária que não participou das negociações. Logo, o que se percebe é que a premissa fática dos autos, concernente à representação da reclamada na negociação coletiva, é distinta da dos julgados que culminaram com a edição da Súmula nº 374 desta Corte. Nesse contexto, verifica-se que a Turma, ao manter a decisão regional pela qual se determinou a incidência das normas coletivas firmadas pelo sindicato profissional do Rio Grande do Sul, está em estrita consonância com o ordenamento jurídico e a jurisprudência desta Corte sobre a matéria, razão pela qual não merece reparos. Embargos conhecidos e desprovidos. (E-RR-931-15.2010.5.04.0002, Relator Ministro: José Roberto Freire Pimenta, Data de Julgamento: 24/08/2017, Subseção I Especializada em Dissídios Individuais, Data de Publicação: DEJT 01/09/2017)

APLICAÇÃO DA NORMA NO TEMPO

» *Aplicação retroativa*

É possível a aplicação retroativa de norma coletiva para validar jornada 12x36 que, anteriormente, era prevista apenas em contrato individual? Ou seja, para convalidar situação pretérita à sua constituição?

Regime 12X36. CCT convalidando situação pretérita à sua constituição. O Tribunal Regional, além de afirmar a existência de acordo individual de jornada 12x36 na contratação do reclamante, ao apreciar o conjunto probatório dos autos, foi enfático quanto a não ter havido labor em desrespeito ao regime de 12x36 ou elastecimento habitual de jornada. Também consignou que as convenções coletivas de trabalho dos períodos 2003/2004 e 2004/2005 contavam com a previsão do dito regime, e, no primeiro, expressamente, convalidaram-se os acordos individuais ou tácitos feitos anteriormente a tal título. A existência de acordo individual de jornada 12x36 por ocasião da contratação, seguida de norma coletiva com cláusula expressa de reconhecimento coletivo dessas avenças, supre o requisito formal da espécie de acordo de compensação em questão. Não se mostram violados os artigos 6º da LICC e 5º, XXXVI, da Constituição Federal. Sob o ponto de vista material, também não se pode falar em invalidade da jornada 12x36, pois o Regional concluiu, com base no substrato probatório, que não ocorreu extrapolação habitual de jornada, tendo sido o regime de jornada acordado efetivamente cumprido, fato contra o qual não se insurge o recorrente. Recurso de revista não conhecido. (TST-AIRR e RR-2715100-32.2008.5.09.0011, Data de Julgamento: 07/12/2016, Relator Ministro: Augusto César Leite de Carvalho, 6ª Turma, Data de Publicação: DEJT 19/12/2016).[2]

A Sexta Turma do Tribunal Superior do Trabalho não conheceu do recurso de um agente penitenciário contra decisão que julgou válida a jornada de 12 horas de serviço por 36 de descanso aplicada pela Montesinos Sistemas de Administração Prisional Ltda. um ano antes da vigência de norma coletiva que a autorizou. Embora a previsão em lei, convenção ou acordo coletivo seja requisito para a validade da jornada em questão, os ministros a consideraram legítima, porque a convenção que aprovou o sistema 12x36 permitiu a sua aplicação em período anterior.

O agente prestava serviço terceirizado em unidade prisional do Estado do Paraná e pediu na Justiça o pagamento das horas extras tendo como base a jornada de 8h diárias, com o argumento de que a escala 12x36 não

---

2. Cuidado! Essa decisão, pela pesquisa realizada, é minoritária e contraria a OJ nº 420 da SBDI-1 do TST, bem como o entendimento da doutrina especializada: "*não é possível a retroação dos efeitos das normas coletivas para sanar e/ou retificar situações de trabalho irregulares. [...] Esta cláusula é manifestamente ineficaz em relação ao período anterior, posto que as cláusulas operacionais autorizativas só possuem eficácia ad futurum, pois a previsão em norma coletiva constitui um pressuposto para implementação do instituto desejado, sendo ineficaz eventual previsão de retroação em norma coletiva e nula a sua adoção direta pelos sujeitos das relações individuais de trabalho*" (SANTOS, Ronaldo Lima. Teoria das normas coletivas. 2. ed. São Paulo: LTr, 2009. p. 265).

tinha amparo em lei ou norma coletiva. Em sua defesa, a Montesinos afirmou que o regime estava previsto em acordo individual assinado pelo agente e no próprio contrato de trabalho, antes da edição da convenção coletiva.

Convenção retroativa: o Tribunal Regional do Trabalho da 9ª Região (PR) determinou o pagamento do adicional de hora extra somente sobre o período do contrato em que a jornada 12x36 não tinha autorização em norma coletiva – de julho de 2005 até maio de 2006, mês da dispensa do empregado.

Desde a admissão (10/7/2003) até junho de 2005, o TRT-PR considerou legítimo o regime de trabalho com base na convenção coletiva vigente de julho de 2004 até maio 2005, que, além de prever o regime especial, tornou válidos os acordos individuais que o autorizavam antes de sua vigência.

Relator do recurso do agente ao TST, o ministro Augusto César de Carvalho afirmou que a existência de acordo individual no momento da contratação, seguido de norma coletiva com cláusula expressa de reconhecimento desse ajuste, supre o requisito formal para legitimar o regime de trabalho em debate. Por unanimidade, a Sexta Turma seguiu o voto do relator.

(IN)VALIDADE DAS NORMAS COLETIVAS

Expirado o prazo de vigência da norma coletiva permanece o interesse do MPT na declaração de nulidade das cláusulas?

A jurisprudência desta Seção especializada firmou-se no sentido de que, embora o prazo de vigência do instrumento coletivo já tenha expirado, permanece o interesse de agir do Ministério Público do Trabalho em obter a declaração de nulidade de cláusulas que o integram e que estejam em descompasso com a ordem jurídica. Entende a SDC que, enquanto esteve em vigor, a norma coletiva produziu efeitos relativamente às cláusulas objeto da ação anulatória, e que a decisão que acolher a sua nulidade tem efeito retroativo, contemporâneo à celebração daquele instrumento, pois aquelas normas, no período em que vigoraram, integraram os contratos de trabalho dos empregados e geraram direitos e obrigações para as partes que firmaram o instrumento normativo. Precedentes da SDC. Rejeita-se a preliminar. CLÁUSULA DÉCIMA SEGUNDA – DO AVANÇO TECNOLÓGICO. Segundo o professor Mauricio Godinho Delgado, o contrato de experiência é o "acordo bilateral firmado entre empregado e empregador, com prazo máximo de 90 dias, em que as partes poderão aferir aspectos subjetivos, objetivos e circunstanciais relevantes à continuidade ou extinção do vínculo empregatício. (Curso de Direito do Trabalho, 15ª edição – São Paulo: LTr". Pode-se inferir, a partir dessa definição, que o prazo estipulado para o contrato de experiência (90 dias) presta-se para avaliação mútua dos aspectos circunstanciais, objetivos e subjetivos da relação de emprego. No que concerne à dimensão circunstancial, o empregado vai analisar, dentre outras questões, se as atividades do cargo, a jornada de trabalho, o local e o ambiente de trabalho lhe satisfazem. No campo da dimensão objetiva do contrato de trabalho, avaliam-se as contrapartidas oferecidas pelo empregador, como, por exemplo, a prestação salarial e os benefícios concedidos pela empresa. Já a dimensão subjetiva mensura a efetiva qualificação profissional do trabalhador ou sua aptidão para cumprir eficazmente a função pactuada. A exigência de um período tão longo, como apresentado na cláusula em discussão, para se aferir as aptidões do empregado em uma nova função não se mostra razoável. Ora, se o prazo estipulado no parágrafo único do art. 445 da CLT demonstra-se suficiente para se testar e analisar as competências, a capacidade e as habilidades do empregado no exercício da nova função, vê-se que o prazo fixado na Cláusula Décima Segunda de 2 (dois) anos mostra-se desarrazoado e fora de um mínimo padrão legal. Recurso ordinário a que se nega provimento. [...] (RO-631-72.2015.5.08.0000, Relatora Ministra: Kátia Magalhães Arruda, Data de Julgamento: 12/12/2017, Seção Especializada em Dissídios Coletivos, Data de Publicação: DEJT 19/12/2017)

A fusão da parcela denominada 'composição orgânica' à remuneração caracteriza salário complessivo?

Compensação orgânica. Forma de pagamento estipulada em norma coletiva. Salário complessivo. Não configuração. Princípio da autonomia da vontade coletiva. Não há falar em salário complessivo na hipótese em que a forma de pagamento da verba denominada compensação orgânica (20% de toda a remuneração), prevista em norma coletiva, permite ao trabalhador identificar a parcela e o respectivo valor. Ademais, se a cláusula não afronta norma de ordem pública, nem causa prejuízo ao trabalhador, deve-se prestigiar a negociação coletiva, em atenção ao princípio da autonomia da vontade coletiva (art. 7º, XXVI, da CF). Sob esses fundamentos, a SBDI-I, por unanimidade, conheceu do recurso de embargos, por divergência jurisprudencial, e, no mérito, por maioria, deu-lhes provimento para restabelecer a sentença que indeferira o pagamento da compensação orgânica. Vencidos os Ministros Cláudio Mascarenhas Brandão e Augusto César Leite de Carvalho. *TST-E-RR-2852-66.2011.5.02.0022, SBDI-I, rel. Min. Hugo Carlos Scheuermann, 19.10.2017 – Informativo TST nº 168.*

É válida norma coletiva que autoriza o pagamento das verbas rescisórias em até 16 parcelas após a dispensa de mais de 400 empregados?

Esta Corte Superior tem decidido que o consentimento do empregado ao pagamento parcelado das verbas rescisórias não é suficiente para excluir a incidência da multa prevista no § 8º do artigo 477 da CLT. Isso porque, segundo o § 4º desse dispositivo, o pagamento das verbas rescisórias deve ser feito em dinheiro ou cheque visado, nos prazos estabelecidos no seu § 6º. Na hipótese, contudo, o parcelamento das verbas rescisórias não foi objeto de acordo individual, mas sim por meio de negociação coletiva, circunstância suficiente para afastar a aplicação desse entendimento. In casu, por ocasião da dispensa coletiva de mais de quatrocentos empregados da primeira reclamada, em razão do encerramento de suas atividades, foi firmado acordo coletivo junto ao sindicato da categoria profissional, no qual ficou estipulado o pagamento das verbas rescisórias dos respectivos empregados em dezesseis parcelas. O direito dos empregados ao pagamento das verbas trabalhistas na forma prevista nos parágrafos do artigo 477 da CLT não se enquadra como direito de indisponibilidade absoluta, mostrando-se plenamente possível a sua transação por meio de instrumento de negociação coletiva. No particular, não foi transacionado o direito dos empregados ao pagamento das verbas rescisórias, mas tão somente à forma como esse seria efetuado, tratando-se de aspecto a ele acessório e, por tal motivo, de indisponibilidade relativa. Desse modo, uma vez que, à luz do princípio da adequação setorial negociada, apenas os direitos considerados de indisponibilidade absoluta não podem ser objeto de transação por meio de negociação coletiva, não há qualquer vedação no sentido que a previsão contida em acordo coletivo venha a prevalecer sobre a legislação heterônoma estatal. Recurso de revista de que se conhece e a que se nega provimento. (RR-61700-49.2009.5.21.0002, Relator Ministro: Guilherme Augusto Caputo Bastos, Data de Julgamento: 08/11/2017, 5ª Turma, Data de Publicação: DEJT 10/11/2017)

É válida norma coletiva que estabelece o salário-base do empregado como a base de cálculo das horas extraordinárias, e, em contrapartida, fixa o respectivo adicional em percentual superior ao previsto em lei?

Horas extras. Norma coletiva. Base de cálculo. Salário-base. Contrapartida. Adicional fixado em percentual superior ao legal. Validade. A celebração de acordo ou convenção coletiva importa em concessões mútuas. As partes estabelecem livremente normas para reger a relação de trabalho no âmbito da categoria representada. Daí, há que ser respeitada a vontade coletiva, a teor do que dispõe o art. 7º, inciso XXVI, da Constituição da República, que define como direito dos trabalhadores o reconhecimento das convenções e acordos coletivos do trabalho. No entanto, a apreciação da supressão de vantagens deve ser examinada com a verificação da contrapartida, quanto aos benefícios que dão suporte à validade da negociação coletiva. No caso, deve ser dada validade a norma coletiva que fixou adicional de horas extraordinárias superior ao previsto em lei, de 70% em contrapartida à alteração da base de cálculo das horas extraordinárias, qual seja o salário base do empregado, em face do que foi consagrado pelo Texto Constitucional e do respeito ao princípio que dá equilíbrio ao acordo coletivo. *E-RR – 1415-47.2014.5.09.0003, Relator Ministro: Aloysio Corrêa da Veiga, Data de Julgamento: 01/06/2017, Subseção I Especializada em Dissídios Individuais, Data de Publicação: DEJT 09/06/2017 – Informativo TST nº 160.*

É válida cláusula de acordo coletivo de trabalho que aumenta, de 180 para 210 dias, o prazo da estabilidade provisória somente para empregadas gestantes admitidas por prazo indeterminado?

Afigura-se legítima a prorrogação do prazo de estabilidade provisória prevista no art. 7.º, I, do ADCT, mediante cláusula convencional que alcança somente a empregada gestante admitida por prazo indeterminado, já que a natureza do seu vínculo laboral é distinta da situação daquela contratada por prazo determinado, exatamente naquilo que, por esse viés, importa à caracterização do contrato, vale dizer, seu tempo de vigência. Não se pode cogitar, pois, de ofensa ao princípio da isonomia quando em análise situações jurídicas diversas, ligadas apenas a um fato comum, que diz respeito à gestação no curso do contrato de trabalho. Recurso Ordinário provido. *RO-422-69.2016.5.08.0000, Relatora Ministra: Maria de Assis Calsing, Data de Julgamento: 05/06/2017, Seção Especializada em Dissídios Coletivos, Data de Publicação: DEJT 13/06/2017 – Informativo TST nº 160.*

É válida norma coletiva que impõe restrição da base de cálculo da reserva legal de vagas para portadores de deficiência?

Ação anulatória. Convenção coletiva de trabalho. Atividade de segurança privada. Restrição da base de cálculo da reserva legal de vagas

para portadores de deficiência. Art. 93 da lei no 8.213/91. Possibilidade. Validade da cláusula. É válida cláusula convencional que altera a base de cálculo da reserva legal de vagas de pessoas com deficiência (art. 93 da Lei nº 8.213/1991) para cargos compatíveis com suas habilidades, em atenção à realidade do setor. Valorização do instrumento autônomo, nos termos do art. 7º, XXVI, da Constituição da República. Recurso Ordinário conhecido e desprovido. *RO-CSJT-76-64.2016.5.10.0000, Relatora Ministra: Maria Cristina Irigoyen Peduzzi, Data de Julgamento: 13/03/2017, Seção Especializada em Dissídios Coletivos, Data de Publicação: DEJT 11/04/2017 – Informativo TST nº 154.*

É válida norma coletiva que institui duração do trabalho de 42 dias por 21 de descanso?

Nos termos do art. 7º, XV, da Constituição c/c art. 1º da Lei nº 605/49, assegura-se ao trabalhador o repouso semanal remunerado de no mínimo 24 horas. Trata-se de medida voltada à preservação da saúde e bem-estar físico e mental do trabalhador, assegurando-se o descanso necessário tanto para a recuperação de suas forças quanto para que possa usufruir do convívio familiar. Assim, reputa-se inválida norma coletiva que institui duração do trabalho de 42 dias por 21 de descanso, com previsão de jornada superior a oito horas. Precedentes. (AIRR-447-43.2012.5.03.0071, Relatora Ministra: Maria Cristina Irigoyen Peduzzi, Data de Julgamento: 08/03/2017, 8ª Turma, Data de Publicação: DEJT 10/03/2017)

É válida a cláusula de convenção coletiva de trabalho que considera noturno apenas o trabalho executado entre às 22 horas de um dia e às 5 horas do dia seguinte, mesmo quando prorrogada a jornada após às 5 horas?

Adicional noturno. Jornada mista. Trabalho em período noturno. Prorrogação em horário diurno. Limitação do adicional por norma coletiva. Validade. É válida a cláusula de convenção coletiva de trabalho que considera noturno apenas o trabalho executado entre às 22 horas de um dia e às 5 horas do dia seguinte, mesmo quando prorrogada a jornada após às 5 horas. Os sindicatos possuem parcial autonomia privada coletiva para a negociação dos direitos das respectivas categorias profissionais, podendo, inclusive, firmar acordos ou convenções prevendo redução salarial, nos termos art. 7º, VI e XXVI, da CF. Assim, se o salário pode, excepcionalmente, ser reduzido mediante negociação coletiva, também é lícito aos agentes sociais convencionarem a exclusão do pagamento do adicional em questão quanto ao período não definido como noturno pela legislação. Dessa forma, a negociação coletiva e o princípio do conglobamento em matéria salarial afastam a incidência da Súmula nº 60, II, do TST. Sob esses fundamentos, a SBDI-I, por unanimidade, conheceu dos embargos, por divergência jurisprudencial, e, no mérito, por maioria, deu-lhes provimento para restabelecer o acórdão do Regional no tocante à declaração de improcedência do pedido de pagamento de adicional noturno em relação às horas prorrogadas a partir das cinco horas da manhã. Vencidos os Ministros José Roberto Freire Pimenta, Brito Pereira, Alberto Luiz Bresciani de Fontan Pereira, Augusto César Leite de Carvalho e Hugo Carlos Scheuermann. *TST-E-RR-142600-55.2009.5.05.0037, SBDI-I, rel. Min. João Oreste Dalazen, 14.12.2017 - Informativo TST nº 170.*

É válida norma coletiva que autoriza a instalação de câmeras nos vestiários?

Partindo-se das premissas fáticas fixadas pelo Regional, as quais não podem ser revistas nesta instância, por óbice da Súmula 126 do TST, verifica-se que a empregadora não violou a intimidade e a privacidade da reclamante ao instalar câmeras nos vestiários utilizados pelos empregados, uma vez que a instalação decorreu de reinvindicação dos próprios trabalhadores, como forma de coibir furtos de objetos pessoais, que houve participação do sindicato no acordo que previu o monitoramento e que havia áreas livres de câmeras, nas quais podia ser efetuada a troca de uniforme. Ademais, corrobora esse entendimento o fato de que não houve demonstração de que a reclamada tenha deixado de observar as regras de monitoramento pactuadas, expondo as imagens ou desvirtuando as condições fixadas. Recurso de revista não conhecido. (RR-8-24.2016.5.12.0012, Relator Ministro: Márcio Eurico Vitral Amaro, Data de Julgamento: 31/05/2017, 8ª Turma, Data de Publicação: DEJT 02/06/2017)[3]

3. Vale asseverar que, no caso concreto, restou comprovado que as câmeras de vigilância, instaladas nas paredes e teto dos vestiários feminino e masculino, filmavam a troca de uniforme, quando os trabalhadores ficavam em trajes íntimos no início e término da jornada. Mas, a instalação atendeu solicitação dos trabalhadores para evitar furtos a armários, e o acesso às gravações era restrito, seguindo procedimento rigoroso previsto em norma interna. Ainda, demonstrou-se que as gravações não abrangiam sanitários e chuveiros, apenas vestiários e sala de higiene bucal. Outro ponto considerado foi o de que as imagens, feitas em circuito fechado, só eram

É válida a disposição de norma interna que implica renúncia ao adicional de insalubridade para os empregados que optem por receber o adicional de penosidade?

Não há vedação legal à percepção cumulada dos adicionais de insalubridade e de penosidade, de origem regulamentar. 2.2. É inválida a disposição de norma interna que implica renúncia ao adicional de insalubridade para os empregados que optem por receber o adicional de penosidade, diante do disposto nos arts. 7º, XXIII, da Constituição Federal e 192, "caput", da CLT, que asseguram a percepção do benefício para o trabalhador que exerce atividade insalubre. Precedentes. Recurso de revista conhecido e provido. (RR-1123-97.2014.5.04.0101, Relator Ministro: Alberto Luiz Bresciani de Fontan Pereira, Data de Julgamento: 14/06/2017, 3ª Turma, Data de Publicação: DEJT 23/06/2017)

Conselhos de fiscalização do exercício profissional podem firmar acordos coletivos que incluem cláusulas de cunho financeiro?

Trata a controvérsia acerca da possibilidade de os conselhos de fiscalização do exercício profissional – que possuem natureza jurídica de autarquia federal especial, com personalidade jurídica de direito público – firmarem acordos coletivos que incluem cláusulas de cunho financeiro. O Supremo Tribunal Federal, em 17/3/2014, negou provimento a recurso extraordinário (RE-608385, Relatora Ministra Carmen Lúcia, DJe de 28/4/2014), interposto a julgado desta Corte, cuja decisão fora proferida no sentido de não se reconhecer aos servidores dos conselhos de fiscalização do exercício profissional direito à negociação coletiva, independentemente de se sujeitarem ao regime trabalhista ou ao estatutário. No entendimento do STF, a celebração de convenções e acordos coletivos de trabalho consubstancia direito reservado exclusivamente aos trabalhadores da iniciativa privada; a Administração Pública é vinculada pelo princípio da legalidade; e a atribuição de vantagens aos servidores somente pode ser concedida a partir de projeto de lei de iniciativa do Chefe do Poder Executivo, desde que aprovado supervenientemente pelo Poder Legislativo. Nesse contexto, dá-se provimento ao recurso interposto pelo Conselho Regional de Engenharia e Agronomia do Rio de Janeiro para declarar a nulidade das cláusulas econômicas: 6ª – Au-

acessadas em caso de boletim de ocorrência e mediante procedimento rigoroso, no qual as gravações do vestiário feminino eram vistas apenas por mulheres e do masculino por homens.

xílio-refeição/Vale-alimentação; 8ª - Auxílio-previdência; 12 - Triênio; 15 - Gratificação decenal; 16 - Auxílio-transporte; 17 - Gratificação anual; 23 - Licença sem vencimentos; 25 - Jornada de trabalho; e 28 - Liberação de dirigente sindical, constantes do Acordo Coletivo de Trabalho 2014/2015. 2. CLÁUSULA 37 - VIGÊNCIA. O Regional afastou a ultratividade das normas, tratada na Súmula nº 277 do TST - cujos efeitos foram suspensos, conforme decisão proferida pelo Ministro Gilmar Mendes, do Supremo Tribunal Federal, em liminar concedida na ADPF nº 323 -, a qual fora pactuada pelas partes no item 37.1 da cláusula 37. De outro lado, a Corte Regional estendeu o prazo de vigência do ACT 2014/2015 para o dia 30/4/2016 - "se antes de tal termo, as partes não firmarem novo instrumento" -, com base nas disposições do art. 614, § 3º, da CLT. Os argumentos apresentados pelo CREA para afastar a extensão concedida, pertinentes à obrigação de destinação compulsória de dotação orçamentária futura para pagamento de benefícios econômicos, não se mostram suficientes a ensejar a reforma da decisão, pois, uma vez declarada a nulidade das cláusulas econômicas, a vigência diz respeito a acordo coletivo que abrange, apenas, cláusulas de cunho social. Recurso ordinário conhecido e parcialmente provido. (ReeNec e RO-10200-92.2015.5.01.0000, Relatora Ministra: Dora Maria da Costa, Data de Julgamento: 13/11/2017, Seção Especializada em Dissídios Coletivos, Data de Publicação: DEJT 17/11/2017)

RECEITAS SINDICAIS

CONTRIBUIÇÃO SINDICAL

» *Não filiados*

É constitucional a contribuição assistencial imposta por instrumento coletivo a empregados não filiados?

É inconstitucional a instituição, por acordo, convenção coletiva ou sentença normativa, de contribuições que se imponham compulsoriamente a empregados da categoria não sindicalizados.

Recurso Extraordinário. Repercussão Geral. 2. Acordos e convenções coletivas de trabalho. Imposição de contribuições assistenciais compulsórias descontadas de empregados não filiados ao sindicato respectivo. Impossibilidade. Natureza não tributária da contribuição. Violação ao princípio da legalidade tributária. Precedentes. 3. Recurso extraordinário não provido. Reafirmação de jurisprudência da Corte. (ARE 1018459 RG, Relator(a): Min. GILMAR MENDES, julgado em 23/02/2017, PROCESSO ELETRÔNICO DJe-046 DIVULG 09-03-2017 PUBLIC 10-03-2017)

PARTE III

DIREITO PROCESSUAL DO TRABALHO E CIVIL

AUTONOMIA

APLICAÇÃO DO PROCESSO COMUM

» ***Multa do art. 523, § 1º, do CPC***

Aplica-se ao processo do trabalho a multa do art. 523, § 1º, do CPC?

A multa coercitiva do artigo do artigo 523, § 1º, do CPC (antigo artigo 475-J do CPC de 1973) não é compatível com as normas vigentes da CLT por que se rege o processo do trabalho, ao qual não se aplica. *IRR-1786-24.2015.5.04.0000 Data de Julgamento: 21/08/2017, Redator Ministro: João Oreste Dalazen, Tribunal Pleno, Data de Publicação: DEJT 30/11/2017 – Informativo TST nº 162.*

COMPETÊNCIA

COMPETÊNCIA EM RAZÃO DA MATÉRIA

» ***Estatutário***

Compete à Justiça do Trabalho processar e julgar ação civil pública que busca a adequação do meio ambiente de trabalho no âmbito do Município com regime estatutário?

A restrição da competência da Justiça do Trabalho para julgamento de servidores estatutários, resultante do decidido pelo STF na ADI 3.395-6, não alcança as ações cuja causa de pedir seja o descumprimento de normas trabalhistas de segurança, saúde e higiene dos trabalhadores. Não há, pois, como conferir outra solução à lide, que não a de considerar a Justiça do Trabalho competente para processar e julgar o feito. Inteligência da Súmula 736 do STF. Precedentes. (RR – 16400-66.2009.5.15.0023, Relator Ministro: Hugo Carlos Scheuermann, Data de Julgamento: 21/06/2017, 1ª Turma, Data de Publicação: DEJT 23/06/2017)

Compete à Justiça do Trabalho processar e julgar ACP que visa a condenação em obrigação de fazer consistente na obrigação de entregar todo o volume de material reciclável gerado no processo produtivo da empresa às organizações de catadores de materiais recicláveis?

A jurisprudência deste Tribunal de uniformização é firme no tocante à incompetência da Justiça do Trabalho para julgar ação civil pública, proposta pelo Ministério Público do Trabalho, tendo por objeto a condenação da ré ao cumprimento de obrigação de entregar todo o volume de material reciclável gerado no processo produtivo da empresa às organizações de catadores de materiais recicláveis, uma vez que a relação jurídica de direito material deduzida na lide não se enquadra nas disposições do art. 114, IX, da Constituição Federal. Recurso de revista de que não se conhece. (RR-311000-96.2009.5.09.0594, Relator Ministro: Walmir Oliveira da Costa, Data de Julgamento: 16/08/2017, 1ª Turma, Data de Publicação: DEJT 18/08/2017)

A Justiça do Trabalho detém competência para o julgamento de causas que versam sobre o contrato de estágio com entes da administração pública?

No caso, trata-se de Ação Civil Pública no qual o Ministério Público do Trabalho postula que se obrigue a reclamada, fundação pública, a realização de seleção pública para a contratação de estagiários. Como se observa da inicial, o pedido deduzido relaciona-se a período que antecede o próprio vínculo existente entre a Administração Pública e o estagiário, estando diretamente relacionada ao controle de legalidade e moralidade do ato administrativo praticado pelo ente público, relação que se reveste de caráter jurídico-administrativo, e que por isso foge do âmbito de competência desta Justiça Especializada. Precedentes. Recurso de revista conhecido e provido. (RR-96-20.2012.5.04.0014, Relatora Ministra: Delaíde Miranda Arantes, Data de Julgamento: 23/08/2017, 2ª Turma, Data de Publicação: DEJT 01/09/2017)

» *Empregado vs. Sindicato*

A quem compete processar e julgar ação de prestação de contas entre sindicato e trabalhador a ele filiado?

Ação de prestação de contas entre sindicato e trabalhador a ele filiado. Retenção de honorários advocatícios em crédito trabalhista deferido em juízo. Competência da Justiça do Trabalho. Art. 114, III, da CF. A Justiça do Trabalho é competente para processar e julgar ação proposta por trabalhador em face do sindicato a que é filiado, em que se postula a prestação de contas acerca de valores retidos a título de honorários advocatícios em crédito trabalhista decorrente de ação ajuizada anteriormente pela entidade sindical na condição de substituta processual. A relação entre empregado de determinada categoria e o respectivo sindicato decorre do enquadramento sindical e irradia o principal efeito da defesa dos direitos e interesses da categoria, nos termos do art. 8º, III, da CF e do art.

513, "a", da CLT, inserindo-se, portanto, na expressão contida no art. 114, III, da Constituição, que se refere às ações sobre representação sindical entre sindicatos e trabalhadores. Vencidos os Ministros Augusto César Leite de Carvalho, Walmir Oliveira da Costa e Brito Pereira, os quais entendiam que, se compete à Justiça comum julgar cobrança de honorários advocatícios, inclusive nas hipóteses em que tais verbas são reclamadas por sindicato, não se pode alterar a competência somente em razão de a ação ter sido ajuizada por quem se beneficiou dos serviços contra o prestador. *TST-E-ED-RR-128300-64.2008.5.03.0042, SBDI-I, rel. Min. Marcio Eurico Vitral Amaro, 17.8.2017 – Informativo TST nº 162.*

» ***Empregado vs. Seguradora***

A quem compete processar e julgar ação na qual o reclamante postula o pagamento de indenização prevista em seguro de vida estipulado pelo empregador na vigência do contrato de trabalho?

Com o advento da Emenda Constitucional nº 45, a Justiça do Trabalho teve sua competência ampliada. Outras controvérsias e ações oriundas da relação de trabalho passaram a ser processadas e julgadas nesta Justiça especializada. A premissa fática constante no acórdão recorrido é de que o seguro de vida em grupo decorreu do contrato de trabalho, tendo sido adquirido com a intermediação da empregadora. Precedentes. Recurso de revista conhecido por violação do art. 114, I, da CF/88 e provido. (RR-1056-24.2012.5.03.0104, Relator Ministro: Alexandre de Souza Agra Belmonte, Data de Julgamento: 25/10/2017, 3ª Turma, Data de Publicação: DEJT 27/10/2017)

» ***Diretor de S/A***

Pedido de diretor de SA deve ser julgado pela Justiça Comum?

Versam os autos ação ajuizada por ex-Diretor-Presidente de sociedade anônima contra MHAG Serviços e Mineração S.A., primeira reclamada, Noble Brasil S.A. (atual denominação COFCO Brasil S.A), segunda reclamada, Campina Participações S.A, terceira reclamada e Banco Newcorp Participações e Negócios Ltda., quarto reclamado, na qual pretendeu o pagamento de verbas constantes do contrato celebrado entre o autor e a primeira reclamada, que o contratou para o exercício da função de Diretor-Presidente, em maio de 2008. O autor pretendeu, em sua ação, o pagamento de verbas rescisórias e contratuais previstas no contrato celebrado com a primeira reclamada, MHAG, submetido, conforme expressamente previsto no referido pacto, aos preceitos do Código Civil, da Lei nº 6.404/76 (Lei das Sociedades Anônimas) e do Estatuto Social da empresa. Pleiteou, ainda, indenização por danos morais. Trata-se, portanto, de ex-Diretor-Presidente de sociedade anônima, sem vínculo empregatício com as reclamadas, tanto que o reclamante não pleiteou o pagamento de verbas trabalhistas decorrentes do reconhecimento de relação de emprego, que não foi sequer cogitada, mas sim com fulcro no contrato de natureza civil e empresarial firmado com a primeira reclamada. Inicialmente, registra-se, de um lado, ser absolutamente impertinente a invocação pela recorrente, segunda reclamada, dos precedentes do Supremo Tribunal Federal proferidos na ADIn nº 3.395/DF e no Recurso Extraordinário nº 632.273/DF, visto que a tese sufragada nesses julgados de reconhecimento da incompetência da Justiça do Trabalho se limitou, respectivamente, às pretensões concernentes à relação estatutária do servidor público e à relação jurídica entre advogado e cliente, hipóteses indiscerníveis no caso. Por outro lado, também não é correta a assertiva do autor, ora recorrido, de que no acórdão do Supremo Tribunal Federal, de relatoria da Ministra Rosa Weber, julgado em 16/12/2016, proferido na Reclamação nº 17.610 AGR/RN, proposta pela Nobel Brasil S.A. contra a decisão do Regional, teria sido decidido que a competência para analisar a matéria dos autos é da Justiça do Trabalho. Isso porque se extrai da decisão proferida na referida reclamação constitucional que o Supremo se limitou a considerá-la incabível, nos termos dos artigos 988 do CPC/2015 e 102, inciso I, alínea "l", da Constituição Federal, ao fundamento de que não havia identidade material entre a questão debatida nestes autos e o que foi decidido na ADIn nº 3.395/DF, ou seja, inexistia correlação estrita entre o ato judicial reclamado e o parâmetro decisório de controle, pois a matéria discutida nestes autos é distinta da relação jurídico-administrativo estabelecida entre o Poder Público e seus servidores objeto da referida ação direta de inconstitucionalidade. Em outras palavras, não houve deliberação pela excelsa Corte sobre a competência da Justiça do Trabalho para processar e julgar demandas envolvendo relação jurídica firmada entre a sociedade por ações e seus diretores. Não obstante a inexistência de decisão proferida no âmbito do STF dirimindo a controvérsia sobre a competência da Justiça do Trabalho para apreciar o caso dos autos, cumpre consignar que o Superior Tribunal de Justiça – STJ, que tem a competência constitucional (art. 105, inciso I, "d", da Constituição Federal) para dirimir conflitos de competência entre as Varas ou os Tribunais da Justiça do Trabalho e as Varas ou os Tribunais da Justiça Comum (à exceção daqueles que envolvam o Tribunal

Superior do Trabalho ou o Superior Tribunal de Justiça, cuja competência é do Supremo Tribunal Federal), resolveu conflito negativo de competência entre Vara do Trabalho e Vara Cível Estadual em caso idêntico, relativamente a pedidos decorrentes do exercício de cargo de diretor de sociedade anônima, concluindo pela competência da Justiça Comum, mesmo após a Emenda Constitucional nº 45/2004. Considerou, para tanto, que "o tratamento sui generis conferido à diretoria executiva, se comparado aos demais indivíduos integrantes da empresa, demonstra natureza especial do vínculo dela com a instituição, de forma que os pedidos não decorrem nestas hipóteses, de uma alegada relação de emprego" (Conflito de Competência nº 88.597 – SP, Relator Ministro Massami Uyeda, DJe 2/6/2008). Ressalta-se, por oportuno, conforme assentado no referido julgamento do STJ, ser insuficiente para que a pretensão assuma contornos de natureza trabalhista a circunstância de determinados pedidos encontrarem ressonância em dispositivos celetistas. Com efeito, embora alguns benefícios pleiteados estejam também previstos nas leis trabalhistas para os trabalhadores com vínculo empregatício, a obrigação de seu pagamento, no caso dos autos, decorre não de uma relação empregatícia, que, repita-se, não foi sequer alegada ou pleiteada, mas sim do contrato de natureza empresarial e civil firmado entre as partes, que pactuaram o seu pagamento, constando expressamente do contrato firmado a sua submissão aos preceitos do Código Civil, da Lei nº 6.404/76 (Lei das Sociedades Anônimas) e do Estatuto Social da empresa. O STJ, em outro conflito negativo de competência, envolvendo também litígio entre sociedade anônima e seu diretor, com pleito indenizatório (um dos pedidos formulados no caso dos autos), proferiu igual entendimento, concluindo pela Competência da Justiça Comum (Conflito de Competência nº 114.725-SP, Relator Ministro Raul Araújo, DJ 5/4/2011). Cita-se, também, precedente da 7ª Turma deste Tribunal Superior do Trabalho, da lavra do Ministro Luiz Philippe Vieira de Mello Filho (RR-685-52.2010.5.02.0203, DEJT 02/10/2015), em caso envolvendo diretor não empregado de sociedade anônima, em que se reconheceu a incompetência da Justiça do Trabalho para apreciar aquele feito, por considerar tratar-se de relação jurídica de natureza estatutária, que remete ao Direito Empresarial. Para tanto, salientou ser o Diretor um dos órgãos da sociedade anônima, agindo em nome e como órgão da companhia, visto que a "presenta" e, portanto, pratica os atos necessários para o seu funcionamento regular, consoante preconiza a Lei das Sociedades por Ações (Lei nº 6.404/76, art. 144). Recurso de revista conhecido e provido. (RR-77500-83.2010.5.21.0002, Relator Ministro: José Roberto Freire Pimenta, Data de Julgamento: 08/11/2017, 2ª Turma, Data de Publicação: DEJT 10/11/2017)

» ***Mudança de regime jurídico***

A quem compete processar e julgar ações relativas às verbas trabalhistas referentes ao período em que o servidor mantinha vínculo celetista com a Administração, antes da transposição para o regime estatutário?

REPERCUSSÃO GERAL EM ARE N. 1.001.075-PI; RELATOR: MIN. GILMAR MENDES – Informativo STF nº 852. Competência da Justiça do Trabalho. Mudança de regime jurídico. Transposição para o regime estatutário. Verbas trabalhistas concernentes ao período anterior. **3. Compete à Justiça do Trabalho processar e julgar ações relativas às verbas *trabalhistas* referentes ao período em que o servidor mantinha vínculo celetista com a Administração, antes da transposição para o regime estatutário. 4. Recurso não provido. Reafirmação de jurisprudência.**

» ***Vínculo vocacional***

A Justiça do Trabalho é competente para processar e julgar pedido de danos morais nos casos em que há vínculo vocacional (pastor de igreja) entre as partes?

A relação de emprego é configurada quando presente a pessoalidade, a não eventualidade, a dependência em relação ao tomador de serviços e a percepção de salário, conforme determina o art. 3º da CLT. Ocorre que, na afinidade constituída pela fé, não obstante a presunção comum de que há total dissociação dos valores e necessidades terrenas, não se divisa prestação de serviços necessariamente voluntária/gratuita, esporádica ou sem organização estrutural, sendo factível a ocorrência dos pressupostos do liame celetista nesta relação. Por estas razões, muito além da simples aferição dos requisitos para o vínculo empregatício, deve-se averiguar in casu, a constituição das instituições eclesiásticas, a sua relação com o Estado, bem como a concreta natureza e a finalidade das atividades prestadas pela instituição religiosa. Inexistente, dessarte, no caso sub judice, elementos suficientes a descaracterizar o cunho religioso da relação estabelecida entre o autor e a igreja-reclamada. Isso porque, apesar da similaridade à relação empregatícia, o vínculo formado entre as partes é destinado à assistência espiritual e à propagação da fé, em proveito, não da pessoa jurídica eclesiástica, mas, sim, da comunidade atendida pelo templo religioso. Recurso de revista conhecido e provido. DANOS MORAIS – PASTOR – IGREJA – INCOMPE-

TÊNCIA DA JUSTIÇA DO TRABALHO. Nos termos dos incisos VI e IX do art. 114 da Constituição Federal, incluído pela Emenda Constitucional nº 45/2004, compete à Justiça do Trabalho processar e julgar as controvérsias decorrentes das relações de trabalho, inclusive as ações de indenização por dano moral ou patrimonial delas oriundas. Com efeito, a competência ratione materiae se define pela natureza jurídica da questão controvertida, delimitada pelo pedido e pela causa de pedir. Se a ação proposta objetiva o pagamento de danos morais decorrentes de uma relação não empregatícia, em razão de vínculo vocacional (pastor de igreja), a competência para processar e julgar a causa é da Justiça Comum Estadual. Isso porque tal demanda não guarda nenhuma pertinência com a relação de trabalho de que trata o art. 114, inciso I, VI e XI, da Constituição da República. Recurso de revista conhecido e provido. (RR - 1000-31.2012.5.01.0432, Relator Ministro: Luiz Philippe Vieira de Mello Filho, Data de Julgamento: 09/03/2016, 7ª Turma, Data de Publicação: DEJT 18/03/2016)

» ***Empregado aposentado***

De quem é a competência para processar e julgar ação que verse sobre reajuste de mensalidade de plano de saúde de empregado aposentado?

À luz da jurisprudência desta Corte e nos termos do art. 114, IX, da Constituição Federal, esta Justiça Especializada é competente para processar e julgar ações que versem sobre plano de saúde na hipótese - como a dos autos - em que o benefício decorre da relação de emprego. Recurso de embargos conhecido e provido. *E-ED-RR-10583-96.2015.5.03.0038, Relator Ministro: Hugo Carlos Scheuermann, Data de Julgamento: 21/09/2017, Subseção I Especializada em Dissídios Individuais, Data de Publicação: DEJT 29/09/2017 - Informativo TST nº 165.*

» ***Agente comunitário de saúde***

De quem é a competência para processar e julgar ação ajuizada por agente comunitário de saúde em face de município, questionando o pagamento de verbas trabalhistas?

CONFLITO DE COMPETÊNCIA. JUÍZOS COMUM ESTADUAL E TRABALHISTA. RECLAMAÇÃO TRABALHISTA. AGENTE COMUNITÁRIO DE SAÚDE. PRÉVIO PROCESSO SELETIVO. CONTRATAÇÃO

SOB O REGIME DA CONSOLIDAÇÃO DAS LEIS DO TRABALHO - CLT. POSTERIOR PUBLICAÇÃO DA LEI N. 11.350/2006. APLICAÇÃO DO REGIME CELETISTA APENAS EM CASOS EM QUE O ESTADO OU MUNICÍPIO NÃO TENHA REGIME PRÓPRIO, EM SENTIDO DIVERSO. PRECEDENTES DO STJ. COMPETÊNCIA DA JUSTIÇA DO TRABALHO.

1. A controvérsia está relacionada ao juízo competente para processar e julgar demanda ajuizada por agente comunitário de saúde em face de município, questionando o pagamento de verbas trabalhistas.

2. O art. 8º da Lei n. 11.350/2006 estabeleceu o regime celetista nas hipóteses de contratação de agente comunitário de saúde, salvo se o ente público adotar forma diversa por meio de lei local.

3. Será celetista o regime aplicável salvo se, no caso dos Estados, do Distrito Federal e dos Municípios, lei local dispuser de forma diversa.

4. Não se tem autos notícia de que o município tenha disposto de regime jurídico de forma diversa do estabelecido pela CLT.

5. Seja em função da Lei Federal n. 11.350/06, seja em razão do regramento municipal, o regime jurídico aplicável à parte reclamante é o celetista, o que, por conseguinte, implica a competência da Justiça do Trabalho. Precedentes.

6. Agravo interno não provido.

(AgInt no CC 149.760/PR, Rel. Ministro MAURO CAMPBELL MARQUES, PRIMEIRA SEÇÃO, julgado em 28/06/2017, DJe 30/06/2017)

» *Empregado público admitido anteriormente à Constituição*

De quem é a competência para processar e julgar ação de empregado público admitido anteriormente à promulgação da Constituição sem concurso público pelo regime celetista?

É inviável a conversão automática de regime jurídico, de modo que os servidores admitidos sem submissão a concurso público antes da Constituição da República de 1988 continuam sendo regidos pelo regime celetista, independentemente da existência de norma posterior estadual ou municipal que estabeleça conversão automática. Isso porque, a partir da atual Constituição, há a obrigatoriedade de prévia aprovação em concurso público para a investidura em cargo ou emprego público, de modo que a transmudação de regimes, se o ingresso não foi precedido de certame, implica ofensa ao art. 37, inc. II, da Constituição da República. Competência da Justiça do

Trabalho para processar e julgar a demanda. Mantido o vínculo sob o regime jurídico da CLT e considerando que a reclamação trabalhista foi ajuizada na vigência do contrato de trabalho não há de se cogitar de prescrição bienal. Recurso de Embargos de que se conhece e a que se dá provimento. (E-RR-280-77.2013.5.22.0001, Relator Ministro: João Batista Brito Pereira, Data de Julgamento: 09/03/2017, Subseção I Especializada em Dissídios Individuais, Data de Publicação: DEJT 17/03/2017).

O Excelso Pretório, no julgamento do RE com Agravo 906.491/DF, sob o regime da repercussão geral, firmou entendimento segundo o qual compete à Justiça do Trabalho o julgamento de demandas em que o servidor ingressa no serviço público, antes da entrada em vigor da CF/88, pelo regime celetista e, não obstante a edição de lei local alterando o regime para o estatutário, não é submetido a concurso público. (STJ - AgInt no CC 151.034/MT, Rel. Ministro OG FERNANDES, PRIMEIRA SEÇÃO, julgado em 23/08/2017, DJe 30/08/2017)

» ***Prejudicialidade heterogênea***

Como fica a situação na qual houve designação de leilão para venda de imóvel que é objeto de usucapião proposta por terceiros em desfavor da empresa reclamada que está no polo passivo perante a Justiça do Trabalho?

CONFLITO POSITIVO DE COMPETÊNCIA. EXECUÇÃO TRABALHISTA. DESIGNAÇÃO DE LEILÃO PARA VENDA DE IMÓVEL QUE É OBJETO DE AÇÃO DE USUCAPIÃO PROPOSTA POR TERCEIROS EM DESFAVOR DA EMPRESA QUE INTEGRA O POLO PASSIVO NA DEMANDA PERANTE A JUSTIÇA DO TRABALHO. PREJUDICIALIDADE HETEROGÊNEA. COMPETÊNCIA DOS JUÍZOS SUSCITADOS PARA O JULGAMENTO DAS RESPECTIVAS DEMANDAS. DETERMINAÇÃO DE SUSPENSÃO DA EXECUÇÃO ATÉ O JULGAMENTO FINAL DA AÇÃO USUCAPIENDA.

1. Os elementos constantes dos autos sinalizam a existência de relação de prejudicialidade entre as demandas, pois a eventual procedência da ação de usucapião proposta pelos suscitantes influenciará diretamente no desfecho da execução da sentença proferida pela justiça trabalhista, notadamente no que se refere à possibilidade de prosseguimento dos atos de alienação do imóvel constrito.

2. Havendo conflito positivo de competência entre duas ações que versam sobre a mesma relação jurídica e tramitam em juízos diferentes, a existência de prejudicialidade heterogênea conduz à suspensão de um dos feitos.

3. Conflito de competência conhecido para manter a competência dos Juízos suscitados para o julgamento das respectivas demandas, determinando a suspensão da realização do leilão pela Justiça do Trabalho até o julgamento final da ação de usucapião em trâmite perante o Juízo de Direito da Vara de Registros Públicos de Porto Alegre-RS. (CC 140.817/RS, Rel. Ministro Marco Aurélio Bellizze, Segunda Seção, julgado em 25/10/2017, DJe 06/11/2017)

» *Plano de saúde*

A quem compete processar e julgar demanda que tem como causa de pedir contrato de prestação de serviço de assistência à saúde prestado pelo próprio empregador?

1. Competência da Justiça do Trabalho para processar e julgar demanda que tem como causa de pedir contrato de prestação de serviço de assistência à saúde prestado pelo próprio empregador, por força de norma de natureza trabalhista. Julgados desta Corte Superior. 2. Caso dos autos em que o plano de assistência à saúde é previsto em convenção coletiva de trabalho. Plano de Assistência Multidisciplinar à Saúde – AMS da PETROBRAS. 3. Declinação da competência para a Justiça do Trabalho. 4. AGRAVO INTERNO DESPROVIDO. (AgInt no REsp 1554439/RJ, Rel. Ministro Paulo de Tarso Sanseverino, Terceira Turma, julgado em 07/11/2017, DJe 13/11/2017)

A quem compete processar e julgar demanda na qual se discute plano de saúde na modalidade de autogestão pelo empregador?

1. "Nos casos em que a ex-empregadora mantém o próprio plano de saúde em favor de seus empregados, na modalidade de autogestão, a discussão acerca do direito do recorrido de ser mantido no plano de saúde possui relação direta com o contrato de trabalho extinto, impondo-se a competência da Justiça do Trabalho" (AgRg no REsp 1.476.314/SP, Rel. Ministro Raul Araújo, Quarta Turma, julgado em 06/10/2015, DJe 26/10/2015) (AgInt no REsp 1626415/SP, Rel. Ministro Marco Buzzi, Quarta Turma, julgado em 24/10/2017, DJe 10/11/2017)

Vale registrar que o STJ, já no ano de 2018, decidiu que "Compete à Justiça Comum Estadual o exame e o julgamento de feito que discute direitos de ex-empregado aposentado ou demitido sem justa causa de permanecer em plano de saúde coletivo oferecido pela própria empresa empregadora aos trabalhadores ativos, na modalidade de autogestão" (REsp 1.695.986-SP, Rel. Min. Ricardo Villas Bôas Cueva, por unanimidade, julgado em 27/02/2018, DJe 06/03/2018). Eis os fundamentos: "De início, salienta-se que a jurisprudência deste Tribunal Superior é no sentido de que compete à Justiça do Trabalho o julgamento dos casos em que a ex-empregadora mantém o próprio plano de saúde em favor de seus empregados, na modalidade de autogestão, visto que a discussão acerca do direito de manutenção no plano de saúde possuirá relação direta com o contrato de trabalho extinto. Tal posicionamento se justificava antes da edição da Lei n. 9.656/1998 (regulamentadora dos planos de saúde), da Lei n. 9.961/2000 (criadora da ANS) e da Lei n. 10.243/2001 (que deu nova redação ao § 2º do art. 458 da Consolidação das Leis do Trabalho - CLT). De fato, antes da vigência desses diplomas legais, a relação jurídica mantida entre o usuário do plano de saúde e a entidade de autogestão empresarial era apenas uma derivação da relação de emprego, pois a regulação era feita pelo contrato de trabalho, por normas internas da empresa e, às vezes, por acordo coletivo de trabalho. Todavia, após o surgimento das mencionadas leis, a Saúde Suplementar, incluídas as autogestões, adquiriu autonomia em relação ao Direito do Trabalho, visto possuir campo temático, teorias, princípios e metodologias específicos. Por esse motivo, as entidades de autogestão passaram a ser enquadradas como operadoras de planos de saúde, sendo, portanto, objeto de regulação e fiscalização pelo órgão regulador próprio da área: a ANS. Com efeito, o art. 458, § 2º, IV, da CLT, incluído pela Lei n. 10.243/2001, é expresso em dispor que a assistência médica, hospitalar e odontológica concedida pelo empregador, seja diretamente ou mediante seguro-saúde, não será considerada como salário. Isso porque o plano de saúde fornecido pela empresa empregadora, mesmo a título gratuito, não possui natureza retributiva, não constituindo salário-utilidade (salário in natura), sobretudo por não ser contraprestação ao trabalho. Ao contrário, referida vantagem apenas possui natureza preventiva e assistencial, sendo uma alternativa às graves deficiências do Sistema Único de Saúde (SUS), obrigação do Estado. Cumpre salientar, ainda, que por já ter sido encerrado o seu contrato de trabalho, a pretensão do ex-empregado de manutenção no plano de assistência à saúde fornecido pela ex-empregadora não pode ser vista como simples relação de trabalho, visto que a causa de pedir e o pedido se originam de relação autônoma nascida com a operadora de plano de saúde, a qual possui natureza eminentemente civil, envolvendo tão somente, de maneira indireta, os aspectos da relação de trabalho. Ademais, cumpre mencionar que a autogestão na saúde suplementar guarda muitas semelhanças estruturais com a previdência privada fechada e o Supremo Tribunal Federal, quando do julgamento do RE n. 586.453/SE (Rel. para acórdão Min. Dias Toffoli, Pleno, DJe 6/6/2013), consolidou o entendimento de competir à Justiça Comum o julgamento de processos decorrentes de contrato de previdência complementar, ante a inexistência de relação trabalhista entre o beneficiário e o fundo fechado previdenciário".

» *Reintegração de posse*

A quem compete processar e julgar ação de reintegração de posse, na qual se discute aspectos relativos à validade da constrição judicial sobre o imóvel, determinada pela Justiça do Trabalho?

I. Agravo interno aviado contra decisão publicada em 02/03/2017, que, por sua vez, julgara recurso interposto contra decisum publicado na vigência do CPC/73. II. Na origem, trata-se de Agravo de Instrumento, interposto pelos agravantes contra decisão do Juízo da 10ª Vara Cível da Circunscrição Judiciária de Brasília/DF, que, nos autos de Ação de Reintegração de Posse, ajuizada por Ricardo Lopes de Oliveira e outra contra Jorge Luzio Matos Silva e outros, declarou sua incompetência absoluta para julgar o feito, remetendo os autos ao Juízo da 11ª Vara da Justiça do Trabalho de Brasília/DF. O acórdão do Tribunal de origem negou provimento ao Agravo de Instrumento. III. A jurisprudência do Superior Tribunal de Justiça firmou orientação no sentido de que a Justiça do Trabalho é competente para julgar a ação de reintegração de posse, na qual se discutem aspectos relativos à validade da constrição judicial sobre o imóvel, determinada por aquela Justiça especializada. Assim, estando o acórdão recorrido em consonância com a jurisprudência sedimentada nesta Corte, afigura-se acertada a decisão ora agravada, em face do disposto no enunciado da Súmula 568 do STJ. Precedentes do STJ. (AgInt no REsp 1534296/DF, Rel. Ministra Assusete Magalhães, Segunda Turma, julgado em 19/10/2017, DJe 27/10/2017)

» *Selo de responsabilidade social*

Compete à Justiça do Trabalho "cassar" selo de responsabilidade social de empresa?

A Corte Regional manteve o entendimento de que é incompetente esta Justiça Especializada para a cassação e também para impedir posterior concessão do Selo de Responsabilidade Social "Empresa Compromissada", concedido pela Secretaria-Geral da Presidência da República às empresas sucroalcooleiras. O "Selo de Reconhecimento" está estritamente ligado ao cumprimento dos direitos decorrentes dos contratos de trabalho na cana-de-açúcar, notadamente os relativos a segurança, higiene e saúde do trabalhador. Como se depreende, o objeto está relacionado às condições de trabalho que decorrem justamente da existência do vínculo decorrente da prestação laboral, razão pela qual se justifica a competência desta Justiça Especializada. Acresça-se, ainda, que a Súmula 736 do STF preceitua que "compete à justiça do trabalho julgar as ações que tenham como causa de pedir o descumprimento de normas trabalhistas relativas à segurança, higiene e saúde dos trabalhadores", circunstância dos autos. Recursos de revista conhecidos por violação do art. 114, I e IX, da Constituição Federal e providos. (RR-1060-06.2012.5.15.0079, Relator Ministro: Alexandre de Souza Agra Belmonte, Data de Julgamento: 18/10/2017, 3ª Turma, Data de Publicação: DEJT 01/12/2017)

» ***Complementação de aposentadoria***

De quem é a competência para processar e julgar em que se reivindica o pagamento de complementação de aposentadoria cujo direito tem suporte em acordo coletivo de trabalho?

1. No caso de demanda promovida exclusivamente contra ex-empregador, em que se reivindica o pagamento de complementação de aposentadoria cujo direito teria suporte em acordo coletivo de trabalho, sem relação com plano de previdência complementar, a competência para o julgamento da causa é da Justiça do Trabalho. Precedentes. 2. "Inexiste preclusão para o reconhecimento da incompetência absoluta" (CC 108.554/SP, Rel. Ministra NANCY ANDRIGHI, SEGUNDA SEÇÃO, julgado em 25/08/2010, DJe 10/09/2010). (AgRg no AREsp 107.914/SP, Rel. Ministro Antonio Carlos Ferreira, Quarta Turma, julgado em 21/11/2017, DJe 24/11/2017) e (AgRg no Ag 1425049/DF, Rel. Ministro Antio Carlos Ferreira, Quarta Turma, julgado em 16/11/2017, DJe 22/11/2017)

» ***Execução***

A Justiça do Trabalho possui competência para determinar o cancelamento do registro de carta de adjudicação expedida pela Justiça Comum?

PROCESSUAL CIVIL. AGRAVO INTERNO NO CONFLITO DE COMPETÊNCIA. JUSTIÇA ESTADUAL E JUSTIÇA DO TRABALHO. CARTA DE ADJUDICAÇÃO EXPEDIDA PELA JUSTIÇA ESTADUAL. CANCELAMENTO DO REGISTRO DETERMINADO PELA JUSTIÇA DO TRABALHO. IMPOSSIBILIDADE. COMPETÊNCIA DA JUSTIÇA ESTADUAL PARA EXECUÇÃO E MODIFICAÇÃO DE SEUS PRÓPRIOS JULGADOS. MANUTENÇÃO DA DECISÃO AGRAVADA POR SEUS PRÓPRIOS FUNDAMENTOS. AGRAVO INTERNO A QUE SE NEGA PROVIMENTO. (AgInt no CC 140.558/MT, Rel. Ministro PAULO DE TARSO SANSEVERINO, SEGUNDA SEÇÃO, julgado em 11/10/2017, DJe 18/10/2017)

A quem compete processar e julgar ação relacionada ao descumprimento de termo de ajuste de conduta firmado com o Município em relação a medidas de combate ao trabalho infantil?

COMPETÊNCIA DA JUSTIÇA DO TRABALHO. TERMO DE AJUSTE DE CONDUTA FIRMADO PERANTE O MPT. POLÍTICAS PÚBLICAS. OBJETO NÃO INSERTO NA COMPETÊNCIA FUNCIONAL DA JUSTIÇA LABORAL. O TAC configura instrumento através do qual o MPT, verificando o descumprimento de direitos metaindividuais de índole trabalhista, pactua, com o agente ofensor, condições e prazos para que sua conduta seja corrigida e adeque-se à lei. Desrespeitados os termos do TAC, pode o MPT executá-lo perante a Justiça do Trabalho, sendo competente aquele juízo o qual possuiria competência para o respectivo processo de conhecimento relativo à matéria, nos termos do art. 877-A da CLT. Em outras palavras, apenas são executáveis aqueles termos de ajuste de conduta cujo objeto se insira na competência material desta Justiça Especializada. No caso, o acórdão transcreveu a integralidade das cláusulas constantes do TAC que ora se visa a executar e registrou que aquelas não se inseriam na competência material da Justiça Laboral, porquanto relacionavam-se a medidas de caráter eminentemente administrativo – tais como "alocação de recursos públicos, ações legislativas, fiscalização". A análise acurada dos termos do TAC pactuado entre as partes demonstra que o seu objeto não se adunava à relação de trabalho propriamente dita, mas à implementação de políticas públicas para a erradicação do trabalho infantil e regularização do labor adolescente, em relação a trabalhadores que sequer prestavam serviço ao Município – inexistindo, portanto, liame trabalhista, preexistente ou não, entre os tutelados e a parte demandada. Nesse viés, conquanto as medidas delineadas no TAC visem, em última análise, à erradicação do trabalho infantil e regularização do trabalho prestado pelo adolescente, fogem à competência da Justiça do

Trabalho, a qual não pode compelir a Administração Pública a tomar providências de caráter eminentemente administrativo, inseridas no rol de suas atribuições constitucionais – mormente quando inexistente qualquer relação laboral entre aquela e os possíveis beneficiados. Entendimento diverso importaria em inevitável afronta ao art. 114 da Constituição Federal. Há precedentes. Recurso de revista não conhecido. (RR-90000-47.2009.5.16.0006, Relator Ministro: Augusto César Leite de Carvalho, Data de Julgamento: 28/06/2017, 6ª Turma, Data de Publicação: DEJT 04/08/2017)

» ***Reflexos remuneratórios***

Compete à Justiça do Trabalho julgar pretensão a reflexos de vantagem remuneratória, que teve origem em período celetista anterior ao advento do regime jurídico único?

Não compete à Justiça do Trabalho julgar controvérsia referente aos reflexos de vantagem remuneratória, que teve origem em período celetista anterior ao advento do regime jurídico único. (*Rcl 26064 AgR/RS, rel. orig. Min. Edson Fachin, red. p/ o ac. Min. Dias Toffoli, julgamento em 21.11.2017 - Informativo STF nº 885).*

» ***Recuperação judicial e falência***

De quem é a competência para processar e julgar execução contra pessoa jurídica do mesmo grupo econômico da sociedade em regime falimentar?

AGRAVO DE INSTRUMENTO EM RECURSO DE REVISTA INTERPOSTO NA VIGENCIA DA LEI Nº 13.105. EXECUÇÃO. **COMPETÊNCIA DA JUSTIÇA DO TRABALHO. DECRETAÇÃO DE FALÊNCIA DA DEVEDORA PRINCIPAL. REDIRECIONAMENTO DA EXECUÇÃO EM FACE DE EMPRESA PERTENCENTE AO MESMO GRUPO ECONÔMICO.** OFENSA AO ARTIGO 114, INCISO I, DA CF/88. NÃO CONFIGURAÇÃO. I – Cumpre ressaltar que, a teor do artigo 896, § 2º, da CLT e da Súmula nº 266/TST, a admissibilidade do recurso de revista contra acórdão proferido em agravo de petição, na liquidação de sentença ou em processo incidente na execução, inclusive os embargos de terceiro, depende da demonstração de violação direta de dispositivo da Constituição, pelo que não se habilita ao conhecimento desta Corte a alegação de violação legal e a divergência jurisprudencial. II – Não se tratando de execução fiscal ou de questões vinculadas à Certidão Negativa de Débito Trabalhista, nos termos do artigo 896, § 10, da CLT, a única tese recursal a observar a sistemática da mencionada norma é a alegação de afronta ao texto constitucional. III – O Tribunal Regional concluiu pela competência desta Justiça Especializada, uma vez que a execução não está sendo realizada contra a empresa falida, devedora principal, mas, sim, em face de empresa pertencente ao mesmo grupo econômico. IV – Nesse sentido, a decisão regional foi proferida em conformidade com a atual e notória jurisprudência desta Corte Superior, que firmou o entendimento de que **o redirecionamento da execução contra os sócios ou integrantes do mesmo grupo econômico da empresa falida ou em recuperação judicial não afasta a competência da Justiça do Trabalho, na medida em que eventual constrição não recairá sobre bens da massa falida, devedora principal, a atrair a competência do juízo universal, mas, sim, como o caso dos autos, contra empresa pertencente ao mesmo grupo econômico**. Precedentes. V – Sendo assim, não se vislumbra a alegada infringência do artigo 114 da Constituição a ensejar o provimento do recurso. VI – Já o argumento de houve nulidade processual por falta de intimação do administrador da massa falida, verifica-se do acórdão recorrido ter o Regional sido claro ao registrar que a execução não está sendo conduzida contra a empresa falida, mas sim em face de empresa participante do mesmo grupo econômico, razão porque não procede a indigitada afronta ao artigo 5º, incisos LIV e LV, da CF/88. VII – Vale ressaltar que referidos dispositivos constitucionais erigem, em regra, princípio genérico do ordenamento jurídico, cuja afronta, se existente, o seria apenas de forma reflexa e não direta, pois dependeria do prévio exame da matéria à luz da legislação ordinária (Lei 11.101/2005), inviabilizando o recurso de revista interposto. VIII – Nessa direção segue a jurisprudência do STF, conforme se observa do acórdão proferido no ARE nº 721537 AgR/AC, em que fora Relator o Ministro Luiz Fux. IX – Agravo de instrumento a que se nega provimento. (AIRR-1896-90.2014.5.02.0201, Relator Ministro: Antonio José de Barros Levenhagen, Data de Julgamento: 08/02/2017, 5ª Turma, Data de Publicação: DEJT 10/02/2017)

Há repercussão geral na discussão cerca da legitimidade da constrição, pelo Juízo Trabalhista, de bens pertencentes a pessoa jurídica do mesmo grupo econômico que empresa sob recuperação judicial, porém não integrantes da massa falida?

O Supremo Tribunal Federal já decidiu, nos autos do RE 864264 RG/DF, Rel. Min. Teori Zavascki, que a matéria não possui repercussão geral. A propósito, a ementa do referido julgado:

1. É de natureza infraconstitucional a controvérsia, fundada na interpretação da Lei 11.101/03, acerca da legitimidade da constrição, pelo Juízo Trabalhista, de bens pertencentes a pessoa jurídica do mesmo grupo econômico que empresa sob recuperação judicial, porém não integrantes da massa falida. 2. É cabível a atribuição dos efeitos da declaração de ausência de repercussão geral quando não há matéria constitucional a ser apreciada ou quando eventual ofensa à Carta Magna ocorra de forma indireta ou reflexa (RE 584.608-RG, Rel. Min. ELLEN GRACIE, DJe de 13/3/2009).

3. Ausência de repercussão geral da questão suscitada, nos termos do art. 543-A do CPC."

(RE 864.264 RG, Relator Min. TEORI ZAVASCKI, julgado em 17/03/2016, PROCESSO ELETRÔNICO DJe-067 DIVULG 11-04-2016 PUBLIC 12-04-2016.)

Notas:

O vice-presidente do STJ, ministro Humberto Martins, afirmou que o afastamento de repercussão geral de um tema possibilitou a solução de 70 recursos extraordinários interpostos contra decisões da corte em conflitos de competência. Os recursos tiveram seguimento negado.

O tema em discussão é a **legitimidade da constrição, pelo juízo trabalhista, de bens pertencentes a pessoa jurídica do mesmo grupo econômico que empresa sob recuperação judicial, porém não integrante da massa falida.**

Ao analisar um dos casos, o ministro destacou que o Supremo Tribunal Federal (STF) decidiu em abril de 2016 que **a controvérsia se resolve com base na interpretação da Lei 11.101/05, afastando, portanto, a repercussão geral anteriormente reconhecida, já que não há matéria constitucional a ser tratada.** Para o STF, não há violação aos artigos 113 e 170 da Constituição a ensejar a discussão em recurso extraordinário.[1]

1. RECURSO EXTRAORDINÁRIO. AFRONTA AO ART. 113 DA CONSTITUIÇÃO FEDERAL. CONFLITO DE COMPETÊNCIA ENTRE OS JUÍZOS TRABALHISTA E FALIMENTAR. MATÉRIA INFRACONSTITUCIONAL. AUSÊNCIA DE REPERCUSSÃO GERAL (TEMA 879/STF). RECURSO EXTRAORDINÁRIO A QUE SE NEGA SEGUIMENTO. 1. O redirecionamento da execução trabalhista para atingir pessoa jurídica reconhecida como pertencente ao mesmo grupo econômico da sociedade em regime falimentar não dá ensejo à configuração de conflito positivo de competência, com vista a declarar

Trabalhista e falimentar: no caso mencionado pelo ministro, a Segunda Seção do STJ não conheceu de conflito de competência suscitado por uma empresa, por entender que "***o redirecionamento da execução trabalhista para atingir pessoa jurídica reconhecida como pertencente ao mesmo grupo econômico da sociedade em regime falimentar não dá ensejo à configuração de conflito positivo de competência, com vista a declarar competente o juízo universal da falência, se os bens objeto de constrição no âmbito do juízo do trabalho não estão abrangidos pelo patrimônio integrante da massa falida***".

Em diversos casos idênticos, os recorrentes alegam que apenas o juízo falimentar teria legitimidade para decretar a constrição dos bens e que haveria ofensa aos artigos 113 e 170 da Constituição. Diante da posição do STF de afastar a repercussão geral do tema, o ministro Humberto Martins não admitiu os recursos. (fonte: www.stj.jus.br)

» *Greve*

A quem compete processar e julgar causa que tem por objeto a abusividade de greve de servidores públicos regidos pela CLT?

"*A justiça comum, federal ou estadual, é competente para julgar a abusividade de greve de servidores públicos celetistas da Administração pública direta, autarquias e fundações públicas*". Tese do Tema 544 da repercussão geral fixada, por maioria, pelo Plenário – Informativo 866. RE 846854/SP, rel. orig. Min. Luiz Fux, red. p/ o ac. Min. Alexandre de Moraes, julgamento em 1º.8.2017 – Informativo STF nº 871

COMPETÊNCIA TERRITORIAL OU DE FORO

» *Local da prestação dos serviços v. domicílio do reclamante*

competente o Juízo Universal da Falência, se os bens objeto de constrição no âmbito do Juízo do Trabalho não estão abrangidos pelo patrimônio integrante da massa falida. 2. Precedentes da Segunda Seção do STJ: EDcl no CC n. 65.405-RJ, relator Ministro Paulo Furtado (Desembargador convocado do TJ/BA), DJe de 6/4/2009; CC n. 103.437-SP, relator Ministro Fernando Gonçalves, DJe de 30/9/2009; CC n. 103.711-RJ, relator p/ o acórdão Ministro Sidnei Beneti, DJe de 24/9/2009. 3. Conflito de competência não conhecido. (RE nos EDcl no Conflito de Competência nº 100.608/MG).

Quando se admite o ajuizamento da ação no local do domicílio do reclamante?

Competência territorial. Domicílio do reclamante. Possibilidade. Coincidência com o local da contratação ou da prestação de serviços. Empresa de atuação nacional. Aplicação ampliativa do art. 651, § 3º, da CLT. Com ressalva de entendimento deste Relator, esta Corte Superior firmou entendimento no sentido de que o foro do domicílio do empregado apenas será considerado competente, por lhe ser mais favorável que a regra do artigo 651 da CLT, nas hipóteses em que a empresa possua atuação nacional e, ao menos, a contratação ou arregimentação tenha ocorrido naquela localidade. Desse modo, apenas quando a ré contratar e promover a prestação dos serviços em diferentes localidades do território nacional é possível a aplicação ampliativa do § 3º do artigo 651 da CLT, permitindo ao autor o ajuizamento da ação no local do seu domicílio. Considerando que a Egrégia Turma flexibilizou a regra de fixação de competência baseando-se apenas na hipossuficiência econômica do reclamante, sem registrar a presença de quaisquer das demais situações excepcionais acima mencionadas, deve ser reconhecida a competência do foro do local da prestação dos serviços para processar e julgar a presente ação. *E-RR-73-36.2012.5.20.0012, Relator Ministro: Cláudio Mascarenhas Brandão, Data de Julgamento: 30/03/2017, Subseção I Especializada em Dissídios Individuais, Data de Publicação: DEJT 12/05/2017 – Informativo TST nº 156.*

Esta Corte firmou o entendimento de que o foro do domicílio do empregado somente será competente para o ajuizamento e julgamento da reclamação trabalhista nas hipóteses em que a empresa tenha atuação nacional e a contratação ou prestação de serviços tenha ocorrido naquela localidade, hipóteses não registradas pelo acórdão regional. 3. Caracterizada a violação do art. 5º, XXXV, da CF/88 por má aplicação. Precedentes. Recurso de revista conhecido e provido. (RR-209-92.2015.5.22.0102, Relator Ministro: Hugo Carlos Scheuermann, Data de Julgamento: 09/08/2017, 1ª Turma, Data de Publicação: DEJT 14/08/2017).

COMPETÊNCIA FUNCIONAL

» ***Ação sobre licença-prêmio a juiz do Trabalho***

A quem compete julgar ação sobre licença-prêmio a juiz do Trabalho?

A Segunda Turma do Supremo Tribunal Federal (STF) decidiu, na sessão desta terça-feira (21), que **não compete ao Tribunal julgar uma Ação Originária (AO 2126) que discute a possibilidade de um juiz receber licença-prêmio por tempo de serviço, à razão de três meses a cada quinquênio, com base em simetria com as carreiras da magistratura e do Ministério Público (MP).** Por maioria de votos, o colegiado não conheceu da ação e determinou a remessa dos autos à Justiça Federal no Paraná, que será responsável por analisar o pleito.

No caso dos autos, um juiz do Trabalho vinculado ao Tribunal Regional do Trabalho da 9ª Região (PR) ajuizou a ação contra a União perante a Justiça Federal e fundamentou seu pedido de licença-prêmio com base na simetria entre a sua carreira e o Ministério Público da União, nos termos do artigo 129, parágrafo 4º, da Constituição Federal. Sustentou que o artigo 220 (inciso III) do Estatuto do Ministério Público da União (Lei Complementar 75/1993) garante a licença-prêmio para os membros. No entanto, por entender que havia interesse de toda a magistratura na causa, o juízo federal declinou da competência para julgar o processo e determinou a remessa dos autos ao STF.

O relator do caso, ministro Gilmar Mendes, votou pelo conhecimento da ação, reconhecendo a competência do Supremo para julgar o caso. De acordo com o ministro, a tese em discussão, sobre percepção de vantagem com base em simetria com o Ministério Público, interessa exclusivamente aos magistrados. Nenhuma outra categoria de agente público, exceto a dos magistrados, pode ajuizar demanda pretendendo a simetria com o MP, disse.

No mérito, o relator votou pelo indeferimento do pedido. De acordo com o ministro Gilmar Mendes, não cabe ao STF aumentar vencimentos sob fundamento da isonomia. Ele explicou que a lista constante do artigo 69 da Lei Orgânica da Magistratura (Loman), que revela as licenças que podem ser conferidas aos magistrados, é taxativa e não inclui a licença-prêmio, pleiteada na ação originária. Contudo, como a Turma não conheceu da ação, a matéria de fundo não será analisada pelo STF.

Quanto ao conhecimento da ação, o relator foi acompanhado pelo ministro Dias Toffoli, para quem o caso concreto trata de vantagem por equiparação com o Ministério Público. "Não vejo como dissociar este caso de interesse de todos os magistrados no país", salientou.

A divergência, que acabou prevalecendo no julgamento, foi iniciada pelo ministro Edson Fachin. Ele disse que em casos semelhantes tem votado pelo não conhecimento das ações, uma vez que, no seu entender, a matéria em questão não é exclusiva da magistratura, já que a percepção de licença-prêmio interessa a outras categorias de servidores, o que afasta a competência do STF.

No mesmo sentido votaram os ministros Ricardo Lewandowski e Celso de Mello. Ao declinar da competência do STF para analisar o caso, o ministro Lewandowski salientou que a matéria em debate na AO 2126 diz respeito ao funcionalismo em geral, uma vez que interessa, também, a outras categorias. Já o decano do Tribunal frisou que **não se instaura a competência do Supremo, com base no artigo 102 (inciso I, alínea 'n') da Constituição Federal, sempre que a demanda não se referir a interesse privativo da magistratura.** "***Em ocorrendo estado de comunhão jurídica entre a magistratura e outras categorias funcionais, é inviável a invocação da alínea 'n'***", concluiu o ministro.

» ***Interdito proibitório***

A que compete julgar interditos proibitórios decorrentes de greve? E o dissídio de greve?

Nos termos do art. 114, II, da Constituição e da Súmula Vinculante nº 23 do STF, insere-se na competência originária das Varas do Trabalho julgar o Interdito Proibitório se a causa de pedir decorrer de movimento grevista, na medida em que se trata de ação civil de natureza possessória, conforme ao art. 932 do CPC (art. 567 do NCPC), e não de dissídio coletivo de natureza econômica ou de greve, em que a Justiça do Trabalho exerce o poder normativo, de competência originária dos Tribunais Regionais, nos termos do art. 678, I, "a", da CLT. 2. A determinação para assegurar um percentual mínimo de ônibus em circulação durante o período de greve, sob pena de multa diária, é matéria de dissídio de greve, de competência dos Tribunais, e extrapola a natureza do Interdito Proibitório, cujo escopo é a proteção da posse, de direito real do autor, a fim de impedir que seja molestada. Jugados. Recurso de Revista conhecido e provido. (RR-5066-95.2010.5.12.0051, Relatora Ministra: Maria Cristina Irigoyen Peduzzi, Data de Julgamento: 08/03/2017, 8ª Turma, Data de Publicação: DEJT 10/03/2017)

» ***Incidente de recursos repetitivos***

A que compete julgar os incidentes de recursos repetitivos que impliquem alteração de súmula e/ou orientação jurisprudencial do TST?

Questão de ordem. Incidente de Recursos Repetitivos. Matéria veiculada em súmula e/ou orientação jurisprudencial do TST. Competência.

O Tribunal Pleno, ao julgar questão de ordem, decidiu, por maioria, que a SBDI-I tem competência para julgar os incidentes de recursos repetitivos que impliquem alteração de súmula e/ou orientação jurisprudencial do TST, não podendo o Tribunal Pleno, quando analisar eventual alteração de súmula e/ou orientação jurisprudencial, rever aquilo que foi decidido pela referida Subseção no julgamento do incidente. *Questão de Ordem suscitada durante a apreciação da proposta de revisão da Súmula nº 124 do TST, Tribunal Pleno, 26.6.2017 - Informativo TST nº 161.*

PARTES E PROCURADORES

INTERVENÇÃO DE TERCEIROS

» *Amicus curiae*

OAB pode ingressar como amicus curiae em ação na qual se discute retenção indevida de honorários por advogado?

I – PETIÇÃO DO CONSELHO FEDERAL DA ORDEM DOS ADVOGADOS DO BRASIL – CFOAB. 1 – Trata-se de pedido formulado pelo Conselho Federal da Ordem dos Advogados do Brasil, para que seja admitido no feito na condição de amicus curiae. 2 – Conforme prescreve o art. 138 do CPC, o ingresso do amicus curiae no processo justifica-se quando: a) houver matéria relevante; b) o tema objeto da demanda for específico; ou c) a controvérsia gerar repercussão social, elementos os quais não estão presentes na demanda em exame. 3 – Note-se, ademais, que, dentre as finalidades de se admitir o ingresso do amicus curiae no feito, destaca-se a de trazer subsídios (probatórios ou jurídicos) à solução da causa. 4 – Ocorre que, no caso, consoante se verifica dos autos, foi firmado acordo entre as partes, de modo que o reclamado pagaria o valor total de R$ 1.725,00O, sendo R$ 1.500,00, para a reclamante, e R$ 225,00, a título de honorários assistenciais para o sindicato. No entanto, o procurador reteve do montante do reclamante o valor de R$ 300,00, e repassou apenas R$ 1.200,00, além do que consta no acórdão do Tribunal Regional que é "incontroversa a inexistência de autorização do sindicato para a cobrança de honorários dos trabalhadores por eles assistidos". 5 – Estabelecido o contexto, constata-se que não se trata de controvérsia de natureza civil entre advogado e cliente a respeito de honorários advocatícios contratuais (Súmula nº 363 do STJ). A hipótese é outra: discute-se a retenção indevida de valores de acordo celebrado pelas partes, feita por advogado contratado pelo sindicato que prestou assistência judiciária, nos termos da Lei nº 5.584/1970. 6 – Acrescente-se que o pedido formulado pelo Conselho deu-se apenas após a inclusão do feito em pauta para julgamento por essa Corte. 7 – Desse modo, diante dessas circunstâncias, não há justificativa para admissão do requerente como amicus curiae, a teor do que dispõe o art. 138 do CPC, nem há como a entidade requerente contribuir para o desenlace da questão, razão pela qual indefere-se o pedido formulado pelo Conselho Federal da OAB. II – AGRAVO. AGRAVO DE INSTRUMENTO. RECURSO DE REVISTA. RECORRENTE ADVOGADO. LEI Nº 13.015/2014. PRELIMINAR DE INCOMPETÊNCIA DA JUSTIÇA DO TRABALHO. CONTROVÉRSIA INCIDENTE EM EXECUÇÃO DE ACORDO. RETENÇÃO INDEVIDA DE VALORES PELO ADVOGADO DO TRABALHADOR. HIPÓTESE DE HONORÁRIOS ASSISTENCIAIS DEVIDOS PELO SINDICATO E NÃO DE HONORÁRIOS ADVOCATÍCIOS CONTRATUAIS DEVIDOS PELO EMPREGADO. 1 – A delimitação no acórdão recorrido, trechos transcritos no recurso de revista, é de que não se trata de controvérsia de natureza civil entre advogado e cliente a respeito de honorários advocatícios contratuais (Súmula nº 363 do STJ). 2 – A hipótese é outra: discute-se a retenção indevida de valores de acordo pelo advogado, contratado pelo sindicato que prestou assistência judiciária nos termos da Lei nº 5.584/1970. 3 – Trata-se de questão incidental na execução do acordo firmado na Justiça do Trabalho, que envolve o trabalhador, o sindicato e o advogado contratado por este para atuar na assistência sindical. 4 – Nesse contexto, é competente a Justiça do Trabalho para decidir a controvérsia. 5 – Registre-se que, no mesmo sentido, inclusive envolvendo o mesmo advogado Ari Leite Silvestre, há julgados desta Corte Superior, motivo pelo qual foi negado provimento ao agravo de instrumento por meio de decisão monocrática, a qual ora se mantém. 6 – Agravo a que se nega provimento. ATO ATENTATÓRIO À DIGNIDADE DA JUSTIÇA 1 – Em relação à alegação de violação dos arts. 5º, II e LV, e 93, IX, da Constituição Federal, verifica-se que o agravante não impugna os fundamentos adotados na decisão agravada: a) no caso, verifica-se que o trecho da decisão recorrida, transcrito no recurso de revista, não demonstra o prequestionamento quanto à violação dos artigos invocados; e b) ao não observar a exigência de indicar o trecho da decisão do Tribunal Regional que consubstancia o prequestionamento da controvérsia (art. 896, § 1º-A, I, da CLT), a parte não consegue demonstrar, de forma analítica, em que sentido tal decisão teria afrontado os dispositivos indicados (art. 896, § 1º-A, III da CLT). Incidência da Súmula nº 422 do TST. (Ag-AIRR – 1405-49.2012.5.12.0048, Relatora Ministra: Kátia Magalhães Arruda, Data de Julgamento: 06/09/2017, 6ª Turma, Data de Publicação: DEJT 01/12/2017)

» ***Assistência***

OAB pode ingressar como assistente simples em ACP ajuizada em desfavor de sociedade de advogados, cuja controvérsia diz respeito à possibilidade de advogados serem admitidos como associados com o intuito de dissimular relações de emprego?

Ação civil pública. Sociedade de advogados. Admissão de advogados como associados para dissimular relações de emprego. Conselho Federal da Ordem dos Advogados do Brasil. Ingresso como assistente simples. Possibilidade. A SBDI-II, por unanimidade, conheceu de recurso ordinário em mandado de segurança e, no mérito, por maioria, deu-lhe provimento para reconhecer a possibilidade de o Conselho Federal da Ordem dos Advogados do Brasil participar como assistente simples em ação civil pública ajuizada em desfavor de sociedade de advogados, cuja controvérsia diz respeito à possibilidade de advogados serem admitidos como associados com o intuito de dissimular relações de emprego. Na hipótese, a segurança foi denegada pela Corte Regional sob o fundamento de que a pretensão do Conselho não era a de defender em Juízo interesses coletivos ou individuais de advogados, ou intervir em processo em que advogado fosse indiciado, acusado ou ofendido, mas, sim, prestar assistência jurídica à sociedade dos advogados demandada na ação principal. Todavia, prevaleceu o entendimento de que há interesse do Conselho Federal da OAB, tendo em vista a natureza abstrata do provimento decorrente de ações civis públicas e o fato de a matéria discutida no processo matriz estar relacionada à própria forma de organização dos escritórios e das sociedades de advogados. *TST-RO-259-46.2016.5.06.0000, SBDI-II, rel. Min. Douglas Alencar Rodrigues, red. p/ acórdão Min. Ives Gandra Martins Filho, 17.10.2017 – Informativo TST nº 168.*

ENTIDADES SINDICAIS

» ***Legitimidade para ADI***

O que acontece com ADI ajuizada por confederação sindical que, no curso do processo, tem cassado o registro sindical?

CONTROLE NORMATIVO ABSTRATO. CONFEDERAÇÃO SINDICAL. REGISTRO SINDICAL E LIBERDADE SINDICAL. PRECEDENTES. DOUTRINA. PERDA SUPERVENIENTE DA LEGITIMIDADE ATIVA "AD CAUSAM" POR EFEITO DE INVALIDAÇÃO JUDICIAL DO

REGISTRO SINDICAL. A QUESTÃO DO PREENCHIMENTO DAS CONDIÇÕES DA AÇÃO. MATÉRIA DE ORDEM PÚBLICA. COGNOSCIBILIDADE DE OFÍCIO. NECESSIDADE DE ACHAREM-SE PRESENTES, NO MOMENTO DA RESOLUÇÃO DO LITÍGIO (CPC, ART. 485, § 3º), TODAS AS CONDIÇÕES DA AÇÃO. RELAÇÃO DE CONTEMPORANEIDADE NÃO MAIS EXISTENTE. EXTINÇÃO ANÔMALA DO PROCESSO DE FISCALIZAÇÃO CONCENTRADA DE CONSTITUCIONALIDADE. DOUTRINA. PROCESSO DECLARADO EXTINTO. ADI 4.380-MC/AM* – Informativo STF nº 857

DECISÃO: A Confederação Nacional dos Trabalhadores Liberais Universitários Regulamentados – CNTU, invocando a condição de "entidade sindical de grau superior", ajuíza a presente ação direta, com pedido de medida liminar.

Ocorre, no entanto, que, em consulta ao Cadastro Nacional de Entidades Sindicais (CNES) que o Ministério do Trabalho mantém em sua página oficial na "Internet", constatei que sobreveio ao ajuizamento da presente ação direta a cassação do registro sindical da autora.

Cabe observar, por relevante, que a declaração de nulidade do registro sindical da autora, pronunciada pelo E. TRT/10ª Região, foi mantida tanto pelo E. Tribunal Superior do Trabalho quanto por este Supremo Tribunal Federal (ARE 919.995-AgR/DF, Rel. Min. CÁRMEN LÚCIA), em decisão transitada em julgado.

Torna-se inevitável concluir, desse modo, que a invalidação do registro sindical impede que se atribua, no caso, à autora a condição de entidade sindical de grau superior.

É importante salientar, neste ponto, que apenas o registro dos atos constitutivos no Ofício do Registro Civil das Pessoas Jurídicas não basta, só por si, para conferir personalidade de direito sindical à entidade para tal fim constituída, pois prevalece, nessa matéria, a exigência do duplo registro, consoante tem sido acentuado pela jurisprudência do Supremo Tribunal Federal (RTJ 147/868-869, Rel. Min. SEPÚLVEDA PERTENCE – RTJ 152/782, Rel. Min. CELSO DE MELLO – RTJ 153/273-274, Rel. Min. PAULO BROSSARD – RTJ 159/661, Rel. Min. SEPÚLVEDA PERTENCE – MI 388/SP, Rel. Min. NÉRI DA SILVEIRA – RE 146.822-EDv-AgR/DF, Rel. Min. MOREIRA ALVES, v.g.

"REGISTRO SINDICAL E LIBERDADE SINDICAL – A jurisprudência do Supremo Tribunal Federal, ao interpretar a norma inscrita no art. 8º, I, da Carta Política – e tendo presentes as várias posições assumidas pelo magistério doutrinário (uma que sustenta a suficiência do registro da entidade sindical no Registro Civil das Pessoas Jurídicas; outra que se satisfaz com o registro personificador no Ministério do Trabalho; e a última, que exige o duplo registro: no Registro Civil das Pessoas Jurídicas, para efeito de aquisição da personalidade meramente civil, e no Ministério do Trabalho, para obtenção da personalidade sindical) –, firmou orientação no sentido de que não ofende o texto da Constituição a exigência de registro sindical no Ministério do Trabalho, órgão este que, sem prejuízo de regime diverso passível de instituição pelo legislador comum, ainda continua a ser o órgão estatal incumbido de atribuição normativa para proceder à efetivação do ato registral. Precedente (...). – O registro sindical qualifica-se como ato administrativo essencialmente vinculado, devendo ser praticado pelo Ministro do Trabalho, mediante resolução fundamentada, sempre que, respeitado o postulado da unicidade sindical e observada a exigência de regularidade, autenticidade e representação, a entidade sindical interessada preencher, integralmente, os requisitos fixados pelo ordenamento positivo e por este considerados como necessários à formação dos organismos sindicais." (RTJ 159/413-414, Rel. Min. CELSO DE MELLO, Pleno)

Essa orientação jurisprudencial, vale ressaltar, hoje consagrada no enunciado constante da Súmula 677/STF, nada mais reflete senão o reconhecimento de que, embora a entidade sindical possa constituir-se independentemente de prévia autorização governamental - eis que é plena a sua autonomia jurídico-institucional em face do Estado (CF, art. 8º, I) –, a Constituição não vedou, de todo, a participação estatal no procedimento administrativo referente ao registro sindical, a efetivar-se, no entanto, mediante ato do Poder Público necessariamente vinculado.

O eminente Ministro XAVIER DE ALBUQUERQUE, em magnífico estudo sobre essa especial questão jurídica (LTr, vol. 53/11, p. 1.273-1.285), após resenhar as várias posições assumidas pela doutrina – uma sustentando a suficiência do registro da entidade sindical no Registro Civil das Pessoas Jurídicas; outra satisfazendo-se apenas com o registro personificador no Ministério do Trabalho; e a última, exigindo duplo registro: no Registro Civil das Pessoas Jurídicas, para efeito de aquisição da personalidade meramente civil, e no Ministério do Trabalho, para obtenção da personalidade sindical –, expendeu magistério definitivo a propósito do tema, enfatizando, com absoluta correção, com apoio nas lições de AMAURI MASCARO NASCIMENTO ("Organização Sindical na Perspectiva da Constituição", "in" LTr, vol. 52/1, p. 5-15), de OCTAVIO BUENO MAGANO ("A Organização Sindical na Nova Constituição", "in" LTr, vol. 53/1, p. 38-43) e de EDUARDO GABRIEL SAAD ("Constituição e Direito do Trabalho", p. 178-179 e 226, 1989), que a imprescindibilidade do registro sindical (que se revela plenamente legítimo) não ofende a cláusula constitucional que proíbe a exigência de autorização estatal para a criação de organismos sindicais.

O aspecto que venho de referir assume indiscutível relevo processual, pois, como se sabe, a jurisprudência desta Corte, atenta ao que dispõe o art. 103, IX, da Constituição, firmou-se no sentido de reconhecer às Confederações sindicais – e a estas apenas (RTJ 195/752-754, v.g.) –, entre as entidades e organizações que compõem a estrutura sindical brasileira, o poder de ativar a jurisdição constitucional de controle "in abstracto" do Supremo Tribunal Federal (RTJ 135/495 – RTJ 135/853 – RTJ 138/421 – RTJ 143/831 – RTJ 144/434 – RTJ 145/101-102 – RTJ 151/3 – RTJ 151/743 – RTJ 172/52 – RTJ 177/641 – ADI 151-QO/RS, Rel. Min. SYDNEY SANCHES – ADI 299/DF, Rel. Min. NÉRI DA SILVEIRA – ADI 398/DF, Rel. Min. SYDNEY SANCHES – ADI 1.177/DF, Rel. Min. CELSO DE MELLO – ADI 1.795/PA, Rel. Min. MOREIRA ALVES – ADI 1.953/ES, Rel. Min. ILMAR GALVÃO, v.g.):

"No campo da organização sindical, só a Confederação, não a Federação (mesmo de âmbito nacional), é parte legítima para a propositura de ação direta de inconstitucionalidade, nos termos do art. 103, IX, da Constituição." (RTJ 146/421, Rel. Min. OCTAVIO GALLOTTI – grifei)

"Ação direta de inconstitucionalidade: ilegitimidade ativa 'ad causam' da Federação Nacional dos Administradores – FENAD (...). É da jurisprudência do Supremo Tribunal que, no âmbito das entidades sindicais, a questionada legitimação é privativa das confederações (v.g., ADIn 398, 01.02.91, Sanches, RTJ 135/495; ADIn 17, 11.03.91, Sanches, RTJ 135/853; ADIn 360, 21.09.90, Moreira, RTJ 144/703; ADIn 488, 26.04.91, Gallotti, RTJ 146/42; ADIn 526, 16.10.91, RTJ 145/101; ADIn 689, 29.03.92, Néri, RTJ 143/831; ADIn 599,24.10.91, Néri, RTJ 144/434; ADIn 772, 11.09.92, Moreira, RTJ 147/79; ADIn 164, 08.09.93, Moreira, RTJ 139/396; ADIn 935, 15.09.93, Sanches, RTJ 149/439; ADIn 166, 05.09.96, Galvão, DJ 18.10.96; ADIn 1795, 19.03.98, Moreira, DJ 30.4.98; AgADIn 1785, 08.06.98, Jobim, 7.8.98)." (ADI 3.762-AgR/DF, Rel. Min. SEPÚLVEDA PERTENCE – grifei)

"CONTROLE ABSTRATO DE CONSTITUCIONALIDADE. AÇÃO DIRETA. ILEGITIMIDADE ATIVA DE ENTIDADE SINDICAL DE PRIMEIRO GRAU, AINDA QUE DE ÂMBITO NACIONAL. AÇÃO DIRETA DE QUE NÃO SE CONHECE. – Os Sindicatos, mesmo aqueles de âmbito nacional, não dispõem de legitimidade ativa para o ajuizamento da ação direta de inconstitucionalidade perante o Supremo Tribunal Federal. – No âmbito da estrutura sindical brasileira, somente a Confederação Sindical – que constitui entidade de grau superior – possui qualidade para agir, em sede de controle normativo abstrato, perante a Suprema Corte (CF, art. 103, IX). Precedentes." (ADI 4.064-MC/DF, Rel. Min. CELSO DE MELLO)

Vê-se, daí, não dispor a Confederação Nacional dos Trabalhadores Liberais Universitários Regulamentados – CNTU de legitimidade ativa "ad causam" para fazer instaurar este processo objetivo de controle normativo abstrato ou para nele legitimamente prosseguir.

Cumpre ter presente, no ponto, em face do que dispõe o art. 485, § 3º, do CPC, que a questão pertinente às condições da ação, por constituir matéria de ordem pública, revela-se suscetível de apreciação "ex officio", a qualquer tempo, por parte dos órgãos judiciários em geral, eis que o fenômeno processual da preclusão não incide sobre o controle jurisdicional dos requisitos mínimos de admissibilidade do "jus actionis", como tem assinalado a jurisprudência dos Tribunais, inclusive a desta Suprema Corte (RTJ 101/907 – RTJ 112/1404 – RT 706/193, v.g.).

Impende referir, por oportuno, a lição de NELSON NERY JÚNIOR ("Revista de Processo", vol. 42/201), para quem "As condições da ação, vale dizer, as condições para que seja proferida sentença sobre a questão de fundo (mérito), devem vir preenchidas quando da propositura da ação e devem subsistir até o momento da prolação da sentença. Presentes quando da propositura, mas eventualmente ausentes no momento da prolação da sentença, é vedado ao juiz pronunciar-se sobre o mérito, já que o autor não tem mais direito de ver a lide decidida" (grifei).

Observa-se, assim, que os requisitos de admissibilidade do "jus actionis", entre os quais – enfatize-se – situa-se a legitimação ativa "ad causam", devem estar presentes não só na ocasião em que proposta a demanda, mas, por igual, também no instante em que vier a ser proferido o julgamento da lide, pois o ordenamento processual impõe que o Poder Judiciário, no momento de proferir a decisão, tome em consideração, mesmo "ex officio", fatos supervenientes à instauração do processo, tais como aqueles que se refiram, p. ex., à ausência, ainda que ulterior, de qualquer das condições da ação.

Isso significa, portanto, consoante assinala prestigioso magistério doutrinário (HUMBERTO THEODORO JÚNIOR, "Curso de Direito Processual Civil", vol. I/1.046, item n. 754.6, 58ª ed., 2017, Forense; LUIZ GUILHERME MARINONI, SÉRGIO CRUZ ARENHART e DANIEL MITIDIERO, "Novo Código de Processo Civil Comentado", p. 569, item n. 3, 2ª ed., 2016, RT; ANTÔNIO CLÁUDIO DA COSTA MACHADO, "Código de Processo Civil Interpretado", p. 547, 2ª ed., 2008, Manole; JOÃO ROBERTO PARIZATTO, "Código de Processo Civil Comentado", vol. 1/4, 2008, Edipa; JOSÉ MIGUEL GARCIA MEDINA, "Novo Código de Processo Civil Comentado", p. 762, item IX, 4ª ed., 2016, RT; GUILHERME RIZZO AMARAL, "Comentários às Alterações do Novo CPC", p. 581-582, item n. 2.7, 2015, RT, v.g.), que as condições da ação devem estar igualmente presentes no momento em que a causa for julgada, em ordem a que se declare extinto o processo na hipótese de perda superveniente da legitimidade ativa "ad causam" da parte demandante, precisamente como sucede na espécie.

Assinalo, a título de ilustração, que esse mesmo entendimento reflete-se em expressivo precedente emanado do Plenário desta Suprema Corte:

"Voto de liderança. Legitimidade 'ad causam'. Se, embora, ao ser iniciado o julgamento do 'mandamus', possuia o impetrante legitimidade 'ad causam' para a impetração, mas veio a seguir a perdê-la, antes de que fosse aquele concluído, é de ver considerado prejudicado o 'writ', por deixar de existir o pressuposto essencial de legítimo interesse." (RTJ 123/31, Rel. Min. ALDIR PASSARINHO - grifei)

Vale referir, por extremamente oportuno, o douto magistério de CÂNDIDO RANGEL DINAMARCO ("Instituições de Direito Processual Civil", vol. II/325-326, item n. 554, 6ª ed., 2009, Malheiros), que, a propósito do tema concernente à relação de contemporaneidade entre a prolação da sentença, de um lado, e a existência de interesse e de legitimidade, de outro, assim se pronuncia:

"As partes só poderão ter o direito ao julgamento do mérito quando, no momento em que este está para ser pronunciado, estiverem presentes as três condições da ação. Se alguma delas não existia no início mas ainda assim o processo não veio a ser extinto, o juiz a terá por satisfeita e julgará a demanda pelo mérito sempre que a condição antes faltante houver sobrevindo no curso do processo. Inversamente, se a condição existia de início e já não existe agora, o autor carece de ação e o mérito não será julgado. Na experiência processual do dia-a-dia são muito mais frequentes os casos de condições que ficam excluídas (pedido prejudicado).

Essa posição, generalizada na doutrina e acatada pelos tribunais, tem assento jurídico-positivo no art. 462 do Código de Processo Civil, segundo o qual 'se, depois da propositura da ação, algum fato constitutivo, modificativo ou extintivo do direito influir no julgamento da lide, caberá ao juiz tomá-lo em consideração, de ofício ou a requerimento da parte, no momento de proferir a sentença'. Cumpre-lhe, pois, segundo esse dispositivo, levar em conta os fatos novos que implementem uma condição antes ausente ou que excluam uma que existia." (grifei)

Desse modo, e se a legitimação "ad causam" compreende uma relação de pertinência entre os sujeitos processuais e a relação de direito material deduzida em juízo, torna-se claro que, não mais subsistindo a situação legitimadora da qualidade para agir (a condição de entidade sindical de grau superior, na espécie), cessa, por completo, o próprio interesse processual na solução do litígio.

Registro, finalmente, que a inviabilidade da presente ação direta de inconstitucionalidade, em decorrência das razões ora expostas, justifica a seguinte observação: no desempenho dos poderes processuais de que dispõe, assiste ao Ministro Relator competência plena para exercer, monocraticamente, o controle de ações, pedidos ou recursos dirigidos ao Supremo Tribunal Federal, legitimando-se, em consequência, os atos decisórios que, nessa condição, venha a praticar (RTJ 139/53 – RTJ 168/174-175, v.g.).

Nem se alegue que o exercício monocrático de tal competência implicaria transgressão ao princípio da colegialidade, eis que o postulado em questão sempre restará preservado ante a possibilidade de submissão da decisão singular ao controle recursal dos órgãos colegiados no âmbito do Supremo Tribunal Federal, consoante esta Corte tem reiteradamente proclamado (RTJ 181/1133-1134, Rel. Min. CARLOS VELLOSO – AI 159.892-AgR/SP, Rel. Min. CELSO DE MELLO – RE 302.839-AgR/GO, Rel. Min. CARLOS VELLOSO, v.g.):

"PODERES PROCESSUAIS DO MINISTRO-RELATOR E PRINCÍPIO DA COLEGIALIDADE – Assiste ao Ministro-Relator competência plena para exercer, monocraticamente, com fundamento nos poderes processuais de que dispõe, o controle de admissibilidade de ações, pedidos ou recursos dirigidos ao Supremo Tribunal Federal. Pode, em consequência, negar trânsito, em decisão monocrática, a ações, pedidos ou recursos, quando incabíveis, intempestivos, sem objeto ou, ainda, quando veicularem pretensão incompatível com a jurisprudência predominante na Suprema Corte. Precedentes.

– O reconhecimento dessa competência monocrática deferida ao Relator da causa não transgride o postulado da colegialidade, pois sempre caberá, para os órgãos colegiados do Supremo Tribunal Federal (Plenário e Turmas), recurso contra as decisões singulares que venham a ser proferidas por seus Juízes." (MS 28.097-AgR/DF, Rel. Min. CELSO DE MELLO)

Cabe acentuar, por necessário, que esse entendimento jurisprudencial é também aplicável aos processos objetivos de controle concentrado de constitucionalidade (ADC 21/DF, Rel. Min. DIAS TOFFOLI – ADI 563/DF, Rel. Min. PAULO BROSSARD – ADI 593/GO, Rel. Min. MARCO AURÉLIO – ADI 2.060/RJ, Rel. Min. CELSO DE MELLO – ADI 2.207/AL, Rel. Min. CELSO DE MELLO – ADI 2.215/PE, Rel. Min. CELSO DE MELLO – ADO 3/RJ, Rel. Min. JOAQUIM BARBOSA – ADPF 6-MC/RJ, Rel. Min. CELSO

DE MELLO – ADPF 40/MG, Rel. Min. GILMAR MENDES – ADPF 82/PE, Rel. Min. GILMAR MENDES – ADPF 95/DF, Rel. Min. TEORI ZAVASCKI – ADPF 104-MC/SE, Rel. Min. CÁRMEN LÚCIA – ADPF 125/DF, Rel. Min. LUIZ FUX – ADPF 239/DF, Rel. Min. JOAQUIM BARBOSA – ADPF 240/DF, Rel. Min. ROBERTO BARROSO – ADPF 287/TO, Rel. Min. DIAS TOFFOLI – ADPF 288-MC/DF, Rel. Min. CELSO DE MELLO – ADPF 308/SP, Rel. Min. RICARDO LEWANDOWSKI – ADPF 319/PB, Rel. Min. DIAS TOFFOLI – ADPF 327/MG, Rel. Min. MARCO AURÉLIO – ADPF 329-MC/DF, Rel. Min. CELSO DE MELLO – ADPF 333/RS, Rel. Min. CÁRMEN LÚCIA – ADPF 340/SP, Rel. Min. ROBERTO BARROSO – ADPF 352/MT, Rel. Min. CÁRMEN LÚCIA – ADPF 363-MC/DF, Rel. Min. CELSO DE MELLO, v.g.), eis que, tal como já assentou o Plenário do Supremo Tribunal Federal, o ordenamento positivo brasileiro "não subtrai ao Relator da causa o poder de efetuar – enquanto responsável pela ordenação e direção do processo (RISTF, art. 21, I) – o controle prévio dos requisitos formais da fiscalização normativa abstrata, o que inclui, entre outras atribuições, o exame dos pressupostos processuais e das condições da própria ação direta" (RTJ 139/67, Rel. Min. CELSO DE MELLO).

Sendo assim, e em face das razões expostas (perda superveniente de legitimidade ativa "ad causam" da autora), julgo extinto este processo de controle abstrato de constitucionalidade.

**decisão publicada no DJe em 27.3.2017*

» *Representação*

Procuração com timbre é suficiente para comprovar a representação sindical?

A procuração firmada pelo autor com o timbre do sindicato profissional é circunstância que confirma a existência de outorga de poderes à entidade sindical para a representação processual. Nesta hipótese, em que ele declarou sua hipossuficiência e, de fato, está representado pelo sindicado de classe, o deferimento dos honorários de advogado é medida que se impõe, na forma da legislação pertinente ao Processo do Trabalho, a teor do artigo 14 da Lei nº 5.584/70 e da Súmula nº 219 deste Tribunal. Recurso de embargos de que se conhece e a que se dá provimento. (E-RR-60200-56.2009.5.17.0002, Redator Ministro: Cláudio Mascarenhas Brandão, Data de Julgamento: 20/10/2016, Subseção I Especializada em Dissídios Individuais, Data de Publicação: DEJT 10/03/2017)

Esta Corte firmou o entendimento de que o instrumento de procuração em papel timbrado do sindicato é suficiente para a comprovação da assistência sindical, uma vez que a Lei nº 5.584/70 não estabelece nenhuma forma específica para a comprovação da referida assistência. Julgados. Recurso de revista de que se conhece e a que se dá provimento. (RR – 394-07.2013.5.22.0004 Data de Julgamento: 27/09/2017, Relator Ministro: Márcio Eurico Vitral Amaro, 8ª Turma, Data de Publicação: DEJT 29/09/2017).

ADVOGADO

» *Legitimidade*

A inclusão da advogada em ação de execução para restituir a quantia recebida indevidamente por um trabalhador, com consequente bloqueio da conta corrente da procuradora sem que fosse apurada a sua conduta em ação própria, fere o direito à ampla defesa?

Os fatos, na forma como narrados no acórdão, revelam condições aptas a autorizar a devolução de valores recebidos a maior pelo empregado, em virtude de cálculos equivocados. Contudo, no que se refere à responsabilidade processual da advogada do Reclamante, tem-se que o recurso deve ser conhecido, porquanto a responsabilidade solidária dos advogados pressupõe, necessariamente, discussão em ação própria. Aplica-se, analogamente, o parágrafo único do art. 32 da Lei 8.906/94, que dispõe que, "Em caso de lide temerária, o advogado será solidariamente responsável com seu cliente, desde que coligado com este para lesar a parte contrária, o que será apurado em ação própria". Nesse sentido, a inclusão da Recorrente, advogada do Reclamante, na execução que se processa para restituir a quantia recebida indevidamente pelo empregado, com consequente bloqueio de sua conta corrente pelo BACENJUD, sem que fosse apurada a sua conduta em "ação própria" (art. 32 do Estatuto da OAB), fere o direito à ampla defesa da causídica. Nesse sentido, destacam-se julgados de Turmas do TST, bem como da Subseção II Especializada em Dissídios Individuais do TST – em sede de julgamento de ação rescisória. Recurso de revista conhecido e provido. (RR-623-13.2010.5.03.0032, Relator Ministro: Mauricio Godinho Delgado, Data de Julgamento: 30/08/2017, 3ª Turma, Data de Publicação: DEJT 01/09/2017)

MINISTÉRIO PÚBLICO DO TRABALHO

» *Legitimidade*

É admissível ação proposta pelo MPT com base em jornada irregular de uma única empregada?

O Ministério Público do Trabalho tem legitimidade ativa para postular em juízo pretensões referentes aos interesses metaindividuais (ou coletivos latu sensu), aí compreendidos os difusos, os coletivos *strictu sensu* e os individuais homogêneos, principalmente quando de relevante interesse social. Neste sentido, a Constituição Federal assegura, no seu artigo 129, a legitimidade ativa do Ministério Público do Trabalho para tutelar "outros interesses difusos e coletivos", compreendendo-se nesses os de caráter trabalhista. In casu, após a lavratura de três autos de infração da Superintendência Regional do Trabalho e Emprego de São Paulo e a instauração do inquérito civil público, o Parquet intentou com a presente ação civil pública pretendendo sanar irregularidades acerca da prorrogação excessiva da jornada dos trabalhadores da ré e concessão do intervalo interjornada. Destarte, constata-se que a pretensão do Ministério Público não é de reparação de lesões individuais, mas sim de tutela de interesses metaindividuais, vez que a ação destina-se, em última análise, à proteção de interesse comum a um grupo de trabalhadores que prestam serviços para a ré (direitos coletivos *strictu sensu* e individuais homogêneos). Precedentes. Recurso de revista conhecido e provido. (RR-2713-60.2011.5.02.0040 Data de Julgamento: 14/12/2016, Relatora Ministra: Maria Helena Mallmann, 2ª Turma, Data de Publicação: DEJT 19/12/2016).

Embora apenas uma empregada tenha sido encontrada nessa situação, a relatora, ministra Maria Helena Mallmann, explicou que a ação se destina, em última análise, à proteção de interesses comuns a um grupo de trabalhadores que prestam serviços para o estabelecimento.

A ação foi proposta depois que a Superintendência Regional do Trabalho e Emprego de São Paulo lavrou três autos de infração e instaurou inquérito civil público, para que a empresa se abstivesse de prorrogar a jornada normal além do limite de duas horas diárias sem qualquer justificativa legal, e que concedesse no mínimo 11 horas consecutivas para descanso entre duas jornadas de trabalho.

O Tribunal Regional do Trabalho da 2ª Região (SP) não reconheceu a legitimidade do Ministério Público do Trabalho para propor a ação e reformou a sentença que havia sido favorável à sua pretensão. Segundo o TRT-

-SP, é possível, no caso, individualizar a violação sofrida pelo empregado, o que permitiria o ajuizamento de ação individual.

Ao examinar o recurso do MPT para o TST, a ministra Maria Helena Mallmann observou que a pretensão do MPT não é de reparação de lesões individuais, mas sim de tutela de interesses metaindividuais. Ela ressaltou a potencialidade do risco para todos os empregados da empresa e reconheceu a legitimidade do MPT para propor a ação, determinando o retorno do processo ao Tribunal Regional para que prossiga no julgamento do recurso ordinário da empresa.

A decisão foi por unanimidade. Após a publicação do acórdão, foram opostos embargos de declaração ainda não julgados.

ORGANISMOS INTERNACIONAIS

» ***Imunidade***

Organismo internacional pode ser demandado em juízo?

O organismo internacional que tenha garantida a imunidade de jurisdição em tratado firmado pelo Brasil e internalizado na ordem jurídica brasileira não pode ser demandado em juízo, salvo em caso de renúncia expressa a essa imunidade (RE 103.4840).

ATOS PROCESSUAIS E NULIDADES

» ***Citação***

É válida a citação realizada em endereço diverso do indicado na inicial?

O TRT entendeu válida a citação realizada na sede nacional do banco em Brasília, mesmo diante do endereço informado na petição inicial, admitido pelo reclamado como coincidente daquele constante do Provimento nº 02/87 do TRT da 1ª Região e que determina o envio das notificações para o departamento jurídico do reclamado localizado no Rio de Janeiro. O sistema da impessoalidade da citação que vigora no processo trabalhista considera que ela se processa mediante notificação postal, expedida automaticamente para o endereço do reclamado, fornecido pelo reclamante na petição inicial. Tal procedimento visa garantir efetividade ao princípio da celeridade, afastando, assim, a necessidade de que a citação se faça pessoalmente, sendo bastante para a sua validade que seja entregue no correto endereço do réu. Não se pode, porém, admitir medidas tendentes a dificultar o direito de ampla defesa e o devido processo legal, ainda mais quando tais medidas têm origem em ato exclusivo daquele que deve, por dever de ofício, prestar a jurisdição, e a quem incumbe observar as garantias inerentes ao devido processo legal. Tais garantias não são asseguradas pelo mero aspecto formal se o réu, em razão da sua natureza de pessoa jurídica de direito público com atuação nacional e internacional, pode ser notificado em quaisquer dos seus endereços, ao talante do órgão jurisdicional, quando o autor informa endereço do reclamado no mesmo Estado/Município em que ajuizada a ação, havendo, ainda, ato normativo judicial determinando que a citação seja feita nessa localidade. Admitir em tais circunstâncias a possibilidade, em face do princípio da impessoalidade, de o réu poder ser intimado na sua sede em Brasília, teria o condão de se poder também notificá-lo em quaisquer de suas filiais, no país ou no exterior, criando evidentes entraves de ordens externa e administrativa interna para o exercício do seu direito de defesa. A citação, portanto, há que ser conformada à exegese dos artigos 841 da CLT, 247 e 282, inciso VII, do CPC de 1973, que determinam a observância das normas legais e a citação do reclamado no endereço constante da petição inicial. Recurso de revista conhecido e provido. (RR – 427-84.2012.5.01.0046, Relator Ministro: Aloysio Corrêa da Veiga, Data de Julgamento: 08/02/2017, 6ª Turma, Data de Publicação: DEJT 17/02/2017).

» ***Processo eletrônico***

Em caso de reconhecimento da incompetência da Justiça do Trabalho em processo que tramita eletronicamente e no qual a remessa deve se dar para Justiça Comum, com tramitação física, o feito deve extinto ante a incompatibilidade dos sistemas?

Uma vez admitida pelo TRT a incompetência da Justiça do Trabalho, e reconhecida pela Corte regional que a consequência lógica é a remessa dos autos à Justiça comum, não poderia o processo ter sido extinto sem resolução de mérito no segundo grau de jurisdição. 3 - A eventual incompatibilidade de sistemas eletrônicos entre a Justiça do Trabalho e a Justiça comum é questão de administração judiciária que não pode causar prejuízo ao jurisdicionado. Diferentemente, cabe ao Poder Judiciário, com a colaboração das partes, providenciar o meio adequado para que seja efetivada a remessa. 4 - Recurso de revista a que se dá provimento. (ARR - 11160-82.2016.5.03.0024, Relatora Ministra: Kátia Magalhães Arruda, Data de Julgamento: 29/11/2017, 6ª Turma, Data de Publicação: DEJT 07/12/2017)

TUTELAS PROVISÓRIAS

» *Tutela inibitória*

Há interesse de agir na ação que objetiva a abstenção de determinada empresa em atuar no Estado quando essa encerrou voluntariamente suas atividades?

AÇÃO CIVIL PÚBLICA. **TUTELA PREVENTIVA-INIBITÓRIA**. EFEITOS AD FUTURUM. OBRIGAÇÃO DE NÃO FAZER. ABSTER-SE A RÉ DE ATUAR NO ESTADO DO MATO GROSSO DO SUL. EMPRESA DE TRABALHO TEMPORÁRIO. **SUPERVENIENTE ENCERRAMENTO DA ATIVIDADE LOCAL**. DELIBERAÇÃO DA DIRETORIA. EXTINÇÃO DO FEITO. FALTA DE INTERESSE DE AGIR. Constitui função institucional do Ministério Público do Trabalho a proteção da ordem jurídica e a defesa de direitos difusos ou coletivos, e ainda os individuais homogêneos, podendo, para tanto, utilizar-se de todos os meios judiciais disponíveis, dentre estes o ajuizamento de Ação Civil Pública (Lei nº 7.347/85), para a qual **se admite, inclusive, o pedido de tutela inibitória preventiva**. **Tal medida jurisdicional possui prospecção futura e objetiva evitar a prática, a repetição, ou mesmo a continuidade de ato ilícito (ou antijurídico), mediante tutela específica, consistente em obrigação de fazer, ou de não fazer, capaz de assegurar resultado prático, a fim de evitar o dano, em juízo de probabilidade**. **Não é indispensável, portanto, a imediata comprovação do dano; basta a mera probabilidade de ato contrário ao direito a ser tutelado**. **Necessário, contudo, que o julgador verifique a lesividade do comportamento, *ad futurum*, a fim de definir o provimento, ou não, da medida.** Por óbvio, a prévia constatação de conduta antijurídica e atentatória aos direitos fundamentais de outrem ou da coletividade facilita o juízo de probabilidade. Na hipótese dos autos, a tutela inibitória postulada pelo Ministério Público do Trabalho da 24ª Região consiste no cancelamento judicial do registro para funcionamento da ré (Gelre Trabalho Temporário S.A.) e também das demais integrantes do grupo econômico porventura existente, seus sucessores ou possíveis beneficiados por alteração da sua natureza jurídica, a fim de que não possa mais atuar no Estado do Mato Grosso do Sul, como empresa de trabalho temporário; ou alternativamente, a condenação, em obrigação de não fazer, de abster-se da atividade no âmbito daquela unidade da Federação. Tal pretensão, em princípio, não se resolve com a mera comprovação de que tenha a ré, por deliberação da sua própria diretoria, decidido fechar a filial que possuía na cidade de Campo Grande/MS. Afinal, **mesmo a eventual confirmação do encerramento da atividade daquele estabelecimento não garante, em definitivo, que não venha a ré, no futuro, operar na região. Logo, persiste o interesse processual do autor, dependente da apreciação dos elementos de fato e de direito suscitados na inicial.** Recurso de revista de que se conhece e a que se dá provimento. (RR-1307-03.2011.5.24.0004, Relator Ministro: Cláudio Mascarenhas Brandão, Data de Julgamento: 15/02/2017, 7ª Turma, Data de Publicação: DEJT 24/02/2017)

AUDIÊNCIA TRABALHISTA

ATRASO

» *Tolerância*

Em quais casos o TST tem relevado o atraso em audiência?

Confissão ficta. Configuração. Comparecimento do advogado da reclamada após o encerramento da audiência. Orientação Jurisprudencial no 245 da SBDI-I. Nos termos da OJ nº 245 da SBDI-I, não existe expressa previsão legal de tolerância ao atraso no horário de comparecimento da parte na audiência, aplicando-se o parágrafo único do art. 815 da CLT apenas aos magistrados. Em alguns casos, porém, o TST tem relevado atrasos ínfimos das partes, desde que demonstrada a ausência de prejuízos, ou seja, desde que a parte compareça antes da prática de atos processuais relevantes e do encerramento da audiência. Todavia, no caso concreto, embora o atraso do advogado da reclamada tenha sido de apenas nove minutos, consta dos autos que, no momento do comparecimento, a audiência já estava encerrada e que a preposta, embora tenha chegado no horário, nenhuma informação útil pode prestar. *RO-10734-07.2013.5.01.0000, Relator Ministro: Luiz Philippe Vieira de Mello Filho, Data de Julgamento: 13/12/2016, Subseção II Especializada em Dissídios Individuais, Data de Publicação: DEJT 09/06/2017 – Informativo TST nº 151.*

O art. 843 da CLT exige o comparecimento do Reclamante e do Reclamado à audiência, independentemente do comparecimento dos seus procuradores. É permitido ao empregador, nos termos do § 1º do mesmo dispositivo de lei, ser substituído por gerente ou preposto que tenha conhecimento dos fatos. Por outro lado, o Juiz não é obrigado a esperar pelas partes, cabendo-lhe realizar a audiência no dia e hora designados. Portanto, regra geral, o atraso da Reclamada por ocasião da audiência inaugural, em virtude de não ter atendido ao pregão realizado, ensejaria sua revelia e a confissão quanto à matéria de fato, como dispõem os arts. 844 da CLT e 319 do CPC/73 (art. 344 do CPC/2015), sendo esse, inclusive, o entendimento que se extrai da OJ 245 da SBDI-1/TST. Contudo, diante da necessidade de se compatibilizar os princípios do contraditório e da ampla defesa, da razoabilidade, da proporcionalidade e da razoável duração do processo, da simplicidade e da instrumentalidade, esta Corte Superior, em diversos julgados, tem adotado o entendimento no sentido de reconhecer a razoabilidade de se tolerar atrasos de poucos minutos no comparecimento do preposto à audiência, quando não houver prejuízo ao rito procedimental, sem que, em tais casos, seja decretada a revelia, tampouco a incidência dos seus efeitos. No caso dos autos, tendo sido demonstrado que o atraso da reclamada foi ínfimo (três minutos), deve ser reformada a decisão que declarou a sua revelia. Julgados desta Corte. Recurso de revista conhecido e provido. (RR-11104-21.2014.5.01.0462, Relator Ministro: Mauricio Godinho Delgado, Data de Julgamento: 27/09/2017, 3ª Turma, Data de Publicação: DEJT 29/09/2017)

ÔNUS FINANCEIRO DO PROCESSO

» ***Justiça Gratuita***

A presunção relativa de veracidade da "pobreza" é elidida pelo fato de o reclamante ter recebido vultosa quantia (R$ 1.358.507,65) a título de verbas rescisórias e de indenização em decorrência de adesão a plano de demissão voluntária?

O fato de o reclamante ter recebido quantia vultosa (R$ 1.358.507,65) decorrente de verbas rescisórias e de indenização oriunda de adesão a plano de demissão voluntária não é suficiente para elidir a presunção de veracidade da declaração de pobreza por ele firmada. Vencidos os Ministros João Oreste Dalazen, Renato de Lacerda Paiva e Alexandre Agra Belmonte. *(E-RR-11237-87.2014.5.18.0010, Relator Ministro: Hugo Carlos Scheuermann, Data de Julgamento: 02/02/2017, Subseção I Especializada em Dissídios Individuais, Data de Publicação: DEJT 10/03/2017) – Informativo TST nº 151.*

» ***Litigância de má-fé***

Caracteriza litigância de má-fé a inovação ilegal no estado de fato da lide?

Embargos de declaração. Alegação de fato superveniente. Documento com data anterior ao ajuizamento da reclamação trabalhista. Inovação ilegal no estado de fato da lide. Litigância de má-fé. Configuração. Considera-se litigante de má-fé a parte que, utilizando-se da via integrativa para alegar fato superveniente, sem alegar o justo impedimento a que se refere a Súmula nº 8 do TST, apresenta documento com data anterior ao julgamento do recurso interposto, pois pratica inovação no estado de fato da lide (arts. 77, VI, e 90, V, do CPC). Aplicação de multa (art. 81, "caput", do CPC). Assim, configurada a inovação ilegal no estado de fato da lide, a SBDI-I, por maioria, reputou o embargante litigante de má-fé e o condenou ao pagamento à embargada de multa de 2% sobre o valor atualizado da causa, nos termos do art. 81, caput, do CPC de 2015. *ED-E-RR-17554-76.2014.5.16.0004, Relator Ministro: Walmir Oliveira da Costa, Data de Julgamento: 16/11/2017, Subseção I Especializada em Dissídios Individuais, Data de Publicação: DEJT 01/12/2017 – Informativo TST nº 168.*

Considera-se litigante de má-fé a parte que, nos embargos, colaciona arestos inservíveis e nas razões de agravo contra decisão denegatória apresenta os arestos regulares?

Litigância de má-fé. Violação do dever de lealdade processual. Arestos colacionados nos embargos inservíveis. Súmula nº 337, I, "a", e IV, do TST. URL completa indicada apenas em sede de agravo. Indução do julgador a erro. Considera-se litigante de má-fé, por violação do dever de lealdade processual, a parte que, nos embargos, colaciona arestos inservíveis, nos termos da Súmula nº 337, I, "a", e IV, do TST (não há indicação de datas e da fonte de publicação, as cópias juntadas não estão autenticadas e as URLs são incompletas), mas, nas razões do agravo interposto contra a decisão que denegara seguimento aos embargos, transcreve as URLs de maneira completa e afirma a validade dos paradigmas indicados, induzindo o julgador ao erro. Sob esse entendimento, a SBDI-I, por unanimidade, negou provimento ao agravo e aplicou à agravante a multa de 2% sobre o valor corrigido da causa, por litigância de má-fé, nos termos dos arts. 80, II e V, e 81 do CPC de 2015, reversível ao autor. *Ag-E-ED-RR-178000-36.2003.5.01.0043, Relator Ministro: Cláudio Mascarenhas Brandão, Data de Julgamento: 23/11/2017, Subseção I Especializada em Dissídios Individuais, Data de Publicação: DEJT 01/12/2017 – Informativo TST nº 169.*

» *Honorários advocatícios*

A cota patronal da contribuição previdenciária deve ser incluída na base de cálculo dos honorários assistenciais?

Honorários advocatícios. Base de cálculo. Exclusão da cota-parte do empregador relativa aos descontos previdenciários. Crédito de natureza tri-

butária. A questão dos autos cinge-se em saber se a cota patronal da contribuição previdenciária deve ser incluída na base de cálculo dos honorários assistenciais. De início, salienta-se que o artigo 11, § 1º, da Lei 1.060/50, foi revogado pela Lei 13.105 de 2015 (Novo CPC), cujas disposições são aplicadas aos processos pendentes, como o caso dos autos. O dispositivo revogado estabelecia que honorários de advogado fossem arbitrados pelo juiz até o máximo de 15% (quinze por cento) sobre o valor líquido apurado na execução da sentença. A jurisprudência do TST evoluiu no sentido da Orientação Jurisprudencial 348 da SBDI-I. Compreendeu que o valor líquido citado pelo dispositivo revogado correspondia ao valor da sentença liquidanda, sem as deduções fiscais e previdenciárias. Quando se estabeleceu o texto de referido verbete pensava-se nas deduções e não propriamente nos tributos decorrentes da condenação trabalhista, pois o que é deduzido do crédito trabalhista são o imposto de renda e a cota previdenciária devida pelo trabalhador. A cota previdenciária devida pelo empregador não está inserida no crédito trabalhista e nem poderia. Na verdade, ela resulta da imposição legal decorrente do fato jurígeno (prestação de serviços). Embora a execução das contribuições previdenciárias, decorrentes das sentenças condenatórias, esteja inserida na competência da Justiça do Trabalho, como desdobramento da condenação, não integra propriamente o cálculo do crédito do trabalhador. A cota do empregado, por questões meramente práticas, é abatida, deduzida do seu correspondente crédito, enquanto a do empregador não. Apenas se perfaz o cálculo em razão da capacidade tributária atribuída à Justiça do Trabalho para arrecadar o tributo do empregador, cuja titularidade e destinatário final é a União. Nessa linha, a cota do empregador relativa à contribuição previdenciária não pode ser incluída na base de cálculo dos honorários advocatícios. Precedentes desta Corte. *E-RR-779-35.2013.5.03.0019, Relator Ministro: Augusto César Leite de Carvalho, Data de Julgamento: 19/10/2017, Subseção I Especializada em Dissídios Individuais, Data de Publicação: DEJT 27/10/2017 – Informativo TST nº 168.*

São cabíveis honorários na ação cautelar de documentos em lide decorrente da relação de emprego?

Ação cautelar de exibição de documentos. Lide decorrente da relação de emprego. Honorários advocatícios por mera sucumbência. Indevidos. Súmula nº 219, I, do TST. No caso de ação cautelar de exibição de documentos ajuizada em face de entidade fechada de previdência privada, cuja relação com o reclamante decorre de contrato de emprego firmado com outra empresa, não há a possibilidade de concessão de honorários advocatícios com base na mera sucumbência (Súmula nº 219, III do TST), devendo a parte estar assistida por sindicato da categoria profissional, comprovar a percepção de salário inferior ao dobro do salário mínimo ou encontrar-se em situação econômica que não lhe permita demandar sem prejuízo do próprio sustento ou da respectiva família, conforme exigido pelo item I da Súmula nº 219 do TST. Sob esses fundamentos, a SBDI-I, por unanimidade, conheceu dos embargos interpostos pelo reclamante, e, no mérito, por maioria, negou-lhes provimento, mantendo, portanto, a decisão turmária que excluiu da condenação os honorários advocatícios. *E-RR-1317-55.2010.5.05.0022, Relator Ministro: Guilherme Augusto Caputo Bastos, Data de Julgamento: 05/10/2017, Subseção I Especializada em Dissídios Individuais, Data de Publicação: DEJT 17/11/2017 – Informativo TST nº 167.*

Nota: com a reforma trabalhista os honorários advocatícios passaram a ser cabíveis no processo do trabalho.

São cabíveis honorários de sucumbência nas reclamações ajuizadas sob novo CPC?

AGRAVO INTERNO EM RECLAMAÇÃO. DIREITO ADMINISTRATIVO E DO TRABALHO. REMUNERAÇÃO. SÚMULAS VINCULANTES 37 E 42. **HONORÁRIOS ADVOCATÍCIOS EM RECLAMAÇÃO. NOVO REGIME PROCESSUAL. CABIMENTO.** [...] **2. O CPC/2015 promoveu modificação essencial no procedimento da reclamação, ao instituir o contraditório prévio à decisão final (art. 989, III). Neste novo cenário, a observância do princípio da causalidade viabiliza a condenação da sucumbente na reclamação ao pagamento dos respectivos honorários, devendo o respectivo cumprimento da condenação ser realizado nos autos do processo de origem, quando se tratar de impugnação de decisão judicial.** 3. Agravo interno a que se nega provimento. (Rcl 24417 AgR, Relator(a): Min. ROBERTO BARROSO, Primeira Turma, julgado em 07/03/2017, PROCESSO ELETRÔNICO DJe-082 DIVULG 20-04-2017 PUBLIC 24-04-2017)

PROVAS

TEORIA GERAL DAS PROVAS

» *Provas ilícitas*

Ligação gravada por trabalhadora é lícita para comprovar que gerente dava referências desabonadoras?

A gravação de conversa telefônica destinada a comprovação de fatos em juízo, desde que ausente causa legal de sigilo ou de reserva da conversação, não se confunde com interceptação telefônica, despindo-se de qualquer mácula de ilicitude. Precedentes desta Corte e do Eg. STF. Agravo de instrumento conhecido e desprovido. (AIRR-551-67.2014.5.09.0016, Relator Ministro: Alberto Luiz Bresciani de Fontan Pereira, Data de Julgamento: 19/04/2017, 3ª Turma, Data de Publicação: DEJT 28/04/2017). Também nesse sentido: AIRR-2076-91.2014.5.03.0100 Data de Julgamento: 11/10/2017, Relator Ministro: Mauricio Godinho Delgado, 3ª Turma, Data de Publicação: DEJT 20/10/2017.

PROVA PERICIAL

» *Insalubridade*

É possível a condenação ao pagamento de adicional de insalubridade somente com base no PPRA?

Embora o art. 195 da CLT preveja a caracterização da insalubridade por meio de perícia, o art. 427 do CPC/1973 (art. 472 do CPC/2015) faculta ao juiz dispensar a prova pericial quando já houver nos autos pareceres técnicos ou documentos elucidativos suficientes à formação do seu convencimento.

Assim, na hipótese, uma vez que o reclamante prestava serviços na mina de ferro da Serra de Carajás/PA, local de difícil acesso, no qual se revelou inviável realizar a perícia ambiental, admite-se o reconhecimento da insalubridade com base no PPRA, como medida excepcional, justificada como garantia do acesso à justiça, à luz das peculiaridades do caso concreto. No caso, ressaltou-se que a presunção das condições insalubres de trabalho, a partir do PPRA, é relativa e, portanto, poderia ter sido elidida, mediante laudo pericial em contrário, cabendo à empregadora o ônus da prova, conforme a teoria da aptidão. *E-RR-223400-20.2007.5.08.0114, Redator Ministro: Walmir Oliveira da Costa, Data de Julgamento: 06/04/2017, Subseção I Especializada em Dissídios Individuais, Data de Publicação: DEJT 19/05/2017 – Informativo TST nº 156.*

PROVA TESTEMUNHAL

» *Suspeição e impedimento*

Empregado que ocupa cargo de confiança pode ser testemunha?

Salienta-se que o entendimento prevalente nesta Corte superior é de que o simples fato de a testemunha arrolada pela empresa reclamada ocupar cargo de confiança não induz automaticamente ao acolhimento da contradita por suspeição, exceto nos casos em que estão presentes poderes de mando equiparáveis aos do próprio empregador, também para admitir e dispensar empregados. No caso dos autos, ficou registrado que o Juízo a quo constatou, por meio de prova oral, que a testemunha contradita era detentora de cargo de confiança, possuía subordinados e detinha poderes para admitir e demitir funcionários, o que fez presumir o seu interesse no litígio, nos termos do artigo 405, § 4º, do CPC/73. (RR-468-98.2010.5.04.0026 Data de Julgamento: 25/10/2017, Relator Ministro: José Roberto Freire Pimenta, 2ª Turma, Data de Publicação: DEJT 27/10/2017).

Testemunha em ação contra a empresa contra a qual ele também move processo com idêntico objeto é suspeita?

A suspeição por interesse no litígio ou troca de favores não pode ser simplesmente presumida, mas cabalmente demonstrada nos autos, ainda que a demanda ajuizada pela testemunha trate da mesma matéria objeto do processo. O simples fato de a testemunha exercer seu direito de ação, mesmo que também esteja demandando contra a reclamada em ação com idêntico objeto e na qual o reclamante venha a prestar depoimento, não significa que necessariamente faltará com a verdade em juízo, não revelando, isoladamente, a existência de interesse na causa ou inimizade capital com o empregador. A existência de troca de favores a tornar suspeita uma testemunha é circunstância que deve ser provada nos autos. Incide a Súmula nº 357 do TST. Recurso de revista conhecido e provido. (RR-1404-76.2014.5.08.0122, Relator Ministro: Luiz Philippe Vieira de Mello Filho, Data de Julgamento: 20/09/2017, 7ª Turma, Data de Publicação: DEJT 22/09/2017)

» ***Convite***

No procedimento ordinário, caso a testemunha não compareça à audiência, deve a parte comprovar o convite caso pretenda o adiamento?

No processo do trabalho, as testemunhas, em regra, devem comparecer à audiência juntamente com as partes, independentemente de intimação, não existindo previsão de apresentação prévia de rol de testemunhas, cabendo ao julgador, de ofício ou a requerimento da parte, realizar a intimação da testemunha ausente, **mesmo que sem prova do convite**, conforme se extrai dos artigos 825, parágrafo único, e 845 da CLT. Assim, configura cerceamento do direito de defesa o indeferimento de pedido de adiamento da audiência de instrução para intimação das testemunhas ausentes. Recurso de revista conhecido e provido. (TST-RR-1755-46.2011.5.15.0094, Relatora Ministra: Delaíde Miranda Arantes, Data de Julgamento: 07/12/2016, 2ª Turma, Data de Publicação: DEJT 19/12/2016).[2]

» ***Rol de testemunhas***

O indeferimento do pedido de produção de prova testemunhal na audiência de prosseguimento, quando a parte foi previamente intimada para apresentar rol de testemunhas, configura cerceamento de defesa?

2. Sobre o tema "exigência de comprovação do convite das testemunhas ausentes" recomenda-se a leitura do texto "Jurisprudência comentada: testemunhas ausentes". Nele o leitor poderá encontra um resumo das principais correntes sobre o tema, bem como a posição atual da SBDI-1 do C. TST. Disponível em http://informativostst.blogspot.com.br/2015/06/jurisprudencia-comentada-testemunhas.html?m=0

Notificação prévia para indicação de provas na audiência inaugural. Ausência de apresentação do rol de testemunhas. Indeferimento do pedido de produção de prova testemunhal na audiência de prosseguimento. Cerceamento de defesa. Não configuração. Não configura cerceamento de defesa o indeferimento do pedido de produção de prova testemunhal na audiência de prosseguimento, quando a parte, previamente notificada para indicar as provas que pretende produzir, comparece à audiência inaugural e não apresenta o rol de testemunhas. Embora, no processo do trabalho, não haja obrigação de a parte requerer o arrolamento de testemunhas (arts. 825 e 845 da CLT), no caso, o fato de haver determinação judicial expressa no sentido de que o reclamado indicasse todas as provas que pretendia produzir no feito, quando da audiência inaugural, afastou a pretendida nulidade processual por cerceamento do direito de defesa. *E-ED-RR-50200-44.2003.5.08.0006, Data de Julgamento: 15/12/2016, Relator Ministro: José Roberto Freire Pimenta, Subseção I Especializada em Dissídios Individuais, Data de Publicação: DEJT 09/01/2017 – Informativo TST nº 151.*

Pedido de intimação de testemunha. Indeferimento. Determinação judicial prévia de apresentação de rol de testemunhas. Inobservância. Cerceamento de defesa. Não caracterização. Na hipótese em que a parte não observa determinação judicial prévia de apresentação de rol de testemunhas e não comprova a realização de convite à testemunha ausente, o indeferimento do pedido de adiamento de audiência para intimação de testemunha que não compareceu espontaneamente não caracteriza cerceamento do direito de defesa, nem viola o art. 825 da CLT. No caso, foi dada ciência ao reclamante quanto à designação de audiência una, registrando-se a recomendação de que as testemunhas não arroladas previamente deveriam ser trazidas independentemente de intimação, sob pena de preclusão. Sob esse fundamento, a SBDI-I, por unanimidade, conheceu dos embargos, por divergência jurisprudencial, e, no mérito, pelo voto prevalente da Presidência, deu-lhes provimento para, reformando a decisão turmária quanto ao reconhecimento de violação do art. 825 da CLT, afastar a declaração de nulidade por cerceamento de defesa, e restabelecer o acórdão do Regional. Vencidos os Ministros Guilherme Augusto Caputo Bastos, Luiz Philippe Vieira de Mello Filho, Márcio Eurico Vitral Amaro, Walmir Oliveira da Costa, Augusto César leite de Carvalho e Alexandre Agra Belmonte. *TST-E-RR-2300-70.2007.5.02.0401, SBDI-I, rel. Min. Hugo Carlos Scheuermann, 28.9.2017 – Informativo TST nº 166.*

» *Identificação da testemunha*

Para ser ouvida, testemunha deve apresentar documento de identidade?

Recurso calcado em violação legal e constitucional e em divergência jurisprudencial. A previsão contida no artigo 828 da CLT é de que "*toda testemunha, antes de prestar o compromisso legal, será qualificada, indicando o nome, nacionalidade, profissão, idade, residência, e, quando empregada, o tempo de serviço prestado ao empregador, ficando sujeita, em caso de falsidade, às leis penais.*" Não consta do referido preceito legal nenhuma indicação de obrigatoriedade no sentido de que a testemunha deva apresentar em juízo o seu documento de identificação civil. Determina-se, somente, a sua qualificação, com indicação de nome, nacionalidade, profissão e idade. Logo, a exigência de apresentação de documento de identificação para a oitiva de testemunha caracteriza afronta ao princípio do devido processo legal, por cercear o direito de defesa da parte interessada na produção da referida prova. Precedentes. Recurso de revista conhecido por violação do artigo 5º, LV, da Constituição Federal e provido. (RR-696-10.2014.5.02.0052, Relator Ministro: Alexandre de Souza Agra Belmonte, Data de Julgamento: 14/06/2017, 3ª Turma, Data de Publicação: DEJT 23/06/2017)

» ***Prova dividida***

Como deve ser o julgamento na hipótese de prova dividida?

O Tribunal Regional decidiu a controvérsia com base na distribuição do encargo probatório entre as partes, por constatar ser hipótese de prova testemunhal dividida quanto à prática ou não de preconceito racial pelo síndico do condomínio. Assim, a decisão do Regional que, diante da existência de prova dividida, solucionou a controvérsia com base na distribuição do encargo probatório e o atribuiu à reclamante, não implica violação direta dos arts. 3°, IV, 5°, caput, I, II, III, X, XIII, XIV, XLII e XXXV, e 7º, I, XXI, XXX e XXIX, da CF e 1º da Lei nº 9.455/97, nos termos do art. 896, "c", da CLT. Ademais, **esta Corte vem entendendo que, na hipótese de prova dividida, deve-se julgar em desfavor da parte a quem se atribuiu o ônus da prova.** Precedentes. Recurso de revista não conhecido. (TST-RR-1965-15.2014.5.09.0012, Relatora Ministra: Dora Maria da Costa, Data de Julgamento: 14/12/2016, 8ª Turma, Data de Publicação: DEJT 19/12/2016)

SENTENÇA E COISA JULGADA

COISA JULGADA

» *Caracterização*

Acordo homologado na Justiça Comum é válido para afastar vínculo de emprego?

Em homenagem aos princípios lógico e da medida de jurisdição, não há como se conceber que um acordo extrajudicial celebrado entre representada e representante comercial, pessoas jurídicas, e homologado na justiça comum, induza coisa julgada sobre matéria relativa a vínculo de emprego. A coisa julgada celebrada no juízo cível é plenamente válida e eficaz, a teor do art. 475-N, V, do CPC. Mas não poderá versar sobre matéria de competência que lhe é estranha. Se assim o fizer, a coisa julgada não alcança essa parte por absoluta impropriedade de jurisdição, pois o juiz estadual ou federal não pode homologar um acordo sobre existência de vínculo de emprego. Pelo mesmo motivo, não poderá fazê-lo em relação à inexistência. Precedentes. Recurso de revista conhecido por divergência jurisprudencial e provido. (ARR-61-75.2013.5.09.0664, Relator Ministro: Alexandre de Souza Agra Belmonte, Data de Julgamento: 14/06/2017, 3ª Turma, Data de Publicação: DEJT 23/06/2017)

Nota:

Nesse caso, cinge-se a controvérsia a se determinar se um acordo extrajudicial homologado pela justiça comum, no qual foram partes duas pessoas jurídicas, uma das quais tinha como sócio o ora reclamante, e que deram plena quitação ao contrato de representação comercial, inclusive reconhecendo que nunca houve entre as requerentes qualquer relação empregatícia ou de subordinação, produz coisa julgada.

A coisa julgada apenas abrange as pessoas jurídicas envolvidas, ainda que o reclamante figurasse como sócio de uma delas, tendo em vista que os objetos não se confundem. Lá de natureza comercial, aqui de natureza trabalhista.

SENTENÇA

» *Contribuições Previdenciárias*

Cota previdenciária especial não se aplica a auxiliar de cozinha de associação desportiva?

O art. 22, § 6º, da Lei nº 8.212/91 prevê que a contribuição previdenciária da associação desportiva que mantém equipe de futebol profissional corresponde a 5% (cinco por cento) da receita bruta dos espetáculos esportivos de que participe, bem como do patrocínio, licenciamento de uso de marcas e símbolos, publicidade, propaganda e de transmissão de espetáculos desportivos. Todavia, nos exatos termos do § 11-A do mesmo dispositivo legal, tal diferenciação da cota patronal "*aplica-se apenas às atividades diretamente relacionadas com a manutenção e administração de equipe profissional de futebol, não se estendendo às outras atividades econômicas exercidas pelas referidas sociedades empresariais beneficiárias*". Na hipótese, ausente comprovação de que as atividades desempenhadas pela reclamante – ajudante de restaurante – estavam diretamente relacionadas com a manutenção e administração de equipe profissional de futebol, afigura-se inviável entender devida a incidência da cota patronal diferenciada para a contribuição previdenciária do reclamado. Diante de tal premissa, insuscetível se mostra o enquadramento do recurso em qualquer dos pressupostos intrínsecos constantes do art. 896 da CLT. Recurso de revista de que não se conhece. (RR-1585-83.2014.5.09.0014, Relator Ministro: Walmir Oliveira da Costa, Data de Julgamento: 31/05/2017, 1ª Turma, Data de Publicação: DEJT 02/06/2017)

RECURSOS E ORDEM DOS PROCESSOS NOS TRIBUNAIS

PRINCÍPIOS RECURSAIS

» ***Princípio da irrecorribilidade em separado das interlocutórias***

Aplica-se ao processo de execução o princípio da irrecorribilidade em separado das decisões interlocutórias?

[...] ATO COATOR QUE HOMOLOGA OS CÁLCULOS DA LIQUIDAÇÃO E DETERMINA O PAGAMENTO DO DÉBITO TRABALHISTA EM 15 DIAS, SOB PENA DE INCIDÊNCIA DA MULTA PREVISTA NO ARTIGO 475-J DO CPC DE 73. CABIMENTO DE RECURSO PRÓPRIO. INCIDÊNCIA DA OJ Nº 92 DA SBDI-2. IMPOSSIBILIDADE JURÍDICA. I – **O princípio da irrecorribilidade das interlocutórias, consagrado no artigo 893, § 1º, da CLT, só se aplica ao processo de conhecimento, em virtude de não haver atividade cognitiva no processo de execução, em que os atos aí praticados se classificam como materiais e expropriatórios com vistas à satisfação da sanção jurídica.**[3] II – O que pode ocorrer durante a tramitação do processo de execução é a erupção de incidentes de cognição, quer se refiram aos embargos do devedor, quer se refiram a pretensões ali deduzidas marginalmente, em que as decisões que os examinam desafiam a interposição de embargos à execução previstos no ar-

3. Esse entendimento não é pacífico e existem várias decisões em sentido contrário também.

tigo 884 da CLT e, posteriormente, do agravo de petição, nos termos do artigo 897, alínea "a", da CLT. III – Considerando que a decisão inquinada de ilegal, que determinara o depósito do valor homologado em liquidação de sentença, foi proferida na fase executória, defronta-se com o não cabimento do mandado de segurança em virtude da constatação de que o recorrente opôs exceção de pré-executividade, que fora rejeitada pelo Juízo da 71ª Vara do Trabalho de São Paulo, tendo, em seguida, garantido o juízo, ajuizado os embargos à execução e, na sequência, o agravo de petição, conforme se verifica do Sistema de Andamento Processual Eletrônico do TRT da 2ª Região. IV – Ora, tanto os embargos à execução quanto o agravo de petição admitem a concessão de tutela de urgência requerida com a finalidade de suspender a execução do ato impugnado. V – Desse modo, diante das várias medidas processuais cabíveis, vêm à baila os termos da Orientação Jurisprudencial nº 92 da SBDI-2, segundo a qual "Não cabe mandado de segurança contra decisão judicial passível de reforma mediante recurso próprio, ainda que com efeito diferido". VI – No mesmo sentido é a Súmula nº 267 do Supremo Tribunal Federal, a qual preconiza que "Não cabe mandado de segurança contra ato judicial passível de recurso ou correição". VII – De toda sorte, cumpre assentar que a aferição da alegada inexistência de horas extras, reconhecidas ao autor na fase cognitiva da Reclamação Trabalhista nº 0002858-86.2012.5.02.0071, exige dilação probatória, o que não se coaduna com o meio constitucional eleito, no qual é inviável o reexame aprofundado de fatos e provas. VIII – Além disso, consta do acórdão recorrido que a condenação ao pagamento de horas extras transitou em julgado, e que o prejuízo processual de que se queixa o recorrente fora suscitado por ocasião do recurso ordinário previsto no artigo 895 da CLT, então interposto, o que avulta a convicção sobre a incidência da orientação contida na Súmula nº 33 do TST, segundo a qual "Não cabe mandado de segurança de decisão judicial transitada em julgado". IX – Ressalte-se que existe remédio processual eficaz para buscar a desconstituição de decisão transitada em julgado, consolidado na ação rescisória, cuja previsão inserta no artigo 485 do CPC de 73 dilucida o descabimento do presente mandado, a teor da norma paradigmática do artigo 5º, inciso II, da Lei nº 12.016/2009. X – Registre-se, mais, não se sustentar o argumento de o recorrente ser optante do sistema SIMPLES desde 1/07/2007 e de a controvérsia trazida na Reclamação Trabalhista ter sido resolvida por sentença arbitral, sobretudo em face da assertiva lançada no acórdão de embargos de declaração de que "tal adesão não fora alegada antes da homologação dos cálculos", e da ausência de provas nos presentes autos da aludida sentença, que, sequer, fora invocada na inicial do mandado de segurança. XI – Extinção do processo sem julgamento do mérito, nos termos do artigo 267, inciso VI, do CPC de 73. (RO-1000582-79.2015.5.02.0000, Relator Ministro: Antonio José de Barros Levenhagen, Data de Julgamento: 07/03/2017, Subseção II Especializada em Dissídios Individuais, Data de Publicação: DEJT 10/03/2017)

» ***Princípio da fungibilidade***

Qual o recurso cabível para atacar decisão da SBDI-II do TST?

I – Apesar de não haver previsão legal expressa facultando a conversão de um recurso em outro, a jurisprudência acabou se consolidando no sentido de se adotar, no sistema do CPC de 1973, o princípio da fungibilidade que o fora no de 1939. II – O entendimento acerca da aplicação do princípio da fungibilidade subsiste na sistemática do CPC de 2015, desde que não tenha se esgotado o prazo do recurso adequado e nem seja grosseiro o erro cometido na escolha da via recursal. III – É forçoso não confinar o exame do erro grosseiro ao campo escorregadio da subjetividade, sendo necessário reportar-se a elemento objetivo a fim de bem o conceituar. IV – Para tanto, pode-se optar pelo critério da clareza e precisão do sistema recursal contemplado nas legislações processuais comum e trabalhista, tanto quanto daquele que o tenha sido no Regimento Interno dos Tribunais, de modo que não haja dúvidas ou divergências quanto à propriedade e adequação de cada recurso. V – Reportando ao artigo 896 da CLT, invocado expressamente pela recorrente, percebe-se que o recurso de revista somente tem cabimento para impugnar "decisões proferidas em grau de recurso ordinário, em dissídio individual, pelos Tribunais Regionais do Trabalho", ao passo que a decisão ora recorrida acha-se consubstanciada em acórdão proferido pela SBDI-2 do TST em processo de sua competência recursal, impugnável mediante recurso extraordinário. VI – Desse modo, mesmo interposto o apelo no prazo legal, inviável dele conhecer, tampouco o receber como recurso extraordinário, em razão do erro grosseiro na sua interposição. VII – Recurso de revista de que não se conhece, por manifestamente incabível. (RR-RO – 5418-18.2016.5.15.0000, Relator Ministro: Antonio José de Barros Levenhagen, Data de Julgamento: 07/03/2017, Subseção II Especializada em Dissídios Individuais, Data de Publicação: DEJT 10/03/2017)

PRESSUPOSTOS RECURSAIS

» *Regularidade de representação*

A indicação incorreta do nome da parte recorrente impede o conhecimento do recurso?

Erro no nome da parte. Existência de outros elementos de identificação. Ausência de prejuízo para a parte adversa. Erro material sanável. A Turma deste Tribunal não conheceu dos primeiros embargos de declaração, por vislumbrar ilegitimidade de parte e falta de interesse de agir. Cinge-se a controvérsia em saber se caracteriza erro material sanável a indicação incorreta do nome da parte recorrente em recurso. A despeito de na primeira folha dos embargos de declaração constar como recorrente parte estranha à lide, tal erro não tem o condão de impedir a análise desses embargos de declaração, mormente porque possível identificar o feito por outros elementos, tais como a indicação correta do número da reclamação trabalhista, do número do CPF do reclamante, do nome da empresa reclamada e do respectivo número do CNPJ. Ademais, constata-se que as alegações apresentadas nos embargos de declaração são pertinentes ao decidido no acórdão recorrido. Ainda que incorreto o nome da parte, se os demais dados alusivos ao processo não foram inquinados de erro, e se não demonstrado prejuízo para a parte adversa (CLT, art. 794), entende-se perfeitamente sanável o vício, não se havendo falar de ilegitimidade e falta de interesse recursal, tendo em vista o caráter instrumental e finalístico do processo. Assim, não há falar em ilegitimidade da parte e em falta de interesse recursal se os demais dados alusivos ao processo não foram inquinados de erro, e se não foi demonstrado prejuízo para a parte adversa. *E-ED-ED-RR-122500-12.2008.5.15.0013, Relator Ministro: Augusto César Leite de Carvalho, Data de Julgamento: 31/08/2017, Subseção I Especializada em Dissídios Individuais, Data de Publicação: DEJT 08/09/2017 – Informativo TST nº 163.*

É possível a juntada de substabelecimento horas depois da interposição do recurso?

Representação processual. Juntada de substabelecimento horas depois da interposição do recurso. Regularidade de representação. Aplicação da Lei nº 11.419/2006. 1. Não padece de irregularidade de representação processual agravo de instrumento subscrito por advogado cujos poderes para atuar na causa advêm de substabelecimento juntado aos autos por meio do sistema "e-DOC", no último dia do prazo recursal, horas após a protocolização do recurso. 2. A validade do instrumento de mandato, em tais circunstâncias, encontra respaldo no artigo 3º, parágrafo único, da Lei nº 11.419/2006 - Lei da informatização do processo judicial -, segundo o qual é tempestiva a petição eletrônica destinada a atender prazo processual, se transmitida até as 24 (vinte e quatro) horas do seu último dia. 3. Embargos de que se conhece, por divergência jurisprudencial, e a que se dá provimento para determinar o retorno dos autos à Turma do TST, a fim de que julgue o agravo de instrumento da Reclamada, como entender de direito, superada a irregularidade de representação processual. *E-ED-AIRR-22300-37.2006.5.15.0087, Redator Ministro: João Oreste Dalazen, Data de Julgamento: 16/02/2017, Subseção I Especializada em Dissídios Individuais, Data de Publicação: DEJT 16/06/2017 - Informativo TST nº 153.*

Em caso de alteração da denominação social da empresa deve a parte fazer prova da mudança nos autos e juntar novo instrumento de mandato?

Representação processual. Alteração da denominação social da empresa. Ausência de comprovação. Ilegitimidade de parte. A jurisprudência desta Corte firmou-se no sentido de reconhecer que a parte de uma relação processual, quando tiver a razão social alterada, deve fazer a prova da alteração havida e apresentar procuração com a nova denominação, uma vez que a regularidade processual constitui pressuposto de admissibilidade recursal. Precedentes. Na hipótese, o réu, ao interpor recurso de revista, em que pese ter apresentado instrumento de mandato, deixou de comprovar a alteração de sua denominação social de Banco do Estado de São Paulo - Banespa - para Banco Santander Banespa S.A. Ressalte-se que o presente recurso de embargos foi interposto na vigência do Código de Processo Civil de 1973, razão pela qual não se aplica à hipótese o disposto no artigo 76 do CPC de 2015, em razão da previsão inserta no artigo 14 do mesmo Diploma legal. Recurso de embargos de que se conhece e a que se dá provimento. *E-ED-RR-33100-87.2006.5.02.0087, Relator Ministro: Cláudio Mascarenhas Brandão, Data de Julgamento: 31/08/2017, Subseção I Especializada em Dissídios Individuais, Data de Publicação: DEJT 08/09/2017 - Informativo TST nº 163.*

» ***Interesse recursal***

Há interesse recursal da prestadora de serviços para recorrer da decisão que reconhece a ilicitude da terceirização e condena exclusivamente a tomadora?

Na hipótese, a reclamante ajuizou esta demanda visando à declaração de ilicitude da terceirização de serviços perpetrada entre as reclamadas e, consequentemente, o reconhecimento do vínculo empregatício diretamente com o tomador. O pedido foi julgado procedente pela Turma, cuja decisão declarou a ilicitude da terceirização, reconheceu o vínculo empregatício entre a reclamante e o tomador de serviços e determinou o retorno dos autos à Vara do Trabalho de origem para que julgue os demais pedidos, como entender de direito. **Não se constata, na decisão ora embargada, qualquer condenação dirigida à embargante, prestadora de serviços, não tendo sido declarada sua responsabilidade pelo pagamento das verbas quer como devedora principal, quer como subsidiária.** Logo, verifica-se que o recurso de embargos carece de interesse, na vertente utilidade, tendo em que vista a ausência de prejuízo à parte na decisão embargada. Embargos não conhecidos. (E-ED-RR-2167-61.2013.5.02.0031, Relator Ministro: José Roberto Freire Pimenta, Data de Julgamento: 27/10/2016, Subseção I Especializada em Dissídios Individuais, Data de Publicação: DEJT 03/03/2017).

» ***Preparo***

Autarquia municipal está dispensada do recolhimento do depósito recursal?

As autarquias municipais não estão dispensadas do recolhimento do depósito prévio de que trata o art. 836 da CLT, porquanto os arts. 488 do CPC/73 e 24-A da Lei nº 9.028/95 não as exoneram desse ônus. Ausente o depósito prévio, impõe-se a extinção do processo, sem a resolução do mérito, por se tratar de pressuposto objetivo da ação. Processo extinto sem julgamento do mérito. (RO-10101-96.2014.5.14.0000, Relator Ministro: Luiz Philippe Vieira de Mello Filho, Data de Julgamento: 14/03/2017, Subseção II Especializada em Dissídios Individuais, Data de Publicação: DEJT 17/03/2017)

RECURSOS EM ESPÉCIE

» ***Recurso ordinário***

É necessário o prequestionamento da matéria para que se possa realizar o exame do recurso ordinário?

O Tribunal Regional não examinou a alegação trazida em recurso ordinário pela Reclamada de que a verba "propriedade intelectual" tem natureza indenizatória, por entender que "a sentença de origem não se pronunciou sobre a questão sob este enfoque, o réu não cuidou de prequestionar a matéria, restando, portanto, preclusa a sua análise". Dispõe o art. 515, § 1°, do CPC/73 que "a apelação devolverá ao tribunal o conhecimento da matéria impugnada" e "serão, porém, objeto de apreciação e julgamento pelo tribunal todas as questões suscitadas e discutidas no processo, ainda que a sentença não as tenha julgado por inteiro". A melhor interpretação do art. 515, § 1º, do CPC é no sentido de que o efeito devolutivo abrange todas as questões discutidas no processo. No presente caso, o que se extrai do acórdão recorrido é que a Corte regional entendeu ser necessário o prequestionamento da matéria para que pudesse realizar o exame do recurso ordinário a respeito do tema, entretanto tal exigência é incabível em face de decisão de 1º grau de jurisdição. Assim, ao examinar o recurso ordinário interposto pela Reclamante, o Tribunal Regional deveria ter apreciado todas as questões de defesa suscitadas e discutidas no processo, por força do efeito devolutivo em profundidade do recurso, previsto no art. 515, § 1º, do CPC/73. (RR-1438-45.2012.5.01.0048, Relatora Desembargadora Convocada: Cilene Ferreira Amaro Santos, Data de Julgamento: 14/06/2017, 4ª Turma, Data de Publicação: DEJT 16/06/2017)

» ***Recurso de Revista***

É cabível o recurso de revista em face de acórdão proferido em sede de agravo de instrumento?

Nos termos do art. 896 da CLT, o cabimento do recurso de revista está restrito às hipóteses em que a decisão do Tribunal Regional se dá em sede de recurso ordinário (ou de agravo de petição). A análise dos autos revela que o recurso de revista do autor foi interposto contra acórdão proferido em sede de agravo de instrumento, atraindo a incidência da Súmula 218 do TST. Recurso de revista não conhecido. (RR]-1171-06.2014.5.09.0008, Relatora Ministra: Delaíde Miranda Arantes, Data de Julgamento: 30/08/2017, 2ª Turma, Data de Publicação: DEJT 08/09/2017)

É viável o conhecimento de recurso de revista por violação do art. 927, caput, do Código Civil de 2002, na hipótese em que o fato gerador do pedido de indenização por danos morais ocorreu no ano de 2000?

Recurso de revista. Conhecimento. Violação do art. 927, caput, do Código Civil de 2002. Impossibilidade. Fato gerador do dano ocorrido sob a vigência do Código Civil de 1916.

É inviável o conhecimento de recurso de revista por violação do art. 927, caput, do Código Civil de 2002, na hipótese em que o fato gerador do pedido de indenização por danos morais ocorreu no ano de 2000, quando o referido dispositivo legal ainda não se encontrava em vigor. Sob esse fundamento, a SBDI-I, por unanimidade, conheceu dos embargos interpostos pela reclamada, por divergência jurisprudencial e, no mérito, por maioria, deu-lhes provimento para determinar o retorno dos autos à Turma de origem, a fim de que, afastada a reconhecida afronta ao art. 927, caput, do CC de 2002, prossiga na análise das demais alegações trazidas no recurso de revista, considerando que os fatos ocorreram sob a vigência do Código Civil de 1916. Vencidos os Ministros Aloysio Corrêa da Veiga, relator, João Oreste Dalazen, Márcio Eurico Vitral Amaro e José Roberto Freire Pimenta. *TST-E-ED-RR-353-90.2010.5.10.0000, SBDI-I, rel. Min. Aloysio Corrêa da Veiga, red. p/ acórdão Min. Guilherme Augusto Caputo Bastos, 14.12.2017 – Informativo TST nº 170.*

Decisão turmária que, fundada em fato incontroverso, conclui pela existência de acordo coletivo a fim de validar o plano de demissão incentivada viola a súmula 126 do TST?

BESC. Plano de demissão incentivada. Negociação coletiva. Cláusula de quitação ampla do contrato de emprego. Fato incontroverso. Ausência de contrariedade à Súmula nº 126 do TST. Não há contrariedade à Súmula nº 126/TST quando a c. Turma, ao concluir pela existência do acordo coletivo para validar o PDI do BESC, o faz com base em fato incontroverso, e não no revolvimento de fatos e provas, destacando, inclusive, que, no caso, se discute idêntico PDI e norma coletiva tratados na decisão do Supremo Tribunal Federal (RE 590415/SC). Aresto que não abrange a questão referente ao fato incontroverso, limitando a registrar que "a análise da existência de acordo de quitação de toda e qualquer parcela decorrente de relação de emprego nos instrumentos de rescisão exigiria o revolvimento de fatos e provas" não é específico para o confronto, o que inviabiliza o conhecimento dos embargos, nos termos do art. 894, II, da CLT. Embargos não conhecidos. *E-ED-RR – 115300-41.2009.5.12.0032, Relator Ministro: Aloysio Corrêa da Veiga, Data de Julgamento: 14/09/2017, Subseção I Especializada em Dissídios Individuais, Data de Publicação: DEJT 01/12/2017 – Informativo TST nº 164.*

É cabível recurso de revista que trata do valor da indenização por danos morais?

A jurisprudência prevalente no âmbito desta Corte é no sentido de reconhecer a possibilidade de conhecimento do recurso de revista que trata do valor da indenização por danos morais por violação do art. 5º, X, da CF. *E-RR-298300-34.2009.5.12.0003, Relator Ministro: Hugo Carlos Scheuermann, Data de Julgamento: 24/08/2017, Subseção I Especializada em Dissídios Individuais, Data de Publicação: DEJT 01/09/2017 – Informativo TST nº 163.*

Em caso de negativa de prestação jurisdicional alegada em recurso de revista é necessária a transcrição do trecho dos embargos de declaração e do acórdão que os julgou?

Negativa de prestação jurisdicional alegada em recurso de revista. Cumprimento do disposto no art. 896, § 1º-A, I, da CLT. Transcrição do trecho dos embargos de declaração e do acórdão que os julgou. Necessidade. Princípios da impugnação específica e da dialeticidade recursal. Nos casos em que a parte busca o reconhecimento da negativa de prestação jurisdicional no recurso de revista, exige-se, com fulcro no artigo 896, §1º-A, I, da CLT, a transcrição do trecho dos embargos de declaração em que a parte, de forma inequívoca, provoca o Tribunal Regional a se manifestar sobre determinada matéria e, em consequência o acórdão prolatado no julgamento dos aludidos embargos. Tal exigência representa a materialização dos princípios da impugnação específica e da dialeticidade recursal, pois objetiva evitar que seja do órgão julgador a tarefa de interpretar a decisão impugnada, para deduzir a tese nela veiculada e a fundamentação que ampara a pretensão quanto ao atendimento dos pressupostos singulares do recurso interposto, notadamente quanto à indicação do trecho da decisão recorrida que consubstancia o prequestionamento da controvérsia. E-*RR-1522-62.2013.5.15.0067, Relator Ministro: Cláudio Mascarenhas Bran-*

dão, Data de Julgamento: 16/03/2017, Subseção I Especializada em Dissídios Individuais, Data de Publicação: DEJT 20/10/2017 – Informativo TST nº 155.

Agravo de instrumento em recurso de revista. Exigência de indicação do trecho da decisão recorrida para fins de prequestionamento. Art. 896, §1º-A, I, da CLT. Pressuposto intrínseco do recurso de revista. Súmula nº 353 do TST. A SBDI-I, por maioria, negou provimento a agravo que visava destrancar embargos interpostos contra decisão turmária, proferida em agravo de instrumento, que manteve despacho da Presidência do TRT que não admitiu o recurso de revista em razão do descumprimento do disposto no art. 896, § 1º-A, I, da CLT. A indicação do trecho da decisão recorrida que consubstancia o prequestionamento da controvérsia objeto do recurso de revista é pressuposto intrínseco de admissibilidade recursal, razão pela qual, nos termos da Súmula nº 353 do TST, não se admite os embargos, por incabíveis. Vencidos, integralmente, os Ministros Walmir Oliveira da Costa, relator, e Guilherme Augusto Caputo Bastos, os quais consideravam o prequestionamento previsto no art. 896, § 1º-A, da CLT como pressuposto extrínseco, e, parcialmente, os Ministros Cláudio Mascarenhas Brandão e Alexandre Agra Belmonte, que entendiam ser o inciso I do § 1º-A do art. 896 da CLT requisito formal do pressuposto intrínseco referente ao prequestionamento. *Ag-E-ED-AIRR-2155-78.2013.5.09.0669, Redator Ministro: Aloysio Corrêa da Veiga, Data de Julgamento: 27/04/2017, Subseção I Especializada em Dissídios Individuais, Data de Publicação: DEJT 16/06/2017 – Informativo TST nº 157.*

É necessária a indicação expressa de afronta a dispositivo de lei ou da Constituição para o conhecimento do recurso de revista?

Recurso de revista. Conhecimento. Indicação expressa de afronta a dispositivo de lei ou da Constituição. Necessidade. Súmula nº 221 do TST. Orientação Jurisprudencial nº 257 da SDBII. 1. Suplantado o indesejável tecnicismo exacerbado no exame de pressupostos intrínsecos de admissibilidade recursal, a jurisprudência pacífica do TST, a partir da conjugação dos entendimentos contidos na Súmula nº 221 e na Orientação Jurisprudencial nº 257 da SbDI-1, considera que é ônus processual da parte, a fim de viabilizar o conhecimento de recurso de revista, demonstrar cabalmente a intenção de indicar afronta a dispositivo de lei ou da Constituição Federal, ainda que não se exija a utilização dos vocábulos "contrariar", "ferir", "violar". 2. À luz do artigo 896 da CLT e da jurisprudência consolidada do TST, não viabiliza o conhecimento de recurso de revista a mera referência "en passant", nas razões recursais, a dispositivo de lei não expressamente indicado como violado. Convicção que se robustece em caso de a menção ao dispositivo legal encontrar-se topologicamente registrada em capítulo referente a tema distinto daquele sobre o qual se deu o conhecimento do recurso. 3. Merece reforma acórdão de Turma do TST que, em semelhante circunstância, conhece de recurso de revista por afronta a dispositivo de lei sobre o qual não se apontou, objetivamente, violação. 4. Embargos do Reclamante de que se conhece, por divergência jurisprudencial, e a que se dá provimento para determinar o retorno dos autos à Turma de origem. E-ED-RR-35000-19.2006.5.07.0006, Relator Ministro: João Oreste Dalazen, Data de Julgamento: 23/03/2017, Subseção I Especializada em Dissídios Individuais, Data de Publicação: DEJT 19/05/2017 – *Informativo TST nº 155.*

Turma do TST, em sede de juízo de retratação, está presa aos elementos fáticos do acórdão recorrido ou pode analisar os aspectos objetivos do processo, a fim de verificar se o caso em análise se amolda a precedente do STF?

BESC. Plano de desligamento voluntário. Negociação coletiva. Cláusula de quitação geral do contrato de emprego. Juízo de retratação realizado pela Turma de origem com base nos aspectos objetivos do processo. Ausência de contrariedade à Súmula nº 126 do TST. Não contraria a Súmula nº 126 do TST decisão turmária que, em juízo de retratação, aplica tese jurídica adotada pelo Supremo Tribunal Federal, nos autos do RE 590.415/SC, com repercussão geral, no sentido da validade da cláusula de quitação geral do contrato de trabalho prevista no plano de desligamento voluntário do BESC, quando ausente no acórdão do Regional esclarecimento acerca da previsão da quitação total na norma coletiva e nos documentos de rescisão. Na hipótese, a Turma de origem entendeu que o caso dos autos envolve idêntica controvérsia posta a exame do STF, ou seja, de ex-empregado do BESC que aderiu ao mesmo plano com cláusula de quitação geral e irrestrita do contrato de trabalho, razão pela qual considerou desnecessária a demonstração dos elementos fáticos para aplicação do precedente. Destacou-se, ainda, que é dever do colegiado verificar os elementos objetivos do processo e aplicar a orientação que resultou pacificada pela jurisprudência, se houver identidade entre os casos cotejados, não havendo falar, portanto, em revolvimento de fatos e provas ou em contrariedade à Súmula nº 126 do TST. *E-ED-RR-536000-66.2009.5.12.0001, Relator Ministro: Luiz Philippe Vieira de Mello Filho, Data de Julgamento: 30/11/2017, Subseção I Especializada em Dissídios Individuais, Data de Publicação: DEJT 15/12/2017 – Informativo TST nº 170.*

» ***Agravo de petição***

Exige-se, no agravo de petição, a atualização dos valores objeto da divergência até a data de interposição do recurso?

Execução. Agravo de petição. Exigência de valores atualizados até a data de interposição do recurso. Requisito não previsto no art. 897, § 1º, da CLT. Afronta ao art. 5º, II e LV, da CF. Configuração. A decisão do TRT que condiciona o exame do agravo de petição à apresentação de valores atualizados até a data de interposição do recurso viola o art. 5º, II e LV, da CF, pois estabelece requisito não previsto em lei. O art. 897, § 1º, da CLT impõe ao agravante tão somente a delimitação justificada das matérias e dos valores impugnados. Sob esse entendimento, a SBDI-I, por unanimidade, conheceu de embargos, por divergência jurisprudencial, e, no mérito, negou-lhes provimento, mantendo, portanto, decisão turmária que determinou o retorno dos autos ao TRT de origem a fim de que prossiga no exame do agravo de petição da executada, afastada a necessidade de delimitação dos valores atualizados. TST-E-RR-48900-10.2007.5.04.0203, SBDI-I, rel. Min. Aloysio Corrêa da Veiga, 16.2.2017 (*CF. Informativo TST nº 59) – Informativo TST nº 29 – Execução.

» ***Agravo regimental***

Qual o recurso cabível para impugnar capítulo denegatório da decisão do Ministro Presidente da Turma que admitiu parcialmente o recurso de embargos?

Por aplicação analógica da Instrução Normativa nº 40/2016 do TST, que consagrou a superação da tese insculpida na Súmula 285 do TST, de apreciação integral pela Turma do TST embora admitido o recurso de revista apenas quanto a parte das matérias impugnadas, é ônus da parte a interposição de agravo regimental para levar à cognição da Subseção de Dissídios Individuais 1 do TST os temas em relação aos quais o Ministro Presidente da Turma denegou seguimento aos embargos, pena de preclusão da matéria não impugnada. No caso, a parte não interpôs agravo regimental para impugnar a decisão do Presidente da Terceira Turma que não admitiu dois dos três temas aventados no recurso de embargos. Assim, operada a preclusão quanto aos temas não impugnados, a SBDI-I, por maioria, deixou de examiná-los. *E-ED-ED-RR-176-37.2012.5.02.0079, Relator Ministro: Márcio Eurico Vitral Amaro, Data de Julgamento: 22/06/2017, Subseção I Especializada em Dissídios Individuais, Data de Publicação: DEJT 30/06/2017 – Informativo TST nº 161.*

É possível a transcrição no agravo regimental de arestos que não foram colacionados no recurso de embargos anteriormente denegado?

Divergência jurisprudencial. Não demonstração. Arestos transcritos no agravo regimental não colacionados no recurso de embargos denegado. Inovação. Multa por litigância de má-fé. Os arestos transcritos no agravo regimental que não foram colacionados no recurso de embargos anteriormente denegado não servem à demonstração de divergência jurisprudencial, porquanto são inovatórios. Sob esse fundamento, a SBDI-I, por unanimidade, negou provimento a agravo regimental e condenou a reclamada ao pagamento de multa por litigância de má-fé correspondente a 2% do valor corrigido da causa, nos termos do art. 81, caput, do CPC de 2015. *AgR-E-Ag-AIRR-3900-16.2013.5.13.0012, Relator Ministro: José Roberto Freire Pimenta, Data de Julgamento: 10/08/2017, Subseção I Especializada em Dissídios Individuais, Data de Publicação: DEJT 18/08/2017 - Informativo TST nº 162.*

» ***Embargos à SDI***

Cabimento em face de decisão que refuta juízo de retratação?

É incabível recurso de embargos contra decisão de Turma do Tribunal Superior do Trabalho que refuta juízo de retratação, admitindo-se apenas a devolução dos autos à Vice-Presidência do TST para análise do juízo de admissibilidade do recurso extraordinário, nos termos da alínea "c" do inciso V do art. 1.030 do CPC de 2015. No caso, a Oitava Turma deu provimento ao recurso de revista da reclamada, entendendo válida a dispensa imotivada de empregado de sociedade de economia mista. Após a apreciação da matéria sobrestada pelo Supremo Tribunal Federal, os autos retornaram à Turma, que não exerceu o juízo de retratação ao argumento de que a decisão do STF que reconheceu a impossibilidade de dispensa imotivada de empregado público alcança apenas a Empresa de Correios e Telégrafos – ECT. *E-RR-125700-85.2007.5.05.0192, Relator Ministro: Aloysio Corrêa da Veiga, Data de Julgamento: 23/03/2017, Subseção I Especializada em Dissídios Individuais, Data de Publicação: DEJT 31/03/2017 – Informativo TST nº 155.*

» ***Embargos de declaração***

Em caso de embargos protelatórios, é possível a aplicação da multa pelos embargos cumulada com a indenização por litigância de má-fé?

O Tribunal Regional consignou que "a empresa recorrente omitiu fatos relevantes para a solução do litígio, usou do processo para conseguir objetivo ilegal e procedeu de modo temerário, ao opor embargos de declaração", razão pela qual reputou "protelatórios os embargos de declaração apresentados pela consignante/recorrente", mantendo a condenação ao pagamento da multa de 1% sobre o valor da causa, cumulada com a indenização de 20% prevista no artigo 18, §2º, do CPC/73. **O reconhecimento do intuito protelatório dos embargos de declaração opostos atrai a aplicação da penalidade específica prevista no artigo 538, parágrafo único, do CPC/73, e não da condenação cumulativa ao pagamento da indenização por litigância de má-fé. Esta Turma já se manifestou no sentido de que as penalidades processuais previstas no art. 18 do CPC/1973 têm caráter genérico e se aplicam às situações em que não há disposição específica**. No caso de oposição de embargos de declaração protelatórios, cabe a multa prevista no art. 538, parágrafo único, do CPC/1973. Julgados. Recurso de revista conhecido e provido. (TST-RR-20540-92.2005.5.07.0028, Data de Julgamento: 07/12/2016, Relator Ministro: Douglas Alencar Rodrigues, 7ª Turma, Data de Publicação: DEJT 19/12/2016).

É possível a aplicação da multa por embargos protelatórios ao reclamante?

Embargos de declaração interpostos pelo reclamante. Intuito protelatório. Aplicação da multa prevista no art. 1.026, § 2º, do CPC de 2015. Possibilidade. 1. Presentemente, prevalece perante a jurisprudência do Tribunal Superior do Trabalho o entendimento de que também o autor da reclamação trabalhista pode figurar como destinatário da multa por embargos de declaração protelatórios, nos termos do artigo 1.026, § 2º, do CPC de 2015. Precedentes. 2. A imposição de multa processual dessa natureza à parte que busca retardar a regular marcha processual constitui importante ferramenta, afinada ao texto constitucional (art. 5º, LXXVIII, da Constituição Federal) e à nova ordem processual inaugurada com a vigência do Código de Processo Civil de 2015. 3. Robustece tal convicção a interpretação sistemática do artigo 1.026, § 2º, do CPC de 2015 com outros dispositivos do mesmo diploma legal, os quais prestigiam garantias processuais asseguradas às partes, indistintamente, no tocante à obtenção de prazo razoável à solução integral do mérito, mediante cooperação entre todos os sujeitos do processo, e também à paridade de tratamento em relação a sanções processuais. Inteligência dos artigos 4º, 6º e 7º do CPC de 2015, compatíveis e aplicáveis ao Processo do Trabalho, por força do que dispõem os artigos 15 do CPC de 2015 e 1º, caput, da Instrução Normativa nº 39/2016. 4. Ratificação de acórdão de Turma do TST que, diante de manifesta natureza protelatória de embargos de declaração, impõe ao Reclamante a multa de que trata o artigo 1.026, § 2º, do CPC de 2015. 5. Embargos do Reclamante de que se conhece, por divergência jurisprudencial, e a que se nega provimento. *E-ED-ARR-414800-90.2007.5.09.0892, Redator Ministro: João Oreste Dalazen, Data de Julgamento: 18/05/2017, Subseção I Especializada em Dissídios Individuais, Data de Publicação: DEJT 28/07/2017 - Informativo TST nº 159.*

INCIDENTE DE ASSUNÇÃO DE COMPETÊNCIA

» *Cabimento*

É cabível o IAC se há repetição da matéria em múltiplos processos?

O Incidente de Assunção de Competência, previsto no art. 947 do CPC, é admissível quando o recurso envolver relevante questão de direito, com grande repercussão social, sem repetição em múltiplos processos. Dessa forma, o incidente só ocorrerá em casos de relevante questão de direito, que seja de grande repercussão social e que ainda não existam múltiplos processos sobre a matéria. Com efeito, por força da expressão "sem repetição em múltiplos processos" entende-se que não cabe o incidente de assunção de competência se houver repetição do tema em múltiplos processos. Nesse caso, o instrumento eventualmente cabível é o incidente de resolução de demandas repetitivas (art. 976 do CPC). No Incidente de Assunção de Competência suscitado pela Egrégia Sétima Turma, discute-se se é devido o pagamento de férias proporcionais ao empregado dispensado por justa causa. Não obstante os judiciosos fundamentos expostos no acórdão da Sétima Turma bem como se tratar de relevante questão de direito, entendo faltar um requisito para a admissibilidade do Incidente de Assunção de Competência, qual seja "sem repetição em múltiplos processos", porquanto inúmeros processos têm sido julgado nas diversas Turmas desta Corte acerca do tema em discussão. Dessa forma, verifico que em face da efetiva repetição de recursos que contêm controvérsia acerca do tema, entendo que está desatendido o requisito previsto no caput do art. 947 do CPC: "sem repetição em múltiplos processos", o que, por si só, inviabiliza a admissibilidade do Incidente de Assunção de Competência. Além do mais, não há divergência jurisprudencial entre as Turmas a ser dirimida tampouco se justifica a prevenção de divergência jurisprudencial (art. 947, § 4º, do CPC), uma vez que todas as Turmas têm decidido de acordo com o entendimento assentado na Súmula 171 do TST. Incidente de Assunção de Competência não admitido. (IAC-423-11.2010.5.09.0041, Relator Ministro: João Batista Brito Pereira, Data de Julgamento: 23/02/2017, Subseção I Especializada em Dissídios Individuais, Data de Publicação: DEJT 17/03/2017)

DISSÍDIO COLETIVO

PRESSUPOSTOS, CONDIÇÕES DA AÇÃO E ASPECTOS GERAIS

» *Legitimidade*

Sindicato sem registro no órgão competente tem legitimidade para figurar no polo passivo do dissídio coletivo de greve?

Esta Seção Especializada já se manifestou no sentido de que a falta de legitimidade ad processum, a que se refere a Orientação Jurisprudencial nº 15 da SDC, somente pode ser imputada ao sindicato que, sem deter registro no Órgão competente, pretender figurar no polo ativo da demanda. Ou seja, o suscitante do dissídio coletivo deve ter registro sindical regularizado, mas esse requisito não é essencial para que a entidade sindical seja suscitada em dissídio coletivo, especialmente, se for a responsável pela greve. Reforça esse entendimento a análise dos precedentes desta Corte, que deram origem a Orientação Jurisprudencial nº 15, os quais tratam apenas de situações que envolvem a discussão sobre a necessidade de o suscitante apresentar o registro no órgão competente do Ministério do Trabalho para comprovar a sua legitimidade "ad processum". No caso, embora o suscitado – SINDFORT-PE – não possua carta sindical para representar a categoria, a citada entidade sindical pode figurar no polo passivo da demanda, como suscitada. Recurso ordinário a que se dá provimento. DA ABUSIVIDADE DA GREVE. Prevalece nesta Corte o entendimento de que é abusiva a greve liderada por entidade sindical que não possui a representatividade da categoria profissional. No caso, a paralisação objeto desta demanda foi capitaneada pelo SINDFORTE, que não representa a categoria dos trabalhadores que aderiram à greve. Nessa condição, forçoso é declarar a abusividade da greve, por falta de legitimidade do sindicato. Acrescente-se que, no caso em comento, é incontroverso que a deflagração da greve não atendeu a nenhum dos requisitos formais contidos na Lei de Greve (tentativa de negociação (art. 3º), aprovação em assembleia de trabalhadores (art. 4º), aviso-prévio à contraparte). Portanto, também no aspecto formal a greve foi abusiva. Recurso ordinário a que se dá provimento, para declarar a abusividade da greve. DECLARAÇÃO DE ILEGITIMIDADE DO SINDICATO RECORRIDO. DISSÍDIO COLETIVO DE GREVE. IMPERTINENTE. No caso, a falta de legitimidade do suscitado conduziu a decisão desta Corte no sentido de declarar abusiva a greve. A questão da disputa de representação sindical é matéria afeta ao Juízo de 1º Grau, conforme a legislação processual vigente. Em sede de dissídio coletivo, a apreciação da matéria cabe, em caráter incidental, unicamente para resolver a demanda coletiva. Portanto, inoportuno a postulação apresentada. Recurso ordinário a que se nega provimento. AUTORIZAÇÃO DO PODER JUDICIÁRIO PARA DISPENSAR TRABALHADORES. Não cabe a dispensa de empregados, em razão do simples exercício do direito de greve, constitucionalmente assegurado. No caso, tratando-se de greve em setor de atividade não essencial, a dispensa de empregados e contratação de novos trabalhadores constitui grave violação da liberdade sindical. Nesse sentido é a diretriz revelada pela jurisprudência do Comitê de Liberdade Sindical do Conselho de Administração da OIT, fixada nos enunciados 570 e 593. Recurso ordinário a que se nega provimento, neste tópico. (RO-180-67.2016.5.06.0000, Relatora Ministra: Kátia Magalhães Arruda, Data de Julgamento: 15/05/2017, Seção Especializada em Dissídios Coletivos, Data de Publicação: DEJT 19/05/2017).

» *Comum acordo*

O comum acordo pressupõe petição conjunta?

Com a edição da Emenda Constitucional nº 45/2004, estabeleceu-se novo requisito para o ajuizamento de dissídio coletivo de natureza econômica, qual seja, que haja comum acordo entre as partes. Trata-se de requisito constitucional para instauração do dissídio coletivo e diz respeito à admissibilidade do processo. A expressão "comum acordo", de que trata o mencionado dispositivo constitucional, não significa, necessariamente, petição conjunta das partes, expressando concordância com o ajuizamento da ação coletiva, mas a não oposição da parte, antes ou após a sua propositura, que se pode caracterizar de modo expresso ou tácito, conforme a sua explícita manifestação ou o seu silêncio. No caso dos autos, houve a recusa expressa quanto à instauração do dissídio coletivo, a qual foi feita em momento oportuno, o que resulta na extinção do processo, sem resolução de mérito, ante a falta de pressuposto de constituição e de desenvolvimento válido e regular. Recurso ordinário a que se dá provimento. (RO – 20473-20.2013.5.04.0000, Relatora Ministra: Kátia Magalhães Arruda, Data de Julgamento: 12/12/2017, Seção Especializada em Dissídios Coletivos, Data de Publicação: DEJT 19/12/2017)

» ***Recursos no Dissídio coletivo***

Admite-se a teoria da causa madura nos dissídios coletivos?

[...] o dissídio coletivo, em regra, não comporta a aplicação do conceito da "causa madura", disposto no art. 1.013, § 3º, do CPC de 2015. (RO--RO-10498-55.2013.5.01.0000, Relatora Ministra: Kátia Magalhães Arruda, Data de Julgamento: 12/12/2017, Seção Especializada em Dissídios Coletivos, Data de Publicação: DEJT 19/12/2017) e (RO-100326-57.2016.5.01.0000 Data de Julgamento: 05/06/2017, Relatora Ministra: Dora Maria da Costa, Seção Especializada em Dissídios Coletivos, Data de Publicação: DEJT 09/06/2017).

CABIMENTO

É adequado o dissídio coletivo para questionar dispensa em massa?

Matéria afetada ao Tribunal Pleno. Art. 77, II, do RITST/2008. Dispensa em massa de trabalhadores. Ajuizamento de dissídio coletivo de natureza jurídica. Inadequação da via eleita. Configuração de dissídio individual plúrimo. Extinção do processo sem resolução de mérito. É incabível o ajuizamento de dissídio coletivo de natureza jurídica para obter o reconhecimento da nulidade da dispensa em massa e a condenação da suscitada à reintegração dos trabalhadores e ao pagamento dos respectivos consectários legais. No caso, consignou-se que o provimento pretendido era condenatório, configurando, portanto, hipótese de ajuizamento de dissídio individual plúrimo, de competência da Vara do Trabalho, visto que o dissídio coletivo de natureza jurídica é limitado à interpretação de norma autônoma ou heterônoma específica de uma categoria, nos moldes do disposto na Orientação Jurisprudencial nº 7 da SDC. Sob esse fundamento, o Tribunal Pleno, por maioria, negou provimento ao recurso ordinário interposto pelo sindicato profissional, mantendo a extinção do processo, sem resolução do mérito, por inadequação da via eleita em matéria de dispensa coletiva. Vencidos os Ministros Kátia Magalhães Arruda, relatora, Augusto César Leite de Carvalho, José Roberto Freire Pimenta, Delaíde Miranda Arantes, Hugo Carlos Scheuermann, Cláudio Mascarenhas Brandão, Maria Helena Mallmann, Lelio Bentes Corrêa, Alberto Luiz Bresciani de Fontan Pereira, Walmir Oliveira da Costa e Mauricio Godinho Delgado. *TST-RO-10782-38.2015.5.03.0000, Tribunal Pleno, rel. Min. Kátia Magalhães Arruda, red. p/ acórdão Min. Maria Cristina Irigoyen Peduzzi, 18.12.2017 – Informativo TST nº 170.*

ADMINISTRAÇÃO PÚBLICA

» *Cláusulas de natureza econômica*

Aplica-se às empresas públicas e/ou sociedades de economia mista a OJ nº 5 da SDC?

O art. 173, § 1º, II, da CF dispõe que as empresas públicas e/ou sociedades de economia mista estão submetidas ao mesmo regime das empresas privadas, inclusive quanto aos direitos e obrigações civis, comerciais, trabalhistas e tributários. Embora a Empresa de Assistência Técnica e Extensão Rural do Estado do Rio de Janeiro – EMATER-Rio seja de uma empresa pública estadual, criada pelo Decreto nº 564/1976, é dotada de personalidade jurídica de direito privado. Por esse motivo, pode a Justiça do Trabalho, dentro da competência que lhe foi atribuída pelo art. 114, § 2º, da CLT, na impossibilidade da negociação coletiva entre as partes, fixar as cláusulas que regulam as relações entre a EMATER e seus empregados, por meio de sentença normativa, inclusive aquelas de cunho econômico. Inaplicáveis as disposições da Orientação Jurisprudencial nº 5 da SDC deste Tribunal. Afasta-se, portanto, o fundamento exposto pelo Regional quanto à falta de amparo legal para deferimento das cláusulas que importam ônus financeiro direto ou indireto à EMATER-Rio e, ante a inviabilidade de aplicação do conceito da causa madura (art. 1.013, § 3º, do CPC/2015), determina-se o retorno dos autos ao Tribunal Regional do Trabalho da 1ª Região, a fim de prossiga no julgamento do mérito do dissídio coletivo, no que é pertinente às cláusulas indeferidas. Recurso ordinário conhecido e provido. (RO – 100326-57.2016.5.01.0000, Relatora Ministra: Dora Maria da Costa, Data de Julgamento: 05/06/2017, Seção Especializada em Dissídios Coletivos, Data de Publicação: DEJT 09/06/2017)

SENTENÇA NORMATIVA

» *Limites do poder normativo*

A terceirização em atividade-fim pode ser limitada por sentença normativa?

Dissídio coletivo de natureza econômica. Terceirização. Limitação por sentença normativa. Impossibilidade. A Súmula nº 331 do TST não contém uma proibição absoluta à terceirização em atividade-fim, razão pela qual não é possível, em sede de sentença normativa, deferir cláusula estabelecendo que "*todas as atividades permanentes serão realizadas por pessoal próprio e que as atividades realizadas por serviços de terceiros serão limitadas às atividades esporádicas ou não rotineiras*". O deferimento de cláusula que proíba terminantemente a terceirização, sem que tenha havido negociação entre as partes, pode inviabilizar a criação de novos métodos de gerenciamento da atividade produtiva que não necessariamente resultem em fraude à legislação trabalhista ou contrariedade à Súmula nº 331 do TST. *RO-361-12.2014.5.07.0000, Relator Ministro: Mauricio Godinho Delgado, Data de Julgamento: 13/02/2017, Seção Especializada em Dissídios Coletivos, Data de Publicação: DEJT 24/02/2017 – Informativo TST nº 152.*

Poder Normativo da Justiça do Trabalho pode promover o aumento de despesas com pessoal em entidades públicas cujo limite de gastos previstos na Lei de Responsabilidade Fiscal para essa finalidade já tenha sido alcançado?

Dissídio coletivo de natureza econômica. Reajuste salarial. Concessão por sentença normativa. Caso em que a empresa estatal está vinculada a ente público que excedeu o limite com o gasto de pessoal estabelecido na Lei de Responsabilidade Fiscal. Impossibilidade. Não é possível a concessão de reajuste pela via do exercício do poder normativo da Justiça do Trabalho quando o ente público ao qual está vinculada a empresa estatal encontra-se no limite de gasto com pessoal estabelecido pela Lei de Responsabilidade Fiscal (Lei Complementar nº 101/2000). Embora o art. 22, parágrafo único, I, da LRF, nessa circunstância, admita os aumentos ou reajustes decorrentes de sentença judicial, enquadram-se nesse conceito somente as sentenças condenatórias e mandamentais, pois provenientes da função típica do Poder Judiciário. As sentenças normativas não representam, rigorosamente, exercício de poder jurisdicional, razão pela qual não constituem exceção à aplicação dos limites impostos pela Lei de Responsabilidade Fiscal. *RO-296-96.2015.5.10.0000, Redator Ministro: Emmanoel Pereira, Data de Julgamento: 13/03/2017, Seção Especializada em Dissídios Coletivos, Data de Publicação: DEJT 29/05/2017 - Informativo TST nº 154.*

Prevalece o entendimento na C. SDC pela impossibilidade de concessão de reajuste salarial via poder normativo para empresa estatal dependente nos casos em que o respectivo ente público ultrapassou o limite de gastos com pessoal, de modo a atrair a aplicação do art. 22, parágrafo único, da Lei de Responsabilidade Fiscal - LRF. Recurso Ordinário conhecido e desprovido. (RO-240-29.2016.5.10.0000, Relatora Ministra: Maria Cristina Irigoyen Peduzzi, Data de Julgamento: 13/11/2017, Seção Especializada em Dissídios Coletivos, Data de Publicação: DEJT 17/11/2017)

Poder Normativo da Justiça do Trabalho pode promover o aumento de vale-refeição?

É inviável a majoração do valor concedido a título de vale-refeição, mediante sentença normativa, por se tratar de reivindicação própria da via negocial e por não haver cláusula preexistente. (RO-409-05.2016.5.14.0000, Data de Julgamento: 12/12/2017, Relatora Ministra: Maria de Assis Calsing, Seção Especializada em Dissídios Coletivos, Data de Publicação: DEJT 19/12/2017).

Poder Normativo da Justiça do Trabalho pode fixar piso salarial?

A jurisprudência desta Seção Especializada firmou-se no sentido de que refoge ao âmbito do poder normativo da Justiça do Trabalho a fixação de piso salarial, admitindo, apenas, a aplicação do mesmo percentual concedido para o reajuste dos salários ao piso porventura fixado em instrumento negocial autônomo, celebrado em período imediatamente anterior ao do dissídio coletivo. Ocorre que, em não se tratando de condição preexistente, predomina o juízo quanto à possibilidade de fixação de piso salarial, se existente Lei Estadual que o estabeleça. Assim, a decisão regional, ao fixar como salário mínimo profissional dos comerciários em geral o piso instituído na Lei nº 13.715/2011, do Estado do Rio Grande do Sul, mostra-se perfeitamente consonante à jurisprudência desta Corte.

Nega-se provimento ao recurso. 2. CLÁUSULA 8ª - HORAS EXTRAS. A decisão regional, ao estabelecer o patamar de 100% do adicional apenas para as horas extras subsequentes às duas primeiras, apresenta condição mais benéfica ao empregador, em relação ao que seria fixado caso se aplicasse a jurisprudência desta Corte, que concede o adicional de 100% para todas as horas extraordinárias laboradas. Nega-se provimento ao recurso. 3. CLÁUSULA 56 - DELEGADO SINDICAL. Não merece reforma a decisão regional que fixou a cláusula 56-DELEGADO SINDICAL, nos moldes do Precedente Normativo nº 86 da SDC deste Tribunal. Nega-se provimento ao recurso. Recurso ordinário conhecido e não provido. (RO-3035-49.2011.5.04.0000, Relatora Ministra: Dora Maria da Costa, Data de Julgamento: 12/12/2017, Seção Especializada em Dissídios Coletivos, Data de Publicação: DEJT 15/12/2017)

Poder Normativo da Justiça do Trabalho pode estabelecer participação nos lucros ou resultados?

DISSÍDIO COLETIVO DE NATUREZA ECONÔMICA. PARTICIPAÇÃO NOS LUCROS OU RESULTADOS 1. O art. 2º da Lei nº 10.101/2000 estabelece que a participação nos lucros ou resultados deve ser objeto de negociação entre a empresa e seus empregados, o que caracteriza vedação legal ao exercício do poder normativo, salvo cláusula preexistente ou proposta da categoria econômica. Julgados da C. SDC. 2. Acórdão regional reformado para deferir o benefício nos termos da proposta da empresa Suscitada, conforme pedido em contestação, na petição de fls. 367/369 e nas razões recursais. Recurso Ordinário conhecido e provido. DISSÍDIO COLETIVO DE NATUREZA ECONÔMICA - HONORÁRIOS ADVOCATÍCIOS. É incabível a condenação em honorários advocatícios no Dissídio Coletivo, pois o sindicato não atua na qualidade de substituto processual. Julgados da C. SDC. Recurso Ordinário conhecido e desprovido. (RO-1002036-94.2015.5.02.0000, Relatora Ministra: Maria Cristina Irigoyen Peduzzi, Data de Julgamento: 09/10/2017, Seção Especializada em Dissídios Coletivos, Data de Publicação: DEJT 14/12/2017)

Nota: parte final superada pela reforma trabalhista, que prevê o cabimento dos honorários advocatícios no processo do trabalho. Mas, com a reforma, surge a divergência acerca da cumulação entre honorários assistenciais e advocatícios.

As cláusulas que acarretam encargo econômico ao empregador não podem ser fixadas por sentença normativa?

A isonomia pretendida nesta ação, com base na interpretação da cláusula 75 do Acordo Coletivo de Trabalho 2013/2015, diz respeito à correção salarial entre os dois Planos de Cargos e Salários dos trabalhadores da Itaipu Binacional: o primeiro, implantado em 1989, na Margem Esquerda (Brasil), para os trabalhadores brasileiros, e o segundo, em 1992, na Margem Direita, para os trabalhadores paraguaios, os quais, segundo os suscitantes, apresentam diferenças de tratamento, principalmente quanto ao encarreiramento em relação às carreiras de nível fundamental e médio, tanto para os empregados novos, como para os empregados antigos. Observa-se, de um lado, que a cláusula 75, ao preconizar a observância do princípio da isonomia, apresenta-se como norma programática que procura direcionar a conduta empresarial nas relações de trabalho de seus empregados. De outro lado, o parágrafo único da norma pactuada estabelece que a política de recursos humanos aplicada aos empregados contratados pela Itaipu no Brasil deverá buscar a igualdade de tratamento entre os empregados brasileiros e paraguaios, observando, entre outros dispositivos, o art. 5º do Protocolo sobre Relações do Trabalho e Previdência Social. Ocorre que esse artigo, ao prever que "será observado o princípio do salário igual, para trabalho de igual natureza, eficácia e duração, sem distinção de nacionalidade, sexo, raça, religião nem estado civil", dispõe que "a aplicação deste princípio não afetará a diferenciação salarial proveniente da existência de quadro de carreira na Itaipu". Assim, não há amparo para se interpretar literalmente a cláusula 75 do ACT 2013/2015, de forma a considerar o princípio da isonomia nela preconizado como dever de a Itaipu estabelecer a correção da curva da tabela salarial dos trabalhadores brasileiros, tendo como equivalência a curva da tabela salarial dos trabalhadores paraguaios. Nesse contexto, a correção pretendida, por acarretar ônus financeiro ao empregador, deve ser objeto de negociação entre as partes. RO – 5923-11.2015.5.09.0000 Data de Julgamento: 11/09/2017, Relatora Ministra: Dora Maria da Costa, Seção Especializada em Dissídios Coletivos, Data de Publicação: DEJT 22/09/2017.

RECURSO ORDINÁRIO DA EMPRESA DE GESTÃO DE RECURSOS DO ESTADO DO PIAUÍ S/A – DISSÍDIO COLETIVO DE NATUREZA ECONÔMICA – § 1º DA CLÁUSULA 8ª – REAJUSTE SALARIAL Norma mantida por refletir o entendimento da C. SDC de que é possível deferir, sem norma preexistente, cláusula que prevê o pagamento das diferenças salariais do reajuste na primeira folha de pagamento do mês subsequente ao da publicação do acórdão normativo. Isso porque não há incompatibilidade com a legislação, mas mera garantia da efetividade da decisão judicial. CLÁUSULA 13 - AUXÍLIO-ALIMENTAÇÃO 1. A C. SDC entende que os benefícios que geram ônus patrimonial ao empregador, como o auxílio-alimentação, não podem ser concedidos por sentença normativa, sendo imprescindível a negociação entre as partes, salvo se configurada norma preexistente. Análise do § 1º a partir desta diretriz. 2. O § 3º garante o pagamento, em parcela única, das diferenças do reajuste relativas ao período de vigência deste acórdão normativo. O benefício pode ser fixado mesmo sem norma preexistente, pois a Suscitada não recorreu contra a determinação da Corte de origem de que a sentença normativa produzirá efeitos no dia imediato ao termo final da sentença anterior. Solução idêntica adotada pela C. SDC no período imediatamente anterior (RO-80141-47.2015.5.22.0000, Relatora Ministra Maria Cristina Irigoyen Peduzzi, DEJT 7/6/2017) e no período 2013/2014 (RO-340-19.2014.5.22.0000, Relator Ministro Mauricio Godinho Delgado, DEJT 12/2/2016), embora por fundamento jurídico diverso. CLÁUSULA 30 - MODIFICAÇÃO NO PLANO DE CARGOS E SALÁRIOS - CLÁUSULA 43 - CONSELHO DE ADMINISTRAÇÃO DA EMGERPI Não há fundamento jurídico para fixar via poder normativo, sem norma preexistente, cláusula que imponha a participação dos trabalhadores na gestão da empresa. Isso porque o art. 7º, XI, da Constituição da República garante o direito de os trabalhadores excepcionalmente participarem na gestão da empresa, conforme definido em lei. Julgado da C. SDC no período imediatamente anterior. CLÁUSULA 36 - TRABALHO EM TERMINAL DE COMPUTADORES - CLÁUSULA 40 - CONDIÇÕES DE TRABALHO A legislação trabalhista já estabelece a obrigação de o empregador garantir ambiente de trabalho adequado, com observância de normas de saúde e segurança. Sob esta perspectiva, torna-se desnecessário o exercício do poder normativo para, sem norma preexistente, fixar cláusula desta natureza. Julgado da C. SDC no período imediatamente anterior. (RO-80331-73.2016.5.22.0000, Relatora Ministra: Maria Cristina Irigoyen Peduzzi, Data de Julgamento: 09/10/2017, Seção Especializada em Dissídios Coletivos, Data de Publicação: DEJT 07/11/2017)

EXECUÇÃO

TÍTULO EXECUTIVO

» ***Interpretação do título executivo***

Quais são os limites subjetivos da coisa julgada referente à ação coletiva proposta por entidade associativa de caráter civil?

Possui repercussão geral a controvérsia acerca do momento oportuno de exigir-se a comprovação de filiação do substituído processual, para fins de execução de sentença proferida em ação coletiva ajuizada por associação – se em data anterior ou até a formalização do processo. (RE 612043 RG, Relator(a): Min. MARCO AURÉLIO, julgado em 17/11/2011, PROCESSO ELETRÔNICO DJe-048 DIVULG 07-03-2012 PUBLIC 08-03-2012 REPUBLICAÇÃO: DJe-092 DIVULG 10-05-2012 PUBLIC 11-05-2012)

EXECUÇÃO – AÇÃO COLETIVA – RITO ORDINÁRIO – ASSOCIAÇÃO – BENEFICIÁRIOS. Beneficiários do título executivo, no caso de ação proposta por associação, são aqueles que, residentes na área compreendida na jurisdição do órgão julgador, detinham, antes do ajuizamento, a condição de filiados e constaram da lista apresentada com a peça inicial. *RE 612043, Relator(a): Min. MARCO AURÉLIO, Tribunal Pleno, julgado em 10/05/2017, PROCESSO ELETRÔNICO DJe-229 DIVULG 05-10-2017 PUBLIC 06-10-2017 – Informativos STF nº 863 e 864.*

Tese: "*A eficácia subjetiva da coisa julgada formada a partir de ação coletiva, de rito ordinário, ajuizada por associação civil na defesa de interesses dos associados, somente alcança os filiados, residentes no âmbito da jurisdição do órgão julgador, que o fossem em* ***momento anterior ou até a data da propositura da demanda****, constantes da relação jurídica juntada à inicial do processo de conhecimento*" (Tema 499 – Repercussão Geral)

Omissão no dispositivo da sentença afasta condenação a pagamento de determinada parcela? Ou seja, a condenação deve vir, necessariamente, no dispositivo?

RECURSO ORDINÁRIO EM MANDADO DE SEGURANÇA. COISA JULGADA. CUMPRIMENTO DE OBRIGAÇÃO DE FAZER FIXADA NO TÍTULO EXECUTIVO. DISPOSITIVO. **POSIÇÃO TOPOGRÁFICA. IRRELEVÂNCIA.** 1. Mandado de segurança impetrado contra decisão proferida em execução, na qual imposta à Impetrante o cumprimento da obrigação de fazer, contida no acórdão exequendo, no sentido de incluir o Litisconsorte passivo (recorrente) no plano de saúde mantido pela empresa, sob pena de multa diária de R$500,00. 2. Nas razões da impetração, afirma-se que, não obstante deferida a aludida pretensão na fundamentação, a obrigação alusiva à inclusão do litisconsorte passivo no plano de saúde da empresa não constou da parte dispositiva do título executivo, não compondo, por isso, a coisa julgada. 3. Concedida a segurança na Corte de origem, pretende o litisconsorte passivo necessário, no recurso ordinário sob exame, a manutenção da condenação, sob o argumento de que não há exigência formal de que todas as conclusões contidas na sentença devam estar inseridas no dispositivo final do julgado, podendo haver parte dispositiva na fundamentação, devendo-se, em casos como esse, observar mais o aspecto material do que o meramente formal. 4. Ainda que se possa considerar equivocada a técnica adotada, com a diluição no corpo do julgado das conclusões em relação a cada um dos capítulos da sentença ou tópicos autônomos-cumulados da controvérsia, inclusive pelas próprias dúvidas que possa suscitar (como na hipótese examinada), essa situação decorre da própria circunstância de que nas ações trabalhistas, salvo exceções pontuais, são cumuladas inúmeras pretensões (CPC, art. 292 do CPC/1973 - art. 327 do CPC/2015), o que impõe ao julgador a edição de diversos julgamentos, embora materializados em uma única peça decisória. Desse modo, a inserção do dispositivo ao final de cada capítulo do julgado, ainda que não traduza a melhor técnica, não pode inviabilizar o cumprimento adequado do que fora decidido, na linha de copiosa doutrina e respeitável jurisprudência. Assim, inscrita de maneira clara e inequívoca no acórdão exequendo a condenação ao cumprimento da obrigação de fazer, não se divisa vício processual a ser reparado no presente mandado de segurança. Precedentes do TST. STJ e STF. Recurso ordinário conhecido e provido. (RO-174-07.2015.5.20.0000, Relator Ministro: Douglas Alencar Rodrigues, Data de Julgamento: 22/11/2016, Subseção II Especializada em Dissídios Individuais, Data de Publicação: DEJT 25/11/2016).

» ***Contribuições Previdenciárias***

Qual o fato gerador das contribuições previdenciárias?

Contribuição previdenciária. Fato gerador. Incidência de multa e juros de mora. Data da prestação dos serviços. Alteração do art. 43 da Lei nª 8.2012/1991 pela Medida Provisória no 449/2008, convertida na Lei no 11.941/2009. Na vigência do art. 276, *caput*, do Decreto no 3.048/99, o fato gerador da contribuição previdenciária era o pagamento do crédito devido ao trabalhador e, no caso de decisão judicial trabalhista, somente seria cabível a incidência de multa e juros de mora após o dia dois do mês subsequente ao trânsito em julgado da decisão que pôs fim à discussão acerca dos cálculos de liquidação. Porém, desde a edição da Medida Provisória no 449/2008, convertida na Lei no 11.941/2009, que modificou o art. 43 da Lei no 8.212/1991, as contribuições sociais apuradas em virtude de sentença judicial ou acordo homologado judicialmente passaram a ser devidas a partir da data de prestação do serviço, considerando-se como marco de incidência do novo dispositivo de lei o dia 5.3.2009, em atenção aos princípios da anterioridade tributária e nonagesimal (arts. 150, III, "a", e 195, § 6º, da CF). Entendimento consolidado pelo Tribunal Pleno no julgamento do processo TST-E-RR-1125-36.2010.5.06.0171, em 20.10.2015. Sob esses fundamentos, e tendo em conta os limites da insurgência recursal, ou seja, a prestação de serviços ocorrida após 5.3.2009, a SBDI-I, por unanimidade, conheceu dos embargos, por divergência jurisprudencial, e, no mérito, deu-lhes parcial provimento para determinar: a) no tocante aos juros de mora devidos nas contribuições previdenciárias decorrentes do crédito trabalhista reconhecido judicialmente, que a sua incidência se dê a partir da data da efetiva prestação dos serviços, nos moldes do que dispõe a nova redação do artigo 43, § 2º, da Lei no 8.212/91; e b) quanto à multa, que ela incida somente depois de exaurido o prazo da intimação para o seu pagamento, ou seja, a partir do primeiro dia subsequente ao término do prazo de 48 horas para pagamento, após a citação, limitada a 20% (art. 61, § 2º, da Lei no 9.430/96). *TST-E-ARR-4001138-73.2010.5.03.0001, SBDI-I, rel. Min. Guilherme Augusto Caputo Bastos, 23.2.2017 – Informativo TST nº 29 – Execução.*

» ***Prescrição intercorrente***

Aplica-se a prescrição intercorrente ao processo do trabalho?

A execução na seara trabalhista pode ser promovida de ofício pelo Juiz (art. 878, CLT), o que impossibilita, como princípio, qualquer imputação de perda do direito à execução por inércia do reclamante. Trata-se de interpretação de matéria que guarda relação direta com a coisa julgada (art. 5º, XXXVI, da Constituição Federal), cuja lesão ou ameaça não pode ser excluída da apreciação do Judiciário, a teor do art. 5º, XXXV, da Constituição Federal. Neste contexto, a análise da matéria tem contorno constitucional, na medida em que ao impedir a execução pelo transcurso do tempo, a negação é ao princípio que norteia a coisa julgada, que deve ser cumprida. Reitera-se, portanto, que não se aplica a prescrição intercorrente na execução trabalhista, nos termos da Súmula nº 114 do TST. Embargos conhecidos e desprovidos. (E-ED-RR-227500-59.2003.5.05.0011, Relator Ministro: Aloysio Corrêa da Veiga, Data de Julgamento: 16/02/2017, Subseção I Especializada em Dissídios Individuais, Data de Publicação: DEJT 24/02/2017)

Para pronúncia da prescrição intercorrente é imprescindível a intimação prévia do credor?

A Segunda Seção admitiu o incidente de assunção de competência suscitado de ofício no recurso especial, a fim de uniformizar o entendimento acerca das seguintes controvérsias:

(i) cabimento de prescrição intercorrente e eventual imprescindibilidade de intimação prévia do credor; e

(ii) necessidade de oportunidade para o autor dar andamento ao processo paralisado por prazo superior àquele previsto para a prescrição da pretensão veiculada na demanda. *(IAC no REsp 1.604.412-SC, Rel. Min. Marco Aurélio Bellizze, DJe 13/2/2017 – informativo STJ nº 597)*

EXECUÇÃO PROVISÓRIA

» ***Obrigação de fazer e regime de precatórios***

É possível a execução provisória de obrigação de fazer em face da Fazenda Pública?

Há compatibilidade material entre o regime de cumprimento integral de decisão provisória do art. 475-O do CPC/1973 e a sistemática dos precatórios, com previsão no art. 100 da CF, haja vista que este apenas se refere às obrigações de pagar quantia certa. *RE 573872/RS, rel. Min. Edson Fachin, julgamento em 24.5.2017 – Informativo STF nº 866.*

EMENTA: CONSTITUCIONAL. PRECATÓRIO. EXECUÇÃO PROVISÓRIA DE DÉBITOS DA FAZENDA PÚBLICA. VIOLAÇÃO AO ART. 100 DA CONSTITUIÇÃO. EMENDA CONSTITUCIONAL 30/2000. EXISTÊNCIA DE REPERCUSSÃO GERAL. Precedentes nesta Corte quanto à matéria. Questão relevante do ponto de vista econômico, social e jurídico que ultrapassa o interesse subjetivo da causa. (RE 573872 RG, Relator(a): Min. RICARDO LEWANDOWSKI, julgado em 20/03/2008, DJe-065 DIVULG 10-04-2008 PUBLIC 11-04-2008 EMENT VOL-02314-08 PP-01694)

RECURSO EXTRAORDINÁRIO COM REPERCUSSÃO GERAL. DIREITO CONSTITUCIONAL FINANCEIRO. SISTEMÁTICA DOS PRECATÓRIOS (ART. 100, CF/88). EXECUÇÃO PROVISÓRIA DE DÉBITOS DA FAZENDA PÚBLICA. OBRIGAÇÃO DE FAZER. SENTENÇA COM TRÂNSITO EM JULGADO. EMENDA CONSTITUCIONAL 30/2000. 1. Fixação da seguinte tese ao Tema 45 da sistemática da repercussão geral: "A execução provisória de obrigação de fazer em face da Fazenda Pública não atrai o regime constitucional dos precatórios." 2. A jurisprudência do STF firmou-se no sentido da inaplicabilidade ao Poder Público do regime jurídico da execução provisória de prestação de pagar quantia certa, após o advento da Emenda Constitucional 30/2000. Precedentes. 3. A sistemática constitucional dos precatórios não se aplica às obrigações de fato positivo ou negativo, dado a excepcionalidade do regime de pagamento de débitos pela Fazenda Pública, cuja interpretação deve ser restrita. Por consequência, a situação rege-se pela regra regal de que toda decisão não autossuficiente pode ser cumprida de maneira imediata, na pendência de recursos não recebidos com efeito suspensivo. 4. Não se encontra parâmetro constitucional ou legal que obste a pretensão de execução provisória de sentença condenatória de obrigação de fazer relativa à implantação de pensão de militar, antes do trânsito em julgado dos embargos do devedor opostos pela Fazenda Pública. 5. Há compatibilidade material entre o regime de cumprimento integral de decisão provisória e a sistemática dos precatórios, haja vista que este apenas se refere às obrigações de pagar quantia certa. 6. Recurso extraordinário a que se nega provimento. (RE 573872, Relator(a): Min. EDSON FACHIN, Tribunal Pleno, julgado em 24/05/2017, PROCESSO ELETRÔNICO REPERCUSSÃO GERAL - MÉRITO DJe-204 DIVULG 08-09-2017 PUBLIC 11-09-2017)

Tema 45: Possibilidade de execução provisória de obrigação de fazer contra a Fazenda Pública. Tese: ***A execução provisória de obrigação de fazer em face da Fazenda Pública não atrai o regime constitucional dos precatórios.***

» *Penhora em dinheiro*

Na execução provisória, é possível a penhora em dinheiro?

I – O ato inquinado de ilegal no mandado de segurança consiste na ordem expedida em 06/10/2016 pelo Juiz Titular da 1ª Vara do Trabalho de Esteio/RS para que fosse bloqueado numerário existente em conta bancária do impetrante, parte executada nos autos da RT nº 0020595-26.2014.5.04.0282. II – Cumpre primeiramente registrar que, em consulta ao sistema de informações processuais desta Corte, verifica-se ainda não ter sido proferido acórdão no agravo de instrumento interposto nos autos da ação originária, distribuído no âmbito da 8ª Turma do TST em 13/09/2016, razão pela qual avulta a convicção de não se tratar de execução definitiva, mas sim provisória, conforme alegado pelo recorrente. III – À luz dessa constatação, cai por terra um dos fundamentos adotados no acórdão recorrido, de ser incabível o mandado de segurança, haja vista que a alegação de ilegalidade da determinação de penhora de numerário em execução provisória autoriza a impetração do mandado de segurança, por reportar-se ao princípio da economicidade contido no caput do artigo 805 do CPC de 2015 (correspondente ao artigo 620 do CPC de 73) e à urgência na utilização da medida, considerado o dano iminente decorrente da privação de recursos necessários ao desenvolvimento regular das atividades da parte. IV – Contudo, remanesce hígido o outro fundamento invocado no acórdão recorrido, relativo à ausência de ilegalidade ou abusividade no ato apontado como coator. V – Isso porque, embora a redação anterior da Súmula nº 417/TST, em seu item III, dispusesse expressamente que, no caso de execução provisória, a determinação de penhora em dinheiro importava violação do direito líquido e certo do executado, é sabido que, com o advento do CPC de 2015, referido item sumular foi cancelado, nos termos da Resolução nº 212 do TST, de 22/09/2016. VI – Com efeito, a nova redação da Súmula nº 417/TST, especialmente do título e do item I, passou a ser a seguinte, *in verbis*: "MANDADO DE SEGURANÇA. PENHORA EM DINHEIRO (alterado o item I, atualizado o item II e cancelado o item III, modulando-se os efeitos da presente redação de forma a atingir unicamente as penhoras em dinheiro em execução provisória efetivadas a partir de 18.03.2016, data de vigência do CPC de 2015) (...) I – Não fere direito líquido e certo do impetrante o ato judicial que determina penhora em dinheiro do executado para garantir crédito exequendo, pois é prioritária e obedece à gradação prevista no art. 835 do CPC de 2015 (art. 655 do CPC de 1973)". VII – Bem compulsando a exposição de motivos do projeto de alteração do referido verbete sumular, elaborada pela Comissão de Jurisprudência e Precedentes Normativos desta

Corte, extrai-se que a nova redação acima transcrita resultou da constatação de que o princípio da economicidade, ou do menor sacrifício do executado, mantido no caput do artigo 805 do CPC de 2015 (artigo 620 do CPC de 1973), teve seus contornos definidos pelo preconizado no parágrafo único do mesmo artigo 805 da nova lei processual. VIII – É que ali está previsto que "Ao executado que alegar ser a medida executiva mais gravosa incumbe indicar outros bens mais eficazes e menos onerosos, sob pena de manutenção dos atos executivos já determinados". IX – Assim sendo, conforme consignado na referida exposição de motivos, a partir de 18/03/2016, data de início da vigência do Novo CPC, logrando o Juízo da execução encontrar numerário do executado para efeito de bloqueio ou penhora e sendo notória a inexistência de outro bem mais eficaz que o dinheiro para garantir o cumprimento de sentença que condena ao pagamento de prestação pecuniária, não mais se sustenta a invocação do princípio da economicidade para inviabilizar a penhora em dinheiro em sede de execução provisória. X – Desse modo, considerando que o ato impugnado nesta ação mandamental foi praticado em 06/10/2016, na vigência do CPC de 2015, não se depara com qualquer ilegalidade ou abusividade na ordem de penhora questionada, seja porque atendida a gradação estabelecida no artigo 835 do CPC de 2015, seja em razão da estrita observância ao disposto no parágrafo único do artigo 805 do CPC de 2015. XI – Recurso ordinário a que se nega provimento. (RO-21883-11.2016.5.04.0000, Relator Ministro: Antonio José de Barros Levenhagen, Data de Julgamento: 14/03/2017, Subseção II Especializada em Dissídios Individuais, Data de Publicação: DEJT 17/03/2017)

PENHORA

» *Aposentadoria*

É válida a penhora de percentual da aposentadoria para pagamento de créditos trabalhistas?

Mandado de segurança. Ato coator proferido na vigência do CPC de 2015. Determinação de penhora incidente sobre percentual da aposentadoria. Legalidade. Ausência de ofensa a direito líquido e certo dos impetrantes. Art. 833, § 2º, do CPC de 2015. Não aplicação da OJ nº 153 da SBDI-II. Na hipótese em que o ato impugnado foi proferido na vigência do CPC de 2015, não ofende direito líquido e certo dos impetrantes a penhora de 15% dos proventos de aposentadoria para pagamento de créditos trabalhistas efetuada nos termos do art. 833, § 2º, do CPC de 2015. O entendimento consagrado na OJ nº 153 da SBDI-II não se aplica ao caso em concreto porque a diretriz ali definida restringe-se às penhoras efetuadas quando em vigor o CPC de 1973. *RO-20605-38.2017.5.04.0000, Relatora Ministra: Delaíde Miranda Arantes, Data de Julgamento: 17/10/2017, Subseção II Especializada em Dissídios Individuais, Data de Publicação: DEJT 20/10/2017 – Informativo TST nº 168.*

» ***Salário***

Em caso de valores recebidos a maior pelo reclamante, permite--se o bloqueio desse numerário em sua conta salário?

RECURSO ORDINÁRIO EM AGRAVO REGIMENTAL. MANDADO DE SEGURANÇA. EXECUÇÃO. DETERMINAÇÃO DE DEVOLUÇÃO DE VALORES RECEBIDOS A MAIOR PELA RECLAMANTE, SOB PENA DE BLOQUEIO DE CONTA SALÁRIO. ORIENTAÇÃO JURISPRUDENCIAL 153 DA SBDI-2. 1 – Constata-se ofensa a direito líquido e certo da impetrante em decorrência da determinação judicial de bloqueio e penhora sobre conta bancária na qual recebe os salários. Incidência da Orientação Jurisprudencial 153 da SBDI-2. 2 – Precedentes. Recurso ordinário conhecido e provido. (RO-320-31.2016.5.05.0000, Relatora Ministra: Delaíde Miranda Arantes, Data de Julgamento: 14/02/2017, Subseção II Especializada em Dissídios Individuais, Data de Publicação: DEJT 17/02/2017)

Notas:

A Subseção II Especializada em Dissídios Individuais (SDI-2) do Tribunal Superior do Trabalho sustou ordem do juízo da 34ª Vara do Trabalho de Salvador (BA) que determinou o bloqueio de R$ 3.907 na conta-salário de uma promotora de vendas para restituir valor recebido a mais na execução de sentença que reconheceu seu vínculo de emprego com a Boehringer Ingelheim do Brasil Química e Farmacêutica Ltda.

No mandado de segurança, a promotora sustentou ser ilegal a cobrança na reclamação trabalhista ajuizada por ela, entendendo que caberia à Boehringer buscar o ressarcimento mediante ação de repetição de indébito. Indicou também a inexistência do título executivo da cobrança e a impossibilidade de penhora do salário, nos termos do artigo 833, inciso IV, do Código de Processo Civil.

O Tribunal Regional do Trabalho da 5ª Região (BA) extinguiu o mandado sem resolução de mérito, afirmando que o ato teria de ser questionado por meio de outros recursos. Segundo o TRT, a ordem do juiz teve caráter preventivo, e não houve prova do efetivo bloqueio dos valores tampouco a empregada especificou os dados da conta que deveria ser preservada.

Apesar da impossibilidade de mandado de segurança quando ainda cabem outros recursos (artigo 5º da Lei 12.016/2009 e Orientação Jurisprudencial 92 da SDI-2), a relatora do processo no TST, ministra Delaíde Miranda Arantes, disse ser possível a apresentação prévia desse instrumento constitucional no caso de bloqueio e penhora de salários depositados em conta bancária. Para ela, a demora na resolução do conflito pela via ordinária implicaria dano irreparável ou de difícil reparação à empregada. Em vista da impenhorabilidade do salário, a ministra julgou ilegal e arbitrária a ordem de bloqueio.

Por maioria, a SDI-2 sustou o ato e determinou a liberação dos valores eventualmente já penhorados. O ministro Alberto Bresciani ficou vencido com fundamentos semelhantes aos do TRT-BA. (fonte: www.tst.jus.br)

Admite-se a penhora de percentual de salário?

DIREITO PROCESSUAL CIVIL. RECURSO ESPECIAL. AÇÃO DE EXECUÇÃO DE TÍTULO EXECUTIVO EXTRAJUDICIAL. PENHORA DE PERCENTUAL DE SALÁRIO. RELATIVIZAÇÃO DA REGRA DE IMPENHORABILIDADE. POSSIBILIDADE.

1. Ação ajuizada em 25/05/2015. Recurso especial concluso ao gabinete em 25/08/2016. Julgamento: CPC/73. 2. O propósito recursal é definir se, na hipótese, é possível a penhora de 30% (trinta por cento) do salário do recorrente para o pagamento de dívida de natureza não alimentar.

3. Em situações excepcionais, admite-se a relativização da regra de impenhorabilidade das verbas salariais prevista no art. 649, IV, do CPC/73, a fim de alcançar parte da remuneração do devedor para a satisfação do crédito não alimentar, preservando-se o suficiente para garantir a sua subsistência digna e a de sua família. Precedentes. 4. Na espécie, em tendo a Corte local expressamente reconhecido que a constrição de percentual de salário do recorrente não comprometeria a sua subsistência digna, inviável mostra-se a alteração do julgado, uma vez que, para tal mister, seria necessário o revolvimento do conjunto fático-probatório dos autos, inviável a esta Corte em virtude do óbice da Súmula 7/STJ. (REsp 1658069/GO, Rel. Ministra NANCY ANDRIGHI, TERCEIRA TURMA, julgado em 14/11/2017, DJe 20/11/2017)

» ***Valores pertencentes a terceiro***

É válida a penhora de valores pertencentes a locatário da executada que, em que pese cientificado, deixa de depositar judicialmente os aluguéis?

Hipótese em que o mandado de segurança foi impetrado contra decisão, em sede de execução definitiva, que determinou o bloqueio na conta bancária da impetrante em razão do descumprimento da ordem de repasse para depósito judicial de valores dos aluguéis de imóvel pertencente à reclamada. 2.2 – De acordo com a Orientação Jurisprudencial 127 da SBDI-2, a contagem do prazo decadencial deve ser feita a partir da ciência do primeiro ato praticado pela autoridade apontada como coatora, que contém a matéria combatida. Na espécie, a impetrante teve ciência do despacho que determinou o bloqueio de créditos em 13/6/2011. Portanto, ao impetrar o mandado de segurança somente em 19/11/2013, foi ultrapassado o prazo decadencial de 120 dias previsto na Lei 12.016/2009. 2.3 – Não fosse só isso, o ato judicial atacado por meio de mandado de segurança se mostrava passível de impugnação diversa, o que atrai o óbice contido na da Orientação Jurisprudencial 92 da SBDI-2 e na Súmula 267 do STF. Recurso ordinário conhecido e não provido. (RO-250-51.2013.5.11.0000, Relatora Ministra: Delaíde Miranda Arantes, Data de Julgamento: 21/02/2017, Subseção II Especializada em Dissídios Individuais, Data de Publicação: DEJT 03/03/2017)

Notas:

O Sindicato dos Metalúrgicos ajuizou reclamação trabalhista contra a Evadin requerendo o pagamento de salários atrasados e a quitação das verbas rescisórias de diversos trabalhadores. O juízo da 3ª Vara do Trabalho de Manaus proferiu sentença favorável aos empregados e determinou a execução de mais de R$ 18,5 milhões de reais da empresa. A LG, que não é parte na ação trabalhista, mas mantinha contrato de locação com a Evadin, foi notificada para realizar mensalmente o depósito judicial dos aluguéis, estimado em R$ 200 mil por mês, para a quitação dos débitos trabalhistas da locadora.

A fabricante de eletroeletrônicos chegou a efetuar o depósito por cinco meses, mas cessou os pagamentos informando que o contrato de aluguel se encerraria. Uma das trabalhadoras, porém, informou ao juízo que as empresas renovaram informalmente o contrato, omitindo esse fato do Poder Judiciário. O juízo, então, ao analisar as provas apresentadas, concluiu que a LG continuou usando as instalações da Evadin e determinou o bloqueio integral de R$ 3,4 milhões, referente aos aluguéis que deixaram de ser depositados judicialmente.

Com o bloqueio de suas contas, a multinacional impetrou mandado de segurança no Tribunal Regional do Trabalho da 11ª Região (AM), que denegou a segurança por considerar a LG, mesmo sem fazer parte da ação originária, descumpriu ordem judicial.

Com isso, a LG sustentou que o ato do juízo do juízo da 3ª Vara do Trabalho de Manaus que determinou o bloqueio integral dos valores referentes ao pagamento dos alugueis violou direito líquido e certo, uma vez que não é parte na ação trabalhista ajuizada pelo Sindicato dos Metalúrgicos de Manaus (AM) contra a Evadin.

No TST, a Subseção II Especializada em Dissídios Individuais (SDI-2) negou provimento ao recurso ordinário em mandado de segurança da LG Eletronics e manteve o bloqueio de R$ 3,4 milhões das contas da multinacional para a quitação de débitos trabalhistas da Evadin Indústrias Amazônia S.A., com a qual firmou contrato de aluguel de galpões em Manaus (AM).

A ministra Delaíde Miranda Arantes, relatora do recurso, no entanto, manteve a decisão, observando que o mandado de segurança foi impetrado fora do prazo de 120 dias, previsto no artigo 23 da Lei do Mandado de Segurança (Lei 12.016/09). A ministra assinalou também que, nos termos do artigo 5ª da mesma lei, não se concede mandado de segurança contra decisão judicial da qual caiba recurso com efeito suspensivo (no caso, embargos de terceiro e agravo de petição). A decisão foi unânime. (fonte: www.tst.jus.br)

» *Bem de família*

O oferecimento à penhora, de bem impenhorável, configura renúncia à impenhorabilidade?

1. O bem de família, benefício instituído pela Lei 8.009/1990, visa à proteção da família, aí incluído o direito à moradia, previsto no art. 6º da Constituição Federal. Trata-se de direito fundamental, tutelado por norma de natureza cogente, que é irrenunciável pela pessoa devedora. 2. Demonstrada a possível violação do art. 6º da Constituição Federal, pois a Corte Regional considerou ter havido renúncia ao benefício legal, impõe-se o provimento do agravo de instrumento, para melhor exame. Agravo de

instrumento provido. II. RECURSO DE REVISTA. EXECUÇÃO. BEM DE FAMÍLIA. OFERECIMENTO À PENHORA. NÃO CARACTERIZAÇÃO DE RENÚNCIA À IMPENHORABILIDADE. 1. O Tribunal Regional negou provimento ao agravo de petição interposto pelas Terceiras Embargantes para manter a penhora sobre o imóvel em que residem. Concluiu que o fato de o imóvel ter sido oferecido à penhora é o bastante para afastar a sua condição de bem impenhorável. Ficou consignado no acórdão que o bem penhorado é um imóvel de propriedade de empresa familiar, utilizado pelas sócias, Terceiras Embargantes, como moradia. 2. Nos termos do art. 1º da Lei 8.009/1990, o imóvel residencial próprio do casal, ou da entidade familiar, é impenhorável, sendo essa garantia oponível em qualquer processo de execução, inclusive trabalhista, com exceção das hipóteses previstas nos arts. 3º e 4º do mencionado diploma legal. O bem de família visa à proteção da família, aí incluído o direito à moradia, previsto no art. 6º da Constituição Federal. Trata-se de direito fundamental, tutelado por norma de natureza cogente, que é irrenunciável pela pessoa devedora. Com efeito, a finalidade da lei é a proteção da moradia da entidade familiar, não podendo ser objeto de renúncia. 3. Na hipótese examinada, ainda que nos autos em que processada a execução o imóvel tenha sido oferecido à penhora pela empresa familiar da qual as Recorrentes são sócias, é certo que não se pode autorizar o prosseguimento dos atos voltados à alienação judicial do referido bem, porquanto se cuida de direito irrenunciável. Logo, o imóvel da empresa devedora, no qual residem as Recorrentes, é impenhorável, não respondendo pela dívida trabalhista, sob pena de negar-se vigência ao art. 6º da Constituição Federal, que assegura o direito à moradia. Recurso conhecido e provido. 2. MULTA POR ATO ATENTATÓRIO À DIGNIDADE DA JURISDIÇÃO. 1. As Terceiras Embargantes insurgem-se contra a aplicação de multa por ato atentatório, alegando ofensa ao direito de acesso ao Poder Judiciário e sustentando que não objetivavam, com a oposição dos embargos de terceiro, procrastinar o feito. 2. O Tribunal Regional condenou as Terceiras Embargantes ao pagamento de multa por ato atentatório à dignidade da justiça ao fundamento de que, como ofereceram o bem imóvel à penhora, não poderiam posteriormente alegar a condição de bem de família. 3. De fato, o reconhecimento da impenhorabilidade do imóvel no qual residem as Recorrentes não afasta a conclusão de que configura ato atentatório à dignidade da jurisdição a nomeação de bem que não pode ser alienado judicialmente. Não se pode reputar idônea a conduta das Recorrentes, únicas sócias da empresa devedora, que indicaram o imóvel em que residem à penhora e, subsequentemente, alegaram sua impenhorabilidade. Data venia, evidente que houve oposição maliciosa à execução, conduta tipificada no inciso II do art. 600 do CPC, não se podendo cogitar de ofensa aos arts. 5º, XXXIV, "a", XXXV e LV, da Constituição Federal. Recurso de revista não conhecido. (RR-678-15.2013.5.09.0024, Relator Ministro: Douglas Alencar Rodrigues, Data de Julgamento: 03/08/2016, 7ª Turma, Data de Publicação: DEJT 25/11/2016).

De quem é o ônus da prova no tocante à demonstração de que a área objeto da penhora é pequena propriedade?

No que concerne à proteção da pequena propriedade rural, incumbe ao executado comprovar que a área é qualificada como pequena, nos termos legais; e ao exequente demonstrar que não há exploração familiar da terra.

A principal questão está em definir a quem pertence o ônus da prova em relação aos requisitos da pequena propriedade rural, para fins de impenhorabilidade. Com relação à impenhorabilidade da pequena propriedade rural, a proteção ganhou *status* Constitucional, tendo-se estabelecido, no capítulo voltado aos direitos fundamentais, que a referida propriedade, "*assim definida em lei, desde que trabalhada pela família, não será objeto de penhora para pagamento de débitos decorrentes de sua atividade produtiva, dispondo a lei sobre os meios de financiar o seu desenvolvimento*" (art. 5º, XXVI). A Lei n. 8.009/90 e o ordenamento processual pátrio (CPC/1973, art. 649, VIII; e CPC/2015, art. 833, VIII), também trataram da questão. Nessa ordem de ideias, exige a norma constitucional e a infralegal **dois requisitos para negar constrição à pequena propriedade rural: i) que a área seja qualificada como pequena, nos termos legais; e ii) que a propriedade seja trabalhada pela família.** O STJ pacificou o entendimento, com relação ao ônus da prova e ao bem de família, que "*cabe ao devedor o ônus da prova do preenchimento dos requisitos necessários, para enquadramento do imóvel penhorado na proteção concedida pela Lei n. 8.009/90 ao bem de família, quando sua configuração não se acha, de pronto, plenamente caracterizada nos autos*". Em recente julgado da Quarta Turma, definiu-se que, para fins de proteção do bem de família previsto na Lei n. 8.009/90, **basta o início de prova de que o imóvel é voltado para a família, sendo, depois disso, encargo do credor eventual descaracterização.** De fato, para fins de hermenêutica, sempre se deve ter em mente que **a impenhorabilidade do bem de família é irrenunciável, sendo princípio de ordem pública, com escopo de proteção da entidade familiar, à luz do direito fundamental à moradia**. A regra é a impenhorabilidade, devendo suas exceções serem interpretadas restritivamente, haja vista que a norma é voltada para a proteção da família e não do patrimônio do devedor. Partindo dessa premissa, assim como ocorre na proteção do imóvel urbano, **deve ser ônus do executado – agricultor – apenas a comprovação de que o seu imóvel se**

enquadra nas dimensões da pequena propriedade rural. No entanto, no tocante à exigência da prova de que a referida propriedade é trabalhada pela família, a melhor exegese parece ser a de conferir uma presunção de que esta, enquadrando-se como diminuta, nos termos da lei, será explorada pelo ente familiar, sendo decorrência natural do que normalmente se espera que aconteça no mundo real, inclusive, das regras de experiência (NCPC, art. 375). Isto porque o próprio microssistema de direito agrário (Estatuto da Terra; Lei n. 8.629/1993, entre outros diplomas) entrelaça os conceitos de pequena propriedade, módulo rural e propriedade familiar, **havendo uma espécie de presunção de que o pequeno imóvel rural se destinará à exploração direta pelo agricultor e sua família, haja vista que será voltado para garantir sua subsistência.** Ademais, não é razoável se exigir um *minus* do proprietário urbano (que tem proteção legal) – na qual basta o início de prova de que o imóvel é voltado para a residência -, em relação ao proprietário rural, hipossuficiente e vulnerável (com proteção constitucional), que, além da prova da pequena propriedade rural, teria um *plus* a demonstrar, ainda, que esta é trabalhada pela família. (REsp 1.408.152-PR, Rel. Min. Luis Felipe Salomão, por unanimidade, julgado em 1/12/2016, DJe 2/2/2017).

De quem é o ônus da prova no tocante à prova de que o imóvel é bem de família?

Os Executados não têm o ônus de provar que o imóvel é bem de família, uma vez que compete à Exequente demonstrar a existência de outros bens a serem executados. Julgados do TST e do STJ. LITIGÂNCIA DE MÁ-FÉ O Recurso de Revista não reúne condições de processamento por desatender ao requisito previsto no art. 896, § 1°-A, I, da CLT (redação da Lei n° 13.015/2014), de transcrever a decisão recorrida no que consubstancia o prequestionamento da controvérsia objeto do recurso de revista. Recurso de Revista conhecido parcialmente e provido. (RR-4600-26.2007.5.02.0006, Relatora Ministra: Maria Cristina Irigoyen Peduzzi, Data de Julgamento: 08/03/2017, 8ª Turma, Data de Publicação: DEJT 10/03/2017)

Notas:

A Oitava Turma do Tribunal Superior do Trabalho afastou a penhora de um imóvel para pagamento das verbas trabalhistas de uma ajudante geral da NG Festas e Eventos Ltda., de São Paulo, por entender caracterizado o bem de família, que é impenhorável.

O Tribunal Regional do Trabalho da 2ª Região (SP) havia mantido a constrição, afirmando que os devedores não comprovaram que se tratava de bem único destinado à moradia de sua família, pois não apresentaram declaração de imposto de renda para provar os bens que possuem. No recurso ao TST, eles sustentaram que, em outro processo, transitado em julgado, ficou comprovada a destinação do imóvel. Assim, a decisão do TRT violaria a coisa julgada.

Segundo a relatora, ministra Maria Cristina Irigoyen Peduzzi, o fator determinante para se concluir pela proteção do bem de família é destinação à moradia de imóvel único dos devedores. Em sua avaliação, não é possível analisar o litígio puramente sob o aspecto patrimonial. "A garantia legal possui como fundamento imediato o direito à moradia, a preservação do núcleo familiar e a tutela da pessoa", afirmou, citando os artigos 6º, caput, 226, caput, e 1º, inciso III, da Constituição Federal. Apontando precedentes do TST e do Superior Tribunal de Justiça (STJ), a ministra destacou que os executados (devedores) não têm o ônus de provar que o imóvel é bem de família. Compete ao credor (exequente) demonstrar a existência de outros bens a serem executados. Considerando que o Tribunal Regional violou o direito fundamental à propriedade, a relatora determinou a liberação do imóvel, com o levantamento da penhora. A decisão foi unânime. (Fonte: www.tst.jus.br)

Devido a importância do tema, seguem outras decisões, retiradas do acórdão:

A jurisprudência desta Corte entende que os Executados não têm o ônus de provar ser o imóvel bem de família, uma vez que compete à Exequente demonstrar a existência de outros bens a serem executados a fim de promover a adequada constrição patrimonial. Eis alguns julgados:

RECURSO ORDINÁRIO. AÇÃO RESCISÓRIA. PENHORA SOBRE IMÓVEL. BEM DE FAMÍLIA. LEI Nº 8.009/1990. VIOLAÇÃO LITERAL DE LEI. CONFIGURAÇÃO. A proteção da Lei nº 8.009/1990 decorre do direito social à moradia, previsto no artigo 6º da Constituição Federal, sendo oponível em qualquer fase do processo de execução. No acórdão rescindendo, o Tribunal Regional manteve a penhora sobre bem imóvel, ao fundamento de que o proprietário não demonstrou que o bem constrito era o único de sua propriedade. Todavia, ***a Lei nº 8.009/1990 só condiciona a proteção legal ao fato de o imóvel ser usado como moradia permanente da entidade familiar, sendo contra legem a exigência de prova sobre a inexistência de outros bens imóveis de propriedade do devedor.*** *Precedentes da Subseção. Recurso ordinário conhecido e provido. (RO-1998-37.2010.5.02.0000, SBDI-2, Relator Ministro Emmanoel Pereira, DEJT 6/3/2015 – destaquei)*

I - AGRAVO DE INSTRUMENTO EM RECURSO DE REVISTA INTERPOSTO SOB A ÉGIDE DA LEI Nº 13.015/2014 - EXECUÇÃO - BEM DE FAMÍLIA - IMPENHORABILIDADE - ÚNICO BEM IMÓVEL - ÔNUS DA PROVA DO EXEQUENTE Vislumbrada violação aos arts. 5º, XXII, e 6º da Constituição da República, dá-se provimento ao Agravo de Instrumento para determinar o processamento do Recurso de Revista. II - RECURSO DE REVISTA INTERPOSTO SOB A ÉGIDE DA LEI Nº 13.015/2014 - JUSTIÇA GRATUITA O Eg. TRT não analisou o tema relativo ao direito à justiça gratuita e nem foi provocado a se pronunciar nos Embargos de Declaração, razão por que a matéria carece de prequestionamento, nos termos da Súmula nº 297 do TST. EXECUÇÃO - BEM DE FAMÍLIA - IMPENHORABILIDADE - ÚNICO BEM IMÓVEL - ÔNUS DA PROVA DO EXEQUENTE 1. O fim almejado pela Lei nº 8.009/90 é a proteção conferida pela Constituição ao indivíduo (art. 1º, III) e à família (art. 226), de modo a não ser possível retirar a impenhorabilidade do imóvel sob o argumento de que o excesso do valor arrecadado com sua execução será devolvido ao proprietário. 2. Qualquer exceção à impenhorabilidade do bem de família só pode se fundamentar no rol taxativo do art. 3º, da Lei nº 8.009/90, que não prevê o elevado valor do bem ou alienações de outros imóveis como razão para a penhora. 3. ***O Executado não tem o ônus de provar que o imóvel é bem de família, vez que compete ao Exequente demonstrar a existência de outros bens a serem executados****. Precedentes do TST e do STJ. Recurso de Revista conhecido parcialmente e provido. (RR-195500-66.2003.5.01.0221, 8ª Turma, Relatora Ministra Maria Cristina Irigoyen Peduzzi, DEJT 30/5/2016 - destaquei)*

EXECUÇÃO - BEM DE FAMÍLIA - IMPENHORABILIDADE - ÚNICO BEM IMÓVEL - ÔNUS DA PROVA DO EXEQUENTE 1. O acórdão regional manteve a penhora sobre o imóvel com base na tese de que o bem não se destinava exclusivamente à moradia da Recorrente e de sua família e de que a Executada não demonstrou que o imóvel era o único de sua propriedade. 2. Nos termos do art. 5º da Lei nº 8.009/90, considera-se bem de família, para efeitos de impenhorabilidade, o único imóvel utilizado pelo casal ou entidade familiar para moradia permanente. Assim, não obsta a qualificação como bem de família o fato de o imóvel ter destinação mista, sendo parcialmente utilizado como residência e para o exercício de atividades profissionais. Precedente. 3. De outro lado, ***inexiste previsão legal de que o Executado apresente prova de que não possui outro bem imóvel, competindo ao Exequente demonstrar a existência de outros bens a serem executados a fim de promover a adequada constrição patrimonial****. Precedentes. Recurso de Revista conhecido e provido. (RR-1546-35.2011.5.15.0108, Relatora Ministra Maria Cristina Irigoyen Peduzzi, 8ª Turma, DEJT 12/6/2015 - destaquei)*

*AGRAVO DE INSTRUMENTO EM RECURSO DE REVISTA. ACÓRDÃO PUBLICADO ANTES DA VIGÊNCIA DA LEI Nº 13.015/2014. EXECUÇÃO. ART. 896, § 2º, DA CLT. BEM DE FAMÍLIA. Em razão de provável caracterização de ofensa ao art. 6º, caput, da Constituição Federal, dá-se provimento ao agravo de instrumento para determinar o prosseguimento do recurso de revista. Agravo de instrumento provido. RECURSO DE REVISTA. BEM DE FAMÍLIA. O e. Regional manteve a decisão monocrática que determinou a penhora do imóvel, sob o fundamento de que, conquanto tenha sido demonstrado, por prova documental, tratar-se de imóvel em que família reside, não restou demonstrado ser este o único de propriedade do executado. A proteção ao bem de família, consagrada na Lei nº 8.009/1990, não está condicionada à inscrição do aludido bem no Registro de Imóveis. Exige-se, tão somente, tal medida nos casos em que a entidade familiar seja detentora de vários imóveis, como escopo de se evitar que a impenhorabilidade recaia sobre o bem de menor valor (art. 5º, parágrafo único, Lei nº 8.009/1990). **Não há previsão legal de que o executado deva provar não possuir outro bem imóvel. Pelo contrário, incumbe ao exequente demonstrar a existência de outros bens a serem executados para que, assim, possa promover a adequada constrição patrimonial. Precedentes**. Assim, o e. Tribunal Regional, ao manter a penhora sobre o bem imóvel de residência do executado, violou os direitos fundamentais à propriedade e à moradia consagrados no ordenamento jurídico pátrio. Recurso de revista conhecido e provido. (RR-206-37.2013.5.01.0056, Relator Desembargador Convocado Breno Medeiros, 8ª Turma, DEJT 25/9/2015 – destaquei)*

*(...) RECURSO DE REVISTA. PROCESSO EM FASE DE EXECUÇÃO. PENHORA DE BEM DE FAMÍLIA. (...)3. No presente caso, alegou a executada que reside no bem penhorado. Depreende-se da leitura do acórdão recorrido que o Tribunal Regional adotou como fundamento para manter a penhora o fato de que a executada não comprovou que o bem penhorado é o único que serve de residência permanente de sua família. Frise-se que não se discute nos autos a destinação residencial do imóvel. 4. **Ademais, exigir-se prova de que o bem onde a executada afirma residir é de família é o mesmo que exigir-se prova negativa de que não possuem outros bens. Tal exigência não é juridicamente razoável, razão por que extrapola os limites do artigo 6º da Constituição da República. Cabe ao exequente provar que o imóvel em discussão não se trata de bem de família, indicando outros bens de propriedade dos terceiros embargantes**. 5. Recurso de revista conhecido e provido. (RR-76400-58.2005.5.03.0006, Relator Ministro Lelio Bentes Corrêa, 1ª Turma, DEJT 4/5/2015 – destaquei)*

Saliente-se que o Eg. STJ também entende pela impossibilidade de exigir do executado prova de que possui um único imóvel:

*AGRAVO REGIMENTAL NOS EMBARGOS DE DECLARAÇÃO NO AGRAVO EM RECURSO ESPECIAL. EMBARGOS À EXECUÇÃO. IMPENHORABILIDADE DO BEM DE FAMÍLIA. ÔNUS DE COMPROVAR. CREDOR. AGRAVO DESPROVIDO. 1. "Como a ninguém é dado fazer o impossível (nemo tenetur ad impossibilia), **não há como exigir dos devedores a prova de que só possuem um único imóvel, ou melhor, de que não possuem qualquer outro**, na medida em que, para tanto, teriam eles que requerer a expedição de certidão em todos os cartórios de registro de imóveis do país, porquanto não há uma só base de dados" (REsp 1400342/RJ, Relatora Ministra Nancy Andrighi, Terceira Turma, julgado em 08/10/2013, DJe 15/10/2013). 2. Agravo regimental desprovido. (STJ, AgRg nos EDcl no AREsp 794.318/RS, Relator Ministro Marco Aurélio Bellizze, 3ª Turma, DJe 7/3/2016 – destaquei)*

Ademais, a proteção prevista na Lei nº 8.009/1990 não está condicionada à inscrição do bem no Registro de Imóveis, salvo se a entidade familiar possuir vários imóveis destinados à moradia, sendo inaplicável o art. 5º, parágrafo único, da referida lei.

Nesse sentido, cito os seguintes precedentes: RR-1546-35.2011.5.15.0108, Relatora Ministra Maria Cristina Irigoyen Peduzzi, 8ª Turma, DEJT 12/6/2015; RR-206-37.2013.5.01.0056, Relator Desembargador Convocado Breno Medeiros, 8ª Turma, DEJT 25/9/2015; RR-135-31.2011.5.02.0071, Relator Ministro Hugo Carlos Scheuermann, 1ª Turma, DEJT 1º/4/2016.

O Tribunal Regional, ao manter a penhora sobre o bem imóvel de residência dos Executados (bem de família involuntário), violou o direito fundamental à propriedade.

» *Administração Pública*

A execução provisória de obrigação de fazer em face da Fazenda Pública atrai o regime constitucional dos precatórios?

1. Fixação da seguinte tese ao Tema 45 da sistemática da repercussão geral: "A execução provisória de obrigação de fazer em face da Fazenda Pública não atrai o regime constitucional dos precatórios." 2. A jurisprudência do STF firmou-se no sentido da inaplicabilidade ao Poder Público do regime jurídico da execução provisória de prestação de pagar quantia certa, após o advento da Emenda Constitucional 30/2000. Precedentes. 3. A sistemática constitucional dos precatórios não se aplica às obrigações de

fato positivo ou negativo, dado a excepcionalidade do regime de pagamento de débitos pela Fazenda Pública, cuja interpretação deve ser restrita. Por consequência, a situação rege-se pela regra regal de que toda decisão não autossuficiente pode ser cumprida de maneira imediata, na pendência de recursos não recebidos com efeito suspensivo. 4. Não se encontra parâmetro constitucional ou legal que obste a pretensão de execução provisória de sentença condenatória de obrigação de fazer relativa à implantação de pensão de militar, antes do trânsito em julgado dos embargos do devedor opostos pela Fazenda Pública. 5. Há compatibilidade material entre o regime de cumprimento integral de decisão provisória e a sistemática dos precatórios, haja vista que este apenas se refere às obrigações de pagar quantia certa. 6. Recurso extraordinário a que se nega provimento. (RE 573872, Relator(a): Min. EDSON FACHIN, Tribunal Pleno, julgado em 24/05/2017, PROCESSO ELETRÔNICO REPERCUSSÃO GERAL – MÉRITO DJe-204 DIVULG 08-09-2017 PUBLIC 11-09-2017)

É válida a penhora em bens de pessoa jurídica de direito privado, realizada anteriormente à sucessão desta pela União?

Recurso Extraordinário. 2. Constitucional, Processual Civil e do Trabalho. 3. Execução. Penhora de bens da extinta Rede Ferroviária Federal S.A. – RFFSA. Sucessão posterior pela União. 4. É válida a penhora em bens de pessoa jurídica de direito privado, realizada anteriormente à sucessão desta pela União, não devendo a execução prosseguir mediante precatório (art. 100, caput e § 1º, da Constituição Federal). 5. Repercussão geral. 6. Recurso extraordinário não provido. (RE 693112, Relator(a): Min. GILMAR MENDES, Tribunal Pleno, julgado em 09/02/2017, ACÓRDÃO ELETRÔNICO REPERCUSSÃO GERAL – MÉRITO DJe-110 DIVULG 24-05-2017 PUBLIC 25-05-2017)

É possível o fracionamento de honorários advocatícios?

A Segunda Turma, por maioria, deu provimento a agravo em recurso extraordinário, no qual se arguiu a impossibilidade de fracionamento de honorários advocatícios, em face do art. 100, § 8º, da Constituição.

O Colegiado ressaltou que, apesar de a possibilidade de execução autônoma dos honorários ser ponto pacífico, eles não se confundem com o crédito dos patrocinados. Salientou que, no caso, inexiste a pluralidade de autores titulares de crédito e, por conseguinte, o litisconsórcio. A quantia devida a título de honorários advocatícios é única, e, por se tratar de um único processo, calculada sobre o montante total devido. Por essa razão, o fato de o advogado ter atuado em causa plúrima não torna plúrimo também o seu crédito à verba advocatícia.

Asseverou que o argumento de que o litisconsórcio facultativo simples representa, na verdade, várias causas cumuladas não pode ser utilizado para justificar a legitimidade do fracionamento da execuçãodos honorários advocatícios sucumbenciais. A Turma assentou que a condenação à verba honorária no título executivo foi global, ou seja, buscou remunerar o trabalho conjunto prestado pelo causídico.

Vencido o ministro Edson Fachin (relator), que desproveu o agravo por entender possível a execução fracionada dos honorários advocatícios. RE 1038035 AgR/RS, rel. orig. Min. Edson Fachin, red. p/ o ac. Min. Dias Toffoli, julgamento em 7.11.2017 – Informativo STF nº 884.

Na condenação contra a Fazenda Pública qual o índice de correção monetária aplicável?

1. O princípio constitucional da isonomia (CRFB, art. 5º, caput), no seu núcleo essencial, revela que o art. 1º-F da Lei nº 9.494/97, com a redação dada pela Lei nº 11.960/09, na parte em que disciplina os juros moratórios aplicáveis a condenações da Fazenda Pública, é inconstitucional ao incidir sobre débitos oriundos de relação jurídico-tributária, os quais devem observar os mesmos juros de mora pelos quais a Fazenda Pública remunera seu crédito; nas hipóteses de relação jurídica diversa da tributária, a fixação dos juros moratórios segundo o índice de remuneração da caderneta de poupança é constitucional, permanecendo hígido, nesta extensão, o disposto legal supramencionado. 2. O direito fundamental de propriedade (CRFB, art. 5º, XXII) repugna o disposto no art. 1º-F da Lei nº 9.494/97, com a redação dada pela Lei nº 11.960/09, porquanto a atualização monetária das condenações impostas à Fazenda Pública segundo a remuneração oficial da caderneta de poupança não se qualifica como medida adequada a capturar a variação de preços da economia, sendo inidônea a promover os fins a que se destina. 3. A correção monetária tem como escopo preservar o poder aquisitivo da moeda diante da sua desvalorização nominal provocada pela inflação. É que a moeda fiduciária, enquanto instrumento de troca, só tem valor na medida em que capaz de ser transformada em bens e serviços. A inflação, por representar o aumento persistente e generaliza-

do do nível de preços, distorce, no tempo, a correspondência entre valores real e nominal (cf. MANKIW, N.G. Macroeconomia. Rio de Janeiro, LTC 2010, p. 94; DORNBUSH, R.; FISCHER, S. e STARTZ, R. Macroeconomia. São Paulo: McGraw-Hill do Brasil, 2009, p. 10; BLANCHARD, O. Macroeconomia. São Paulo: Prentice Hall, 2006, p. 29). 4. A correção monetária e a inflação, posto fenômenos econômicos conexos, exigem, por imperativo de adequação lógica, que os instrumentos destinados a realizar a primeira sejam capazes de capturar a segunda, razão pela qual os índices de correção monetária devem consubstanciar autênticos índices de preços. 5. Recurso extraordinário parcialmente provido. (RE 870947, Relator(a): Min. LUIZ FUX, Tribunal Pleno, julgado em 20/09/2017, ACÓRDÃO ELETRÔNICO DJe-262 DIVULG 17-11-2017 PUBLIC 20-11-2017)

Tema 810: Validade da correção monetária e dos juros moratórios incidentes sobre as condenações impostas à Fazenda Pública, conforme previstos no art. 1º-F da Lei 9.494/1997, com a redação dada pela Lei 11.960/2009.

Tese: I – O art. 1º-F da Lei nº 9.494/97, com a redação dada pela Lei nº 11.960/09, na parte em que disciplina os juros moratórios aplicáveis a condenações da Fazenda Pública, é inconstitucional ao incidir sobre débitos oriundos de relação jurídico-tributária, aos quais devem ser aplicados os mesmos juros de mora pelos quais a Fazenda Pública remunera seu crédito tributário, em respeito ao princípio constitucional da isonomia (CRFB, art. 5º, caput); quanto às condenações oriundas de relação jurídica não-tributária, a fixação dos juros moratórios segundo o índice de remuneração da caderneta de poupança é constitucional, permanecendo hígido, nesta extensão, o disposto no art. 1º-F da Lei nº 9.494/97 com a redação dada pela Lei nº 11.960/09;

II – O art. 1º-F da Lei nº 9.494/97, com a redação dada pela Lei nº 11.960/09, na parte em que disciplina a atualização monetária das condenações impostas à Fazenda Pública segundo a remuneração oficial da caderneta de poupança, revela-se inconstitucional ao impor restrição desproporcional ao direito de propriedade (CRFB, art. 5º, XXII), uma vez que não se qualifica como medida adequada a capturar a variação de preços da economia, sendo inidônea a promover os fins a que se destina.

Sociedade de economia mista prestadora de serviço público submete-se ao regime de precatórios?

É aplicável o regime dos precatórios às sociedades de economia mista prestadoras de serviço público próprio do Estado e de natureza não concorrencial. *ADPF 387/PI, rel. Min. Gilmar Mendes, julgamento em 23.3.2017 – Informativo STF nº 858.*

A ECT equipara-se à Fazenda Pública quanto a fixação dos juros de mora?

ECT. Equiparação à Fazenda Pública. Juros de mora. Art. 1º– F da Lei nº 9.494/97. Orientação Jurisprudencial nº 7 do Tribunal Pleno. Aplicabilidade. Aplicam-se à Empresa de Correios e Telégrafos – ECT os juros de mora previstos no art. 1º-F da Lei nº 9.494/97 e na Orientação Jurisprudencial nº 7 do Tribunal Pleno, pois equiparada à Fazenda Pública. Ademais, o STF, ao apreciar o tema nº 810 da Repercussão Geral (RE-870947/SE), decidiu, de forma vinculante, que, "quanto às condenações oriundas de relação jurídica não-tributária, a fixação dos juros moratórios segundo o índice de remuneração da caderneta de poupança é constitucional, permanecendo hígido, nesta extensão, o disposto no art. 1º-F da Lei nº 9.494/97 com a redação dada pela Lei nº 11.960/09." Sob esses fundamentos, a SBDI-I, por maioria, conheceu do recurso de embargos, por divergência jurisprudencial e por contrariedade à Orientação Jurisprudencial nº 7 do Tribunal Pleno, e, no mérito, por unanimidade, deu-lhe provimento para determinar a aplicação do art. 1º-F da Lei nº 9.494/1997. Vencido, no conhecimento, o Ministro Brito Pereira, relator. *TST-E-RR–2900-58.2009.5.08.0012, SBDI-I, rel. Min. Brito Pereira, 23.11.2017 – Informativo TST nº 169.*

É constitucional a penhora de bens de sociedades de economia mista antes da sucessão pela União?

Por unanimidade, o Plenário do Supremo Tribunal Federal (STF), nesta quarta-feira (9), negou provimento ao **Recurso Extraordinário (RE) 693112**, com repercussão geral reconhecida, para julgar **constitucional a penhora de bens de sociedade de economia mista ocorrida anteriormente à sucessão pela União**. Segundo os ministros, nesses casos a execução deve prosseguir nos termos dispostos pelo Código de Processo Civil (CPC), sendo inaplicável o regime de precatórios, pois a sucessão não pode ter efeitos retroativos.

No caso dos autos, a União interpôs recurso extraordinário impugnando acórdão do Tribunal de Superior do Trabalho (TST) que manteve decisão considerando válida a penhora de bens da extinta Rede Ferroviária Federal S.A. (RFFSA), realizada anteriormente a sua sucessão pela União.

De acordo com o TST, nesses casos, a execução dos bens não pode prosseguir mediante precatório.

A tese de repercussão geral firmada foi a seguinte: "***É valida a penhora de bens de pessoas jurídicas de direito privado realizada anteriormente à sucessão desta pela União, não devendo a execução prosseguir mediante precatório***".

ADPF questiona decisões que determinaram bloqueio de verbas do CE em execução trabalhista

O governador do Ceará, Camilo Santana, ajuizou no Supremo Tribunal Federal (STF) a Arguição de Descumprimento de Preceito Fundamental (ADPF) 437, com pedido de liminar, contra decisões da Justiça do Trabalho que têm determinado o bloqueio de verbas públicas na execução de débitos trabalhistas da Empresa de Assistência Técnica e Extensão do Ceará (Ematerce). Segundo o governador, como a empresa presta serviço público, a execução de suas dívidas pelo procedimento de direito privado viola o regime jurídico dos precatórios.

De acordo com a ADPF, decisões de Varas do Trabalho do Ceará e do Tribunal Regional do Trabalho da 7ª Região (TRT-7), seguindo entendimento do Tribunal Superior do trabalho (TST), têm afastado a aplicação do regime de precatórios à Ematerce e determinado a constrição patrimonial, por meio de bloqueio de contas e penhora de bens. O governador salienta que as decisões ignoram o fato de que a empresa, que atende a famílias de agricultores, é prestadora de serviço público de assistência técnica e extensão rural de forma exclusiva no Estado do Ceará. Assim, os atos em questão estariam violando o artigo 100 da Constituição Federal, que prevê o pagamento de débitos da Fazenda Pública pelo regime de precatórios.

Segundo a argumentação, a Ematerce é totalmente dependente de recursos públicos, e não se pode submetê-la às regras do artigo 173 da Constituição, que estabelece o regime jurídico aplicável às estatais que exerçam atividade econômica em sentido estrito. Outro ponto alegado é a violação da regra orçamentária, prevista no inciso VI do artigo 167, que veda o remanejamento de verbas sem autorização legislativa.

Ao pedir, liminarmente, a suspensão das medidas de execução contra a Ematerce e a liberação dos valores bloqueados, o governador ressalta a necessidade de garantir que a continuidade das atividades da empresa. Como precedente, cita liminar do ministro Gilmar Mendes na ADPF 387, na qual foram suspensas decisões da Justiça do Trabalho que bloqueavam recursos do Estado do Piauí. No mérito, pede o reconhecimento, pelo STF, de que as decisões judiciais questionadas violam o regime de precatórios.

Suspenso bloqueio de R$ 10 milhões do Estado do AM determinado pela Justiça do Trabalho

A ministra Cármen Lúcia deferiu liminar pleiteada pelo Estado do Amazonas para suspender o bloqueio de R$ 10 milhões nas contas do Estado para pagamento de verbas trabalhistas a empregados terceirizados. A decisão, proferida na Reclamação (RCL) 26099 durante o recesso do Tribunal, leva em conta o entendimento do STF de que a responsabilidade subsidiária da Administração Pública em casos de terceirização não pode ser presumida.

O caso teve início em ação civil pública ajuizada pelo Ministério Público do Trabalho visando ao arresto de para o pagamento de salários atrasados e outras verbas a empregados de diversas prestadoras de serviços ao governo do estado, alegando ilicitude nos contratos de terceirização. Em primeira instância, antecipação de tutela foi deferida para determinar o arresto de bens e contas das empresas envolvidas e o bloqueio do valor de R$ 4 milhões das verbas estaduais. Em seguida, após recurso do MPT, o Tribunal Regional do Trabalho da 11ª Região, em decisão monocrática, ampliou o valor do arresto das contas do estado em R$ 6 milhões.

Na Reclamação, o governo do Amazonas alega sofrer prejuízo com essas decisões, proferidas sem que lhe fossem garantidos o exercício da ampla defesa e do contraditório. Sustenta que, no julgamento da Ação Declaratória de Constitucionalidade (ADC) 16, o STF, analisando o artigo 71, parágrafo 1º, da Lei das Licitações (Lei 8.666/1983), firmou o entendimento de que o estado só pode ser condenado por verbas trabalhistas de empresas interpostas de forma subsidiária, e desde que comprovada sua conduta culposa ao final do processo. E, nesses casos, o débito se sujeitaria ao regime de precatórios.

Ainda segundo o estado, a decisão do TRT-11 não teria observado a cláusula de reserva de plenário, contrariando o enunciado da Súmula Vinculante 10 do STF. Ao pedir a cassação das liminares que determinaram os arrestos, o ente federativo sustenta que a medida teria afetado a conta única do Estado, os convênios e as atividades básicas relativas à segurança, à educação, ao saneamento e aos salários dos servidores do mês de dezembro.

Em sua decisão, a ministra observou que, no julgamento da ADC 16, o Supremo entendeu que o inadimplemento das obrigações trabalhistas decorrentes de contrato firmado pela Administração Pública não poderia implicar, automática e diretamente, a responsabilização do ente público. Decidiu-se ainda que o exame das circunstâncias do caso concreto pela Justiça do Trabalho poderia conduzir à responsabilização se comprovada a omissão ou a negligência dos agentes públicos na fiscalização do contrato administrativo. "*Entretanto, não se pode admitir a transferência para a Administração Pública, por presunção de culpa, da responsabilidade pelo pagamento dos encargos trabalhistas, fiscais e previdenciários devidos ao empregado de empresa terceirizada*", explicou.

No caso em exame, a ministra ressaltou que não constam da decisão do TRT-11 ato ou indicação de circunstância relacionada à execução e à fiscalização do contrato administrativo celebrado pelo estado que demonstrem culpa administrativa. "*A atribuição de responsabilidade subsidiária parece ter decorrido de presunção de culpa da entidade da Administração Pública, o que nega vigência ao artigo 71, parágrafo 1º, da Lei 8.666/1993 e contraria a decisão do Supremo Tribunal Federal na ADC 16*", concluiu.

Entendendo caracterizado o perigo da demora - pois, com o trânsito em julgado da decisão, os interessados poderiam iniciar a sua execução –, a ministra deferiu a liminar para suspender os efeitos das decisões da Justiça do Trabalho apenas quanto à determinação de bloqueio das verbas públicas.

» *Recuperação judicial e falência*

Os bens dos sócios ou de outras sociedades do mesmo grupo econômico da devedora não estão sujeitos à recuperação judicial?

AGRAVO INTERNO. PROCESSUAL CIVIL. CONFLITO DE COMPETÊNCIA. RECUPERAÇÃO JUDICIAL. EXECUÇÃO TRABALHISTA. DESCONSIDERAÇÃO DA PERSONALIDADE JURÍDICA PELA JUSTIÇA DO TRABALHO. CONSTRIÇÃO DE BEM DE SÓCIO. NÃO CONFIGURAÇÃO DE CONFLITO.

1. Não se configura conflito de competência quando constrito bem de sócio da empresa em recuperação judicial, à qual, na Justiça do Trabalho, foi aplicada tal providência. Isso porque, em princípio, salvo decisão do Juízo da recuperação em sentido contrário, os bens dos sócios ou de outras sociedades do mesmo grupo econômico da devedora não estão sujeitos à recuperação judicial. Precedentes. 2. Atuando as autoridades judiciárias no âmbito de sua competência, não se configura conflito positivo. 3. Agravo interno a que se nega provimento.

(AgInt no CC 152.680/MG, Rel. Ministra MARIA ISABEL GALLOTTI, SEGUNDA SEÇÃO, julgado em 11/10/2017, DJe 17/10/2017)

PROCESSUAL CIVIL. AGRAVO INTERNO NOS EMBARGOS DE DECLARAÇÃO NO CONFLITO DE COMPETÊNCIA. COMPETÊNCIA

DO JUÍZO TRABALHISTA PARA RECONHECIMENTO DA FORMAÇÃO DE GRUPO ECONÔMICO. DECISÃO MANTIDA. 1. Esta Corte firmou o entendimento de que não há conflito competência quando o juízo do trabalho reconhece a existência de grupo econômico, para efeito de demanda trabalhista, envolvendo sociedade em recuperação judicial e, nesses termos, redireciona a execução laboral para o patrimônio da empresa que não está em processo de reerguimento, sem praticar atos que atentem contra os bens sujeitos à execução concursal. Precedentes. 2. "A ficção jurídica do 'grupo econômico', afirmada na Justiça do Trabalho, não produz efeitos no Juízo da Recuperação Judicial" (AgRg no CC 114.808/DF, Relatora Ministra NANCY ANDRIGHI, SEGUNDA SEÇÃO, julgado em 13/4/2011, DJe 28/4/2011). (AgInt nos EDcl no CC 140.869/SP, Rel. Ministro ANTONIO CARLOS FERREIRA, SEGUNDA SEÇÃO, julgado em 13/09/2017, DJe 21/09/2017)

CONFLITO DE COMPETÊNCIA. INCIDENTE SUSCITADO POR PESSOA JURÍDICA CRIADA COM FUNDAMENTO NO ART. 60 DA LEI 11.101/05. JUÍZO DO TRABALHO E JUÍZO DA RECUPERAÇÃO JUDICIAL. DISCUSSÃO ACERCA DA COMPETÊNCIA PARA DECIDIR SOBRE A RESPONSABILIDADE PELO ADIMPLEMENTO DE OBRIGAÇÕES DAS EMPRESAS EM RECUPERAÇÃO DECORRENTES DA LEGISLAÇÃO DO TRABALHO. NÃO CONFIGURAÇÃO DO CONFLITO EM RAZÃO DE ESPECIAL PECULIARIDADE DO CASO CONCRETO: DÉBITOS TRABALHISTAS NÃO INCLUÍDOS NO PLANO DE RECUPERAÇÃO POR EXPRESSA DELIBERAÇÃO ASSEMBLEAR E ENCERRAMENTO DO PROCESSO RECUPERACIONAL POR SENTENÇA COM TRÂNSITO EM JULGADO. 1 – Conflito de competência entre o juízo em que se processa a recuperação judicial versus juízo laboral em que se executa crédito decorrente da legislação do trabalho, com inclusão no polo passivo da empresa criada nos termos do art. 60 da Lei n.º 11.101/05, tendo em vista o reconhecimento da existência de grupo econômico. 2 – A Segunda Seção do STJ tem orientação firme no sentido de que "não há conflito de competência quando o redirecionamento da execução trabalhista para empresas do mesmo grupo econômico não atingir o patrimônio daquela em regime de recuperação judicial" (AgInt no CC 144.195/SP, Rel. Ministro MARCO BUZZI, SEGUNDA SEÇÃO, DJe de 15/03/2017). Nessa mesma linha: AgInt no CC 146.073/SP (Rel. Ministro ANTONIO CARLOS FERREIRA, SEGUNDA SEÇÃO, DJe de 28/11/2016); CC 124.065/SP (Rel. Ministra MARIA ISABEL GALLOTTI, SEGUNDA SEÇÃO, DJe de 03/11/2016); AgRg no CC 138.936/RJ (Rel. Ministro MOURA RIBEIRO, SEGUNDA SEÇÃO, DJe de 27/11/2015); AgRg nos EDcl no CC 140.495/SP (Rel. Ministro RAUL ARAÚJO, SEGUNDA SEÇÃO, DJe de 24/09/2015); AgRg no CC 133.961/RJ (Rel. Ministra NANCY ANDRIGHI, SEGUNDA SEÇÃO, DJe de 17/06/2014). 3. Irrelevante a circunstância de a pessoa jurídica, incluída no polo passivo da execução trabalhista, ter sido criada nos moldes do art. 60 da Lei 11.101/05, na medida em que a questão relacionada à formação do grupo econômico (CLT, art. 2º, §2º) é matéria a ser discutida no âmbito da própria Justiça Especializada pelas vias recursais próprias (AgRg no CC 140.410/DF, Rel. Ministra MARIA ISABEL GALLOTTI, DJe de 01/10/2015). 4. Ainda que assim não fosse, as especiais peculiaridades do caso também não possibilitariam o conhecimento do conflito, notadamente a que diz respeito à expressa exclusão dos credores trabalhistas (Classe I) do plano de recuperação judicial apresentado, eis que tais créditos não foram objeto da novação prevista no art. 59 da Lei 11.101/05. 5. Se os credores trabalhistas não foram submetidos ao plano de recuperação, não se pode cogitar da competência do Juízo da 5ª Vara Empresarial da Comarca do Rio de Janeiro/RJ para deliberar sobre tais obrigações, especialmente se o juízo laboral, como no caso, não ordenou quaisquer atos de contrição sobre o patrimônio das empresas em recuperação. 6. Aplica-se, por analogia, o enunciado da súmula 480/STJ ("O juízo da recuperação judicial não é competente para decidir sobre a constrição de bens não abrangidos pelo plano de recuperação da empresa"), pois, por ter personalidade jurídica própria e patrimônio distinto das empresas em recuperação, a eventual constrição de bens pertencentes à suscitante não vulnera quaisquer das disposições constantes da Lei 11.101/2005, tendo em vista a inexistência prejuízo ao concurso de credores. 7. Conforme assinalado pelo Min. HÉLIO QUAGLIA BARBOSA, por ocasião do julgamento do pedido liminar no Conflito de Competência 86.594/SP, "(...) eventual pagamento de créditos trabalhistas por devedores solidários acaba por favorecer a recuperação judicial, uma vez que, em que pese haja sub-rogação dos valores pagos, podem vir a ser satisfeitos créditos trabalhistas, que possuem privilégio em relação aos credores quirografários (art. 83, I e VI, da Lei 11.101/05)". 8 – Caso concreto em que a recuperação judicial já foi encerrada, com a declaração de cumprimento das obrigações assumidas, por sentença com trânsito em julgado. 9 – Conflito de competência não conhecido. (CC 144.219/RJ, Rel. Ministro PAULO DE TARSO SANSEVERINO, SEGUNDA SEÇÃO, julgado em 14/06/2017, DJe 18/08/2017)

Quais os limites da jurisdição do juízo trabalhista após o deferimento da recuperação judicial?

AGRAVO INTERNO NO CONFLITO DE COMPETÊNCIA. RECUPERAÇÃO JUDICIAL. EXECUÇÃO TRABALHISTA. PROSSEGUIMENTO. ATOS DE CONSTRIÇÃO. COMPETÊNCIA DO JUÍZO DA RECUPERAÇÃO JUDICIAL.

1. Após o deferimento da recuperação judicial, é do juízo de falências e recuperação judicial a competência para o prosseguimento dos atos de execução relacionados a reclamações trabalhistas movidas contra a empresa recuperanda. 2. Nesses casos, a competência da Justiça do Trabalho se limita à apuração do respectivo crédito (processo de conhecimento), sendo vedada a prática, pelo citado Juízo, de qualquer ato que comprometa o patrimônio da empresa em recuperação (procedimento de execução). (AgInt no CC 147.032/RJ, Rel. Ministro RICARDO VILLAS BÔAS CUEVA, SEGUNDA SEÇÃO, julgado em 13/09/2017, DJe 19/09/2017)

EMBARGOS DE DECLARAÇÃO NO CONFLITO NEGATIVO DE COMPETÊNCIA. JUSTIÇA DO TRABALHO E JUSTIÇA COMUM. FALÊNCIA. EXECUÇÃO INDIVIDUAL. ARREMATAÇÃO DO BEM EM MOMENTO ANTERIOR AO DECRETO DA QUEBRA. PROSSEGUIMENTO DO FEITO. EMBARGOS REJEITADOS. 1. Na hipótese, o imóvel objeto do presente conflito de competência foi validamente penhorado, praceado e arrematado antes do decreto de falência da suscitante, momento em que, ainda não instaurado o Juízo universal, eram válidos e eficazes os atos praticados pelo Juízo do Trabalho. 2. O entendimento desta Corte Superior é o de que o juízo da execução individual é o competente para prosseguir com os atos tendentes a ultimar a adjudicação de bem imóvel penhorado praceado e arrematado antes do decreto da falência, com a eventual transferência do produto da alienação para o juízo falimentar. (EDcl no CC 137.239/DF, Rel. Ministro RAUL ARAÚJO, SEGUNDA SEÇÃO, julgado em 22/02/2017, DJe 14/03/2017)

Os créditos trabalhistas litigiosos, não consolidados ao tempo do pedido da recuperação judicial, estão a ela sujeitos, na forma do art. 49, da Lei n. 11.101/05?

A consolidação do crédito trabalhista (ainda que inexigível e ilíquido) não depende de provimento judicial que o declare — e muito menos do transcurso de seu trânsito em julgado —, para efeito de sua sujeição aos efeitos da recuperação judicial. A controvérsia cinge-se a determinar se os créditos trabalhistas litigiosos, não consolidados ao tempo do pedido da recuperação judicial, estão a ela sujeitos, na forma do art. 49, da Lei n. 11.101/05. Para tanto, faz-se necessário determinar o exato momento em que o crédito trabalhista é constituído. Em princípio, a constituição de um crédito pressupõe a existência de um vínculo jurídico entre as partes e não se encontra condicionada a uma decisão judicial que simplesmente o declare. Nesse sentido, pode-se afirmar que no bojo de um contrato trabalhista, a partir do momento em que o empregado presta seu labor, assume a condição de credor (em relação às correlatas verbas trabalhistas) de seu empregador, que, no final do respectivo mês, deve efetivar sua contraprestação. Assim, uma sentença que reconheça o direito do trabalhador em relação à aludida verba trabalhista certamente não constitui este crédito, apenas o declara. E, se este crédito foi constituído em momento anterior ao pedido de recuperação judicial, aos seus efeitos se encontra submetido, inarredavelmente. Outrossim, extrai-se da própria lei de falência e recuperação judicial a conclusão de que a consolidação do crédito (ainda que inexigível e ilíquido) não depende de provimento judicial que o declare — e muito menos do transcurso de seu trânsito em julgado —, para efeito de sua sujeição aos efeitos da recuperação judicial. Veja-se que o crédito trabalhista anterior ao pedido de recuperação judicial pode ser incluído, de forma extrajudicial, inclusive, consoante o disposto no art. 7º, da Lei n. 11.101/05. Dessa forma, é possível ao próprio administrador judicial, quando da confecção do plano, relacionar os créditos trabalhistas pendentes, a despeito de o trabalhador sequer ter promovido a respectiva reclamação. O art. 6º, §§ 1º, 2º e 3º, da Lei n. 11.1.01/2005, por sua vez, permite o prosseguimento das ações trabalhistas na própria Justiça Laboral, que decidirá as impugnações ao crédito postulado na recuperação, bem como apurará o crédito a ser inscrito quando de sua definição no quadro geral de credores, sendo possível inclusive determinar a reserva de importância que "estimar" devida na recuperação judicial. Com base nessas premissas, há que se analisar a origem do crédito em discussão e inferir se se trata de verbas trabalhistas relacionadas à prestação de serviço em momento anterior ao pedido de recuperação judicial, a ela se sujeitando, ou se são posteriores, a serem concebidas como crédito extraconcursal. *REsp 1.634.046-RS, Rel. Min. Nancy Andrighi, Rel. para acórdão Min. Marco Aurélio Bellizze, por maioria, julgado em 25/4/2017, DJe 18/5/2017. (Informativo n. 604)*

Suspensa decisão da Justiça trabalhista que penhorou créditos de empresa em recuperação

A presidente do STJ, ministra Laurita Vaz, deferiu liminar para suspender a penhora de crédito determinada pela Vara do Trabalho de Araras contra uma indústria de montagem de máquinas. A ministra designou o juízo de direito da 2ª Vara Cível de Araras para decidir acerca das medidas urgentes requeridas contra a empresa.

Para a magistrada, **a Justiça do Trabalho não poderia ter determinado o arresto dos bens, já que a empresa está sob processo de recupera-**

ção judicial, ou seja, há um foro competente já estabelecido para analisar medidas que afetam sua liquidez.

A empresa ingressou com o pedido de liminar em conflito de competência por entender que a decisão da Justiça trabalhista fere dispositivos da Lei de Recuperação de Empresas (Lei 11.101/05), em especial os artigos 6º e 47º.

A ministra destacou que a Segunda Seção do STJ já se pronunciou sobre o assunto, afirmando que **compete ao juízo da recuperação decidir sobre os atos executivos ou constritivos dos bens da sociedade recuperanda, tais como bloqueio, penhora e expropriação.**

Segundo a decisão da presidente do STJ, interferências no processo de recuperação judicial de uma empresa feitas por juízo diverso daquele que tem acesso completo à situação fiscal da recuperanda podem inviabilizar a recuperação judicial.

"*As mencionadas normas são voltadas a possibilitar a recuperação da pessoa jurídica que se encontra em desequilíbrio financeiro, favorecendo, dentro do possível, a sua preservação. Por esse motivo, necessário observar, quanto à execução do passivo da sociedade em recuperação judicial, o plano de recuperação aprovado*", argumentou a ministra.

Em outubro de 2016 o juízo trabalhista determinou a penhora de crédito da empresa junto a um de seus clientes, no valor de R$ 2 milhões, para saldar dívidas trabalhistas. O cliente bloqueou mais de R$ 420 mil e comunicou a decisão à Vara do Trabalho de Araras.

Naquele momento, o plano de recuperação judicial da empresa já tinha sido deferido pela Justiça, mas ainda não havia a aprovação pela assembleia geral de credores, o que ocorreu em dezembro de 2016. Com a aprovação do plano, a empresa recorreu ao STJ para que a penhora fosse suspensa. (STJ-CC 150569)

Determinada suspensão de ações trabalhistas contra quatro empresas em recuperação judicial

O vice-presidente no exercício da presidência do Superior Tribunal de Justiça (STJ), ministro Humberto Martins, determinou a suspensão de três ações trabalhistas ligadas a empresas com pedidos de recuperação judicial em andamento. As decisões atenderam a pedidos de liminares em conflitos de competência.

As empresas alegam que, conforme a legislação vigente, compete ao juízo da recuperação judicial decidir sobre questões que tratem sobre bens, interesses e negócios das empresas em recuperação, inclusive as demandas existentes na Justiça do Trabalho.

As decisões liminares tiveram como base as disposições trazidas pelos artigos 6º e 47 da Lei 11.101/05, que objetivam possibilitar a recuperação da pessoa jurídica que se encontra em desequilíbrio financeiro, "favorecendo, dentro do possível, a sua preservação".

"Por esse motivo, necessário observar, quanto à execução do passivo da sociedade em recuperação judicial, o plano aprovado pelo Juízo Empresarial", ressaltou o ministro Humberto Martins.

Ao conceder as liminares, o ministro também lembrou decisão da Segunda Seção do STJ no sentido de reconhecer ao juízo responsável pela recuperação judicial a análise sobre atos executivos ou constritivos dos bens das sociedades em recuperação.

De acordo com as decisões do ministro Humberto Martins, eventuais medidas urgentes deverão ser provisoriamente julgadas pelas varas responsáveis pelas ações de recuperação judicial.

O mérito dos conflitos de competência ainda será analisado pela Segunda Seção, colegiado que trata de matéria de direito privado no STJ. (STJ - CC 150638; CC 150621; CC 150620)

FRAUDE À EXECUÇÃO

» *Fraude à execução e desconsideração da personalidade jurídica*

Em caso de desconsideração da personalidade jurídica, configura-se a fraude à execução no caso de alienação de imóvel por sócio da pessoa jurídica após a citação desta e antes do redirecionamento da execução?[4]

A fraude à execução só poderá ser reconhecida se o ato de disposição do bem for posterior à citação válida do sócio devedor, quando redirecionada a execução que fora originariamente proposta em face da pessoa jurídica.

4. Julgamento realizado a partir das disposições do CPC de 1973.

A questão consistiu em determinar se a venda de imóvel realizada por sócio de pessoa jurídica executada, após a citação desta, mas antes da desconsideração da personalidade jurídica da mesma sociedade, configura fraude à execução. De acordo com o art. 593, II, do CPC/1973, depreende-se que, para a configuração de fraude à execução, deve correr contra o próprio devedor demanda capaz de reduzi-lo à insolvência. No mais, urge destacar que é indispensável a citação válida para configuração de fraude à execução (REsp 956.943-PR, Corte Especial, DJe 1/12/2014). Dessa feita, tem-se que a fraude à execução só poderá ser reconhecida se o ato de disposição do bem for posterior à citação válida do sócio devedor, quando redirecionada a execução que fora originariamente proposta em face da pessoa jurídica. Somente com a superveniência da desconstituição da personalidade da pessoa jurídica é que o sócio da pessoa jurídica foi erigido à condição de responsável pelo débito originário desta. Inclusive, este é o entendimento adotado por esta Corte nas hipóteses de execução fiscal, que pode ser utilizado, por analogia, na espécie (AgRg no REsp 1.186.376-SC, Segunda Turma, DJe 20/9/2010). No mesmo sentido, tem-se: EREsp 110.365/SP, Primeira Seção, DJ 14/3/2005; e REsp 833.306-RS, Primeira Turma, DJ 30/6/2006. (Informativo STJ nº 594) (REsp 1.391.830-SP, Rel. Min. Nancy Andrighi, por unanimidade, julgado em 22/11/2016, DJe 1/12/2016).

» *Fraude à execução e boa-fé*

Configura-se a fraude a execução caso seja demonstrada a boa-fé dos embargantes?

1. A teor do acórdão regional, o redirecionamento da execução em face do sócio da empresa executada ocorreu em 10/1998. Posteriormente, em 20.06.1999, o sócio executado vendeu bem imóvel de sua propriedade para a sua mãe. Em 16.10.2008, a propriedade do imóvel foi transferida da mãe do sócio executado para uma das terceiras embargantes. E, apenas em 05.08.2011, foi registrada a penhora realizada na presente reclamação trabalhista. 2. Nesse contexto, o Tribunal Regional concluiu pela subsistência da penhora realizada sobre o referido bem, ao fundamento de que restou caracterizada a fraude à execução, pela alienação de imóvel do sócio executado para a sua mãe após a desconsideração da personalidade jurídica da empregadora, bem como a omissão das terceiras adquirentes em proceder "à pesquisa mais acurada quando os documentos atinentes à compra e venda que se pretende realizar denunciam que seu

objeto está envolvido em controvérsias jurídicas que retiram do negócio jurídico a certeza e a segurança desejadas por todo e qualquer adquirente de boa-fé". 3. Contudo, não há como inferir má-fé das terceiras adquirentes por omissão quanto à pesquisa de eventuais controvérsias judiciais envolvendo o bem a ser adquirido, pois embora constasse da matrícula do imóvel um histórico de penhoras anteriormente realizadas, no momento em que efetuado o negócio não havia penhora registrada. E foram extraídas pelas terceiras adquirentes certidões em nome daquela que constava no Registro de Imóveis como proprietária do bem em questão, tendo sido constatado que a mesma não figurava "como ré em qualquer processo ajuizado perante essa Justiça Especializada". 4. Acresça-se que, em hipóteses de alienações sucessivas, a boa-fé é examinada em relação a cada adquirente. Desse modo, a fraude reconhecida pelo Tribunal Regional, relativa à venda do imóvel do sócio executado para a sua mãe, não contamina a posterior alienação do bem para as terceiras embargantes. Precedentes do STJ. 5. Nesse contexto, em que demonstrada a condição das terceiras embargantes de adquirentes de boa-fé, a manutenção da penhora importa em violação do art. 5º, XXII, da CF. Recurso de revista conhecido e provido. (RR – 1436-51.2011.5.01.0035, Relator Ministro: Hugo Carlos Scheuermann, Data de Julgamento: 14/06/2017, 1ª Turma, Data de Publicação: DEJT 19/06/2017)

MEIOS DE DEFESA DO EXECUTADO

» *Exceção de pré-executividade*

Cabe MS contra decisão que não conhece de exceção de pré--executividade?

1 – Tanto a Orientação Jurisprudencial 92 da SBDI-2 quanto a Súmula 267 do STF são firmes no sentido de que o mandado de segurança é cabível apenas quando a parte se encontra prestes a sofrer prejuízos irreparáveis e desde que não exista recurso próprio para lhe socorrer. 2 – Na hipótese, a decisão que não conhece da exceção de pré-executividade não está afeta à órbita do mandado de segurança, mas deve ser atacada por recurso judicial próprio. 3 – Precedentes. Recurso ordinário conhecido e não provido. (RO-24014-98.2016.5.24.0000, Relatora Ministra: Delaíde Miranda Arantes, Data de Julgamento: 14/03/2017, Subseção II Especializada em Dissídios Individuais, Data de Publicação: DEJT 17/03/2017)

EMBARGOS DE TERCEIRO

» *Prazo*

Quando se dá o início da contagem do prazo para apresentação dos embargos de terceiro em caso de penhora de faturamento da empresa?

Ação rescisória. Acórdão que rejeitou a preliminar de intempestividade dos embargos de terceiro. Penhora de percentual de faturamento de empresa. Juízo garantido apenas quando o valor total executado se completar. Contagem do prazo para oposição de embargos de terceiro a partir da ciência da penhora. Impossibilidade. Violação dos arts. 184, § 2º, e 1.048 do CPC de 1973. Não configuração. No caso de penhora de percentual de faturamento de empresa, o juízo somente estará integralmente garantido quando o valor total executado se completar por meio dos depósitos realizados mês a mês (art. 655-A, caput, e § 3º, do CPC de 1973). Assim, não há como contar o prazo para a apresentação de embargos de terceiro a partir da ciência da penhora, nos termos dos arts. 184, § 2º, e 1.048 do CPC de 1973, visto que nesse momento a constrição não está completa. Sob esse fundamento, a SBDI-II, à unanimidade, conheceu do recurso ordinário e, no mérito, negou-lhe provimento, afastando, portanto, a alegação de violação dos arts. 184, § 2º, e 1.048 do CPC de 1973, no caso em que a decisão rescindenda rejeitou a preliminar de intempestividade dos embargos de terceiro opostos quando já transcorridos 298 dias da ciência da penhora que recaiu sobre 20% da renda líquida mensal de cartório, até atingir o montante da dívida. ***RO-11518-13.2015.5.01.0000, Relator Ministro: Luiz Philippe Vieira de Mello Filho, Data de Julgamento: 21/11/2017, Subseção II Especializada em Dissídios Individuais, Data de Publicação: DEJT 24/11/2017 – Informativo TST nº 169.***

» *Fungibilidade*

É possível o conhecimento de embargos de terceiro intempestivos como ação autônoma?

A interposição de embargos de terceiro fora do prazo pode ser aceita pela Justiça sob o fundamento de economia processual. A Terceira Turma do Superior Tribunal de Justiça (STJ) rejeitou um recurso que buscava extinguir os embargos de terceiro que foram apresentados à demanda nove meses após o prazo permitido pelo Código de Processo Civil de 1973 (artigo 1.048)[5].

Para os ministros, há casos em que a intempestividade dos embargos deve ser analisada dentro do contexto da demanda, como no recurso julgado pelo colegiado, em que os embargos se encontravam devidamente instruídos, inclusive com prova pericial, já tendo tramitado por mais de cinco anos.

O ministro relator do recurso, Paulo de Tarso Sanseverino, destacou que, caso fossem rejeitados os embargos, os demandantes ajuizariam uma ação autônoma, com os mesmos pedidos.

No caso analisado, após uma construtora não terminar uma obra, um particular ajuizou ação contra a empresa e teve êxito no pedido de ressarcimento do que havia pago. No curso da execução, o juízo competente determinou a penhora de imóvel da construtora para assegurar o pagamento ao credor.

Mas o imóvel já pertencia a terceiros, que tinham um contrato de compra e venda válido sobre a unidade. Os terceiros entraram com embargos para invalidar a penhora, tendo em vista a posse legítima do imóvel.

Para o relator do recurso no STJ, a decisão do Tribunal de Justiça de São Paulo (TJSP) de aceitar os embargos foi acertada, já que foi fundamentada na economia processual e no direito evidente dos embargantes.

"*A perda do prazo para oposição dos embargos de terceiro não produz qualquer modificação no plano do direito material, de modo que a parte interessada poderia repetir a demanda (com as mesmas partes, pedido e causa de pedir), sob a forma de uma ação autônoma*", explicou o ministro, citando entendimento doutrinário sobre essa questão.

A única diferença do mesmo pedido em uma ação autônoma, segundo Sanseverino, é que tal demanda não teria efeito suspensivo automático, algo que é previsto para os embargos de terceiro no artigo 1.052 do CPC/1973.

A decisão dos ministros foi manter o acórdão do TJSP, que decidiu pelo conhecimento dos embargos, mas sem a agregação automática do efei-

5. Atual **art. 675 do CPC/2015** - Os embargos podem ser opostos a qualquer tempo no processo de conhecimento enquanto não transitada em julgado a sentença e, no cumprimento de sentença ou no processo de execução, até 5 (cinco) dias depois da adjudicação, da alienação por iniciativa particular ou da arrematação, mas sempre antes da assinatura da respectiva carta. *Parágrafo único*. Caso identifique a existência de terceiro titular de interesse em embargar o ato, o juiz mandará intimá-lo pessoalmente.

to suspensivo. Os embargos foram processados como se fossem uma ação autônoma.

O relator lembrou que **há diversos julgados no STJ no sentido da flexibilização do prazo para interposição dos embargos de terceiro, em situações nas quais o terceiro não tinha ciência da execução em curso.**

No caso analisado, a jurisprudência não se aplica porque os terceiros tinham ciência da execução. Mesmo com essa particularidade, segundo o relator, não é possível concluir que os embargos deveriam ser desconsiderados, como pediu o recorrente, já que o principal argumento a ser analisado é a economia processual, que justificou a decisão tomada pelos ministros. (STJ-REsp 1627608).

AÇÕES CÍVEIS ADMISSÍVEIS NO PROCESSO DO TRABALHO

AÇÃO ANULATÓRIA

» *Normas coletivas*

De acordo com a jurisprudência desta Seção Especializada, é incompatível com a natureza declaratória desconstitutiva da ação anulatória o provimento jurisdicional condenatório, consistente na determinação aos réus de devolução dos valores descontados indevidamente dos salários dos trabalhadores a título de contribuição associativa. Aplicação da parte final da Orientação Jurisprudencial nº 17 da Seção Especializada. Recurso ordinário a que dá provimento parcial. (RO – 1002411-95.2015.5.02.0000 Data de Julgamento: 12/12/2017, Relator Ministro: Fernando Eizo Ono, Seção Especializada em Dissídios Coletivos, Data de Publicação: DEJT 15/12/2017).

» *Arrematação*

Aplica-se à ação anulatória de arrematação as restrições do art. 896, § 2º, da CLT?

Matéria afetada ao Tribunal Pleno. Execução. Ação anulatória de arrematação. Recurso de revista. Admissibilidade. Óbice restritivo contido no art. 896, § 2º, da CLT. Incidência da Súmula no 266 do TST. As restrições previstas no art. 896, § 2º, da CLT, em conformidade com a Súmula nº 266 do TST, são aplicáveis às ações anulatórias ajuizadas em sede de execução, por versarem sobre matéria incidente ao processo de execução trabalhista. A ação anulatória de arrematação, embora seja enquadrável, abstratamente, como ação autônoma de cognição, quando proposta na fase de execução, configura instrumento hábil a resolver as questões incidentais, devendo, por conexão lógica e critério de sistematicidade, ser tratada como simples incidente do processo de execução. Assim, a admissibilidade do recurso de revista interposto de acórdão proferido em ação anulatória de arrematação depende de demonstração inequívoca de violência direta à Constituição da República. Sob esse fundamento, o Tribunal Pleno, por maioria, conheceu dos embargos interpostos pelo autor, por divergência jurisprudencial, vencidos os Ministros Mauricio Godinho Delgado, relator, Kátia Magalhães Arruda, Augusto César Leite de Carvalho, José Roberto Freire Pimenta, Delaíde Miranda Arantes, Hugo Scheuermann, Maria Helena Mallmann, Alberto Luiz Bresciani de Fontan Pereira, Maria de Assis Calsing e Walmir Oliveira da Costa. No mérito, também por maioria, reafirmou-se a tese jurídica de que se aplicam às ações anulatórias ajuizadas em sede de execução o óbice contido na Súmula no 266 do TST, vencidos os Ministros Aloysio Corrêa da Veiga, Alexandre de Souza Agra Belmonte, Douglas Alencar Rodrigues, João Oreste Dalazen, Antônio José de Barros Levenhagen, Maria Cristina Irigoyen Peduzzi, Emmanoel Pereira, Luiz Philippe Vieira de Mello Filho, Dora Maria da Costa e Guilherme Augusto Caputo Bastos. TST-E- ED--RR-68700-21.2006.5.02.0007, Tribunal Pleno, rel. Min. Mauricio Godinho Delgado, 20.2.2017 – Informativo TST nº 29 – Execução

AÇÃO CIVIL PÚBLICA

» *Interesse de agir*

A ACP é meio próprio para postular declaração de nulidade de cláusula coletiva?

Ação civil pública. Nulidade de cláusula de convenção coletiva. Inadequação da via eleita. Necessidade de ajuizamento de ação anulatória. 1. Hipótese em que a e. Turma entendeu pelo cabimento da ação civil pública, ao fundamento de que "quando o pedido de anulação de cláusula coletiva detiver caráter incidental, com a cumulação de pedido de condenação, é cabível a ação civil pública". 2. Entretanto, a teor do que prescreve o art. 3º da Lei nº 7.347/85, a Ação Civil Pública ostenta natureza eminentemente cominatória - ou seja, visa à imposição de condenação pecuniária ou ao cumprimento de uma obrigação de fazer ou de não-fazer. Assim, na esteira de precedentes desta Corte, A Ação Civil Pública, com eficácia ultra partes, não constitui meio adequado para veicular a pretensão do Parquet de ver declarada a nulidade de cláusula de norma coletiva, que desafia o ajuizamento de ação própria perante o juízo competente. Precedentes. Recurso de embargos conhecido e provido. *E-RR-281-80.2014.5.01.0302, Relator Ministro: Hugo Carlos Scheuermann, Data de Julgamento: 23/11/2017, Subseção I Especializada em Dissídios Individuais, Data de Publicação: DEJT 01/12/2017 - Informativo TST nº 169.*

A ACP é meio próprio para tutelar direitos individuais homogêneos?

1. O Tribunal Regional acolheu arguição do réu e extinguiu a ação civil pública sem resolução do mérito, ao fundamento, em síntese, de que os direitos individuais homogêneos discutidos na espécie não estão revestidos de projeção e relevância social a justificar a iniciativa do Ministério Público do Trabalho. 2. O excelso STF já decidiu que os interesses homogêneos são espécie dos interesses coletivos, assim como já sacramentou a legitimidade ativa ad causam do Ministério Público do Trabalho para ação civil pública em defesa de direitos individuais homogêneos na esfera trabalhista. 3. Na mesma linha, a jurisprudência desta Corte é no sentido de que os arts. 129, III, da Carta Magna e 6º, VII, "d", e 83, III, da Lei Complementar nº 75/93 autorizam a atuação do Ministério Público do Trabalho, mediante o ajuizamento de ação civil pública, na defesa de interesses individuais homogêneos, assim compreendidos os de origem comum (art. 81, parágrafo único, III, do CDC). Precedentes. 4. Na hipótese dos autos, em que o Ministério Público do Trabalho se insurge contra prática uniforme do réu, que atinge da mesma forma os empregados que são a elas submetidos - consistente em suposto assédio moral, decorrente da conduta de pressionar os advogados empregados, mediante ameaças de rompimento da relação de emprego e de supressão de gratificações, para que desistam ou renunciem às ações trabalhistas ajuizadas em face da instituição, inclusive nas lides patrocinadas pelos sindicatos da categoria profissional -, há de se reconhecer a homogeneidade dos direitos defendidos. 5. Indiscutível, por outro lado, o interesse geral da sociedade na proteção dos direitos tidos como vilipendiados - notadamente daqueles albergados nos arts. 5º, XXXV, e 8º, III, da Constituição Federal -, a denotar a relevância social dos direitos individuais homogêneos defendidos na presente demanda. 6. Nesse contexto, não há falar em ilegiti-

midade ativa do Parquet, tampouco em inadequação da via processual eleita. A ação civil pública é via idônea à tutela de interesses difusos e coletivos conferida pelo art. 129, III, da Carta Política – que abarca a defesa de interesses individuais homogêneos, considerados espécies de interesses coletivos lato sensu. 7. Comporta reforma o acórdão regional que extinguiu o feito sem resolução do mérito. Recurso de revista conhecido e provido. (RR-32-82.2011.5.10.0012, Relator Ministro: Hugo Carlos Scheuermann, Data de Julgamento: 21/06/2017, 1ª Turma, Data de Publicação: DEJT 30/06/2017)

» *Coisa julgada*

Qual o limite territorial dos efeitos da coisa julgada na ação civil pública?

Embora fixado o entendimento de que "A sentença proferida em ação civil pública fará coisa julgada erga omnes nos limites da competência do órgão prolator da decisão, nos termos do art. 16 da Lei n. 7.347/85, alterado pela Lei n. 9.494/97", a doutrina e a jurisprudência vinham se firmando em limitar a extensão territorial pela análise do pedido, distinguindo direitos difusos e coletivos dos direitos individuais homogêneos. Ao traçar a distinção, contudo, quanto à eficácia da sentença proferida na ação civil pública, incumbe verificar que o o art. 16 da Lei 7.347/95 vem apenas tratar do fenômeno da coisa julgada, não se referindo à eficácia da sentença, sob pena de trazer ações civis coletivas regionalizadas, fugindo ao escopo da defesa dos interesses metaindividuais. De tal modo, a disciplina dos efeitos da coisa julgada nas ações coletivas, regra geral, segue os ditames do art. 103 do CDC, produzindo, em caso de procedência do pedido, efeitos erga omnes nas ações civis públicas que tutelam direitos individuais homogêneos, inclusive, sem limitação territorial. Não há que se confundir, portanto, os efeitos da coisa julgada nas ações coletivas, com a limitação da regra de competência ao local do dano, definida na Orientação Jurisprudencial nº 130 da SDI-2 desta Corte. Isto porque a extensão da coisa julgada é determinada pelo pedido e não pela competência. Assim, ajuizada a ação perante a Vara do Trabalho de Marabá, e julgada procedente a demanda, a coisa julgada gera efeitos erga omnes, para beneficiar todos os empregados da reclamada que se encontrem na situação prevista na decisão. Embargos conhecidos e providos. (E-RR-877-06.2014.5.08.0129, Relator Ministro: Aloysio Corrêa da Veiga, Data de Julgamento: 16/02/2017, Subseção I Especializada em Dissídios Individuais, Data de Publicação: DEJT 24/02/2017)

» ***Transação por sindicato***

No cumprimento de sentença de ação coletiva ajuizada por sindicato na condição de substituto processual pode o ente coletivo transacionar direito material?

1. Trata-se de ação rescisória fundada na alegação de invalidade da transação homologada em juízo, por ausência de autorização expressa do Autor, substituído na ação matriz, para que o Sindicato, substituto processual, realizasse atos de disposição do direito material do Autor. 2. Os sindicatos possuem legitimidade ampla para atuar na defesa coletiva e/ou individual dos integrantes das categorias que representam, sem necessidade de autorização dos trabalhadores em prol de quem atuam, embora não possam promover atos de disposição do direito material dos trabalhadores em nome dos quais figuram como parte. Nesse cenário, não pode praticar atos de disposição do direito material dos integrantes da categoria que representa. De acordo com a motivação exposta em julgamento proferido pela Excelsa Corte, "*Como bem delimitado por Chiovenda, a substituição processual não é ilimitada; isto é, o fato de o substituto agir como parte na relação processual não lhe permite praticar todas as atividades de parte, como os atos de disposição do direito em questão*" (RE 1093503/SP). Assim, **apesar da legitimidade para propositura da ação coletiva, não é o sindicato o titular do direito material em discussão e dele não pode dispor mediante renúncia ou transação.** 3. Na transação que se pretende invalidar, as partes da ação primitiva – o Sindicato e a empresa – ajustaram a redução considerável da quantia que já havia sido apurada para o Autor, de mais R$260.369,71 (em valores de setembro de 2010) para apenas R$67.424,20, e incluíram no pacto o pagamento de R$200.000,00 de honorários advocatícios, verba que não havia sido deferida no título executivo antes formado. E a execução já estava garantida pela penhora de dinheiro. 4. **Na hipótese, não poderia o sindicato celebrar acordo sem a aquiescência do trabalhador, titular do direito material. Para a prática de atos de disposição do direito material do Autor, havia necessidade de autorização prévia, não demonstrada nos autos da ação matriz, tampouco da ação rescisória. Nessas circunstâncias, não há como conferir validade à transação em relação ao direito do Autor, sobre o qual não poderia o Sindicato dispor, pelo que procede a pretensão rescisória fundada no inciso VIII do art. 485 do CPC de 1973.** Recurso ordinário conhecido e provido. (RO-9012-85.2012.5.04.0000, Relator Ministro: Douglas Alencar Rodrigues, Data de Julgamento: 14/03/2017, Subseção II Especializada em Dissídios Individuais, Data de Publicação: DEJT 17/03/2017)

AÇÃO RESCISÓRIA

» *Cabimento*

Decisão que não enfrenta o mérito é passível de ação rescisória?

I – É sabido que, no sistema do CPC de 1973, somente a sentença de mérito passada em julgado era passível de rescisão nos estritos termos do caput de seu artigo 485. II – O Código de Processo Civil de 2015, ao tratar da ação rescisória, previu no artigo 966 as hipóteses de rescisão da "decisão de mérito, transitada em julgado", estabelecendo no § 2º que "Nas hipóteses previstas nos incisos do caput, será rescindível a decisão transitada em julgado que, embora não seja de mérito, impeça: I – nova propositura da demanda; ou II – admissibilidade do recurso correspondente". III – Reportando à decisão indicada como objeto da pretensão rescindente, sobressai tratar-se de decisão homologatória de desistência da reclamação trabalhista, manifestada em audiência. IV – Preconiza o artigo 486 do CPC de 2015 que "O pronunciamento judicial que não resolve o mérito não obsta a que a parte proponha de novo a ação", com a ressalva contida no § 1º de que "No caso de extinção em razão de litispendência e nos casos dos incisos I, IV, VI e VII do art. 485, a propositura da nova ação depende da correção do vício que levou à sentença sem resolução do mérito". V – Conclui-se, desse modo, que, por não impedir o ajuizamento de nova ação, a decisão meramente homologatória de desistência não é passível de rescisão, convicção que se confirma diante do fato de a parte ter confessadamente ajuizado outra reclamação trabalhista. VI – No tocante à alegação de que cabível a ação rescisória ante a impossibilidade de interposição de recurso contra a decisão indicada como rescindenda, cabe trazer à baila trecho dos Primeiros Comentários ao Novo Código de Processo Civil, 2ª ed., p. 1.536, que elucida a questão referente à rescindibilidade da decisão prevista no inciso II do § 2º do artigo 966, in verbis: "... O inc. II resolve um problema específico, que preocupa a doutrina e desafia a criatividade dos operadores do direito. A decisão que inadmite recurso não é de mérito e, portanto, à luz do CPC/73 não poderia, rigorosamente, ser impugnada pela ação rescisória. Também não transita, propriamente, em julgado. Às vezes, todavia, está ERRADA, e impede o acesso ao órgão jurisdicional que seria o competente para julgar o recurso. É esta decisão que o CPC de 2015 torna rescindível: a que obsta o conhecimento do recurso. O pedido que se formula na rescisória intentada com base neste dispositivo é a admissibilidade do recurso, que foi indevidamente obstada, por decisão ilegal". VII – Nessa mesma diretriz é o comentário ao referido dispositivo, constante do Novo Código de Processo Civil Comentado, Ed. Revista dos Tribunais, 2ª ed., p. 1.021: "Além de decisões de mérito transitadas em julgado, também pode ser objeto de ação rescisória aquelas decisões que, nada obstante não enfrentem o mérito da causa, impeçam a sua posterior discussão ou a sua rediscussão de maneira definitiva (art. 966, § 2º, CPC). A decisão que equivocadamente reconhece a existência de litispendência ou de coisa julgada, por exemplo, não constitui decisão de mérito, mas impede a sua discussão em processo posterior. Se determinado recurso é inadmitido, isto é, não conhecido, de forma equivocada, cabe ação rescisória para desconstituir a decisão que não o conheceu, posto que não se trate de decisão de mérito. Isso porque, nesse caso, o não conhecimento equivocado do recurso impede a rediscussão do mérito da causa – imaginando-se que o recurso inadmitido atacou decisão de mérito – ou mesmo a sua discussão – imaginando-se que o recurso inadmitido não atacou decisão de mérito. Em quaisquer desses casos, há decisão impeditiva, cujo óbice pode ser removido mediante a propositura de ação rescisória." VIII – Sobressai, portanto, a convicção de que a previsão de rescindibilidade de decisão que impeça a admissibilidade do recurso correspondente refere-se às decisões que denegam seguimento a recurso ou que deles não conhecem equivocadamente, hipótese em que não se enquadra a decisão homologatória de desistência. IX – Ressalte-se que não infirma a conclusão sobre o não cabimento da ação rescisória a alusão ao § 4º do artigo 966 do novo CPC, por referir-se a situações em que cabível ação anulatória. X – No mais, é sabido que o Código de Processo Civil de 2015 não contemplou, entre as condições da ação que o foram no Código de 1973, a possibilidade jurídica do pedido (artigo 267, inciso VI). XI – O referido instituto, contudo, insere-se doravante no mérito da ação, indutor da rejeição do pedido ali formulado, a teor do disposto no artigo 487, inciso I, do CPC/2015. XII – Nessa direção, aliás, posicionam-se Theotonio Negrão, José Roberto F. Gouvêa, Luis Guilherme Aidar Bondioli e João Francisco Naves da Fonseca ao assentarem que "O instituto da ' possibilidade jurídica do pedido' foi abolido do direito processual. Agora, a inviabilidade em tese da demanda integra o mérito, acarretando a rejeição do pedido (art. 487-I)", in Código de Processo Civil e Legislação Processual em Vigor – 47ª edição. São Paulo: Saraiva, 2016, p. 501. XIII – Desse modo, a teor do artigo 487, inciso I, do CPC de 2015, impunha-se efetivamente a rejeição sumária da ação rescisória por ser manifestamente incabível o pedido formulado na inicial. XIV – Recurso a que se nega provimento. (RO – 10715-39.2016.5.03.0000, Relator Ministro: Antonio José de Barros Levenhagen, Data de Julgamento: 07/03/2017, Subseção II Especializada em Dissídios Individuais, Data de Publicação: DEJT 10/03/2017)

» **Legitimidade passiva**

Advogados não possuem legitimidade ad causam para figurar no polo passivo de ação rescisória em que se discute vício de consentimento no acordo celebrado no processo matriz?

Ação rescisória. Vício de consentimento no acordo celebrado no processo matriz. Advogados do reclamante que agiram em suposto conluio com o preposto da reclamada. Ilegitimidade passiva ad causam. Advogados não possuem legitimidade ad causam para figurar no polo passivo de ação rescisória em que se discute vício de consentimento no acordo celebrado no processo matriz. No caso, os advogados da parte reclamante na ação originária, atuando com procuração com assinatura falsa, teriam praticado ato simulado em colusão com o preposto da empresa reclamada, consistente na celebração de acordo. Entendeu-se, entretanto, que os aludidos profissionais não são terceiros juridicamente interessados, para fins do art. 487, II, do CPC de 1973, porque a eventual desconstituição da sentença homologatória não alcançaria a relação jurídica desses causídicos com as partes no processo. O interesse jurídico, de forma a tornar-se indispensável a integração no polo passivo daquele que não foi parte nos autos originários, há de ser aferível a partir da verificação da existência de prejudicialidade – ou dependência – jurídica, decorrente de relação jurídica com uma ou ambas as partes do processo originário. Na hipótese, não se identifica tal elemento na relação civil mantida pelo então reclamante com os advogados que o representaram no processo matriz e a relação que foi objeto da decisão rescindenda, estabelecida entre o empregado e a empresa. Tampouco se o verifica entre os referidos patronos e a então reclamada. Da narração contida na petição inicial da presente ação rescisória, não é possível concluir que a desconstituição da decisão rescindenda possa atingir, mesmo de forma reflexa, relação jurídica da qual os patronos do então reclamante sejam titulares. 5. Nessa situação, porque não configurado o interesse jurídico, não se faz possível o enquadramento, como litisconsortes passivos, dos patronos que representaram o então reclamante nos autos originários, como pretende o autor. *RO-10022-22.2013.5.08.0000, Redator Ministro: Alberto Luiz Bresciani de Fontan Pereira, Data de Julgamento: 04/04/2017, Subseção II Especializada em Dissídios Individuais, Data de Publicação: DEJT 02/06/2017 – Informativo TST nº 156.*

1. A legitimidade para o processo deve ser aferida abstratamente, in statu assertionis, vale dizer, levando-se em conta apenas o relato e pedidos contidos na inicial. Nessa senda, o pedido de desconstituição de sentença homologatória por colusão das partes (art. 485, III, do CPC/1973) não tem sequer a potencialidade de interferir em qualquer relação jurídica titulari-

zada pelos advogados que representaram as partes no processo matriz. De fato, o capítulo dispositivo da decisão rescindenda não versa sobre qualquer direito ou dever dos advogados que atuaram na causa, mas sim das partes que representaram no processo matriz. 2. A mesma questão foi objeto de intenso debate nessa SBDI-2/TST, na sessão do dia 04 de abril de 2017, quando, ao julgar o RO-10022-22.2013.5.08.0000, por maioria, o Colegiado manteve a jurisprudência acerca da questão, no sentido de que os advogados das partes do processo matriz não são partes legítimas para figurarem em ação rescisória na qual se alega vício de consentimento em acordo homologado. Na ocasião, o Min. Alberto Luiz Bresciani de Fontan Pereira, redator designado, registrou: "porque não configurado o interesse jurídico, não se faz possível o enquadramento, como litisconsortes passivos, dos advogados que representaram o então reclamante nos autos originários, como pretende o autor". Recursos ordinários conhecidos e providos para acolher a preliminar de ilegitimidade passiva dos recorrentes e, em relação a eles, extinguir o processo sem a resolução do mérito. RO-10018-82.2013.5.08.0000, Relatora Ministra: Maria Helena Mallmann, Data de Julgamento: 22/08/2017, Subseção II Especializada em Dissídios Individuais, Data de Publicação: DEJT 25/08/2017. Também nesse sentido: RO-10024-89.2013.5.08.0000 Data de Julgamento: 22/08/2017, Relatora Ministra: Maria Helena Mallmann, Subseção II Especializada em Dissídios Individuais, Data de Publicação: DEJT 25/08/2017 e RO - 10049-05.2013.5.08.0000, Relatora Ministra: Maria Helena Mallmann, Data de Julgamento: 22/08/2017, Subseção II Especializada em Dissídios Individuais, Data de Publicação: DEJT 25/08/2017.[6]

» *Valor da causa*

Qual o valor da causa da ação rescisória que pretende desconstituir, parcialmente, decisão proferida na fase de conhecimento?

Ação rescisória. Pretensão desconstitutiva de parte da decisão proferida na fase de conhecimento. Valor da causa. Fixação de modo propor-

6. Nesses casos, dois advogados figuravam como acusados de homologar acordos em nome de trabalhadores sem que esses tivessem conhecimento das ações ajuizadas. Na apuração feita em 80 processos ficou comprovado, segundo o MPT, que, em 26 conciliações celebradas e homologadas, os trabalhadores que constavam como partes não tinham conhecimento das ações ajuizadas. Os advogados falsificavam suas assinaturas dos trabalhadores e formalizavam acordos extrajudiciais que, posteriormente, eram homologados pela Justiça do Trabalho. Com essa argumentação, o MPT pedia a rescisão dos acordos e a extinção do processo sem resolução do mérito.

cional ao conteúdo patrimonial ou ao proveito econômico pretendido. 1 – Conquanto inicialmente tenha adotado compreensão no sentido de que o valor da causa da ação rescisória que pretende desconstituir, ainda que parcialmente, decisão proferida na fase de conhecimento deva ser avaliado em face do valor da condenação atualizado, nos termos da Instrução Normativa 31/2007 do TST, não é esse o entendimento majoritário firmado por essa Subseção nas discussões travadas no exame desta ação. 2 – Esta SBDI-2 definiu que, nessa hipótese, o valor da causa da ação rescisória deve ser estabelecido de modo proporcional ao conteúdo patrimonial ou ao proveito econômico perseguido pelo autor. 3 – À vista disso, verifica-se que a autora recolheu a título de depósito prévio a importância devida, correspondente a 20% (vinte por cento) do valor da causa. Tem-se, pois, por atendida condição específica para o exercício da ação rescisória, ficando afastado, por consequência, o indeferimento da petição inicial. Na hipótese, a pretensão rescisória dirigiu-se apenas à parte da decisão que condenou o autor ao pagamento de pensão mensal vitalícia no importe de R$ 400,00 mensais, razão pela qual, nos termos do art. 292, § 2º, do CPC de 2015 e da atualização prevista na Instrução Normativa nº 31/2007 do TST, o valor da causa foi corretamente fixado em R$ 6.149,35 e não em R$ 215.711,76 (valor atualizado da condenação). *Ag-AR-251-03.2017.5.00.0000, Relatora Ministra: Delaíde Miranda Arantes, Data de Julgamento: 05/12/2017, Subseção II Especializada em Dissídios Individuais, Data de Publicação: DEJT 19/12/2017 – Informativo TST nº 170.*

» *Depósito prévio*

O depósito prévio de 5% sobre o valor da causa, previsto no CPC de 1973, aplica-se à ação rescisória proposta na Justiça do Trabalho?

1. Nos termos do art. 836 da CLT, a ação rescisória trabalhista está sujeita ao depósito prévio de 20% do valor da causa. Em face da expressa indicação, no dispositivo consolidado, do percentual a ser observado no depósito prévio da ação rescisória trabalhista, a previsão contida no CPC de 1973, quanto ao depósito de 5% sobre o valor da causa, não se aplica à ação desconstitutiva proposta perante esta Justiça especializada. O advento da Lei 13.105/2015 em nada altera esse entendimento, porquanto a incidência das normas da legislação processual comum permanece restrita às hipóteses de omissão e compatibilidade do processo do trabalho, conforme disposto nos arts. 769 da CLT e 15 do CPC de 2015. Registre-se, ainda, que

a alusão à incidência dos arts. 966 a 975 do CPC de 2015, no art. 3º, XXVI, da IN 39/2016 do TST (que dispõe sobre a influência das normas do NCPC no processo do trabalho), deve ser compreendida apenas como autorização genérica de aplicação das normas procedimentais da ação rescisória, ausentes na CLT e na legislação processual trabalhista esparsa, sem que isso implique, naturalmente, o afastamento das normas específicas do processo do trabalho, a exemplo do percentual do depósito prévio, fixado em 20% sobre o valor da causa no art. 836 da CLT. 2. No caso examinado, como ao Autor foi deferida a gratuidade de justiça, o recolhimento do depósito prévio de 20% sobre o valor da causa é dispensado. *AR-22152-61.2016.5.00.0000, Relator Ministro: Douglas Alencar Rodrigues, Data de Julgamento: 06/06/2017, Subseção II Especializada em Dissídios Individuais, Data de Publicação: DEJT 16/06/2017 - Informativo TST nº 160.*

HABEAS CORPUS

» *Cabimento*

É cabível HC para assegurar o livre exercício da profissão?

Habeas corpus. Cabimento. Jogador de futebol. Livre exercício da profissão. É cabível habeas corpus na Justiça do Trabalho, ainda que não atrelado às hipóteses de prisão civil e depositário infiel, para abranger não apenas a tutela da liberdade de locomoção, mas também toda e qualquer matéria afeta à atividade jurisdicional trabalhista. A SBDI-II manteve decisão monocrática que, em sede de habeas corpus, concedeu pedido liminar para autorizar jogador de futebol a exercer livremente sua profissão, participando de jogos e treinamentos em qualquer localidade e para qualquer empregador, conforme sua livre escolha. Na espécie, ressaltou-se que não há falar em não cabimento do habeas corpus, pois, na Justiça do Trabalho, a referida ação constitucional não se restringe à proteção do direito à locomoção, mas abrange a defesa da autonomia da vontade contra ilegalidade ou abuso de poder perpetrado tanto pela autoridade judiciária quanto pelas partes da relação de trabalho. Ademais, no caso em tela restou demonstrada a presença da fumaça do bom direito e do perigo da demora, pois o paciente encontra-se impedido de exercer a função de jogador de futebol no clube que lhe interessa, e a manutenção do vínculo com o empregador atual, por tempo indeterminado, ofende o direito de livre exercício da profissão. De outra sorte, o debate travado nos autos reclama medida urgente, pois envolve atleta que, em razão da idade, encontra-se em fim de carreira.

AgR-HC-5451-88.2017.5.00.0000, Relatora Ministra: Delaíde Miranda Arantes, Data de Julgamento: 08/08/2017, Subseção II Especializada em Dissídios Individuais, Data de Publicação: DEJT 10/08/2017 - Informativo TST nº 162.

MANDADO DE SEGURANÇA

» *Cópias não autenticadas*

As cópias que acompanham a petição inicial do mandado de segurança devem estar autenticadas?

Mandado de segurança. Cópias não autenticadas. Declaração de autenticidade firmada na petição inicial não reconhecida pela Corte de origem. Excesso de formalismo. Aplicação do princípio da instrumentalidade das formas. Verifica-se excesso de formalismo quando o TRT despreza a declaração de autenticidade firmada pelo impetrante na petição inicial em razão de conter uma impropriedade ao mencionar que "as peças trasladadas são cópias fiéis do original dos presentes autos" ao invés de se referir às cópias juntadas com a exordial. No caso, aplica-se o princípio da instrumentalidade das formas, podendo-se considerar, portanto, que a declaração de autenticidade abrange todas as peças que instruíram o mandado de segurança, restando atendidas, por analogia, as exigências do art. 830 da CLT. *RO-12126-94.2010.5.15.0000, Relatora Ministra: Delaíde Miranda Arantes, Data de Julgamento: 05/12/2017, Subseção II Especializada em Dissídios Individuais, Data de Publicação: DEJT 19/12/2017 - Informativo TST nº 170.*

» *Quebra do sigilo bancário*

Em caso de indícios de utilização de manobras para impedir a constrição de valores pela Justiça do Trabalho é possível a quebra do sigilo bancário?

Mandado de segurança. Quebra de sigilo bancário. Indícios de utilização de manobras para impedir a constrição de valores pela Justiça do Trabalho. Ausência de direito líquido e certo. 1. Inquestionável que a Constituição da República, em diversos dispositivos - a exemplo do art. 5º, "caput", incisos II, LIII, LIV, X e XII -, tutela, explicitamente, a intimidade, a privacidade e o sigilo de dados. 2. A Suprema Corte, entretanto, por diversas vezes, já se manifestou, no sentido de que a garantia à inviolabilidade do sigilo bancário não é absoluta, admitindo a obtenção de tais dados por meio de ordem judicial fundamentada (RHC 137074/SP, AC 3872 AgR/DF e HC 125585 AgR/PE). 3. A Lei Complementar nº 105/2001, por sua vez, dispõe sobre o sigilo das operações de instituições financeiras e relaciona as situações (art. 1º, § 4º) em que poderá ser quebrado: "A quebra de sigilo poderá ser decretada, quando necessária para apuração de ocorrência de qualquer ilícito, em qualquer fase do inquérito ou do processo judicial (...)". 4. A existência, portanto, de previsão de lei, autorizando, ainda que excepcionalmente, a quebra de sigilo bancário, aliada I) à presença de indícios de que os impetrantes estavam se utilizando de manobras bancárias para impedir que valores fossem localizados e constritos pela Justiça do Trabalho, II) ao amplo poder de direção que o art. 795 da CLT reserva ao julgador e III) à natureza alimentar das importâncias devidas aos ex-empregados substituídos, que, diante do encerramento das atividades da empregadora, sequer receberam os salários concernentes ao último mês trabalhado, inviabilizam a constatação, no momento, de ofensa ao direito vindicado, relativo à inviolabilidade do sigilo de dados. Recurso ordinário em mandado de segurança conhecido e desprovido. *RO-20033-19.2016.5.04.0000, Relator Ministro: Alberto Luiz Bresciani de Fontan Pereira, Data de Julgamento: 23/05/2017, Subseção II Especializada em Dissídios Individuais, Data de Publicação: DEJT 02/06/2017 - Informativos TST nº 159.*

» ***Rejeição da execução de pré-executividade***

Cabe MS contra decisão que não conhece de exceção de pré-executividade?

1 - Tanto a Orientação Jurisprudencial 92 da SBDI-2 quanto a Súmula 267 do STF são firmes no sentido de que o mandado de segurança é cabível apenas quando a parte se encontra prestes a sofrer prejuízos irreparáveis e desde que não exista recurso próprio para lhe socorrer. 2 - Na hipótese, a decisão que não conhece da exceção de pré-executividade não está afeta à órbita do mandado de segurança, mas deve ser atacada por recurso judicial próprio. 3 - Precedentes. Recurso ordinário conhecido e não provido. (RO-24014-98.2016.5.24.0000, Relatora Ministra: Delaíde Miranda Arantes, Data de Julgamento: 14/03/2017, Subseção II Especializada em Dissídios Individuais, Data de Publicação: DEJT 17/03/2017)

» *Indeferimento de antecipação de tutela*

É cabível mandado de segurança para atacar decisão interlocutória que indefere antecipação de tutela em ação revisional que busca sustar o pagamento de adicional de periculosidade?

1 – Hipótese em que o mandado de segurança foi impetrado contra o ato que deferiu parcialmente o pedido de antecipação de tutela para suspender a execução referente ao pagamento do adicional de periculosidade, a partir da entrada em vigor da Portaria 595/2015 do Ministério do Trabalho e Emprego. 2 – Pretensão de suspensão total da execução. 3 – Ocorre que a sentença, na qual houve a condenação ao pagamento do adicional de periculosidade, já transitou em julgado e a publicação superveniente da Portaria 595/2015 do Ministério do Trabalho e Emprego não pode alcançar situações pretéritas pela via de cognição do mandado de segurança. 4 – Ademais, para se verificar a modificação das condições de trabalho das reclamantes e a ofensa ao art. 300 do CPC de 2015, seria necessária ampla dilação probatória, além de ostentar natureza desconstitutiva da sentença, atribuindo-lhe caráter de ação rescisória, sendo ambas inadmissíveis na estreita via do mandado de segurança. 5 – Precedentes. Recurso ordinário conhecido e não provido. (RO – 20350-17.2016.5.04.0000, Relatora Ministra: Delaíde Miranda Arantes, Data de Julgamento: 14/03/2017, Subseção II Especializada em Dissídios Individuais, Data de Publicação: DEJT 17/03/2017)

I – O ato inquinado no mandado de segurança consiste na decisão da Juíza Substituta da 24ª Vara do Trabalho de Porto Alegre que deferira parcialmente a antecipação dos efeitos da tutela, nos autos da ação revisional nº 0020042-06.2016.5.04.0024 para suspender a liquidação/execução do adicional de periculosidade concedido nos autos da reclamação trabalhista nº 0123700-27.2008.5.04.0024, que transitara em julgado, das parcelas vincendas a partir da publicação da Portaria 595/15, de 07/05/2015, até o trânsito em julgado daquela ação.

II – Vê-se que suspensão da liquidação/execução do adicional de periculosidade deu-se quanto às parcelas vincendas reconhecidas aos litisconsortes em decisão transitada em julgado a partir da publicação da Portaria 518/2003, que dispõe sobre as atividades e operações perigosas com radiações ionizantes ou substâncias radioativas, sendo inapropriado o pedido antecipatório de suspensão da execução anteriormente a essa data.

III - Isso porque, conforme ressaltara a autoridade coatora, trata-se de condenação transitada em julgado, que só pode ser modificada quando sobrevenha fato novo a modificar a situação já estabelecida, ao passo que uma ação revisional só poderia lograr êxito se houvesse comprovação que a situação fática fora alterada substancialmente com a Portaria em epígrafe, circunstância que sequer fora demonstrada pelas provas pré-constituídas, até porque demandaria a realização de prova pericial, o que refoge ao estrito âmbito de cognição do mandado de segurança.

IV - Assim, transitada em julgado a decisão, conclui-se que as alegações expendidas na inicial e renovadas no recurso ordinário acerca da suposta modificação das atividades desempenhadas pelos então reclamantes ao tempo em que fora proferida a sentença nos autos da reclamação trabalhista nº 0123700-27.2008.5.04.0024, da ofensa aos artigos 294 e seguintes, e 300 do CPC de 2015; 193 e 200, inciso VI, da CLT; e 5º, inciso II, da Constituição apresentam-se com o viés desconstitutivo da sentença, sabidamente incompatível com o restrito âmbito de cognição do mandado de segurança, conferindo-lhe inadmitida feição de ação rescisória. V - Com efeito, até o surgimento da Portaria 595/15 do Ministério do Trabalho e Emprego, a atividade desempenhada pelos recorridos era considerada periculosa, de sorte que o seu reconhecimento somente seria discutível por meio da via adequada a rescindir decisão de mérito transitada em julgado, em sede de cognição exauriente. VI - Recurso ordinário a que se nega provimento. (RO-20757-23.2016.5.04.0000, Rel. Min. Barros Levenhagen, DEJT 17/2/2017)

1 - Hipótese em que o mandado de segurança foi impetrado contra o ato que deferiu parcialmente o pedido de antecipação de tutela para suspender a execução referente ao pagamento do adicional de periculosidade, a partir da entrada em vigor da Portaria 595/2015 do Ministério do Trabalho e Emprego. 2 - Pretensão de suspensão total da execução. 3 - Ocorre que a sentença, na qual houve a condenação ao pagamento do adicional de periculosidade, já transitou em julgado e a publicação superveniente da Portaria 595/2015 do Ministério do Trabalho e Emprego não pode alcançar situações pretéritas pela via de cognição do mandado de segurança. 4 - Ademais, para se verificar acerca da modificação das condições de trabalho das reclamantes e a ofensa ao art. 300 do CPC de 2015, seria necessária ampla dilação probatória, além de ostentar natureza desconstitutiva da sentença, atribuindo-lhe caráter de ação rescisória, sendo ambas inadmissíveis na estreita via do mandado de segurança. 5 - Precedente. Recurso ordinário conhecido e não provido. (RO-21258-74.2016.5.04.0000, Rel. Min. Delaíde Miranda Arantes, julgado em 7/3/2017)

RECLAMAÇÃO

» ***Honorários advocatícios***

São cabíveis honorários de sucumbência nas reclamações ajuizadas sob novo CPC?

A Primeira Turma do Supremo Tribunal Federal (STF), por maioria, afirmou a possibilidade de condenação da parte sucumbente em honorários advocatícios nas reclamações ajuizadas na vigência do novo Código de Processo Civil (CPC). A questão foi analisada em agravo na RCL 24417, da relatoria do ministro Luís Roberto Barroso.

No julgamento, o relator esclareceu que, no período em que regulada pela Lei 8.038/1990, a reclamação constitucional não era compreendida propriamente como uma ação, uma vez que nela não se evidenciavam todos os ângulos da relação processual. Assim, na linha dos precedentes do Tribunal, o beneficiário do ato reclamado somente participava do julgamento na qualidade de interessado (artigo 15 da Lei 8.038/1990), de modo que o contraditório prévio à decisão de mérito era dispensável.

O CPC de 2015, no entanto, promoveu essencial modificação no procedimento das reclamações, instituindo o contraditório obrigatório, com a imprescindível citação do beneficiário do ato reclamado (artigo 989, inciso III). Com isso, a reclamação tomou novo rito a partir de 18 de março de 2016, tornando possível a condenação do sucumbente ao pagamento dos respectivos honorários, conforme parâmetros legais.

Observou-se, no entanto, que, em razão da especificidade da ação, quando o ato reclamado tratar de decisão judicial, a condenação em honorários deve ser executada pelo juízo de origem dos autos principais.

Acompanharam o voto do relator o ministro Luiz Fux e a ministra Rosa Weber. Divergiu do resultado, no ponto, o ministro Marco Aurélio. O julgamento foi realizado no dia 7 de março.

EMENTA: AGRAVO INTERNO EM RECLAMAÇÃO. DIREITO ADMINISTRATIVO E DO TRABALHO. REMUNERAÇÃO. SÚMULAS VINCULANTES 37 E 42. **HONORÁRIOS ADVOCATÍCIOS EM RECLAMAÇÃO. NOVO REGIME PROCESSUAL. CABIMENTO.** 1. Não viola as Súmulas Vinculantes 37 e 42 decisão que, com base no Decreto no 41.554/97 e Lei no 8.898/94, ambos do Estado de São Paulo, garante a empregada pública cedida da Fundação Municipal de Ensino Superior de Marília para a Faculdade de Medicina de Marília – FAMENA o percebimento de remuneração conforme índices estabelecidos pelo Conselho de Reitores das Universidades Estaduais de São Paulo - CRUESP. Precedentes. **2. O CPC/2015 promoveu modificação essencial no procedimento da reclamação, ao instituir o contraditório prévio à decisão final (art. 989, III). Neste novo cenário, a observância do princípio da causalidade viabiliza a condenação da sucumbente na reclamação ao pagamento dos respectivos honorários, devendo o respectivo cumprimento da condenação ser realizado nos autos do processo de origem, quando se tratar de impugnação de decisão judicial.** 3. Agravo interno a que se nega provimento.

» ***Jus Postulandi***

Aplica-se o jus postulandi nas reclamações?

Embora seja possível o ajuizamento de reclamação nos tribunais da Justiça do Trabalho, diante dos termos dos artigos 988, § 1º, do CPC/2015 e do artigo 3º da Instrução Normativa nº 39/2016, esta reclamação revela-se inadmissível, seja pela falta de capacidade postulatória do reclamante, seja por não se amoldar às hipóteses previstas para o seu cabimento. Com efeito, observa-se dos autos que o reclamante postula em causa própria e não comprova sua condição de advogado regularmente inscrito nos quadros da Ordem dos Advogados do Brasil, o que inviabiliza o conhecimento desta reclamação, nos termos da jurisprudência pacífica do Supremo Tribunal Federal, de que é obrigatória a capacidade postulatória mediante a referida habilitação técnica legal, por não haver a lei excepcionado essa exigência para o seu ajuizamento. Dessa forma, diante desse entendimento da excelsa Corte, não há como sequer cogitar-se da aplicação, ao caso, do *jus postulandi* consagrado no âmbito da Justiça do Trabalho pelo artigo 791 da CLT. Até porque, conforme dicção do aludido dispositivo, esse direito de postular pessoalmente é aplicável às lides decorrentes da relação de emprego, ao passo que, no caso, a lide se limita ao âmbito sindical, de competência da Justiça do Trabalho em virtude da ampliação conferida pela Emenda Constitucional nº 45/2004, circunstância que, conforme ilação extraída do artigo 5º da Instrução Normativa nº 27/2005 do TST, não é suscetível de viabilizar o *jus postulandi*. Vem a calhar, ainda, a aplicação da mesma *ratio decidendi* que culminou na edição da Súmula nº 425 do TST, segundo a qual "O *jus postulandi* das partes, estabelecido no art. 791 da CLT, limita-se às Varas do Trabalho e aos Tribunais Regionais do Trabalho, não alcançando a ação rescisória, a ação cautelar, o mandado de segurança e os recursos de competência do Tribunal Superior do Trabalho", de cuja redação não consta referência à reclamação, pois editada quando não havia, ainda, referido instrumento jurídico no âmbito dos tribunais da Justiça do Trabalho. Esta reclamação igualmente não se viabiliza em virtude de não se amoldar às hipóteses previstas para o seu cabimento, contidas no artigo 988 do CPC/2015. Percebe-se dessa norma que a reclamação é um instrumento processual cujas finalidades consistem em preservar a competência e a autoridade das decisões de tribunais, garantir a eficácia de enunciado de súmula vinculante e precedente do Supremo Tribunal Federal em controle concentrado de constitucionalidade, bem como assegurar a observância das decisões proferidas nos julgamentos de incidentes de resolução de demandas repetitivas e de assunção de competência. No caso, entretanto, o reclamante não indica qual a competência do Tribunal Superior do Trabalho que teria sido usurpada ou qual decisão sua não fora observada, muito menos explicita enunciado de súmula vinculante ou outro precedente obrigatório previsto nos incisos III e IV do artigo 988 do CPC/2015 que viabilizassem o conhecimento da sua reclamação. Na realidade, como se observa das próprias razões desta reclamação, o reclamante a utiliza como sucedâneo de recurso para obter, de forma transversa, a revisão da decisão proferida pela Presidência do Tribunal Regional do Trabalho da 19ª Região, procedimento inadmissível, na esteira da jurisprudência do Supremo Tribunal Federal e do Superior Tribunal de Justiça. Dessa forma, por qualquer prisma que se analise, esta reclamação revela-se inadmissível. Processo extinto, sem resolução de mérito, na forma do artigo 485, incisos I e IV, do CPC/2015. (Rcl - 20103-47.2016.5.00.0000, Relator Ministro: José Roberto Freire Pimenta, Data de Julgamento: 06/12/2016, Órgão Especial, Data de Publicação: DEJT 19/12/2016).

O que se entende por "esgotamentos das instâncias ordinárias" no tocante ao cabimento da Reclamação?

Ao analisar o cabimento da reclamação, o ministro assinalou que, *antes da entrada em vigor do novo Código de Processo Civil (CPC)*, a jurisprudência do STF estabelecia o não cabimento da reclamação que tivesse como paradigma um *leading case* de repercussão geral. O novo código, porém, admite a utilização desse instrumento nessas circunstâncias, **desde que esgotadas as instâncias ordinárias** (artigo 988, parágrafo 5º, inciso II).

Após a entrada em vigor do CPC de 2015, **o Tribunal tem interpretado o requisito do esgotamento das instâncias ordinárias como a necessidade de exaurimento de todos os recursos cabíveis.** Citando como precedente a decisão da Segunda Turma na **RCL 24686**, Lewandowski observou que, no caso, houve o exaurimento, por terem sido interpostos tanto o recurso extraordinário como o agravo contra a decisão que não o admitiu. (Rcl 26300)

» ***Garantia da autoridade das decisões do TST***

Decisão do TST deve ser respeitada ainda que o processo tenha sido suspenso pela Vice-Presidência do TST?

Reclamação constitucional. Decisão reclamada que determina a paridade na contratação de trabalhadores avulsos e com vínculo empregatício. Afronta às decisões do TST que definiram a proporcionalidade na contratação, ainda que o processo tenha sido suspenso pela Vice-Presidência do TST. Manutenção dos efeitos e da execução já iniciada. A SDC, por maioria, julgou procedente reclamação para cassar acórdão proferido pelo TRT da 2ª Região nos autos de dissídio coletivo de greve, apenas no que determinou a paridade de contratação de trabalhadores avulsos e com vínculo empregatício, e para determinar que as decisões proferidas no processo TST-ED-RO-1000895-40.2015.5.02.0000 sejam efetivamente cumpridas. Nos julgamentos do processo referido, a SDC definiu os parâmetros de proporcionalidade na contratação de trabalhadores avulsos e com vínculo empregatício. Com a interposição de recurso extraordinário, o Ministro Vice-Presidente do TST determinou o sobrestamento do feito, em atenção à liminar proferida pelo STF na ADPF nº 323, que determinou a suspensão dos processos e dos efeitos das decisões no âmbito da Justiça do Trabalho que versem sobre ultratividade de normas coletivas, exceto das execuções já iniciadas. Nesse contexto, o TRT da 2ª Região, alegando vácuo normativo em razão do mencionado sobrestamento, proferiu a decisão reclamada, determinando a paridade entre trabalhadores avulsos e com vínculo, até negociação coletiva superveniente. Ocorre que, da leitura da liminar proferida na ADPF nº 323, conclui-se que a suspensão do processo determinada pela Vice-Presidência do TST não retirou os efeitos das decisões proferidas, nem prejudicou a execução já iniciada, de modo que a Corte de origem, ao prestar jurisdição conflitante, afrontou a autoridade das decisões do TST no processo TST-ED-RO-1000895-40.2015.5.02.0000, que já vinham sendo cumpridas. 1. O cabimento da Reclamação não é afetado pela possibilidade de insurgência recursal contra a decisão reclamada. Inteligência do art. 988, § 6º, do CPC de 2015. 2. A suspensão de processo, com base na decisão liminar do E. Supremo Tribunal Federal – STF na ADPF nº 323, não prejudica a execução já iniciada de decisões proferidas no feito. Sob esta perspectiva, a Corte de origem, ao prestar jurisdição conflitante, afrontou a autoridade de decisão do TST que já vinha sendo cumprida. 3. A condição preexistente (art. 114, § 2º, da Constituição da República) não se confunde com a ultratividade de normas autônomas, de modo que os acórdãos paradigmas não versam sobre a aplicação da Súmula nº 277 do TST. Reclamação julgada procedente. *Rcl-4301-72.2017.5.00.0000, Redatora Ministra: Maria Cristina Irigoyen Peduzzi, Data de Julgamento: 24/04/2017, Seção Especializada em Dissídios Coletivos, Data de Publicação: DEJT 10/05/2017 – Informativo TST nº 157.*

AÇÃO DE CONSIGNAÇÃO EM PAGAMENTO

» *Aplicação do art. 546 do CPC ao processo do trabalho*

Aplica-se o art. 546 do CPC ao processo do trabalho?

A ação de consignação em pagamento não possui regulamentação na legislação trabalhista, o que autoriza a aplicação subsidiária das normas de processo civil. O artigo 546 do CPC/2015 dispõe que "julgado procedente o pedido, o juiz declarará extinta a obrigação e condenará o réu ao pagamento de custas e honorários advocatícios." Impõe-se, contudo, perquirir acerca da compatibilidade de tal dispositivo com o Processo do Trabalho, uma vez que a autorização de aplicação subsidiária do artigo 769 da CLT exige que as regras sejam compatíveis com o regramento processual trabalhista. Na ação de consignação em pagamento, a pretensão material refere-se à quitação de obrigações decorrentes de contrato de trabalho, matéria regulada pelo direito material trabalhista, o qual considera válida a quitação apenas das parcelas especificadas no instrumento de rescisão ou recibo de quitação. Conclui-se, pois, que não se admite que se reconheça a quitação geral do contrato de emprego, porquanto ofenderia os princípios do Direito do Trabalho, especialmente o princípio da proteção do trabalhador. Assim, a regra contida no Código de Processo Civil revela-se incompatível com o Direito Processual do Trabalho, sendo, portanto, inaplicável ao caso em exame. A revelia do consignado importa a quitação das parcelas e dos valores descriminados na ação de consignação em pagamento, na forma do artigo 477, §2º, da CLT e Súmula 330/TST, não pondo fim a uma possível discussão relativa às demais verbas que decorrem do contrato de trabalho. Julgados do TST. Agravo de instrumento não provido. (TST-AIRR-1309-23.2013.5.01.0301, Relator Ministro: Douglas Alencar Rodrigues, Data de Julgamento: 14/12/2016, 7ª Turma, Data de Publicação: DEJT 03/02/2017).

De acordo com o ministro, apesar de essa ação específica ser aplicada no Direito Processual do Trabalho com base no CPC de 2015 (Lei 13.105/2015), o artigo 546 – que orienta o juiz a extinguir a obrigação do devedor se o pedido da ação de consignação em pagamento for julgado procedente – é incompatível com o Direito do Trabalho, que não admite a quitação geral do contrato de emprego se a natureza de cada parcela rescisória não estiver descrita no recibo.

A Sétima Turma acompanhou o entendimento do relator de que a revelia importou apenas a quitação das parcelas e dos valores especificados na ação de consignação, na forma do artigo 477, parágrafo 2º, da CLT e nos termos da Súmula 330 do TST, "não pondo fim a uma possível discussão relativa às demais verbas que decorrem do contrato de trabalho", concluiu.

EDITORA
JusPODIVM
www.editorajuspodivm.com.br